Internationale Wirtschaftsbeziehungen II

Eckart Koch

Internationale Wirtschaftsbeziehungen II

Das Weltfinanzsystem –
Währungsordnungen, globale
Finanzmärkte und Finanzkrisen

4., vollständig überarbeitete und aktualisierte Auflage

Eckart Koch
München, Deutschland

ISBN 978-3-658-43376-5   ISBN 978-3-658-43377-2 (eBook)
https://doi.org/10.1007/978-3-658-43377-2

Die Deutsche Nationalbibliothek verzeichnet diese Publikation in der Deutschen Nationalbibliografie; detaillierte bibliografische Daten sind im Internet über https://portal.dnb.de abrufbar.

Planung/Lektorat: Margit Schlomski
Springer Gabler ist ein Imprint der eingetragenen Gesellschaft Springer Fachmedien Wiesbaden GmbH und ist ein Teil von Springer Nature.
Die Anschrift der Gesellschaft ist: Abraham-Lincoln-Str. 46, 65189 Wiesbaden, Germany

Das Papier dieses Produkts ist recyclebar.

Vorwort zur 4. Auflage

Seit dem Erscheinen der dritten Auflage der *Internationalen Wirtschaftsbeziehungen* sind viele Jahre vergangen. In dieser Zeit hat sich die Weltwirtschaft nicht nur rasant weiter entwickelt, sie hat sich auch dramatisch verändert. Währungs- und Finanzkrisen, aber auch politische Krisen, Terroranschläge und Kriege haben die Weltwirtschaft erschüttert. Die Rahmenbedingungen für alle Akteure der internationalen Wirtschaftsbeziehungen ändern sich dadurch laufend mit unterschiedlichen Folgen für alle Beteiligten, die mit neuen Kooperationen und Strategien reagieren, um wirtschaftliche und politische Risiken zu begrenzen und ihre ökonomischen Möglichkeiten zu erweitern.

Das vielseitige Interesse an der Entwicklung der internationalen Wirtschaftsbeziehungen lässt sich an der nicht mehr zu überblickenden Anzahl von Fachveröffentlichungen und Informationen zu aktuellen Ereignissen und Entwicklungen erkennen, die sich u. a. in wissenschaftlichen Veröffentlichungen, in Jahresberichten und Publikationen internationaler Organisationen, wie der Weltbank, der Bank für Internationalen Zahlungsausgleich (BIZ), der Europäischen Zentralbank (EZB) oder der Deutschen Bundebank, sowie in der Wirtschafts- und der Tagespresse und vor allem im Internet finden. Für die Beobachter der internationalen Finanzbeziehungen besteht also in der Regel kein Mangel an Informationen oder auch an qualifizierter Berichterstattung. Im Gegenteil. Das Problem besteht vielmehr darin, sich bei der Fülle und Vielfalt der Ereignisse und der ungeheuren Dynamik der Entwicklung einen Überblick zu verschaffen und gleichzeitig Zusammenhänge zu erkennen und zu verstehen sowie sinnvolle Erkenntnisse, Urteile und Schlussfolgerungen ableiten zu können.

Hierzu möchte auch der zweite Band der *Internationalen Wirtschaftsbeziehungen* einen entscheidenden Beitrag leisten. Das Buch will die faszinierende Thematik der *internationalen Finanzbeziehungen* für alle Interessierten überschaubarer, verständlicher und damit auch interessanter zu machen. Zentrale Aufgabe dieses Buches ist es daher die vielfältigen Beziehungen und Entwicklungen zu strukturieren, zu analysieren, Bedeutungszusammenhänge sichtbar zu machen und zu erklären sowie aktuelle Daten und Informationen sinnvoll zuzuordnen. Wichtige Themen sind hierbei u. a. die zentrale und gleichzeitig problematische Rolle der USA, die Entwicklung der internationalen

Währungsordnung, die globalen Finanzmärkte, die europäische Währungszusammenarbeit, sowie die verschiedenen Finanzkrisen und die Entwicklung neuer Schuldenkrisen.

Auf modelltheoretische Überlegungen wurde dabei verzichtet und einer erklärend exemplarischen Darstellungsweise vor dem jeweiligen historischen Hintergrund der Vorzug gegeben. Auf diese Weise konkurriert dieses Buch auch nicht mit einschlägigen Lehrbüchern zur Außenwirtschaftstheorie und -politik, sondern ergänzt und erweitert den theoretischen Lehrstoff durch praxisbezogene Überlegungen und Beispiele, die Erläuterung von Zusammenhängen, neue Blickwinkel und die erwähnte historische Einordnung. Es eignet sich damit nicht nur als erste Orientierung und Einführung in das komplexe Gebiet der internationalen Finanzbeziehungen, sondern auch als Handbuch und Nachschlagewerk. Eine optimale Ergänzung hierzu bietet der erste Band der *Internationalen Wirtschaftsbeziehungen*, der vor knapp einem Jahr erschienen ist und – einem vergleichbaren Konzept folgend – die *internationalen Handelsbeziehungen* thematisiert.

Vor allem zwei Gruppen von Lesern werden sich von der Thematik und dem Konzept dieses Buches angesprochen fühlen: Zum einen Studierende an Hochschulen, Berufsakademien und Universitäten, die sich einen fundierten Überblick über ihr Fachgebiet verschaffen und ihr theoretisches Wissen praxisorientiert in einem erklärenden Kontext ergänzen möchten. Zum anderen aber auch jede(r) Einzelne, der/die aus privatem oder beruflichem Interesse an dem spannenden Feld der *internationalen Finanzbeziehungen* interessiert ist und sich hierzu strukturiertes Hintergrundwissen aneignen möchte, um aktuelle Zusammenhänge und Entwicklungen besser verstehen und einordnen zu können.

Die einzelnen Kapitel bauen grundsätzlich aufeinander auf, sie können aber auch ohne Weiteres als jeweils abgeschlossene Einheiten zu den einzelnen Themengebieten unabhängig voneinander mit Gewinn gelesen und bearbeitet werden. Der Text wird durch zahlreiche Diagramme und Tabellen veranschaulicht, die die Aktualität hervorheben und Zusatzinformationen liefern. Für weitergehende Informationen finden sich Literaturangaben und Internet-Links am Ende der einzelnen Kapitel. Weitere Hinweise auf Internetfundstellen sind unter dem jeweiligen Stichwort leicht zu finden. Um die Lesbarkeit zu erleichtern wurde auf geschlechterspezifische bzw. gender-sensitive Sprachformen verzichtet. So schließt die beispielsweise die Bezeichnung Manager selbstverständlich auch Managerinnen ein.

Die *internationalen Finanzbeziehungen* entwickeln sich dynamisch, sie reagieren auf weltpolitische Ereignisse und nationale politische und wirtschaftliche Entscheidungen und prägen diese mit. Trotz des Bemühens um Aktualität kann dieses Buch daher zwar nur den Stand der internationalen Finanzbeziehungen zum Zeitpunkt der Fertigstellung des Manuskripts wiedergeben, der Autor hofft aber mit dem vorliegenden Buch dem Leser eine Struktur zur Verfügung zu stellen, in die auch neuere Entwicklungen leicht integriert werden können. Ein besonderer Dank gilt meinem Kollegen Prof. Dr. Günther Abstein für die kritische Durchsicht des Manuskripts sowie für viele Anregungen und konstruktive Hinweise.

München, Deutschland   Eckart Koch
Herbst 2023

Inhaltsverzeichnis

Abkürzungsverzeichnis

ADB	Asian Development Bank
AfDB	African Development Bank
AIA	Richtlinie über den automatischen Informationsaustausch
AIFMD	Alternative Investment Fund Managers Directive
AIIB	Asian Infrastructure Investment Bank
AMLA	Anti Money Laundering Agency (EU)
AMRO	ASEAN+3 Macroeconomic Research Office
AKV	Allgemeine Kreditvereinbarung (IWF)
ASEAN	Association of South-East Asian Nations
AWG	Außenwirtschaftsgesetz
AWV	Außenwirtschaftsverordnung
BCBS	Basler Ausschuss für Bankenaufsicht (BIZ)
BaFin	Bundesanstalt für Finanzdienstleistungsaufsicht
BDI	Bundesverband der Deutschen Industrie
BIP	Bruttoinlandsprodukt
BIT	Bilaterales Investitionsabkommen
BIZ	Bank für Internationalen Zahlungsausgleich
BMF	Bundesministerium der Finanzen
BMWK	Bundesministerium für Wirtschaft und Klimaschutz
BMZ	Bundesministerium für wirtschaftliche Zusammenarbeit und Entwicklung
BIP	Bruttoinlandsprodukt
BNP	Bruttonationalprodukt
BRICS	Brasilien, Russland, Indien, China, Südafrika
BRRD	Bank Recovery and Resolution Directive (EU)
BSC	Banking Supervision Committee
BSP	Bruttosozialprodukt
BWS	Bretton Woods System
CBDC	Central Bank Digital Currency
CBS	Currency Board System
CBOT	Chicago Board of Trade

CCFF	Compensatory and Contingency Financing Facility (IWF)
CCP	Central Counter Party
CDO	Collateralized Debt Obligation
CDS	Credit Default Swaps
CEBS	Committee of European Banking Supervisors
CEMAC	Zentralafrikanische Wirtschafts- und Währungsunion
CFA-Franc	Franc de la Coopération financière en Afrique Centrale
CFTC	Commodity Futures Trading Commission
CGFS	Committee on the Global Financial System (BIZ)
CME	Chicago Merkantile Exchange
cif	cost, insurance, freight
CME	Chicago Mercantile Exchange
CMI	Chiang-Mai-Initiative
CMIM	Chiang Mai Initiative Multilateralisation
COMEX	New York Commodities Exchange
Cocom	Coordinating Committee on Multilateral Export Controls
CRD	Capital Requirements Directive (EU)
CRR	Capital Requirements Regulation (EU)
CRS	Common Reporting Standard
DC	Joint Development Committee (IWF)
DIHK	Deutscher Industrie- und Handelskammertag
DQRS	Data Quality Reference Site (DQRS)
DSA	Debt Sustainability Analysis (IWF)
DSBB	Dissemination Standards Bulletin Board (IWF)
DSSI	Debt Service Suspension Initiative
DTB	Deutsche Terminbörse
€STR	Euro Short-Term Rate
EBA	Europäische Bankenaufsichtsbehörde
ECA	European Chips Act
ECF	Extended Credit Facility (IWF)
ECNs	Electronic Communication Networks
ECU	European Currency Unit
EDIS	European Deposit Insurance Scheme (EU)
EEA	Einheitliche Europäische Akte
EFF	Extended Fund Facility (IWF)
EFSF	Europäische Finanzstabilisierungsfazilität (EURO Rettungsschirm)
EFWZ	Europäischer Fonds für Währungspolitische Zusammenarbeit
EG	Europäische Gemeinschaft
EFSF	Europäische Finanzstabilisierungsfazilität
EIB	Europäische Investitionsbank
EM	Emerging Markets
ELA	Emergency Liquidity Assistance

EMIR	European Market Infrastructure Regulation
EONIA	Euro Overnight Index Average
EPZ	export processing zones
ERE	Europäische Rechnungseinheit
ERP	European Recovery Program (Marshall-Plan)
ESM	Euro-Stabilitätsmechanismus
ESZB	Europäisches System der Zentralbanken
ESAF	Enhanced Structural Adjustment Facility (IWF)
ESMA	European Securities and Markets Authority
ESRB	European Systemic Risk Board
ETFs	Exchange Traded Funds
EU	Europäische Union
EUGH	Europäischen Gerichtshof
EURIBOR	European Interbank Offered Rate
EWA	Europäisches Währungsabkommen
EWG	Europäische Wirtschaftsgemeinschaft
EWI	Europäisches Währungsinstitut
EWKV	Europäischer Wechselkursverbund
EWS	Europäisches Währungssystem
EWWU	Europäische Wirtschafts- und Währungsunion
EZB	Europäische Zentralbank
ESZB	Europäisches System der Zentralbanken
EZU	Europäische Zahlungsunion
FATF	Financial Action Task Force
FCL	Flexible Credit Line (IWF)
FDI	Foreign Direct Investment
FDIC	Federal Deposit Insurance Corporation (US)
FES	Friedrich Ebert Stiftung
FMSA	Bundesanstalt für Finanzmarktstabilisierung
fob	free on board
FSAP	Financial Sector Assessment Program
FSB	Financial Stability Board (BIZ)
FSF	Forum für Finanzmarktstabilität
FSI	Financial Stability Institute (BIZ)
FSI	Financial Secrecy Indicator (Schattenfinanzindex)
F&E	Forschung und Entwicklung
G20	Group of Twenty
G30	Group of Thirty
GAB	General Agreement to Borrow (IWF)
GASP	Gemeinsame Außen- und Sicherheitspolitik
GATS	General Agreement on Trade in Services
GDDS	General Data Dissemination System (IWF)

GDP	Gross Domestic Product (BIP)
GFCI	Global Financial Centres Index
GRA	General Resources Account (IWF)
GTAI	Germany Trade & Invest
HB	Handelsblatt oder Handelsbilanz
HIC	High Income Countries (Weltbank)
HIPC	Highly Indebted Poor Countries (Weltbank)
HSBC	Hongkong and Shanghai Banking Corporation
HVPI	Harmonisierter Verbraucherpreisindex
i. e. S.	im engeren Sinn
i. w. S.	im weiteren Sinn
IADI	International Association of Deposit Insurers
IAIS	Internationale Vereinigung der Versicherungsaufsichtsbehörden
IAS	International Accounting Standards
IASB	International Accounting Standards Board
IASC	International Accounting Standards Committee
IATA	International Air Transport Association
IBRD	International Bank for Reconstruction and Development (Weltbank)
ICC	International Chamber of Commerce
ICE	Intercontinental Exchange
ICIJ	Internationalen Konsortium für investigative Journalisten
IDA	International Development Agency (Weltbank)
IDB	Inter-American Development Bank
i. d. R.	in der Regel
IEO	Independent Evaluation Office (IWF)
IFC	International Finance Corporation (Weltbank)
IFRS	International Financial Reporting Standards
ILO	International Labor Organization
IMF	International Monetary Fund (IWF)
IMFC	Internationaler Währungs- und Finanzausschuss (IWF)
Incoterms	International Commercial Terms
IOSCO	International Organization of Securities Commissions
IPE	International Petroleum Exchange
IRA	Inflation Reduction Act
ISDA	International Swaps and Derivate Association
ISE	International Securities Exchange
IWF	Internationaler Währungsfonds (IMF)
KfW	Kreditanstalt für Wiederaufbau
KMU	kleinere und mittlere Unternehmen
KTF	Klima- und Transformationsfonds
LB	Leistungsbilanz
LBO	Leveraged Buy-out

LDC	Less Developed Countries
LIBOR	London Interbank Offered Rate
LIC	Low Income Countries (Weltbank)
LIFFE	London International Financial Futures and Options Exchange
LLDC	least developed countries
LME	London Metal Exchange
LSE	London Stock Exchange
LTMC	Long-Term Capital Management
LTRO	Longer Term Refinancing Operation
MAI	Multilateral Agreement on Investment
MIC	Middle Income Countries (Weltbank)
MIGA	Multilaterale Investitionsgarantieagentur (Weltbank)
MoU	Memorandum of Understanding
M&A	Mergers and Acquisitions
NAB	Nationale Abwicklungsbehörde
NAFTA	North American Free Trade Agreement
NBFI	non bank financial intermediaries (Schattenbanken)
NDB	New Development Bank
NIE	Newly Industrializing Economies (Schwellenländer)
NKV	New Arrangement to Borrow (NAB) (IWF)
NSDP	National Summary Data Page (IWF)
NYMEX	New York Mercantile Exchange
NYSE	New York Stock Exchange
ODA	Official Development Assistance
OECD	Organization for Economic Cooperation and Development
OEEC	Organization for European Economic Cooperation
OFC	Offshore Financial Center
OMT	Outright Monetary Transactions
OTC	Over-the-Counter Finanzgeschäfte
p.a.	pro anno, per annum (pro Jahr)
PCL	Precautionary Credit Line (IWF)
RFI	Rapid Financing Instrument (IWF)
PGII	Globale Infrastruktur und Investitionen (EU)
PIN	Public Information Notes (IWF)
PLL	Precautionary and Liquidity Line (IWF)
PPP	Purchasing Power Parity
PRGT	Poverty Reduction and Growth Trust (IWF)
PRSP	Poverty Reduction Strategy Paper
RCF	Rapid Credit Facility (IWF)
RFI	Rapid Financing Instrument (IWF)
RFR	Risk Free Rates
RST	Resilience and Sustainability Trust (IWF)

RSF   Resilience and Sustainability Facility (IWF)
SAP   Strukturanpassungsprogramm (IWF)
SARON   Swiss Average Rate Overnight
SBA   Stand-By Arrangement (IWF)
SCF   Standby Credit Facility (IWF)
SDDS   Special Data Dissemination Standard (IWF)
SDG   Sanktionsdurchsetzungsgesetz (D)
SDR   Special Drawing Rights (SZR)
SEC   Securities and Exchange Commission (USA)
SEZ   Special Economic Zones
sfr   Schweizer Franken
SLL   Short-Term Liquidity Line (IWF)
SMP   Securities Markets Programme
SNB   Schweizer Nationalbank
SOFFEX   Swiss Options and Financial Futures Exchange
SoFFin   Sonderfonds Finanzmarktstabilisierung
SOFR   Secured Overnight Financing Rate
SONIA   Sterling Overnight Index Average
SPV   Special Purpose Vehicle
SRM   Single Resolution Mechanism (EU)
SRF   Single Resolution Fund (EU)
SSM   Single Supervisory Mechanism (EU)
SSM   Special Safe Guard Mechanism
SVB   Silicon Valley Bank
SWP   Stabilitäts- und Wachstumspakt (EU)
SWP   Stiftung Wissenschaft und Politik
SWZ   Sonderwirtschaftszonen
SZ   Süddeutsche Zeitung
SZR   Sonderziehungsrechte (SDR)
TA   Technical Assistance
Target2   Trans-European Automated Real-time Gross Settlement Express
             Transfer System
TNC   Transnational Corporation
TONA   Tokyo Overnight Average Rate
ToT   Terms of Trade (Reale Austauschverhältnisse)
TRIMS   Trade Related Investment Measures
UEMOA   Westafrikanischen Wirtschafts- und Währungsunion
UN   United Nations
UNCTAD   United Nations Conference on Trade and Development
VDMA   Verband Deutsche Maschinen- und Anlagenbau
WEB   Weltentwicklungsbericht (Weltbank)
WIR   World Investment Report

WiSt   Wirtschaft und Studium (Zeitschrift)
WISU   Das Wirtschaftsstudium (Zeitschrift)
WKM   Wechselkursmechanismus
WTO   World Trade Organization

Abbildungsverzeichnis

Teil I

Zahlungsbilanz und außenwirtschaftliches Gleichgewicht

Die Zahlungsbilanz – Spiegel der außenwirtschaftlichen Beziehungen

Wirtschaftsbeziehungen mit anderen Ländern heben die Beschränkungen des eigenen Binnenmarktes auf und erweitern die wirtschaftlichen Möglichkeiten des Landes und seiner Einwohner. Diese Verflechtung der Volkswirtschaften miteinander nimmt laufend an Vielfalt, Intensität und Umfang zu, eine Entwicklung, die auch mit dem Begriff *Globalisierung* beschrieben wird. Während die reale Seite der hiermit verbundenen Transaktionen, also vor allem der Import und Export von Waren und Dienstleistungen, wie internationale Transporte oder Reisen, in Band 1 (Internationale Wirtschaftsbeziehungen I) ausführlich behandelt wird, steht in diesem Band II die monetäre oder nominale Seite der Globalisierung im Mittelpunkt der Betrachtungen.

1.1 Grundlagen: Bedeutung, Definition und Aufbau

Schlüsselt man die ökonomischen Außenbeziehungen eines Landes auf, so lassen sich folgende Gruppen von Transaktionen unterscheiden:

- Die Ein- und Ausfuhr (bzw. der Import und Export) von Gütern und Dienstleistungen und die daraus resultierenden Zahlungen,
- Grenzüberschreitende Finanztransaktionen aller Art, wie Direktinvestitionen, also Investitionen im Ausland bzw. ausländische Investitionen im Inland, der Kauf und Verkauf ausländischer Wertpapiere, die Gewährung von Krediten an Ausländer bzw. der Erhalt von Krediten durch ausländische Finanzinstitute,
- die Einnahmen bzw. Zahlungen, die sich aus grenzüberschreitenden Kapitalanlagen ergeben, also vor allem aus Zinsen und Dividenden,

E. Koch, *Internationale Wirtschaftsbeziehungen II*, https://doi.org/10.1007/978-3-658-43377-2_1

- Gehaltszahlungen und sonstige Einnahmen für eine Erwerbstätigkeit im Ausland bzw. für im Inland arbeitende Ausländer und schließlich
- regelmäßige oder auch unregelmäßige Zahlungen, die ohne eine direkte Gegenleistung von anderen Ländern oder an andere Länder erfolgen, wie etwa Beitragszahlungen an bzw. Leistungen von internationalen Organisationen (sog. Übertragungen).

Wirtschaftliche Beziehungen mit dem Ausland werden in allen Ländern gesondert registriert. Sie werden nach international standardisierten Maßstäben strukturiert, in separaten *Teilbilanzen* erfasst und schließlich in einer speziellen Außenwirtschaftsstatistik, der **Zahlungsbilanz,** zusammengefasst.

In der Zahlungsbilanz werden also die außenwirtschaftlichen Aktivitäten eines Landes abgebildet. Sie können dann beispielsweise international oder auch national im Zeitablauf verglichen werden und als Indikatoren für die internationale Wettbewerbsfähigkeit eines Landes genutzt werden. Die Informationen sammelt die berichtende Behörde von verschiedenen Institutionen, etwa von Zollbehörden, Banken oder staatlichen Instanzen und fasst sie anschließend in der Zahlungsbilanz zusammen. Für die Erstellung von Zahlungsbilanzen folgen die meisten Staaten den vom *Internationalen Währungsfonds* (IWF) veröffentlichten Richtlinien. Auf dieser Grundlage publiziert der IWF die Zahlungsbilanzstatistiken seiner Mitgliedsländer in einem standardisierten Format, das internationale Vergleiche ermöglicht. Die deutsche Zahlungsbilanz wird monatlich von der *Deutschen Bundesbank* erstellt und veröffentlicht. Zusätzlich erstellt die *Europäische Zentralbank* (EZB) seit 1999 eine gemeinsame Zahlungsbilanz für den Euro-Währungsraum.

Grundsätzlich liefert die Zahlungsbilanz Informationen über Zu- und Abflüsse von ausländischen Zahlungsmitteln (Devisen) und damit auch über Veränderungen der nationalen Devisenreserven. So lassen sich Rückschlüsse auf binnen- und außenwirtschaftliche Entwicklungen und Probleme eines Landes ziehen: Größere Devisenzu- oder -abflüsse können die reale Wirtschaft eines Landes erheblich beeinflussen: Verfügt das Land über zu wenig Devisen und war es auch nicht in der Lage, diese Situation durch eine zusätzliche Kreditaufnahme im Ausland zu verbessern, besteht die Gefahr der Zahlungsunfähigkeit. Das Land ist möglicherweise also nicht mehr in der Lage, seinen Zahlungsverpflichtungen gegenüber dem Ausland nachzukommen. Devisenzuflüsse erhöhen dagegen die inländische Geldmenge und wirken damit tendenziell preissteigernd. Die Analyse der Zahlungsbilanz liefert auch Erkenntnisse über die Attraktivität des Landes für internationale Kapitalanleger und erlaubt die Feststellung von nationalen und internationalen Ungleichgewichten.

Durch die Einführung des Euro veränderte sich bei den Staaten des Euro-Währungsgebietes, den Euro-Staaten, die Aussagefähigkeit der Zahlungsbilanz. Da die außenwirtschaftlichen Transaktionen mit den anderen Staaten der Währungsunion jeweils in Euro abgewickelt werden, werden bei diesen Transaktionen keine Devisenströme mehr verzeichnet. Vielmehr zeichnet die Zahlungsbilanz bei grenzüberschreitenden Transaktionen nun sowohl Fremdwährungstransaktionen als auch Transaktionen in Euro (mit den Euro-Staaten) auf. Anders ausgedrückt entstehen Forderungen und Verbindlichkeiten gegenüber dem Ausland sowohl in Euro als auch in Devisen. Beide werden mit ihrem Euro-Gegenwert in der Zahlungsbilanz erfasst.

Die Zahlungsbilanz wird definiert als die **systematische Darstellung aller wirtschaftlichen Transaktionen zwischen Inländern und Ausländern eines Landes in einer bestimmten Periode.** Damit erfasst sie, abweichend von ihrem Namen, nicht nur reine Zahlungsvorgänge, sondern alle *außenwirtschaftlichen Transaktionen*, also auch den grenzüberschreitenden Warenverkehr, Kreditgewährungen an das Ausland, reinen Warentausch (Kompensationsgeschäfte) oder auch „Schenkungen" bzw. Übertragungen. Unter *Inländern* werden hierbei Gebietsansässige verstanden, also Personen, die ihren ständigen Wohnsitz in dem betreffenden Land haben sowie Unternehmen oder Unternehmensteile, deren wirtschaftliche Aktivitäten hauptsächlich im Inland liegen. Damit zählen auch im Inland beschäftigte ausländische Arbeitnehmer („Gastarbeiter") sowie Unternehmen im Inland, die sich in ausländischem Besitz befinden, volkswirtschaftlich zu den Inländern. Im Unterschied zur Unternehmensbilanz, die Bestände zu einem bestimmten Zeitpunkt erfasst (Bestandsgrößen) und damit eine Bestandsrechnung ist, erfasst die Zahlungsbilanz *Stromgrößen* innerhalb eines definierten *Zeitraums*.

Die Erfassung erfolgt nach dem **Prinzip der doppelten Buchführung** zu den jeweiligen Transaktionswerten. Die **Aktivseite** der Zahlungsbilanz umfasst alle Vorgänge, die einen Zahlungszufluss aus dem Ausland zur Folge haben, wie dies bei dem Export von Waren ins Ausland oder bei Kapitalimporten aus dem Ausland der Fall ist. Für Deutschland bedeutet dies, dass sich durch diese außenwirtschaftlichen Transaktionen das Angebot an Devisen (aus dem Nicht-Euro-Raum) erhöht. Auf der **Passivseite** werden die Vorgänge verbucht, die zu Zahlungen an das Ausland, also zu einer Nachfrage nach Devisen (bzw. Euro) durch das Ausland führen. Dies ist beispielsweise der Fall, wenn Dienstleistungsimporte getätigt werden oder Kapital – etwa für den Kauf ausländischer Wertpapiere – exportiert wird (vgl. Abb. 1.1).

Aktiva	Passiva
Transaktionen, die tendenziell zu einem **Angebot an Devisen** (Euro) im Inland führen, z. B.	Transaktionen, die tendenziell zu einer **Nachfrage nach Devisen** (Euro) führen, z. B.
• Exporte von Waren und Dienstleistungen • Übertragungen vom Ausland (regelmäßig oder einmalig) • Grenzüberschreitende Erwerbs- und Vermögenseinkommen für Inländer • Kapitalimporte • Zunahme der Währungsreserven	• Importe von Waren und Dienstleistungen • Übertragungen an das Ausland (regelmäßig oder einmalig) • Zahlungen für Erwerbs- und Vermögenseinkommen an Ausländer • Kapitalexporte • Abnahme der Währungsreserven
Wenn Aktiva > Passiva (ohne Devisenbestandsveränderungen) = **Aktive Zahlungsbilanz** (Devisenzufluss)	Wenn Passiva > Aktiva: (ohne Devisenbestandsveränderungen) = **Passive Zahlungsbilanz** (Devisenabfluss)

Abb. 1.1   Die Zahlungsbilanz: Aktiva und Passiva

Wirtschaftlich ähnliche Transaktionen werden in **Teilbilanzen,** wie der *Handelsbilanz* oder der *Kapitalbilanz,* zusammengefasst. Dem Grundprinzip der doppelten Buchführung folgend, wird jeder Vorgang zweimal erfasst. Bei den üblichen *zweiseitigen Transaktionen* werden sowohl die Leistung und die Gegenleistung erfasst. So werden Güterexporte beispielsweise zugleich auf der Aktivseite der Handelsbilanz und auf der Passivseite der Kapitalbilanz als Zunahme von Forderungen an das Ausland (Kapitalexport) verbucht. Wird die Zahlung geleistet, handelt es sich hierbei um Fremdwährungen (Devisen) und werden diese über das Bankensystem bei der Deutschen Bundesbank gegen Euro getauscht, erhöhen sich die Währungsreserven der Deutschen Bundesbank. Die Änderungen der Währungsreserven werden in der Bilanz der *Währungsreserven*, einer Teilbilanz der Kapitalbilanz (früher: Devisenbilanz) aufgezeichnet.[1]

Bei *einseitigen Transaktionen*, also bei Leistungen ohne direkte Gegenleistung, erfolgt die Gegenbuchung in der *Vermögensänderungsbilanz*, wenn es sich um einmalige Transaktionen handelt, oder – in der Bilanz der *Sekundäreinkommen* – bei regelmäßigen Einnahmen bzw. Ausgaben.

Die Salden aller Teilbilanzen sollten sich durch Buchung und Gegenbuchung zu null addieren, so dass die Zahlungsbilanz stets ausgeglichen ist *(formaler Zahlungsbilanzausgleich)*. Dies ist vor allem aufgrund von Problemen bei der statistischen Erfassung der Transaktionen tatsächlich nur selten der Fall. Da die Daten für die einzelnen Teilbilanzen aus verschiedenen Quellen stammen, die nicht vollständig aufeinander abgestimmt sind, treten Erfassungslücken, Fehler und vor allem Bewertungsdifferenzen auf. Aus diesem Grund wird der *faktische Zahlungsbilanzausgleich* erst durch einen Restposten, die *statistisch nicht aufgliederbaren Transaktionen*, geleistet. Im angelsächsischen Sprachgebrauch wird dieser „Restposten" deutlicher als *errors and omissions* (Fehler und Auslassungen) bezeichnet. Die einzelnen Teilbilanzen, die zusammen die Zahlungsbilanz ergeben, sind dagegen im Regelfall nie ausgeglichen (vgl. Abb. 1.2).

Von dieser „Stromrechnung" der Zahlungsbilanz ist die *Bestandsrechnung* zu unterscheiden. Alle Bewegungen der Zahlungsbilanz führen gleichzeitig auch (mit Ausnahme der erwähnten Eurotransaktionen) zu einer Änderung des *Bestands* an Währungsreserven. Dieser Bestand ist nicht Teil der Zahlungsbilanz und wird in der „Auslandsposition der Deutschen Bundesbank" (vgl. Abschn. 1.4) aufgezeichnet.

Beispiel

Verkauft die deutsche Maschinenbau AG Waren im Wert von 100.000 US$ in die USA, erhöhen sich die deutschen Exporte, während gleichzeitig die deutschen Kreditforderungen an die USA zunehmen. Verkauft der deutsche Exporteur nach Eingang der Zahlung die US$ – über eine Geschäftsbank – an die Deutsche Bundesbank, verringern sich die Forderungen an das Ausland, während sich die deutschen Währungsreserven

---

[1] Die Zahlungsbilanzsystematik wird von Zeit zu Zeit geändert, um neuen Entwicklungen Rechnung zu tragen, die letzte größere Änderung erfolgte 2014, vgl. hierzu: Deutsche Bundesbank (2014).

		(1) Handelsbilanz *Grenzüberschreitender Warenhandel* *(Exporte und Importe)*
Zahlungs-bilanz	Leistungs-bilanz	(2) Dienstleistungsbilanz *Grenzüberschreitender Handel mit Dienstleistungen* *(Exporte und Importe)*
		(3) Bilanz der Primäreinkommen *Grenzüberschreitende (empfangene und geleistete) Einkommen* *aus Arbeit und Vermögensanlagen*
		(4) Bilanz der Sekundäreinkommen *Regelmäßige grenzüberschreitende (empfangene und geleistete)* *unentgeltliche Leistungen*
	Vermögensänderungsbilanz *(einmalige Übertragungen vom und an das Ausland)*	
	Kapital-bilanz	*Forderungen und Verbindlichkeiten gegenüber dem Ausland* *(Kapitalimporte und Kaitalexporte)* (1) Direktinvestitionen (2) Wertpapieranlagen (3) Finanzderivate (4) Übriger Kapitalverkehr (5) Währungsreserven
	Statistisch nicht aufgliederbare Transaktionen *(Restposten)*	

Abb. 1.2 Die Zahlungsbilanz: Leistungsbilanz und Kapitalbilanz

bei der Bundesbank erhöhen. War die Maschinenbau AG in der Lage, eine Zahlung in Euro durchzusetzen, etwa um das Kursrisiko auszuschließen, so erfolgten die hierzu notwendigen Tauschvorgänge schon zuvor durch den ausländischen Importeur: Dieser tauscht seine US\$ bei seiner (ausländischen) Geschäftsbank. Diese erwirbt die Euro direkt oder indirekt bei ihrer Zentralbank, die sie zuvor grundsätzlich über das Europäisches Zentralbankensystem erworben hat. Bei dieser Transaktion erhöht sich der Devisenbestand des Euroraums, nicht zwingend dagegen den Bestand der deutschen Währungsreserven. ◀

1.2 Die Leistungsbilanz

Die Transaktionen des Güter- und Dienstleistungsverkehrs (*Handels- und Dienstleistungsbilanz*), die grenzüberschreitenden Erwerbs- und Vermögenseinkommen (*Bilanz der Primäreinkommen*) sowie die regelmäßigen grenzüberschreitenden Leistungen (*Bilanz der Sekundäreinkommen*) werden zur *Leistungsbilanz (current account)* zusammengefasst.

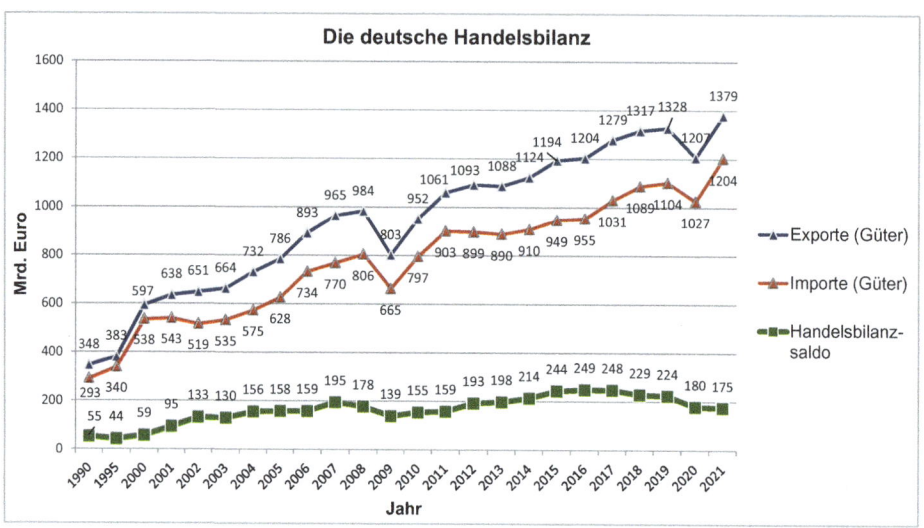

Abb. 1.3 Die Entwicklung der deutschen Handelsbilanz (in Mrd. Euro). (Quelle: *Ausgewählte Links*: Statistisches Bundesamt, Gesamtentwicklung des deutschen Außenhandels)

Sachgüterexporte und -importe werden in der **Handelsbilanz** aufgezeichnet. Für die betrachtete Periode, i. d. R. ein Monat oder ein Jahr, ergibt sich entweder ein Handelsbilanzüberschuss oder ein Handelsbilanzdefizit. Wie Abb. 1.3 zeigt, weist Deutschland regelmäßige hohe und bis 2017 steigende Handelsbilanzüberschüsse auf. Diese gehen seit diesem Zeitpunkt leicht zurück und erreichten 2021 mit 175 Mrd. € einen vorläufigen Tiefpunkt. Grund sind u. a. die stark gestiegenen Importpreise, vor allem für fossile Energieträger, wie Gas und Erdöl. Mit hoher Wahrscheinlichkeit werden die Handelsbilanzüberschüsse nach einer Konsolidierungsphase in den Folgejahren aber wieder deutlich steigen (vgl. Abb. 1.3).

Illegale Transaktionen (z.B. Drogenhandel oder Schmuggel) werden verständlicherweise in der Handelsbilanz nicht berücksichtigt, während Warenkäufe von Touristen im Ausland in der Dienstleistungsbilanz erfasst werden. Werden Halbfertigprodukte im Ausland nur *veredelt*, also mit zusätzlicher Arbeitsleistung verbessert und anschließend wieder eingeführt, wird folgerichtig die Ausfuhr der noch nicht „veredelten" Ware als Export und die Wiedereinfuhr der „veredelten" Ware als Import erfasst.

Die Waren werden zum Zeitpunkt der Grenzüberschreitung erfasst und in Deutschland mit ihren fob-Werten (Exporte) bzw. cif-Werten (Importe) bewertet. Fob und cif sind im internationalen Handelsverkehr genutzte *Incoterms* (*International Commercial Terms*), wobei **fob** (*free on board*) alle Kosten bis zur Verschiffung der Ware beinhaltet, während **cif** (*cost, insurance, freight*) alle Kosten bis zum Empfangshafen, einschließlich der Transportkosten, beinhaltet. Dabei kann es allerdings zu Abgrenzungsproblemen sowie zu zeitlichen Diskrepanzen kommen, wie z. B. Lieferungen mit verspäteter Zahlung oder im Voraus erhaltene Zahlungen mit späterer Lieferung. Die entsprechende Gegenbuchung erfolgt dann in den erwähnten *statistisch nicht aufgliederbaren Transaktionen* und wird später umgebucht.

Hinweis:
Zusätzlich werden in einem Ergänzungsposten zur Handelsbilanz u. a. die vorläufigen Importe in Zoll- und Freihafenlagern, die noch nicht die deutsche Zollgrenze überschritten haben, sowie Rücklieferungen von mangelhaften Waren verzeichnet.

Dienstleistungsexporte und -importe werden in der **Dienstleistungsbilanz** erfasst. Im Gegensatz zum Warenverkehr handelt es sich hierbei um physisch nicht greifbare Produkte. So liegt ein Dienstleistungsimport dann vor, wenn ein Inländer die Dienstleistung eines ausländischen Anbieters im Ausland in Anspruch nimmt, also etwa dann, wenn ein deutscher Tourist in einem Hotel in Frankreich übernachtet. Dienstleistungsex- und -importe werden daher auch als *unsichtbare* Aus- und Einfuhren bezeichnet. Sie können mit dem *Außenhandel direkt oder indirekt verbunden* sein, etwa dann, wenn ausländische Spediteure für den Transport von Im- oder Exportwaren benutzt werden, oder es handelt sich um *eigenständige* Dienstleistungen, etwa dann, wenn touristische Serviceleistungen oder die Leistungen ausländischer Banken oder Versicherungen in Anspruch genommen werden. Auf Dienstleistungen entfallen rund ein Viertel der zusammengefassten Sachgüter- und Dienstleistungsexporte.

Eine genaue Abgrenzung zwischen Güter- und Dienstleistungsimporten ist allerdings nicht immer möglich. Da Güterimporte mit cif-Werten ausgewiesen werden, enthalten sie auch Fracht- und Versicherungsleistungen. Werden diese nun von ausländischen Unternehmen bereitgestellt, handelt es sich bei diesem Anteil eigentlich um Dienstleistungsimporte, die aber nicht separat ausgewiesen werden. Abgesehen davon, nimmt der Dienstleistungsanteil im grenzüberschreitenden Sachgüterhandel, etwa in Form von Forschung, Marketing und Service, wertmäßig ständig zu und übersteigt meist die reinen Produktionskosten.

Beispiel

Schon Ende der 1980er-Jahre wurden weniger als 5 % der damals 400.000 Mitarbeiter von IBM als mit der herkömmlichen Montage beschäftigte Arbeitskräfte ausgewiesen. Auch bei Pharmaprodukten entfällt der mit Abstand größte Teil der Produktkosten auf Dienstleistungen und selbst die Stahlherstellung wird immer mehr zu einer bloßen Dienstleistungsaktivität. „Kundendienstzentren der Stahlindustrie beraten die Kunden bei der Auswahl der Stähle und Legierungen, die sie für ihre Zwecke benötigen, dann inspizieren, schneiden, beschichten, lagern und liefern sie das Material." (Reich 1997, S. 98) ◄

Die deutsche Dienstleistungsbilanz umfasst verschiedene Positionen. Die größte Position ist der grenzüberschreitende Reiseverkehr. Da Deutsche sehr reisefreudig sind und daher im

Ausland mehr ausgeben als Ausländer in Deutschland verzeichnete die *Reiseverkehrsbilanz* immer einen Negativsaldo, der 2021 bei 24 Mrd. € lag. Seit etwa 2010 ist auch die *Transportbilanz* leicht defizitär (2021: 7 Mrd. €), deutsche Individualreisende und Unternehmen nutzen also verstärkt ausländische Transportunternehmen. Dagegen entwickelten sich seit Mitte der 2000er-Jahre die Unterbilanzen für *grenzüberschreitende Finanzdienstleistungen* sowie für *Patent- und Lizenzeinnahmen* (Gebühren für die Nutzung geistigen Eigentums) immer positiver: Ausländische Unternehmer nehmen verstärkt deutsche Finanzdienstleistungen in Anspruch und nutzen verstärkt deutsche Patente, indem sie hierfür Lizenzgebühren zahlen. In den letzten beiden Jahren erreichte der deutsche Dienstleistungsbilanzsaldo erstmals positive Werte, nachdem er zuvor immer negativ war. (vgl. Abb. 1.4).

In der **Bilanz der Primäreinkommen** werden grenzüberschreitende Faktoreinkommen, also im Ausland erzielte Einkommen der Produktionsfaktoren Arbeit und Kapital, zusammengefasst. Hierbei handelt es sich um Löhne und Gehälter, die Einwohner eines Landes im Ausland erzielen, sowie um Erträge aus Kapitalanlagen, vorwiegend Zinsen und Dividende, die aus dem Ausland in das Inland oder umgekehrt aus dem Inland in das Ausland fließen. Während die Einnahmen aus grenzüberschreitenden Arbeitsentgelten in den letzten 20 Jahren moderat auf 2 bis 3 Mrd. € anstiegen, explodierten die Einnahmen aus grenzüberschreitenden Vermögenseinkommen im gleichen Zeitraum geradezu. Im Jahr 2000 flossen noch rund 7 Mrd. € in das Ausland ab, seitdem stiegen die Einnahmen aus deutscher Sicht laufend an und beliefen sich 2021 auf rund 136 Mrd. €. Der positive Saldo der Primäreinkommen betrug 2021 damit fast 140 Mrd. € (vgl. Abb. 1.5).

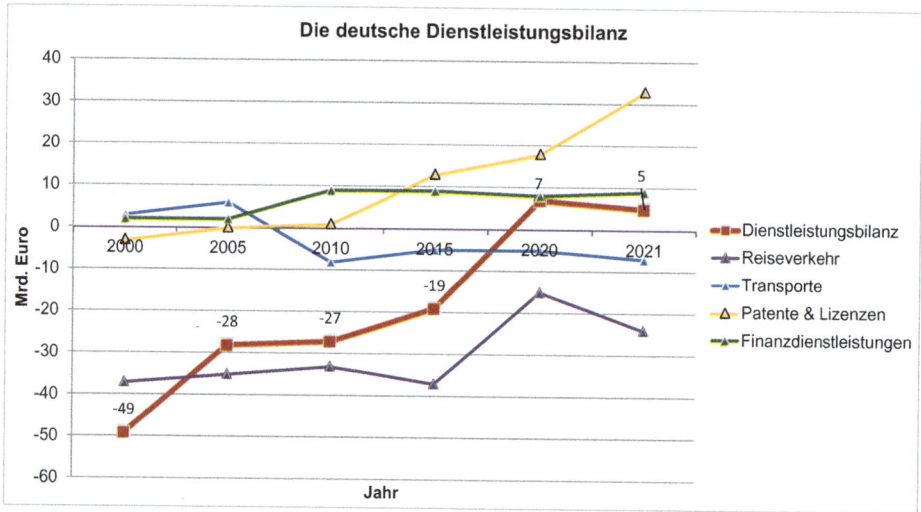

Abb. 1.4   Die Entwicklung der deutschen Dienstleistungsbilanz. Ausgewählte Positionen, Salden in Mrd. Euro, gerundet, in 5 Jahres-Abständen, keine kontinuierliche Darstellung. (Quelle: Deutsche Bundesbank, div. Monatsberichte)

Jahr	Erwerbs-einkommen	Vermögens-einkommen (+ sonstiges Primäreinkommen)	Saldo
2000	- 1	- 7	- 8
2005	- 2	+ 10	+ 8
2010	+ 2	+ 48	+ 50
2015	+ 1	+ 69	+ 70
2020	+ 3	+ 93	+ 96
2021	+ 3	+ 136	+ 139

Abb. 1.5 Die Bilanz der Primäreinkommen. Salden in Mrd. Euro, gerundet. (Quelle: Deutsche Bundesbank, div. Monatsberichte)

In der **Bilanz der Sekundäreinkommen** werden regelmäßige (laufende) Leistungen an das bzw. vom Ausland *ohne direkte Gegenleistung* erfasst. Hierbei handelt es sich zum einen um *öffentliche* Übertragungen, wie Beiträge an internationale Organisationen oder auch Leistungen im Rahmen internationaler Kooperationen. Zum anderen enthält die Bilanz *private* Übertragungen, wie regelmäßige Zahlungen an im Heimatland lebende Angehörige (*Remittances*) oder Versicherungsleistungen (etwa Prämienzahlungen oder Entschädigungen) an bzw. von ausländische(n) Versicherungen (jedoch ohne einmalige Lebensversicherungsleistungen). Wie Abb. 1.6 zeigt, steigen die Defizite bei den Sekundäreinkommen laufend an und verdoppelten sich in den letzten 20 Jahren. 2021 betrug der negative Saldo der Sekundäreinkommen fast 60 Mrd. €.[2]

***Exkurs*: Remittances**
Überweisungen von im Ausland tätigen (Arbeits-)Migranten an ihre Familien im Heimatland wurden in ihrer Bedeutung lange unterschätzt. Erst in den letzten Jahren wurden sie international immer mehr beachtet. Dies hängt auch mit ihrer Entwicklung zusammen: Die meist zwar geringen, aber regelmäßig fließenden Einzelbeträge leisten in vielen Ländern einen erheblichen Beitrag zur Entwicklung des Herkunftslandes und können in der Summe in Einzelfällen mehr als 25 % des Bruttoinlandsprodukts (BIP) erreichen. Allerdings sind die Zuflüsse sehr ungleich verteilt: so entfielen 2020 knapp zwei Drittel aller Geldzuflüsse auf nur 10 (Entwicklungs-)Länder. Andererseits flossen mehr als 80 Ländern mindestens jeweils 1 Mrd. US$ jährlich zu (vgl. Abb. 1.7). Hervorzuheben ist zudem, dass das Volumen der Remittances inzwischen fast das Vierfache der den Entwicklungsländern zufließenden Entwicklungshilfe (*Official Development Assistance, ODA*) erreicht und zumindest derzeit das Volumen der gesamten ausländischen Investitionen (Direktinvestitionen, *Foreign Direct Investment, FDI*) in diese Länder übersteigt.[3]

---

[2] Einmalige Übertragungen vom Ausland bzw. an das Ausland werden in einer weiteren Teilbilanz, der *Vermögensänderungsbilanz*, verbucht, die jedoch *nicht* Teil der Leistungsbilanz ist, vgl. Abschn. 1.6.1.

[3] Vgl. zum Thema Remittances auch Koch (2010).

Jahr	Staatliche Übertragungen	Private Übertragungen	Saldo
2000	-19	-9	-28
2005	-18	-11	-29
2010	-25	-15	-40
2015	-24	-15	-39
2020	-36	-18	-54
2021	-37	-22	-59

Abb. 1.6 Die Bilanz der Sekundäreinkommen. Salden in Mrd. Euro. (Quelle: Deutsche Bundesbank, div. Monatsberichte)

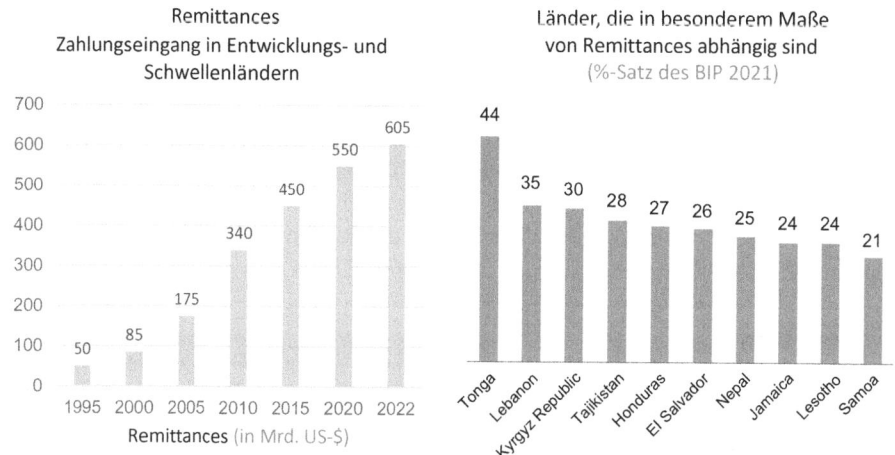

Abb. 1.7 Die Bedeutung von Remittances für Entwicklungsländer. Daten für 2020 und 2022: Schätzungen; alle Daten gerundet. (Quelle: KNOMAD-Weltbank (2021))

Arbeitsmigration – eine Karriere (ein fiktiv-reales Beispiel)

Avaz stammt aus Usbekistan. Mit 12 Jahren verließ er die Schule, um mit einfachen Arbeiten das Einkommen seiner 10köpfigen Familie aufzubessern. Einige Jahre später entschloss er sich seinem Onkel nach Moskau zu folgen. Nach einem kurzem Informationskurs und einem zweiwöchigen berufsbildenden Grundkurs fuhr er nach Moskau und erhielt dort auf Vermittlung einer nationalen usbekischen Gruppe eine zunächst gering bezahlte Aushilfstätigkeit im Baubereich. Mit gestiegener Erfahrung und der Kenntnis neuer Methoden, Techniken und Verfahren stieg auch sein Stundenlohn (*brain drain, Diaspora-Kooperation*). Monatlich schickte er nun knapp 100 € an seine Familie, 40 € legte er auf einem Devisenkonto an. Die Wintermonate verbrachte er in seinem Heimatort in Fergana (*Remittances*). Ein in der Zwischenzeit erlassenes neues Migrationsgesetz ermöglichte es, seinen Status zu legalisieren und einen Anspruch auf Sozialversicherungsleistungen durchzusetzen (*rechtlicher Status*). Nach zehn Jahren entschloss er sich, endgültig zurückzukehren und mit seinem gesparten Geld und einem kleinen Kredit der regionalen Bank einen Handwerksbetrieb zu eröffnen (*Kleininvestor*). Vor einigen Monaten wurde er gefragt, ob er seine Erfahrungen im Rahmen von Fortbildungskursen für Migranten in einem neuen Bildungszentrum weitergeben wolle (*brain gain*). ◀

Wie erwähnt, werden die vier besprochenen Teilbilanzen zur **Leistungsbilanz** zusammengefasst. Der *Leistungsbilanzsaldo* ist damit eine konsolidierte Zusammenfassung der Einzelsalden, also der Defizite und Überschüsse der vier Teilbilanzen. Damit stellt die Leistungsbilanz verhältnismäßig aussagefähige Informationen über die außenwirtschaftliche Leistungsfähigkeit einer Volkswirtschaft bereit. Dies gilt vor allem dann, wenn die zeitliche Entwicklung der Daten betrachtet wird und/oder die Daten international miteinander verglichen werden. Die deutsche Leistungsbilanz wies in den vergangenen 20 Jahren nach der Einführung des Euro ständige und bis 2015 steigende Überschüsse auf. Seitdem sanken die Handelsbilanzüberschüsse und damit auch der Leistungsbilanzüberschuss, der 2021 aber immer noch 162 Mrd. € betrug (vgl. Abb. 1.8).[4]

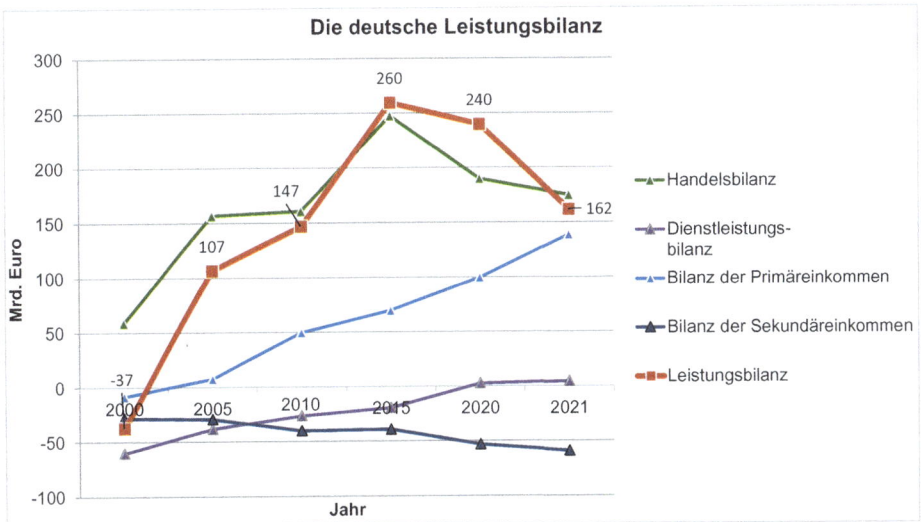

Abb. 1.8 Die Entwicklung der deutschen Leistungsbilanz. Salden in Mrd. Euro, 5 Jahres-Abstände, keine kontinuierliche Darstellung. (Quelle: Deutsche Bundesbank, div. Monatsberichte)

---

[4]Zur Problematik hoher Leistungsbilanzüberschüsse, vgl. Abschn. 1.7.

Nettoauslandsposition

Der Saldo der Leistungsbilanz (unter Hinzunahme des Saldos der Vermögensänderungsbilanz s. u.) ist gleichbedeutend mit der *Nettoauslandsposition* oder dem *volkswirtschaftlichen Finanzierungssaldo*. Ein positiver Saldo, also ein Leistungsbilanzüberschuss, zeigt an, dass die Volkswirtschaft im Leistungsverkehr mit dem Ausland einen Überschuss erwirtschaftet hat, der sich i. d. R. in einer Erhöhung der Devisenreserven und/oder in einem Anstieg der Kapitalexporte niederschlägt. Ein negativer Saldo hingegen führt zu einer Verringerung der Devisenreserven und/oder zu Netto-Kapitalimporten.

1.3   Die Kapitalbilanz

In der Kapitalbilanz werden Kapitalimporte und Kapitalexporte ausgewiesen. Dabei werden sowohl Euro- als auch Devisentransaktionen in Euro erfasst.

- *Kapitalimporte* sind Transaktionen, die zu einer Zunahme der Verbindlichkeiten (oder einer Abnahme der Forderungen) gegenüber dem Ausland führen: Ein Kapitalimport liegt beispielsweise vor, wenn ein deutscher Importeur Waren auf Kredit erwirbt, ein Ausländer deutsche Anleihen kauft oder ein inländisches Unternehmen im Ausland erzielte Gewinne nach Deutschland transferiert.
- *Kapitalexporte* führen zu einer Zunahme von Forderungen (oder einer Abnahme von Verbindlichkeiten) gegenüber dem Ausland: Ein Kapitalexport liegt also dann vor, wenn ein inländischer Exporteur einem ausländischen Kunden einen Lieferantenkredit einräumt, wenn ein inländischer Bankkunde einen Betrag auf sein ausländisches Bankkonto überweist oder wenn ein ausländisches Unternehmen einen Kredit bei einer inländischen Bank erhält.

Die Kapitalbilanz gliedert sich funktional in *Direktinvestitionen*, *Wertpapieranlagen*, *Finanzderivate*, *sonstige grenzüberschreitende Transaktionen* und *Änderungen der Währungsreserven* der Deutschen Bundesbank. Dabei ist zu berücksichtigen, dass der Erhalt von Devisen, also ein Kapitalimport, als Forderung an das Ausland interpretiert wird. *Erträge* aus grenzüberschreitenden Kapitalanlagen werden, wie erwähnt, nicht in der Kapitalbilanz, sondern in der Bilanz der Primäreinkommen erfasst.

(1) Als *Direktinvestitionen (foreign direct investments, FDI)* werden Kapitalanlagen im Ausland bezeichnet, durch die unmittelbar und dauerhaft auf die Geschäftspolitik des ausländischen Unternehmens Einfluss genommen werden soll. Sie umfassen – aus der Sicht Deutschlands – den Aufbau oder die Erweiterung von Produktions- und Vertriebseinrichtungen im Ausland durch Neugründungen, Gemeinschaftsunternehmen zusammen mit ausländischen Partnern (*equity joint ventures*), Fusionen mit, Übernahmen von und Kapitalbeteiligungen an ausländischen Unternehmen (*mergers & acquisitions, M&A) oder die* Re-Investition von Gewinnen in eigenen Auslandsunter-

nehmen. Als Direktinvestitionen gelten u. a. Unternehmensbeteiligungen ab 10 % des Kapitals oder Stimmrechts.[5]

(2) *Wertpapieranlagen* sind Finanz- oder Portfolioinvestitionen, wie Käufe und Verkäufe von festverzinslichen Wertpapieren, Aktien, Investment- und Geldmarktfonds, Geldmarktpapieren oder Optionsscheinen, die aus Rendite- oder Spekulationsmotiven getätigt werden.

(3) *Finanzderivate* sind Finanztitel, deren Wert von der Wertentwicklung eines anderen Finanzprodukts, des Basiswerts, abhängt. Die Basis-Finanzprodukte können reale Produkte, wie Devisen, Wertpapiere, Edelmetalle, Rohstoffe oder Zinssätze, sein oder abstrakte Produkte wie Aktienindizes oder wiederum Finanzderivate (vgl. Abschn. 6.3.5).

(4) Unter den sonstigen *grenzüberschreitenden Transaktionen* werden alle an das Ausland vergebenen oder von dort empfangenen kurz- und langfristigen Kredite zusammengefasst, wobei Empfänger oder Geber Privatpersonen, Unternehmen, Banken, der Staat oder auch die Deutsche Bundesbank selbst sein können. Hierunter fallen auch kurz- und langfristige Kredite im Rahmen der internationalen Entwicklungszusammenarbeit.

(5) Die *Währungsreserven* werden jeweils mit ihren Zu- und Abgangswerten (Marktpreisen bzw. Transaktionswerten) einheitlich in Euro bewertet. Die *Veränderung der Währungsreserven* wird auch als *Devisenbilanz* bezeichnet und stellt eine wichtige Unterbilanz der Kapitalbilanz dar. Durch die Änderung des Bestands and Währungsreserven wird faktisch der Ausgleich der Zahlungsbilanz herbeigeführt (vgl. Abschn. 1.6).

Bewertungsprobleme

Gold, Währungsreserven und Forderungen haben grundsätzlich keinen eindeutig bestimmbaren Wert, vielmehr ist dieser von der jeweiligen Marktsituation abhängig. Bis 1998 wurden die Bestände aus Vorsichtsgründen mit ihrem niedrigsten historischen Wert bewertet. Im Zuge der notwendigen Angleichungen zwischen den Staaten der Währungsunion werden seit Januar 2001 die monatlichen Bestände einheitlich mit ihren jeweiligen Marktpreisen bewertet. Damit entfällt auch die frühere Praxis der Deutschen Bundesbank, die Veränderung der Netto-Auslandsaktiva zweifach auszuweisen: Zum einen zu den *Transaktionswerten,* zum anderen zu den sich nach der Neubewertung ergebenden Werten, den *Bilanzkursen.* Bis 1995 wurde die sich hieraus ergebende Differenz separat in einem *Ausgleichsposten zur Auslandsposition der Deutschen Bundesbank* ausgewiesen, der mit der Umstrukturierung der Zahlungsbilanz fortgefallen ist. Die Angleichung der deutschen Bewertungspraxis an diejenige der anderen EU-Staaten und die sich daraus ergebende Neubewertung der Gold- und Devisenbestände war im Vorfeld sehr umstritten. Dies vor allem deswegen, weil zeitweise geplant war, die durch die Neubewertung entstehenden Bewertungsgewinne noch 1997, dem Referenzjahr zur Erfüllung der Konvergenzkriterien für den Beitritt zur Europäischen Währungsunion (EWWU), zur Reduzierung der öffentlichen Schulden zu verwenden. Bis Ende 1996 bewertete die Deutsche Bundesbank daher ihre rund 95 Mio. Feinunzen Gold noch mit 92,40 US$ je Feinunze – insgesamt mit rund 7 Mrd. €. Die anderen Kandidaten für einen Beitritt zur EWWU wie Frankreich oder Italien bewerteten ihre Reserven dagegen schon seit Längerem mit dem Marktwert von etwa 370 US$ je Feinunze.

---

[5] Kap. 12 behandelt die Entwicklung der internationalen Direktinvestitionen ausführlich.

Abb. 1.9 zeigt die Entwicklung der wichtigsten Positionen der Kapitalbilanz. Hierbei fällt besonders auf, dass die deutschen *Direktinvestitionen* ins Ausland stärker zunahmen als die nach Deutschland fließenden ausländischen Investitionen, insbesondere im Vergleich der Jahre 2020 – hier gab es einen leichten Überschuss von ausländischen Investitionen in Deutschland in Höhe von 5 Mrd. € – und 2021, als die deutschen FDI im Ausland die nach Deutschland fließenden FDI um rund 100 Mrd. € übertrafen. Die *Wertpapieranlagen* flossen ebenfalls vermehrt in ausländische Anlagen, der Abfluss betrug 2021 gut 200 Mrd. €. Die *Währungsreserven* der Deutschen Bundesbank änderten sich in den letzten 20 Jahren nur wenig, allerdings waren sie 2021 seit langer Zeit zweistellig und betrugen 32 Mrd. €.

In der Kapitalbilanz werden Leistungsbilanztransaktionen gegengebucht, etwa Forderungen, die sich aus dem Export von Gütern (Handelsbilanz) ergeben oder Kredite, die ein ausländischer Exporteur einem einheimischen Importeur gewährt. Neben diesen *induzierten Finanztransaktionen* werden hier aber vor allem die *autonomen Kapitaltransaktionen* mit dem Ausland erfasst, wie die längerfristig orientierten Direkt- und Portfolioinvestitionen oder kurzfristig-spekulative Finanztransaktionen. Zur Erfassung der Zahlungsvorgänge schreibt die deutsche *Außenwirtschaftsverordnung* (AWV) in Verbindung mit dem *Außenwirtschaftsgesetz* (AWG) dem inländischen Auftraggeber einer Zahlung an das Ausland vor, dass Zahlungen ab 12.500 € der Deutschen Bundesbank für statistische Zwecke gemeldet werden müssen.

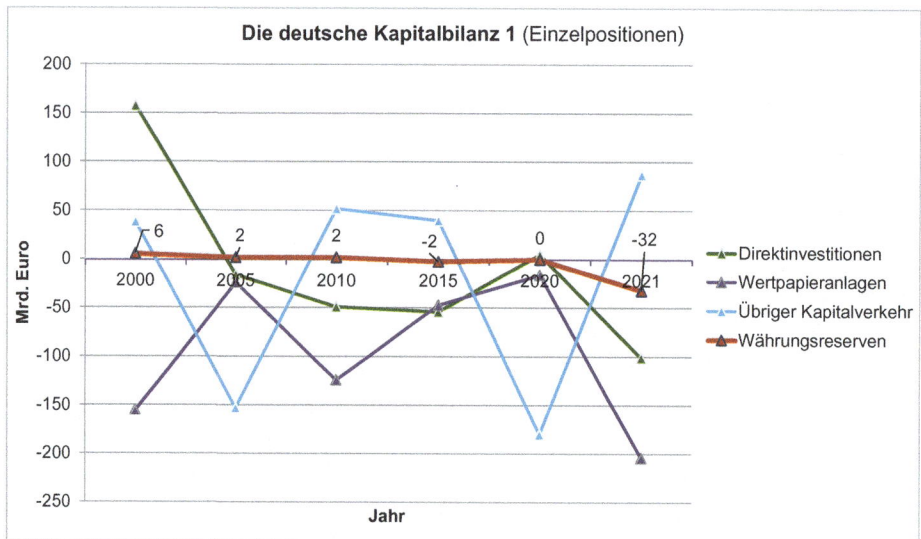

Abb. 1.9 Die deutsche Kapitalbilanz. Salden der Einzelpositionen in Mrd. Euro, 5 Jahres-Abstände, keine kontinuierliche Darstellung. (Quelle: Deutsche Bundesbank, div. Monatsberichte)

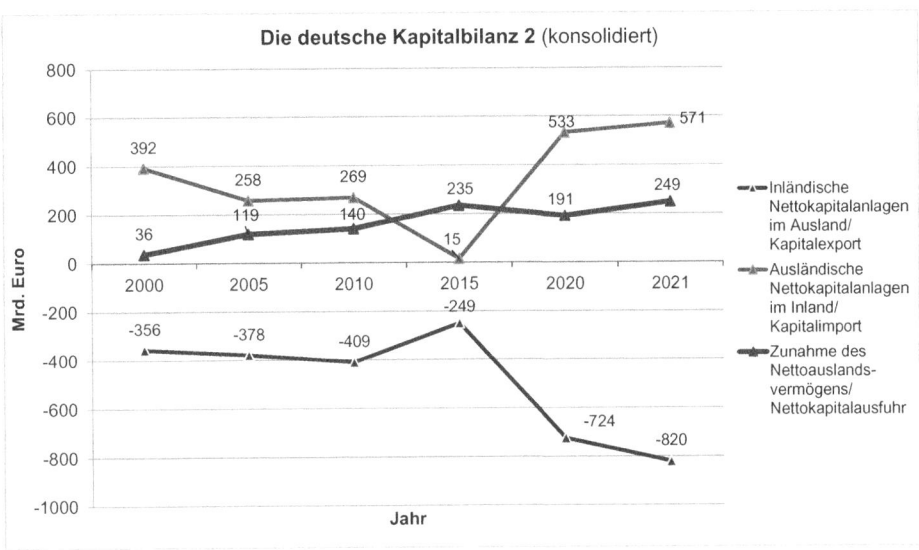

Abb. 1.10 Die konsolidierte deutsche Kapitalbilanz. Salden in Mrd. Euro, 5 Jahres-Abstände, keine kontinuierliche Darstellung. (Quelle: Deutsche Bundesbank, div. Monatsberichte)

Grenzüberschreitende Kapitaltransaktionen führen entweder zu einem Abfluss von Devisen (Kapitalexporte) oder zu einem Devisenzufluss (Kapitalimporte). Ein negativer Saldo der Kapitalbilanz bedeutet, dass in der betrachteten Periode ein *Netto-Kapitalexport* stattgefunden hat oder, anders formuliert, sich das deutsche Nettoauslandsvermögen vergrößert hat. Ein positiver Saldo zeigt einen *Netto-Kapitalimport* bzw. eine Zunahme ausländischer Vermögenswerte im Inland.

Abb. 1.10 zeigt die Entwicklung der konsolidierten Kapitalbilanz, also die Kapitalexporte und Kapitalimporte und die Entwicklung des Nettoauslandsvermögens. So blieben beispielsweise die ausländischen Kapitalanlagen in Deutschland in den letzten beiden Jahren relativ konstant (2020: 533 Mrd. € und 2021: 571 Mrd. €). Da im gleichen Zeitraum auch die inländischen Kapitalanlagen im Ausland auf hohem Niveau blieben (2020: 724 Mrd. € und 2021: 820 Mrd. €), stieg das Nettoauslandsvermögen nur geringfügig auf 249 Mrd. €.

1.4   *Exkurs:* Die Auslandsposition der Deutschen Bundesbank

Die Auslandsposition der Deutschen Bundesbank ist **nicht** Teil der Zahlungsbilanz. Im Gegensatz zu den Transaktionsstatistiken (Stromgrößen) ist sie eine Bestandsstatistik, in der die Gold- und Devisenbestände sowie sonstige Forderungen und Verbindlichkeiten der Deutschen Bundesbank gegenüber dem Ausland verzeichnet werden. Sie gibt zu jedem

Zeitpunkt einen Überblick über die Auslandsaktiva und Auslandsverbindlichkeiten der Deutschen Bundesbank. Mit dem Beitritt zur Europäischen Währungsunion 1999 änderte sich auch die genaue Bezeichnung dieser Statistik in: „Auslandsposition der Deutschen Bundesbank in der Europäischen Währungsunion".[6]

Die Währungsreserven verdreifachten sich in den letzten 20 Jahren auf knapp 280 Mrd. €.

- Der größte Teil hiervon entfällt auf *Gold* und *Goldforderungen*. Während der Goldbestand im Jahr 2000 noch 33 Mrd. € betrug, lag er 2021 aufgrund der erheblichen Steigerung des Goldpreises bei über 170 Mrd. €.
- *Bei der Reserveposition* und den *Sonderziehungsrechten* (SZR) handelt es sich um Forderungen an den Internationalen Währungsfonds (IWF). Sonderziehungsrechte (SZR) sind bestimmte vom IWF zugeteilte Ansprüche an den IWF auf Überlassung konvertibler Währung, die im internationalen Zahlungsverkehr zwischen Zentralbanken praktisch wie Devisen akzeptiert werden. Jedes IWF-Mitglied ist verpflichtet, von anderen Zentralbanken SZR in begrenztem Umfang im Tausch gegen konvertible Währung entgegenzunehmen (vgl. hierzu Abschn. 4.4).
- Die *Devisenreserven* in Höhe von 33 Mrd. €, die zu Marktpreisen ausgewiesen werden, bestehen überwiegend aus auf US-amerikanischen staatlichen Wertpapieren. Bargeldbestände sowie Wertpapiere in anderen Währungen spielen nur eine geringe Rolle.
- Durch die vor allem in den letzten 10 Jahren stark angestiegenen *Verrechnungskonten innerhalb des Europäischen Systems der Zentralbanken (ESZB)* stiegen auch die gesamten *Auslandsaktiva*, auch als *Bruttoauslandsposition* bezeichnet, von rund 100 auf inzwischen knapp 1600 Mrd. €. Hierbei handelt es sich vorwiegend um die im Rahmen von *Target2* entstandenen Forderungen gegenüber den anderen Zentralbanken im Euroraum.
  Target2 ist ein seit 2007 bestehendes Zahlungsausgleichssystem zwischen den Zentralbanken der Euroländer. Der grenzüberschreitende Handel mit Waren und Dienstleistungen wird nicht direkt über die Geschäftsbanken abgewickelt, sondern nur indirekt unter Einbeziehung der Zentralbanken der jeweils betroffenen Länder. Die Target2-Salden stellen damit jeweils die Forderungen bzw. Verbindlichkeiten (in Euro) der Zentralbanken gegenüber den Zentralbanken des Euro-Auslands dar.
- Die *Auslandspassiva (Auslandsverbindlichkeiten)* der Deutschen Bundesbank umfassen vorwiegend Einlagen ausländischer Zentralbanken bei der Bundesbank sowie Verbindlichkeiten aus dem Auslandsgeschäft der Bundesbank.
- Subtrahiert man die Auslandspassiva von den Auslandsaktiva erhält man die Nettoauslandsposition der Deutschen Bundesbank. Diese verdoppelte sich in den letzten 10 Jahren und lag 2021 bei etwa 600 Mrd. € (vgl. Abb. 1.11).

---

[6]Vgl. zur Europäischen Währungsunion Kap. 9 und zum ESZB und der EZB insbesondere Abschn. 9.5.

Jahr	(1) Währungsreserven und sonstige Auslandsforderungen (Auslandsaktiva) (= Bruttoauslandsposition)						(2) Auslands-verbindlich-keiten (Auslands-passiva)	(3) Netto-auslands-position (1) - (2)
		Währungsreserven				Verrechnungs konten im ESZB		
		Gold und Gold-forderungen	SZR und Reserve-position im IWF	Devisenreserven: Bargeld, Einlagen, Wertpapier-anlagen				
2000	101	94	33	8	53	-7	7	94
2005	130	86	48	5	34	30	115	15
2010	525	162	115	19	28	326	273	251
2015	801	160	106	20	33	584	482	319
2020	1.429	219	167	22	30	1.136	781	648
2021	1.617	276	174	55	33	1.261	1.009	608

Abb. 1.11 Auslandsposition der Deutschen Bundesbank in der Europäischen Währungs-union. l) Alle Angaben in Mrd. Euro, Zahlen gerundet. (Quelle: Deutsche Bundesbank, div. Monats-berichte)

1.5 Sonstige Positionen der Zahlungsbilanz

Zwei weitere Zahlungsbilanzpositionen sollen zum Schluss noch kurz angesprochen werden.

1.5.1 Vermögensänderungsbilanz

Vermögensübertragungen sind einmalige einseitige Kapitaltransaktionen mit dem Ausland. Man unterscheidet *öffentliche* Übertragungen, etwa einen Schuldenerlass für einzelne Entwicklungsländer, und *private* Übertragungen, wie die Übertragung von Erbschaften, Vermögenstransfers von Aus- oder Einwanderern oder den Erlass von privaten Schulden. Von den laufenden Übertragungen, die in der Leistungsbilanz erscheinen, unterscheiden sie sich vor allem dadurch, dass es sich hier nicht um regelmäßige, sondern um einmalige Transfers handelt. Der Saldo schwankt in vielen Jahren um +/− 0, bewegt sich aber vereinzelt auch zwischen + 7 Mrd. und − 6 Mrd. € (vgl. Abb. 1.12).

1.5.2 Statistisch nicht aufgliederbare Transaktionen (Restposten)

Durch die Zahlungsbilanzposition „*Statistisch nicht aufgliederbaren Transaktionen*" wird die Zahlungsbilanz formal, also buchungstechnisch, ausgeglichen. Restposten treten dann

Jahr	Vermögensänderungs-bilanz	Statistisch nicht aufgliederbare Transaktionen (Restposten)
2000	+ 7	- 6
2005	- 1	+ 16
2010	+ 1	- 56
2015	0	- 22
2020	- 9	- 40
2021	- 1	- 29

Abb. 1.12 **Vermögensänderungsbilanz und „Restposten".** Salden in Mrd. Euro, Zahlen gerundet. (Quelle: Deutsche Bundesbank, div. Monatsberichte)

auf, wenn – wie bereits erwähnt – Zahlungsvorgänge zeitlich nicht aufeinander abgestimmt sind und nicht für alle Transaktionen im Berichtszeitraum die entsprechenden Gegenbuchungen vorgenommen werden können. Dies können *ungeklärte Beträge sein*, die aufgrund von Erfassungsfehlern, Melde- oder Bewertungsproblemen, Schätzungen oder zeitlich ungleicher Abwicklung von gegenläufigen Transaktionen entstehen.

So werden Leistungs- und Zahlungsströme häufig nicht zum gleichen Zeitpunkt abgewickelt, so dass diese einander nicht periodengerecht zugeordnet werden können. Wird beispielsweise ein Exportgeschäft getätigt, die entsprechende Finanztransaktion jedoch erst zu einem späteren Zeitpunkt durchgeführt, erfolgt die Gegenbuchung zum Zeitpunkt des Warentransfers in dieser Teilbilanz. Umgekehrt kann eine Zahlung erfolgen, ohne dass die Ware bislang als Import registriert wurde. Zudem führen Differenzen aufgrund technischer Ermittlungsfehler und Schätzungen im Leistungs- und Kapitalverkehr, etwa bei Remittances oder Kapitaltransaktionen, zu rechnerischen Abweichungen. Sind die Zahlungsausgänge in einer Periode größer als die Zahlungseingänge, entsteht ein Passivsaldo. Soweit möglich, werden die meisten der hier ausgewiesenen Beträge jedoch im darauffolgenden Jahr den „richtigen" Positionen zugeordnet.

1.6   Außenwirtschaftliches Gleichgewicht

Es wurde bereits gezeigt, dass die Zahlungsbilanz *formal* immer ausgeglichen ist, wobei der *faktische* Ausgleich durch die *Änderung der Währungsreserven* und den *Restposten* erfolgt. Von einer „nicht ausgeglichenen Zahlungsbilanz" zu sprechen, ist daher falsch. Aus analytischen Zwecken kann jedoch die Zahlungsbilanz *ohne die Änderung der Währungsreserven* betrachtet werden. In diesem Fall spricht man von einer **aktiven Zahlungs-**

Jahr	Leistungs-bilanz	Vermögens-änderungen	Kapitalbilanz [1]	Restposten	Änderung der Währungs-reserven [2]
2000	- 35	7	28	- 6	6
2005	115	- 1	- 132	16	2
2010	147	1	- 95	- 56	2
2015	260	0	- 236	- 22	-2
2020	240	- 6	- 191	- 40	0
2021	279	- 1	- 245	- 29	-32

Abb. 1.13 Zahlungsbilanzpositionen. 1) ohne „Änderung der Währungsreserven"; – = Kapital-abfluss (= Zunahme des Nettoauslandsvermögens). 2) Teil der Kapitalbilanz; – = Zunahme von Währungsreserven. Salden in Mrd. Euro, alle Zahlen gerundet. (Quelle: Deutsche Bundesbank: div. Monatsberichte)

bilanz, wenn die Aktivseite größer ist als die Passivseite, die Zahlungseingänge (in Devisen und Euro) im Betrachtungszeitraum also größer waren als die Zahlungsausgänge. Formal wird dann der Zuwachs an Währungsreserven auf der Passivseite verbucht, so dass die Zahlungsbilanz wieder ausgeglichen ist. Umgekehrt ist bei einer **passiven Zahlungsbilanz** die Passivseite größer als die Aktivseite, wiederum ohne die Betrachtung der Änderung der Währungsreserven. Der Abfluss an Währungsreserven wird dann auf der Aktivseite verbucht. Abb. 1.13 zeigt die Zusammenfassung der relevanten Positionen, die zuvor bereits besprochen wurden, wobei Aktiv- und Passivseite sich durch Vorab-Rundungen nicht immer ausgleichen.[7]

1.6.1 Folgen längerfristiger Ungleichgewichte

Ein *außenwirtschaftliches Gleichgewicht* gehört zu den wichtigsten wirtschaftspolitischen Zielen eines Landes. Da hiermit keine „ausgeglichene Zahlungsbilanz" gemeint sein kann, muss sich dieses Ziel auf Teilbilanzen beziehen, die ja üblicherweise Salden aufweisen. Unabhängig davon, welche Teilbilanzen als Maßstab für die Erreichung eines Gleichgewichts herangezogen werden, lässt sich grundsätzlich feststellen, dass Ungleichgewichte entweder Devisenzuflüsse und damit u. U. ein Anwachsen der Währungsreserven oder Devisenabflüsse und so – auf längere Sicht – möglicherweise eine höhere Verschuldung im Ausland zur Folge haben.

---

[7] Die Daten für 2021 sind zum Teil vorläufig und dürften später noch korrigiert werden.

Generell kann ein **Netto-Devisenzufluss** als Verzicht auf eine mögliche Besserversorgung etwa durch zusätzliche Importe interpretiert werden. Beispielsweise senkten Südkorea und Taiwan, zwei Länder deren Devisenbestände sich rapide erhöhten, Anfang der 1990er-Jahre folgerichtig ihre Importzölle, um den Zustrom von Devisen zu reduzieren. Auf diese Weise konnte die Versorgung der Bevölkerung durch höhere Importe verbessert werden, während die Devisenbestände abnahmen. Devisenüberschüsse werden im Ausland angelegt, das Land finanziert damit also auch Devisenlücken anderer Länder. Diese internationale Gläubigerposition bringt jedoch auch Verlustrisiken infolge von Rückzahlungsproblemen und möglichen Abwertungen der Fremdwährungen mit sich.

Internationale Probleme können sich daraus ergeben, dass jedes nationale Ungleichgewicht spiegelbildliche Ungleichgewichte in den Zahlungsbilanzen anderer Länder hervorruft und somit die Schuldnerländer möglicherweise zu politisch-ökonomischen Gegenreaktionen veranlasst. Das zusätzliche Devisenangebot engt zudem den geldpolitischen Spielraum der inländischen Zentralbank ein, die die zufließenden Devisen i. d. R. gegen inländische Währung eintauschen muss, so dass die Geldmenge (ungewollt) ansteigt und sich inflationäre Tendenzen ergeben.

Zumindest dauerhafte **Netto-Devisenabflüsse** müssen irgendwann durch im Ausland aufgenommene Devisenkredite kompensiert werden. Kann für diese der Schuldendienst (Zins- und Tilgungszahlungen) nicht geleistet werden, so ist das Land international zahlungsunfähig, eine Situation, der sich in der Vergangenheit insbesondere mehrere Entwicklungsländer gegenüber sahen. Die dann notwendigen wirtschaftlichen und politischen Strukturanpassungen sind meist mit weitreichenden sozialen, politischen und ökonomischen Folgen verbunden.

Beispiel

Ein neueres Phänomen ist, dass Länder, bei denen die Devisennachfrage das Devisenangebot übersteigt, ihren Zahlungsverpflichtungen nicht nachkommen. So leiteten Ende 2022 lt. IATA insgesamt 27 Länder, u. a. Venezuela, Nigeria, Pakistan und Bangladesch, die Einnahmen von Geldern, die sie für internationale Airlines eingenommen hatten, nicht an diese weiter, da die Banken des Landes hierfür offensichtlich nicht über genügend Devisen verfügten. ◄

Zusammenfassend lässt sich feststellen, dass langfristige Defizite nur schwer finanzierbar sind und außerdem meist negative binnenwirtschaftliche Konsequenzen nach sich ziehen.[8] Langfristige Überschüsse begünstigen dagegen internationale politisch-ökonomische Ungleichgewichte und Instabilitäten.

---

[8] Vgl. hierzu u. a. Kap. 2 und Abschn. 3.4.

1.6.2 Gleichgewichtskonzepte

Im Prinzip besteht Einvernehmen darüber, dass ein außenwirtschaftliches Gleichgewicht dann gegeben ist, wenn sich Zu- und Abflüsse von Devisen ausgleichen, so dass der Devisenbestand gleich bleibt (*Devisenbilanzkonzept*). Andererseits erlaubt ein ausgeglichener Devisenbestand keine Aussagen darüber, auf welche Weise dieser Ausgleich erfolgt. So können Leistungsbilanzdefizite durch eine steigende Auslandsverschuldung finanziert und damit kompensiert werden, während Leistungsbilanzüberschüsse durch entsprechende Devisenkredite an ausländische Schuldner ausgeglichen werden können. Ein solches Konzept, bei dem die Vermeidung von Devisenbestandsveränderungen Indikator für die Zielerreichung „außenwirtschaftliches Gleichgewicht" wäre, ist also wenig aussagefähig, da die Ursachen hierfür unklar bleiben, und müsste durch eine Analyse der Entwicklung der Ausgleichmechanismen, also im Prinzip eine Analyse der anderen Teilbilanzen, ergänzt werden.

Handelsbilanz- und Außenbeitragskonzept
Steht die Erzielung eines Gleichgewichts beim realen Leistungsaustausch mit dem Ausland im Vordergrund, wird häufig eine ausgeglichene Handelsbilanz als Gleichgewichtsindikator genannt (*Handelsbilanzkonzept*). Es ist allerdings wenig einleuchtend, warum hierbei die Ergebnisse des grenzüberschreitenden Dienstleistungsaustausches unberücksichtigt bleiben sollen. Fasst man daher beide Teilbilanzen zusammen, so erhält man die „Leistungsbilanz im engeren Sinn" oder den *Außenbeitrag* zur Gesamtnachfrage im Inland.

Ein *Defizit* in diesem Bereich verweist darauf, dass ein Land nicht in der Lage ist, die Binnennachfrage mit eigenen Leistungen zu befriedigen, bei einem *Überschuss* stellt das Land eigene Leistungen für andere Länder gegen entsprechende Exporteinnahmen zur Verfügung. Das *Außenbeitragskonzept* kann daher als Maßstab für die außenwirtschaftliche Leistungsfähigkeit für Länder bedeutsam sein, in denen Defizite oder Überschüsse im Bereich der Primär- und Sekundäreinkommen eine eher untergeordnete Rolle spielen. Es kann aber auch dann sinnvoll sein, wenn regelmäßige Übertragungen im Rahmen der internationalen Entwicklungszusammenarbeit Defizite der Handels- und Dienstleistungsbilanz ausgleichen und eine Betrachtung etwa der gesamten Leistungsbilanz, wie bei dem *Leistungsbilanzkonzept* (s. u.), keine angemessenen Vergleiche zulassen würden.

Leistungsbilanzkonzept
Da jedoch in jedem Fall Defizite bei den grenzüberschreitenden Faktoreinkommen Arbeit und Kapital, den Primäreinkommen, sowie bei den regelmäßigen Übertragungen (Sekundäreinkommen) finanziert werden müssen, wird heute i. d. R. der *Saldo der Leistungsbilanz (current account)* als aussagefähigster Maßstab für ein außenwirtschaftliches Gleichgewicht angesehen.

Jahr	Handelsbilanz-saldo	Außenbeitrag	Leistungsbilanz-saldo	Devisenbilanz-saldo
2000	50	1	- 35	13
2005	144	118	115	2
2010	161	136	147	2
2015	248	230	260	- 2
2020	190	193	240	0
2021	192	197	279	-32

Abb. 1.14 Konzepte eines außenwirtschaftlichen Gleichgewichts. Ausgewählte Daten der deutschen Zahlungsbilanzstatistik (Salden in Mrd. Euro). (Quelle: Deutsche Bundesbank, Monatsberichte, Dezember 2002, Februar 2006; eigene Berechnungen)

Schon 1969 präzisierte die Bundesregierung in ihrem Jahreswirtschaftsbericht das Ziel des außenwirtschaftlichen Gleichgewichts folgendermaßen: *„Das Ziel ist erreicht, wenn der Außenbeitrag etwa 1,5 % des BSP auf mittlere Sicht beträgt."* Bei einem deutschen BSP oder BIP von etwa 3,6 Bio. € (2021) bedeutet dies etwa 54 Mrd. €, ein Betrag, der auch heute noch ausreichen würde, um Defizite in anderen Teilbilanzen der Leistungsbilanz auszugleichen. Wie Abb. 1.14 zeigt, hat Deutschland allerdings zu keinem Zeitpunkt und mit keinem der betrachteten Konzepte das Ziel eines außenwirtschaftlichen Gleichgewichts erreicht.

Diese hohen Überschüsse widersprechen nicht nur der Zielsetzung, ein *außenwirtschaftliches Gleichgewicht* zu erreichen. Sie laufen auch den Forderungen der Europäischen Union zuwider, die bereits 2011 ein Frühwarnsystem für makroökonomische Ungleichgewichte in den Mitgliedsländern eingeführt hat. Demzufolge sind u. a. Leistungsbilanzüberschüsse, die drei Jahre in Folge den Schwellenwert von im Mittel 6 % des BIP überschreiten, als kritisch anzusehen. Dies trifft für Deutschland seit Mitte der 2000er-Jahre zu, vgl. Abb. 1.15.

Kritisch sind längerfristige hohe Leistungsbilanzüberschüsse vor allem auch in Bezug auf die Außenhandelspartner zu bewerten, die dadurch im Regelfall Leistungsbilanzdefizite und tendenziell auch Arbeitsplatzverluste hinnehmen müssen. Daher wird von Deutschland auch gefordert die Binnennachfrage stärker zu fördern, beispielsweise durch eine Senkung der Mehrwertsteuer, und die staatlichen Investitionen in größerem Umfang zu erhöhen. Beide Maßnahmen sollen zu einer Erhöhung der Importe führen und so zu einer Senkung des Leistungsbilanzüberschusses beitragen.[9]

---

[9] Vgl. Weber und Wölfel 2014; Joebges (2014).

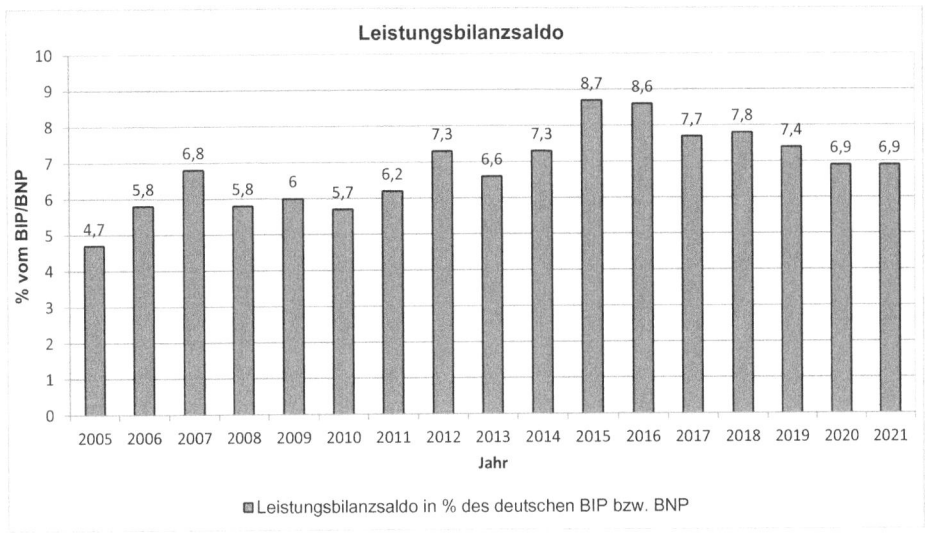

Abb. 1.15 **Die Entwicklung des deutschen Leistungsbilanzsaldos.** Eigene Berechnungen

Viele Länder haben jedoch eher das Problem längerfristiger *Leistungsbilanzdefizite*, hierzu zählen neben einigen Industrieländern *(advanced economies)* vor allem viele Entwicklungsländer *(emerging markets; developing economies)*. Bei den Industrieländern sind dies u. a. die USA, die in den letzten 15 Jahren regelmäßig Leistungsbilanzdefizite zwischen 2 und 3 % des BIP erwirtschafteten,[10] aber auch Frankreich (Defizite meist um 1 %) und Großbritannien (Defizite meist zwischen 3 und 5 %). Vor allem haben jedoch viele Entwicklungsländer dauerhafte Leistungsbilanzdefizite. Während die Schwellen- und Entwicklungsländer in Asien (einschl. China) im Schnitt moderate Leistungsbilanzüberschüsse aufweisen, liegen die Leistungsbilanzdefizite in den afrikanischen Ländern südlich der Sahara meist zwischen 3 und 5 % und die Defizite der ärmeren Länder *(Low Income Countries, LICs)* zwischen 2 und 3 % (vgl. Abb. 1.16).[11]

Ländergruppen

Die Weltbank unterscheidet insgesamt vier Ländergruppen nach dem Hauptkriterium *Bruttonationaleinkommen pro Kopf* (BNP/Kopf, Prokopfeinkommen), das regelmäßig angepasst wird.

- Länder mit einem BNP/Kopf von weniger als 1045 US$ werden als Low Income Countries (LIC) bezeichnet
- Länder mit einem BNP/Kopf bis 13.205 US$ bilden die Gruppe der Middle Income Countries (MIC), wobei noch einmal unterschieden wird zwischen den *Lower Middle Income Countries* (bis 4255 US$) und den *Upper Middle Income Countries.*

---

[10] Vgl. hierzu ausführlich Kap. 2.

[11] Vgl. hierzu auch Abschn. 2.2.1.

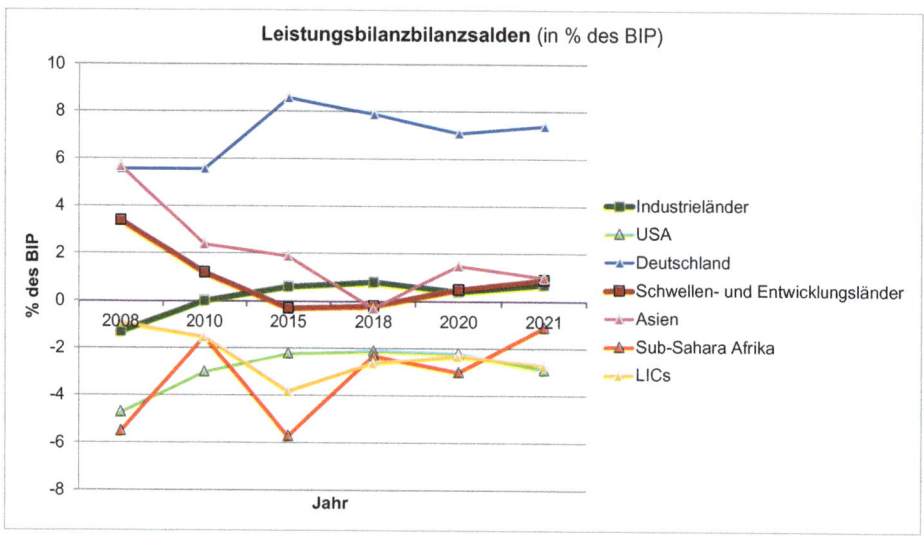

Abb. 1.16 **Entwicklung der Leistungsbilanzsalden** (in % des BIP). (Quelle: IMF 2016, S. 243 ff., 2022, S. 152 ff.)

- Alle Länder deren BNP/Kopf über 13.205 US$ liegen werden als High Income Countries (HIC) bezeichnet.
- Schwellenländer sind diejenigen Entwicklungsländer, von denen angenommen werden kann, dass sie aufgrund ihrer wirtschaftlichen Entwicklung die typischen Merkmale eines Entwicklungslandes selbst überwinden können.

1.7   Zahlungsbilanzkorrektur und Zahlungsbilanzfinanzierung

Auch wenn keine völlige Übereinstimmung über das zu verwendende Gleichgewichtskonzept besteht, so streben praktisch alle Konzepte zumindest auf mittlere Sicht doch letzten Endes ein *Gleichgewicht der Devisenbilanz* an, so dass auch dieses Konzept noch eine gewisse Relevanz für die Praxis besitzt. Der Ausgleich kann entweder durch eine Zahlungsbilanzkorrektur oder durch Zahlungsbilanzfinanzierung geschehen.

Bei der **Zahlungsbilanzkorrektur** werden Veränderungen **innerhalb** der Kapital- oder Leistungsbilanz angestrebt, so dass ein interner Ausgleich der Ungleichgewichte erfolgt. Bei einem *Leistungsbilanzüberschuss* zählen hierzu, wie erwähnt, Maßnahmen, die die Importe steigern und – falls möglich – die Exporte verringern sollen. Bei einem *Leistungsbilanzdefizit* gehören analog hierzu Maßnahmen, die durch eine Verbesserung der Exportvoraussetzungen die Exporte erhöhen oder – möglicherweise durch den Einsatz protektionistischer Instrumente – Importe verringern sollen. Eine andere Möglichkeit ist ein Ausgleich über die Bilanz der Sekundäreinkommen, beispielsweise durch eine Steigerung von regelmäßigen unentgeltlichen Leistungen aus dem Ausland, etwa über die Remittances.

Der unerwünschte Zufluss von Devisen bei Leistungsbilanzüberschüssen bzw. der Abfluss von Devisen bei Leistungsbilanzdefiziten kann auch intern durch eine „Korrektur" der *Kapitalbilanz* erfolgen. So kann versucht werden Kapitalimporte durch die Förderung von *Direktinvestitionen* zu erreichen. Dies kann beispielsweise, wie in vielen Schwellen- und Entwicklungsländern erfolgreich praktiziert, durch die Schaffung von Sonderwirtschaftszonen (SWZ) erfolgen.[12]

Eine andere Möglichkeit, gerade bei Schwellenländern, besteht darin, den Kapitalmarkt zu entwickeln, um so ausländische Anleger zum Kauf von inländischen Wertpapieren, Aktien und Anleihen, zu motivieren. Allerdings ist diese „Korrektur" vor allem deswegen problematisch, weil diese Anlagen, Portfolioinvestitionen,[13] in Krisen meist schnell abgezogen werden.

Bei der **Zahlungsbilanzfinanzierung** wird versucht Ungleichgewichte durch entsprechende Ausgleichsbewegungen bei den Währungsreserven der Zentralbank zu reduzieren. Dies geschieht vor allem durch die Aufnahme von Krediten in fremder Währung, vor allem in US$ oder Euro, auf den internationalen Kapitalmärkten. Hier besteht die Gefahr, dass in Krisensituationen der Wert der Fremdwährung im Verhältnis zur eigenen Währung steigt, so dass die Auslandsschulden möglicherweise nicht zurückgezahlt werden können. Dies wird in Kap. 11 eingehender behandelt.

Insgesamt gesehen sind Maßnahmen der Zahlungsbilanzkorrektur eher geeignet, langfristige Ungleichgewichte zu beseitigen, während die Zahlungsbilanzfinanzierung eher ein Instrument zur Beseitigung kurzfristiger Ungleichgewichte ist.

Fazit

Die *Zahlungsbilanz* ist ein wichtiges Instrument zur Beurteilung der realen und der monetären Außenwirtschaftsbeziehungen eines Landes. Eine Analyse der Ergebnisse der außenwirtschaftlichen Transaktionen informiert nicht nur über die *außenwirtschaftliche Verflechtung* eines Landes, sondern ermöglicht auch Aufschlüsse über kurzfristige oder strukturelle *Ungleichgewichte* der Volkswirtschaft. Außenwirtschaftliche Ungleichgewichte können Ursachen für *Handelskonflikte* mit z. T. erheblichen politischen Auswirkungen sein, wie dies beispielsweise schon seit Längerem zwischen den USA und China der Fall

---

[12] SWZ sind meist klar abgegrenzte geographische Gebiete, in denen Unternehmen eine geeignete Infrastruktur und für sie günstige administrative Regulierungen vorfinden. Im Gegenzug für die Reduzierung von Importzöllen, die Gewährung von Steuervergünstigungen, die Beschleunigung von Genehmigungsprozessen und von Investitionen in die physische Infrastruktur erwarten die Regierungen von den Unternehmen Direktinvestitionen, mit denen sie Arbeitsplätze schaffen und vor allem den Export ankurbeln und Deviseneinnahmen generieren. Vgl. hierzu Abschn. 12.3 sowie Koch (2023), Abschn. 7.3.5.

[13] Portfolioinvestitionen sind Finanzinvestitionen, in diesem Fall im Ausland, mit denen Rendite erwirtschaftet, jedoch nicht wie bei Direktinvestitionen Einfluss auf das Unternehmen genommen werden soll, also etwa der Kauf von Anleihen, Aktien oder Fondsanteilen.

ist. Für die Beurteilung der Auslandsverschuldung der Entwicklungsländer, der daraus resultierenden Zahlungsverpflichtungen und der Zahlungsfähigkeit stellt die Zahlungsbilanzanalyse wichtige Informationen bereit. Das häufig aus merkantilistischen Gründen als weniger wichtig eingestufte Ziel des außenwirtschaftlichen Gleichgewichts wird im weltwirtschaftlichen Kontext zu einem zentralen wirtschaftspolitischen Ziel mit erheblichen nationalen und internationalen Konsequenzen. Neben der nationalen Analyse der Zahlungsbilanzstatistik, deren Aussagefähigkeit durch Periodenvergleiche erhöht wird, sind damit auch internationale Zeitpunkt- und Periodenvergleiche wichtige Analyseinstrumente zur Beurteilung außenwirtschaftlicher Aspekte.

Literatur Kap. 1[14]

Deutsche Bundesbank (1995) Änderungen in der Systematik der Zahlungsbilanz; in: Deutsche Bundesbank, Monatsberichte, März 1995

Deutsche Bundesbank (2014) Änderungen in der Methodik und Systematik der Zahlungsbilanz und des Auslandsvermögensstatus; in: Monatsbericht, Juni 2014

Deutsche Bundesbank: Monatsberichte; div. Ausgaben

IMF (2016) World Economic Outlook (WEO) 2016, Washington October 2016, https://www.imf.org/en/Publications/WEO/Issues/2016/12/31/Subdued-Demand-Symptoms-and-Remedies

IMF (2022) World Economic Outlook (WEO) 2022, Washington April 2022, https://www.imf.org/en/Publications/WEO/Issues/2022/04/19/world-economic-outlook-april-2022

Joebges, H. (2014) Zur Problematik der deutschen Leistungsbilanzüberschüsse; in: Wiso direkt – Analysen und Konzepte zur Wirtschafts- und Sozialpolitik, Juni 2014, http://library.fes.de/pdf-files/wiso/10823.pdf

KNOMAD-Weltbank (2021) MigrationandDevelopment Brief35.pdf, November 2021 und frühere Ausgaben

Koch, E. (2010) Remittances and Brain Gain – Impacts of International Migration; in: Koch, E./Speiser, S. (Hrsg.) Internationale Migration – Chancen und interkulturelle Herausforderungen. München/Mering, S. 1–22

Koch, E. (2023) Internationale Wirtschaftsbeziehungen I. Internationaler Handel zwischen Freihandel und Protektionismus. 4. Auflage, Wiesbaden

Krugman, P.R. et al. (2019) Internationale Wirtschaft: Theorie und Politik der Außenwirtschaft. 11. Aufl., u. a. München

Pilbeam, K. / Beckmann, J. (2017) Internationale Wirtschaft. Wechselkurse, Zahlungsbilanz und Weltwährungssystem. Stuttgart

Reich, R. (1997) Die neue Weltwirtschaft. Frankfurt

Weber, C. / Wölfel, K. (2014) Deutsche Leistungsbilanzüberschüsse in der Kritik; in: Wirtschaftsdienst, 2014, Heft 7, S. 500–507. http://archiv.wirtschaftsdienst.eu/jahr/2014/7/deutsche-leistungsbilanzueberschuesse-in-der-kritik/

---

[14] Letzter Zugriff auf die im Literaturverzeichnis und den Links genannten Internetquellen jeweils 10/2022.

Ausgewählte Links

Statistisches Bundesamt: Gesamtentwicklung des deutschen Außenhandels, https://www.destatis.de/DE/Themen/Wirtschaft/Aussenhandel/Tabellen/gesamtentwicklung-aussenhandel.pdf?__blob=publicationFile

Fallstudie: Außenwirtschaftliches Ungleichgewicht am Beispiel der USA

2

Gravierende außenwirtschaftliche Ungleichgewichte der großen Außenwirtschaftsnationen können die Weltwirtschaft entscheidend beeinflussen. Dies gilt umso mehr, wenn es sich wie im Fall der USA um ein großes lang andauerndes außenwirtschaftliches Ungleichgewicht handelt und dieses Land zudem noch mit dem US-Dollar über die bedeutsamste Handels- und Reservewährung der Welt verfügt.

2.1 Die Entwicklung der amerikanischen Leistungsbilanz

Seit Beginn der 1980er-Jahre ist die Weltwirtschaft von erheblichen Ungleichgewichten im Außenhandel betroffen. Während andere große Außenhandelsnationen wie Japan, Deutschland und China (seit Mitte der 2000er-Jahre) meist große Handelsbilanz- und Leistungsbilanzüberschüsse erzielen, weisen die Handels- und Leistungsbilanzen der USA in den letzten 40 Jahren permanent hohe Defizite auf. Seit den 2000er-Jahren sanken diese im Durchschnitt zwar von 5,0 % bezogen auf das BIP im Mehrjahresdurchschnitt auf knapp 2,5 % in den 2010er-Jahren, dennoch gab es in diesem Zeitraum kein Jahr mit Leistungsbilanzüberschüssen und zudem steigen die Defizite seit 2017 auch wieder an. In der Spitze betrugen die Leistungsbilanzdefizite im Zeitraum 2006 bis 2010 über 600 Mrd. US$ p.a.und in den folgenden 10 Jahren über 440 Mrd. US$ p.a. Abb. 2.1 zeigt die absolute Höhe der Defizite seit den 1980er-Jahren, während Abb. 2.2 einen Überblick über die Leistungsbilanzdefizite in % des jeweiligen BIP gibt.

Anders formuliert, sind die USA schon seit 1982 nicht in der Lage, ihre Importe (Waren und Dienstleistungen) durch Exporteinnahmen zu finanzieren. In den letzten 10 Jahren lag der Anteil der Importausgaben, der durch Exporteinnahmen gedeckt werden konnte, nur zwischen 73 und 80 %. Zum Vergleich: Deutschland konnte im gleichen Zeitraum seine

E. Koch, *Internationale Wirtschaftsbeziehungen II*,
https://doi.org/10.1007/978-3-658-43377-2_2

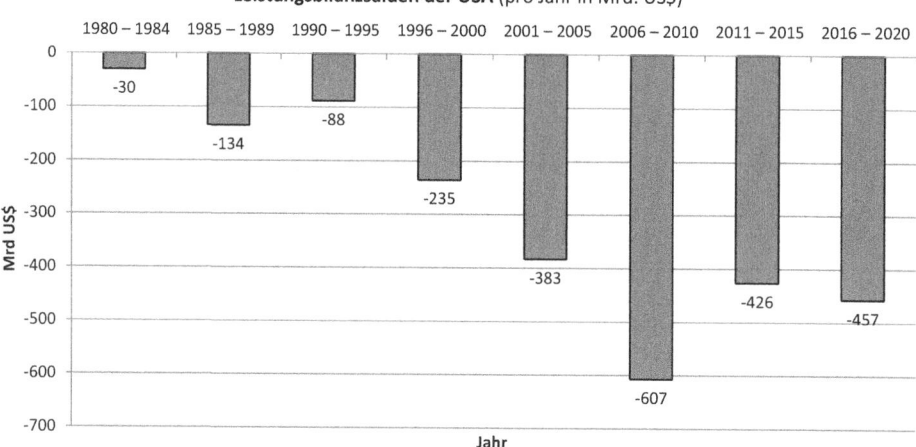

Abb. 2.1 Leistungsbilanzsalden der USA (durchschnittlich pro Jahr) in Mrd. US\$, durchschnittlich pro Jahr in den jeweiligen 5-Jahres-Perioden. (Quellen: OECD-Wirtschaftsausblick, IMF- World Economic Outlook, div. Jahrgänge, Table A 10, eigene Berechnungen)

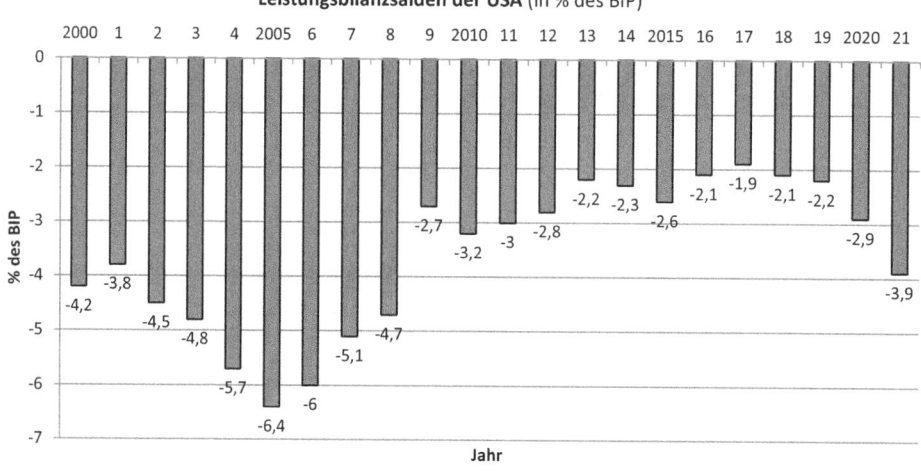

Abb. 2.2 Leistungsbilanzsalden der USA (in % des BIP). (Quelle: IMF- World Economic Outlook , div. Jahrgänge, Table A 10)

Waren- und Dienstleistungsimporte mit Exporteinnahmen in einer Größenordnung zwischen 104 % und 117 % decken.[1]

Eine vorübergehende Verringerung des Leistungsbilanzdefizits der USA Anfang der 1990er-Jahre wurde im Wesentlichen verursacht durch Kompensationszahlungen von Drittstaaten zur Deckung der amerikani-

---

[1] USA: https://data.worldbank.org/indicator/BX.GSR.GNFS.CD?locations=US; Deutschland: Deutsche Bundesbank Monatsberichte, div. Jahrgänge.

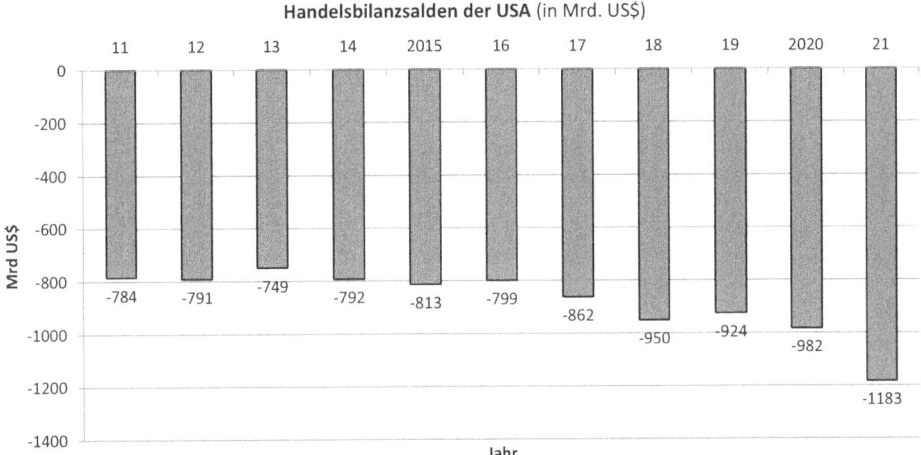

Abb. 2.3 Handelsbilanzsalden der USA **(in Mrd. US\$).** (Quelle: WTO, https://de.statista.com/ statistik/daten/studie/15635/umfrage/handelsbilanz-der-usa/)

schen Ausgaben für den 1. Golfkrieg gegen den Irak sowie vor allem durch umfangreiche US-Exporte nach Kuwait unmittelbar nach Beendigung des Krieges. Dies blieb jedoch eine Sonderentwicklung, so dass ab 1992 die Defizite wieder anstiegen.

Während die USA Anfang und Mitte der 1990er-Jahre noch pro Tag Waren und Dienstleistungen im Wert von etwa 200 Mio. US\$ mehr aus dem Ausland importierten als sie dorthin exportierten, verzehnfachte sich das Defizit im grenzüberschreitenden Waren- und Dienstleistungsaustausch seit Mitte der 2000er-Jahre auf bis zu 2 Mrd. US\$ pro Tag (!). Betrachtet man ausschließlich den Warenhandel, stieg das Handelsbilanzdefizit 2021 sogar auf über 3 Mrd. US\$ pro Tag (vgl. Abb. 2.3). Anders formuliert: Der Überschuss im grenzüberschreitenden Dienstleistungshandel reduziert das Handelsbilanzdefizit nur um etwa ein Drittel.

Die größten Handelsbilanzdefizite entfielen wie in den meisten Jahren zuvor auch 2021 auf die wichtigsten Handelspartner China (30 %), Mexiko (10 %), Deutschland (6 %) Japan und Kanada (jeweils 5 %). Damit hatten diese fünf Länder einen Anteil an dem gesamten US-amerikanischen Handelsbilanzdefizit von mehr als 50 %.[2]

2.2 Ursachen des amerikanischen Leistungsbilanzungleichgewichts

Ungleichgewichte im Handel zwischen Nationen sind nichts Ungewöhnliches. Betrachtet man nur kurze Perioden, wären vielmehr Gleichgewichte unnormal. Erstrecken sich jedoch Ungleichgewichte dieser Größenordnung über einen längeren Zeitraum, sollten die

---

[2] https://de.statista.com/statistik/daten/studie/898777/umfrage/handelsbilanz-der-usa-im-warenhandel-mit-wichtigen-handelspartnern/.

Ursachen und die Folgen für die betreffenden Länder und – da es sich bei den USA um die wichtigste Wirtschaftsnation der Welt handelt – auch für die Weltwirtschaft analysiert werden. Bei den folgenden Überlegungen ist zu berücksichtigen, dass sich die USA in einer privilegierten Situation befinden. Sie sind in der Lage, den größten Teil ihrer Importe mit eigener Währung zu bezahlen, da der US$ nach wie vor die *Hauptreservewährung* der Welt ist, so dass ein großer Teil der aus den USA strömenden Zahlungsmittel in den betreffenden Exportländern als *Devisenreserve* gehortet wird. Hinzu kommt, dass bestimmte Güterpreise, vor allem Rohstoffe, wie etwa Öl, auf dem Weltmarkt traditionell in US$ notiert werden. Daher hatten die USA in der Vergangenheit auch keine Probleme, sich im Ausland in ihrer Währung zu verschulden, da ausländische Gläubiger, vor allem aber die Regierungen der großen Exportstaaten, jederzeit bereit waren, in US$ notierte Anleihen, insbesondere Staatsanleihen, zu erwerben.

2.2.1 Export-Import-Relationen der USA

Die dargestellten Entwicklungen haben sowohl nationale als auch internationale Ursachen, die an dieser Stelle nicht einzeln dargelegt werden können. Vereinfachend soll die Erklärung von einer zentralen Hypothese abgeleitet werden, die mit der Entwicklung der US-Wirtschaft in den 1980er-Jahren begann und gleichzeitig im Umkehrschluss eine Antwort auf die Frage nach den hohen Außenhandelsüberschüssen der Hauptkonkurrenten der USA auf dem Weltmarkt erlaubt. Die These lautet: „Die Hauptursache der hohen Handelsbilanzdefizite liegt in einer zu niedrigen internationalen Wettbewerbsfähigkeit der USA bei Sachgütern bei gleichzeitig gestiegener Exportfähigkeit der Weltmarktkonkurrenz." Folgt man dieser These, so erklärt sich das amerikanische Defizit primär aus einer *Exportschwäche*, weniger dagegen aus überhöhten Importen.

Aufgrund der Größe ihres Binnenmarktes sind die USA in einem weit geringeren Umfang in den Weltmarkt integriert, als dies bei kleineren Staaten der Fall ist. Dies trifft zwar sowohl für die Importe als auch für die Exporte zu, bei den Exporten jedoch in weit größerem Ausmaß. Während sich dies bei den Importen grundsätzlich eher günstig auf die Handelsbilanz auswirkt, gilt dies bei den Exporten nicht. Im Vergleich der größten Außenhandelsnationen liegt der US-amerikanische Anteil der **Importe** am BIP mit 12 % am niedrigsten. Nur Japan hat mit 13 % einen ähnlich niedrigen Anteil, wobei Japan jedoch aufgrund seiner Außenwirtschaftspolitik und kulturellen Eigenheiten eine Sonderstellung einnimmt. Im Vergleich mit allen anderen großen Handelsnationen sind die US-Importe daher als gering anzusehen (vgl. Abb. 2.4 und 2.5).

Bei den **Exporten** ist die „Ausnahmestellung" der USA noch wesentlich ausgeprägter und vor allem problematischer. Der Anteil der Exporte am BIP erreicht mit 7 % bis maximal 9 % seit den 1990er-Jahren extrem niedrige Werte, die weit unter denen anderer Exportnationen liegen. Damit sind die Exporterlöse viel zu gering, um die Importe zu finanzieren. Wie das steigende Handelsbilanzdefizit zeigt, erhöht sich die absolute Bedeutung der Importe derzeit noch weiter, ist aber im internationalen Maßstab betrachtet keineswegs

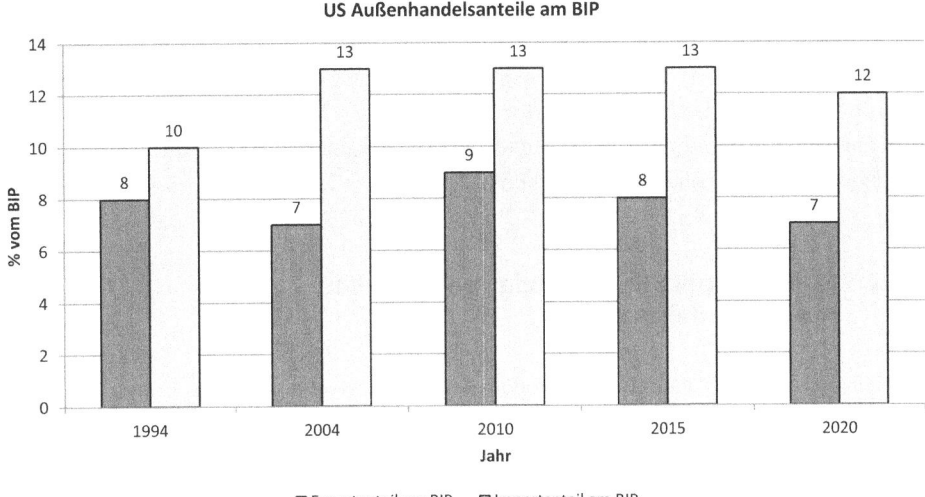

Abb. 2.4   Export- Importrelationen der USA. (Quellen: WTO 2021; World Bank 2021, Eigene Berechnungen)

Export Rang 2021	Land	Exportanteil am BIP in %			Import Rang 2021	Importanteil am BIP in %		
		2020	2015	2010		2020	2015	2010
1	China	18	21	26	2	14	15	23
2	USA	7	8	9	1	12	13	13
3	Deutschland	36	40	36	3	30	31	31
4	Niederlande	74	74	68	6	65	67	61
5	Japan	13	14	13	5	13	15	12
6	Hongkong	160	165	175	8	166	181	192
7	Südkorea	31	36	41	9	29	30	37
8	Italien	26	25	21	10	22	22	23
9	Frankreich	19	21	20	7	22	23	23
10	Belgien	80	86	85	12	76	81	81
11	Mexiko	39	32	28	13	36	35	29
12	Großbritannien	14	16	17	4	23	21	24
13	Kanada	25	24	24	11	25	28	25
14	Singapur	105	114	146	15	90	96	130

Abb. 2.5   Export- und Importrelationen der größten Außenhandelsnationen. Ex- und Importe von Sachgütern, Zahlen gerundet. (Quellen: WTO (2021), World Bank (2021), wits.worldbank, Eigene Berechnungen)

als zu hoch anzusehen. Das zentrale Problem ist daher in dem Rückgang der relativen Bedeutung der Exporte, in einer *Exportschwäche*, zu sehen. Dies ist vor allem auch deswegen bemerkenswert, weil die in der Vergangenheit hohen ausländischen Direktinvestitionen in den USA, zu einer Modernisierung des Produktionspotenzials und des Warenangebots wesentlich beitrugen und damit – zumindest theoretisch – die Voraussetzungen für zunehmende Exporte erhöhen.

2.2.2 *Exkurs*: Export-Import-Relationen großer Außenhandelsnationen

Bei der Betrachtung der anderen großen Außenhandelsnationen lassen sich folgende unterschiedliche Konstellationen in den Handelsbilanzen unterscheiden, die sich interessanterweise in den letzten 20 Jahren auch kaum verändert haben (vgl. Abb. 2.5).

- Deutschland, China, Südkorea und Italien weisen Handelsbilanzüberschüsse auf, ihre Sachgüterexporte überstiegen durchgehend die Importe, allerdings in unterschiedlichem Umfang. In Deutschland lagen die Exportanteile am BIP mit 36 % bis 40 % in den letzten 10 Jahren um 5 % bis 9 % über den Importanteilen. Chinas Exportanteile am BIP waren mit 18 % bis 26 % etwas niedriger, aber durchweg um 3 % bis 6 % höher als die Importanteile. Auch Italien und Südkorea weisen ähnlich Außenhandelsrelationen auf.
- Kanada (25 %), Mexiko (28 % bis 39 %) und Japan (13 %) verzeichnen nur geringe Unterschiede bei Export- und Importanteilen, die sich in den letzten Jahren meist ausglichen, also um die 0 % Marke schwankten. Mexiko gelang dies erst in den letzten Jahren, nachdem zuvor meist leichte Handelsbilanzdefizite kompensiert werden mussten.
- Großbritannien und Frankreich sind Defizitländer. Seit 20 Jahren verzeichnen beide Länder Handelsbilanzdefizite, der Exportanteil am BIP ist also jeweils geringer als der Importanteil. In Frankreich (Exportanteil um 20 %) betrug der Unterschied meist nur 1 % bis 3 % in Großbritannien (Exportanteil um 16 %) dagegen 6 % bis 9 %.
- Die Handelsbilanzen der Niederlande und von Belgien weisen Überschüsse auf. Auffallend sind aber vor allem die großen Volumina der Exporte und Importe bzw. die große Bedeutung des Außenhandels für die eher kleinen Länder. Die Exportanteile in Belgien (12 Mio. Einwohner) betrugen 80 % bis 86 % und in den Niederlanden (18 Mio. Einwohner) 68 % bis 74 % bezogen auf das BIP. In beiden Ländern liegt der Exportanteil zwischen 4 % und 9 % über den jeweiligen Importanteilen. Der Grund für die großen Volumina liegt in den Häfen Antwerpen (Belgien) und Rotterdam (Niederlande), über die ein großer Teil des Außenhandels für die anderen EU-Länder abgewickelt wird.
- Eine ähnliche Position haben Hongkong (7 Mio. Einwohner) und Singapur (5 Mio. Einwohner), die sich jedoch noch extremer auswirkt. In beiden Stadtstaaten sind die

Exporte größer als die Summe der im Land produzierten Güter und Dienstleistungen, also ihr BIP. In Hongkong liegt der Exportanteil am BIP derzeit etwa bei 160 % und in Singapur bei 105 %. Dies ist natürlich nur möglich, wenn ein großer Teil der Güter aus dem Ausland zunächst importiert wurde, um dann mit den dortigen Transportmitteln (per Schiff und per Flugzeug) re-exportiert zu werden. Tatsächlich wurde in beiden Ländern nur ein verhältnismäßig geringer Anteil der Exporte (Hongkong 6 %, Singapur 43 %) im eigenen Land produziert. Der größere Anteil besteht aus Re-Exporten, die in anderen Ländern (in Hongkong ausschließlich in China) produziert und anschließend meist über die Häfen exportiert wurde. Ähnliches gilt für die Importe. Nur ein verhältnismäßig kleiner Anteil (Hongkong 22 %, Singapur 37 %) war für das Inland bestimmt, der größte Teil wurde wieder exportiert. Aufgrund ihrer ausgezeichneten Transportfazilitäten, vor allem der gut ausgebauten modernen Tiefseehäfen, haben beide Länder also eine überregional bedeutsame Funktion als Verkehrsknotenpunkt bzw. als *transport hub*.

2.2.3 Ungleichgewicht zwischen inländischem Spar- und Kreditvolumen

In einer Volkswirtschaft werden Ersparnisse benötigt, um den privaten und öffentlichen, kurz- und langfristigen Kreditbedarf am einheimischen Finanzmarkt zu decken. Auf Finanzmärkten werden Wertpapiere, Geld und Devisen gehandelt, treffen also Angebot und Nachfrage nach *Finanzprodukten* zusammen. Üblicherweise unterscheidet man *Geldmärkte* für kurzfristige und *Kapitalmärkte* für mittel- und längerfristige Finanztransaktionen. Traditionell werden auf dem Geldmarkt große Beträge gehandelt, so dass hier nur die Zentralbank und Geschäftsbanken und sonstige Finanzintermediäre sowie wenige große Unternehmen und Privatpersonen vertreten sind. Bei den folgenden Betrachtungen wird daher der Kapitalmarkt im Mittelpunkt stehen, wobei Geldmarkteinflüsse nicht ausgeschlossen werden.

Übersteigt das nationale Sparvolumen die nationale Kreditnachfrage, wird zunächst der Zinssatz sinken, reicht dies nicht aus, um die Kreditnachfrage zu stimulieren, so wird das überschüssige Kapital exportiert. Ist das vorhandene Sparvolumen zu gering, um die Kreditnachfrage zu decken, besteht eine **Sparlücke**, es muss also Kapital importiert werden.

Ab Ende der 1970er-Jahre begannen die amerikanischen Wirtschaftspolitiker mit umfassenden Steuersenkungen die Angebotsseite der Wirtschaft zu stärken. Von dieser *Supply-Side Economics* versprach man sich wirtschaftsfördernde Effekte, durch die die Steuerausfälle überkompensiert werden sollten. Allerdings wurden gleichzeitig die öffentlichen Ausgaben vor allem für den eher unproduktiven Rüstungssektor erheblich gesteigert, so dass diese Variante der Wirtschaftspolitik, die nach dem damaligen US-Präsidenten *Ronald Reagan* als *„Reaganomics"* bezeichnet wurde, ab 1982 zu hohen bis in die späten 1990er-Jahre anhaltenden **Haushaltsdefiziten** führte. Nachdem 1979 noch ein kleiner Haushaltsüberschuss angefallen war, betrug – nach der 1981 erfolgten Senkung der Einkommens- und Kapitalertragssteuern – das durchschnittliche jährliche Defizit der öffentlichen Haushalte in der Zeit zwischen 1982 und 1996 und wieder seit 2002 über 200 Mrd. US$ p.a. Anschließend stieg das Haushaltsdefizit laufend an und erreichte mit 3 Bio. US$ und 14 % des BIP 2020 einen Höhepunkt. 2021 lag die kumulierte amerikanische Staatsverschuldung bereits bei knapp 30 Bio. US$, fast 130 % des BIP, der höchsten Schuldenquote in der Geschichte der USA, die sogar die hohe Verschuldung nach dem zweiten Weltkrieg überstieg. Für 2027 wird sogar ein Haushaltsdefizit von über 40 Bio. US$ prognostiziert (vgl. Abb. 2.6 und 2.9). Zum Vergleich: Deutschland wies 2021 auf dem Höhepunkt der Corona Pandemie eine Staatsverschuldung von 2,3 Bio. US$ und damit eine Schuldenquote von 65 % sowie ein Haushaltsdefizit 3,7 % auf.

US-Haushaltsdefizite

Das bereits 1985 verabschiedete *Gramm-Rudman-Hollings-Gesetz*, das die Haushaltsdefizite schrittweise reduzieren wollte, war damit schon frühzeitig gescheitert. Zunächst gelang es der amerikanischen Regierung ab 1993 zwar das Defizit abzubauen, vor allem durch eine Einnahmensteigerung infolge des längsten Wirtschaftsbooms der amerikanischen Geschichte. Da zwischen 1998 und 2000 sogar Haushaltsüberschüsse erwirtschaftet worden waren, plante die demokratische Regierung unter Präsident *Bill Clinton* zeitweise sogar, die gesamten Staatsschulden innerhalb von 10 bis 15 Jahren ganz abzubauen. Die Terroranschläge auf das *World Trade Center* und das *Pentagon* im September 2001 (*Nine Eleven*) und vor allem die US-amerikanischen Reaktionen hierauf, der Krieg in Afghanistan und dem Irak (2. Golfkrieg), beschleunigten aber die Rückkehr zu hohen Haushaltsdefiziten, so dass schon 2004 wieder ein vorläufiges Rekorddefizit in Höhe von über 500 Mrd. US$ (4,4 % bezogen auf das BIP) verzeichnet wurde. Die hohe staatliche Kreditnachfrage führte dazu, dass die öffentlichen Schuldner bereits Ende der 1980er-Jahre rund 80 % des inländischen Sparvolumens absorbierten, nach nur 10 % zehn Jahre zuvor. Damit stiegen auch die Zinszahlungen an ausländische Gläubiger. Flossen Anfang der 1990er-Jahre etwa 1,5 % des BIP in Form von Zinsen an das Ausland, lag dieser Anteil schon 1995 bei über 2 % des BIP. Zur Erinnerung: Die grenzüberschreitenden Zinszahlungen werden als Faktoreinkommen in der Bilanz der Primäreinkommen verbucht und erhöhen das amerikanische Leistungsbilanzdefizit.

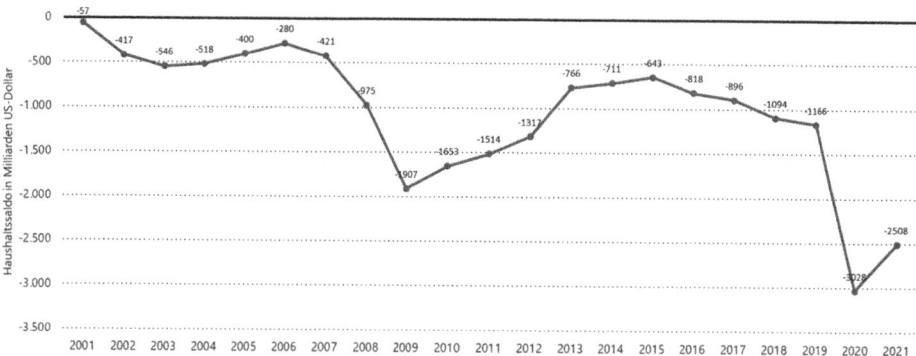

Abb. 2.6 USA: US Staatsverschuldung (2001 bis 2021 in Mrd. US$). (Quelle: https://de.statista. com/statistik/daten/studie/165796/umfrage/haushaltssaldo-der-usa/,   auf   der   Grundlage   von IMF (2022))

Neben der staatlichen Kreditnachfrage stieg auch die **private Verschuldung** vorübergehend auf bis zu 95 % des verfügbaren Einkommens (2010) an. Derzeit liegt sie bei etwa 75 %. Eine wesentliche Ursache für die hohen privaten Schulden ist die vergleichsweise hohe **Konsumquote** der US-Amerikaner. Sie lag immer über derjenigen Europas, was allerdings auch an unterschiedlichen Berechnungsarten liegen dürfte, und stieg zudem seit den 1970er-Jahren von seinerzeit etwa 65 % auf heute etwa 80 % des verfügbaren Einkommens an während diejenige Europas seit den 1960er-Jahren konstant unter 60 % liegt.[3]

Der zunehmende Konsum konnte immer weniger aus den laufenden Einkommen finanziert werden. Damit sank zum einen die **Sparquote** kontinuierlich von knapp 10 % Anfang der 1990er-Jahre auf zunächst auf 3 % (2005), um dann in den 2010er-Jahren um 7 % zu schwanken. (Zum Vergleich: Die deutsche Sparquote bewegt sich seit über 30 Jahren meist oberhalb der 10 %-Marke).[4] Eine wesentliche Ursache hierfür liegt in den sinkenden *Realeinkommen* und der sich verschlechternden *Vermögensituation* der unteren Einkommensschichten. Abb. 2.7 zeigt den stetigen relativen Einkommens- und Vermögensverlust, jeweils bezogen auf das Gesamteinkommen und Gesamtvermögen, bei 80 % der amerikanischen Bevölkerung in den letzten 25 Jahren.

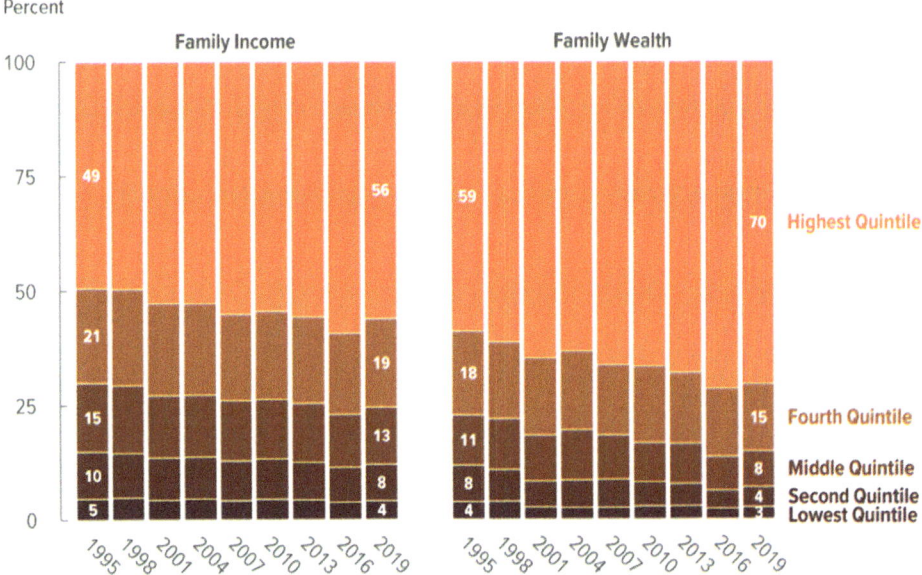

Abb. 2.7 Einkommens- und Vermögensverteilung in den USA. (Quelle: Congressional Budget Office (2022))

---

[3] Vgl. Pitz (2005), S. 13; http://www.macroanalyst.de/us-2-konsum.html; IKB 2018.

[4] https://de.statista.com/statistik/daten/studie/2699/umfrage/entwicklung-der-sparquote-privater-haushalte-seit-1991/; https://de.statista.com/statistik/daten/studie/463576/umfrage/sparquote-der-privaten-haushalte-in-den-usa/.

Diese Entwicklung liegt zu einem großen Teil auch an dem vergleichsweise hohen Anteil der Beschäftigten im Niedriglohnsektor, also beispielsweise als Imbissstuben-, Autowaschanlagen-, Supermarkthilfspersonal, die häufig auch als Jobwechsler zum Teil erhebliche Einkommenseinbußen hinnehmen mussten (vgl. hierzu Abb. 2.8). Für viele Arbeitnehmer bestand und besteht damit immer die Gefahr in die Kategorie der *working poor* abzurutschen, während gleichzeitig die staatlichen Sozialausgaben (Sozialhilfe, Arbeitslosenunterstützung) eingeschränkt wurden.

Die Fähigkeit breiter Bevölkerungsschichten Ersparnisse zu bilden nahm daher ab und die Notwendigkeit Kredite aufzunehmen, auch über den Einsatz von *Kreditkarten*, stieg laufend an. Bei sinkendem inländischen Sparangebot stieg mit der zunehmenden privaten Kreditnachfrage auch die Beanspruchung des Kapitalmarkts.

Neben der staatlichen und der privaten Verschuldung steigt auch die Verschuldung der **Unternehmen**: Sie verdoppelte sich in den 1990er-Jahren und liegt derzeit bei rund 50 % des BIP. Die Gesamtverschuldung – Staat, Private, Unternehmen – liegt damit derzeit insgesamt bei knapp 60 Bio. US$, also bei über 250 % des BIP (vgl. Abb. 2.9).

Trifft auf dem Kapitalmarkt die einheimische Nachfrage nach Kapital dauerhaft auf ein zu geringes einheimisches Kapitalangebot, besteht ein strukturelles *Kapitalmarktungleichgewicht*. Reichen steigende Zinsen nicht aus, um Angebot und Nachfrage zu regulieren, muss das Ungleichgewicht durch *Kapitalimporte* ausgeglichen werden. Diese *Kapitalimporte* absorbierten bereits im Jahr 2000 nach Berechnungen der *Swiss First Boston* über 70 % des damaligen *weltweiten* (!) Netto-Sparaufkommens. Damit liegen, wie erwähnt,

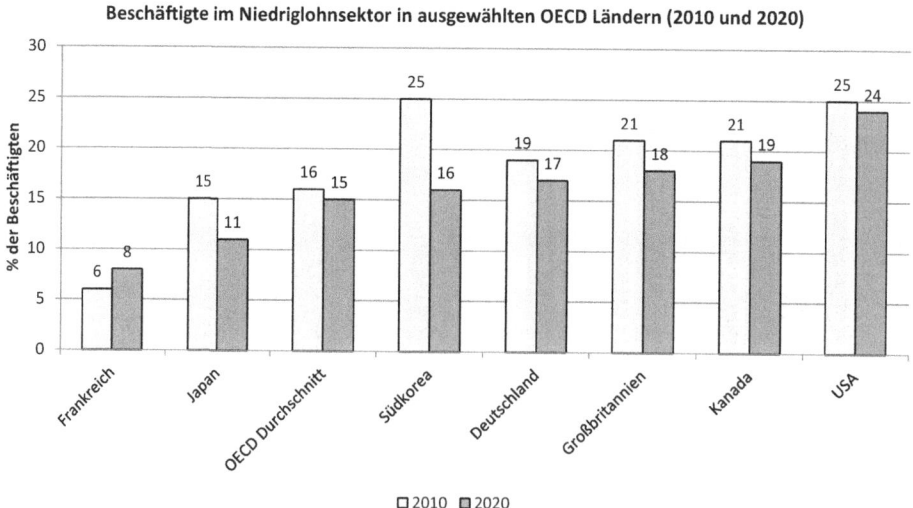

Abb. 2.8 Beschäftigte im Niedriglohnsektor. (Quelle: OECD (2022) Employment Outlook 2022, S. 347, Zahlen gerundet)

Jahr	BIP	Haushalts-defizite		Leistungs-bilanzdefizite		Sparquote		Staats-verschuldung		Private Verschuldung		Unternehmens-verschuldung	
	Mrd. US$ 5)	Mrd. US$ 1)	% vom BIP	Mrd. US$ 2)	% vom BIP	USA in % 3)	Deutsch-land in % 4)	Mrd. US$ 6)	% vom BIP 7)	Mrd. US$ 8)	% vom BIP	Mrd. US$ 8)	% vom BIP
2001	10.582	-57	1	-386	4	5	10	5624	53	7401	71	4661	44
2005	13.039	-400	3	-749	6	3	11	8543	66	11.184	88	5053	39
2010	15.049	-1653	11	-444	3	7	10	14.328	95	14.004	95	6162	41
2015	18.206	-643	4	-409	2	8	10	19.146	105	14.054	78	7808	43
2020	20.894	-3028	14	-616	3	--	11	28.111	135	16.241	75	11.035	53
2021	22.996	-2508	11	-807	4	--	--	29.464	128	16.993	74	11.548	50

1)   https://de.statista.com/statistik/daten/studie/165796/umfrage/haushaltssaldo-der-usa/
2)   World Economic Outlook (Full Report), div. Jahrgänge, Table A10
3)   https://de.statista.com/statistik/daten/studie/463576/umfrage/sparquote-der-privaten-haushalte-in-den-usa/
4)   https://de.statista.com/statistik/daten/studie/2699/umfrage/entwicklung-der-sparquote-privater-haushalte-seit-1991/
5)   https://de.statista.com/statistik/daten/studie/14418/umfrage/bruttoinlandsprodukt-in-den-usa/
6)   https://de.statista.com/statistik/daten/studie/1975/umfrage/staatsverschuldung-der-usa/
7)   https://de.statista.com/statistik/daten/studie/165786/umfrage/staatsverschuldung-der-usa-in-relation-zum-bruttoinlandsprodukt-bip/
8)   https://www.longtermtrends.net/us-debt-to-gdp/

Abb. 2.9   US-Kennzahlen

aufgrund der Sparlücke vergleichsweise höhere **Kapitalmarktzinsen** im Interesse der US-Regierung und der amerikanischen Zentralbank *(Federal Reserve)*, um auf diese Weise die benötigten Kapitalimporte sicherzustellen. Die im internationalen Vergleich höheren US-Zinsen zeigen sich u. a. bei einem Vergleich der amerikanischen *Prime Rate* mit dem internationalen Vergleichszinssatz, der *London Interbank Offered Rate* (LIBOR) für sechs Monate: Die Prime Rate lag in den letzten Jahren mit wenigen Ausnahmen etwa 2 bis 3 Prozentpunkte über dem LIBOR (vgl. Abb. 2.10 sowie Abschn. 2.2.4).

Die höheren Zinsen stimulieren die Nachfrage nach US$, so dass der Dollar-Wechselkurs steigt. Die dadurch verursachte Verteuerung der amerikanischen Produkte auf dem Weltmarkt wiederum wirkt sich allerdings ungünstig auf die US-amerikanischen Exportmöglichkeiten aus, während sich die Importe verbilligten und tendenziell ansteigen. Auch aus diesen Gründen wird das Leistungsbilanzdefizit kaum abnehmen. Gleichzeitig muss aber dafür gesorgt werden, dass die ökonomischen Anreize – Zinsen und Wechsel-kurs – weiterhin bestehen bleiben, um den Kapitalzufluss aufrecht zu erhalten. Höhere Zinsen bedeuten aber wiederum höhere Kosten für alle Schuldner, den Staat, die Unternehmen und die privaten Schuldner, so dass diese tendenziell einen negativen Einfluss auf die Wirtschaftsentwicklung haben.

Abb. 2.10 Vergleich von US-Prime Rate und LIBOR (in %). (Quellen: Prime Rate: https://www.jpmorganchase.com/about/our-business/historical-prime-rate, LIBOR: http://www.fedprimerate.com/libor/libor_rates_history.htm)

Monat/Jahr	Prime Rate	LIBOR
03/2000	8,75	6,5
02/2005	5,75	3,2
01/2010	3,25	0,4
12/2015	3,50	0,8
03/2020	4,25	1,0
03/2022	3,5	1,2

Verschuldung bei der Zentralbank

Eine Alternative zur Auslandsverschuldung und damit zu Kapitalimporten besteht darin, dass die Zentralbank (in den USA: *Federal Reserve System, Fed*) Staatsanleihen und evtl. auch Unternehmensanleihen aufkauft und damit Gläubiger des Staates bzw. der Unternehmen wird. Abgesehen von der inflatorischen Wirkung dieser Transaktionen – werden Anleihen aufgekauft, vergrößert der Ankaufspreis die inländische Geldmenge – sind diese nur in Krisenzeiten sinnvoll. Andererseits wird eine solche Politik in einigen Ländern, vor allem zur Stützung der Währung und zur Vermeidung von Staatskrisen, exzessiv betrieben. So war der japanische Staat 2022 mit knapp 50 % bei der japanischen Zentralbank verschuldet. Damit lagen Staatsanleihen im Wert von rund 6,5 Bio. US$ bei der Zentralbank, da der japanische Staat insgesamt mit knapp 260 % seines BIPs in Höhe von rund 5 Bio. US$ verschuldet ist (vgl. u. a. Hahn 2022).

Auch die EZB begann 2015 mit dem Ankauf von Staats- und Unternehmensanleihen und akkumulierte bis 2022 Anleihen im Wert von 3,2 Bio. €.[5] Allerdings sind die EZB-Ankaufprogramme äußerst umstritten, da die EZB EU-Staaten nicht finanzieren darf, dies gilt insbesondere für überschuldete EU-Staaten. Diese Politik wurde zwar durch den *Europäischen Gerichtshof* (EuGH) abgesegnet, und auch das deutsche Bundesverfassungsgericht urteilte 2020, dass eine Umgehung des Verbots monetärer Staatsfinanzierung noch nicht festgestellt werden könne, dennoch bleibt diese Form der Geldpolitik weiterhin problematisch (s. a. Abschn. 10.2.1).

2.2.4 *Exkurs*: LIBOR und Referenzzinssätze

Bis 2008 wurde die *Prime Rate*, der Basiszinssatz für Unternehmenskredite, durch Befragungen von mindestens 75 % der 30 größten US-Banken ermittelt, ab 2009 wurde die Ermittlungsbasis auf 70 % der 10 größten US-Banken verringert.

---

[5] https://de.statista.com/statistik/daten/studie/427660/umfrage/bestand-des-erweiterten-anleihe-kaufprogramms-der-ezb/, https://www.diw.de/de/diw_01.c.505657.de/anleihekaufprogramme.html.

Der *LIBOR* ist der seit 1986 berechnete Referenzzinssatz, zu dem sich internationale Banken am Finanzplatz London unbesichert untereinander Geld leihen *(London Interbank Offered Rate)*. Er wird täglich auf der Grundlage von Schätzungen und Händlermeldungen als Durchschnittszinssatz von bis zu 17 internationalen Großbanken für 10 verschiedene Währungen und 15 verschiedene Laufzeiten berechnet. 2012 wurde jedoch aufgedeckt, dass der LIBOR zwischen 2003 und 2011 regelmäßig durch falsche Angaben einiger großer Banken manipuliert wurde.

Da der LIBOR der grundlegende Referenzzinssatz auf den globalen Finanzmärkten ist und Grundlage für Preise von vielen Finanzprodukten (Kredite, Finanzderivate, Wertpapiere und Bankeinlagen) bildet – geschätzt für Produkte im Wert von mindestens 350 Bio. US\$ – schädigten die falschen Angaben viele Banken, Unternehmen und Privatanleger. Der Gesamtschaden wurde auf 17 Mrd. US\$ geschätzt. 2013 wurde daher beschlossen das System der Referenzzinssätze grundlegend zu reformieren, eine Reform, die als eine der größten Kapitalmarktveränderungen seit der Euro-Einführung gesehen wird.

EURIBOR

Ab 1999 bekam der LIBOR Konkurrenz durch den *EURIBOR (European Interbank Offered Rate)*, dem Zinssatz für Euro-Termingelder im Interbankengeschäft, zu dem sich die Banken untereinander kurzfristig Geld leihen. Der inzwischen neu berechnete EURIBOR wird auf der Basis von tatsächlichen Transaktionsdaten und Einschätzungen von Banken berechnet und weiterhin für bestimmte Laufzeiten und auch als Referenzzinssatz für verschiedene Finanzprodukte, wie Kredite, Anleihen und Finanzderivate mit variabler Verzinsung genutzt.

Ende 2021 wurde der LIBOR für die meisten Währungen und Laufzeiten abgeschafft und schrittweise durch andere Referenzzinssätze ersetzt, die jedoch bisher noch nicht alle Währungen und alle Laufzeiten abdecken. So gibt es seitdem keine LIBOR-Sätze für Euro und Schweizer Franken mehr, zudem wurden einzelne LIBOR-Sätze in Pfund Sterling, japanischen Yen und US\$ abgeschafft. Als alternative Referenzzinssätze werden meist *Overnight Risk-Free Rates* (RFRs) als Referenzsätze genutzt, die ebenfalls für viele Finanzzwecke und Marktanforderungen geeignet sind. RFRs haben keine Laufzeit, wie etwa eine Woche oder drei Monate, und werden für jede einzelne Währung berechnet. Sie basieren auf Tagesgeldzinsen und preisen daher das Kreditrisiko kaum ein, allerdings gibt es keine einheitliche Berechnungsmethode für alle Währungen. Derzeit werden u. a. folgende RFRs als primäre Referenzzinssätze genutzt:

- Großbritannien: SONIA (*Sterling Overnight Index Average*)
- USA: SOFR (*Secured Overnight Financing Rate*)
- Japan: TONA (*Tokyo Overnight Average Rate*)
- Schweiz: SARON (*Swiss Average Rate Overnight*)
- Euro-Raum: €STR (*Euro Short-Term Rate*) wird von der EZB veröffentlicht (früher: EONIA).

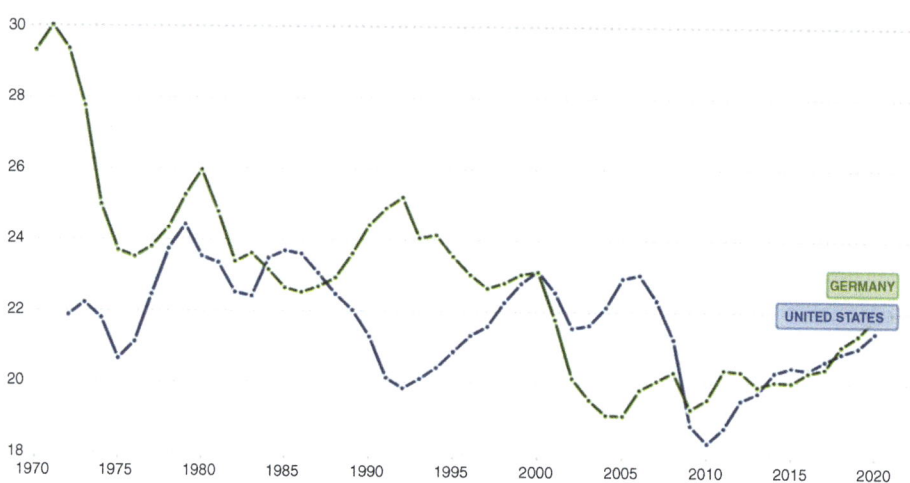

Abb. 2.11 **Investitionsquote (% des BIP) in USA und Deutschland** (Gross fixed capital formation). (Quelle: https://data.worldbank.org/indicator/NE.GDI.FTOT.ZS?locations=US-DE)

2.2.5 Investitionen und Wettbewerbsfähigkeit

Mit sinkendem Sparaufkommen geht üblicherweise auch ein sinkendes **Investitionsvolumen** einher. Dies ist für die USA nicht nachzuweisen, vor allem deswegen nicht, weil ein beträchtlicher Teil der Kapitalimporte in Form von *Direktinvestitionen* erfolgte. Auf diese Weise konnte die *Investitionsquote (gross fixed capital formation as % of GDP)* seit den 1970er-Jahren immer zwischen 18 und 24 % gehalten werden. Zum Vergleich: Die deutsche Investitionsquote lag in den meisten Jahren leicht über der US- Investitionsquote (vgl. Abb. 2.11).

Die Investitionsquote wurde auch mit höheren Kapitalmarktzinsen erreicht. Die steigenden Gewinnmöglichkeiten und Renditen auf den Finanzmärkten führten bei gleichzeitiger Verteuerung der Kredite für Sachinvestitionen jedoch zu einer Änderung der Finanzströme: Während die *Finanzinvestitionen,* einschließlich des Erwerbs anderer Unternehmen *(mergers & acquisitions)*, zunahmen, gingen die langfristig orientierten *Sachinvestitionen* im produzierenden Gewerbe zurück. Auf diese Weise sank zeitweise auch die Produktivität der verarbeitenden Industrie und die internationale Wettbewerbsfähigkeit der amerikanischen Unternehmen nahm ab, so dass sich der Rückgang der Exporte und die Zunahme der Importe beschleunigte. Diese Situation scheint sich derzeit aber wieder zu ändern. So beschäftigte die verarbeitende Industrie in den USA Ende 2022 bereits mehr Menschen als vor der Corona-Pandemie.

Die Kombination aus niedrigen Energiepreisen in den USA, dem politischen Willen die Abhängigkeit von China zu verringern und mehrere von der demokratischen Regierung Biden durchgesetzte Förderpakete führen seit 2022 zu einem Investitionsboom in den US:

- Im November 2021 wurde der *Infrastructure Investment and Jobs Act* mit einem geschätzten Volumen von 1200 Mrd. US$ beschlossen. Hierbei geht es u. a. um den Ausbau und die Sanierung klassischer Infrastruktur wie Straßen, Brücken, Häfen, Flughäfen und Schienennetze, den Breitbandausbau, den Bau bleifreier Wasserleitungen, Umweltsanierungen, moderne Stromnetze, die Abwehr von Cyberattacken, die Resilienz gegen Naturkatastrophen, öffentlichen Nahverkehr, E-Ladestationen, E-Schulbusse, aber auch um die Förderung der Atomkraft (s. a. Meiritz 2021).
- Der *American Rescue Plan Act* von 2021 hat ein Volumen von 1900 Mrd. US$ und wird das Wachstum der US-Wirtschaft erheblich stimulieren. Das Gesetz enthält u. a. Einmalzahlungen an Haushalte mit niedrigerem Einkommen, eine massive Stärkung des Gesundheitssystems, Unterstützung für Schulen und Hochschulen, eine Verlängerung der Pandemie-bedingten Arbeitslosenunterstützung und eine Unterstützung für Bundesstaaten und Kommunen.
- Der *CHIPS and Science Act* von 2022 soll mit einem Volumen in Höhe von 280 Mrd. US$ in den nächsten zehn Jahren primär die Wettbewerbs- und Innovationsfähigkeit der USA durch Investitionen in inländische Halbleiterproduktionskapazitäten stärken. Außerdem soll er Forschung und Entwicklung (F&E) sowie die Kommerzialisierung von Spitzentechnologien wie Quantencomputing, künstliche Intelligenz, saubere Energie und Nanotechnologie ankurbeln und neue regionale Hightech-Drehkreuze sowie die Entwicklung des Arbeitskräftepotentials in den Bereichen Wissenschaft, Technologie, Ingenieurwesen und Mathematik (MINT) schaffen.
- Der *Inflation Reduction Act* (IRA) von 2022 mit einem Fördervolumen von, konservativ geschätzt, 430 Mrd. US$ sieht für die zehn folgenden Jahre u. a. massive Steuererleichterungen für Investitionen in die regenerative Energieproduktion, vor allem in die Erzeugung von grünem Wasserstoff vor, um die Energiesicherheit zu fördern und den Klimawandel zu bekämpfen.

2.3 Folgen für die Weltwirtschaft

Von den staatlichen Förderungsmaßnahmen profitieren vor allem einheimische US-Unternehmen, die bereits große Investitionsprogramme haben, aber auch ausländische Unternehmen, die in den USA investieren und damit auch ihre Ausrichtung auf China durch „*friend-shoring*" reduzieren wollen.[6] Hierzu zählen auch deutsche Unternehmen, wie BMW, Hapag-Lloyd, Lufthansa, Siemens, BASF, Bayer und RWE, die mit größeren Investitionen ihre Standorte in mehreren Bundesstaaten der USA ausbauen wollen. (vgl. u. a. Holtermann et.al. 2022) (vgl. Abschn. 12.1).

---

[6] *Friend-shoring* wird von der US-Finanzministerin Janet Yellen als Gegenstrategie zum *offshoring* propagiert. Während es beim *offshoring* vor allem darum geht, in Länder mit günstigen Produktionskosten zu investieren, stehen beim friend-shoring gleichgesinnte Länder bzw. solche mit gemeinsamen Werten und einer ähnlich wirtschaftsliberalen Haltung im Fokus. Mit diesen sollen die Handelsbeziehungen gestärkt und gleichzeitig die Abhängigkeiten von autokratischen und potentiell eher feindlich gesinnten Ländern reduziert werden.

Der große Umfang dieser amerikanischen Förderprogramme und vor allem die Tatsache, dass diese vielfach nur für in den USA gefertigte Produkte, wie etwa E-Autos, und nicht für alle auf dem US-Markt verkauften Produkte Anwendung finden, wird den *Standortwettbewerb* zwischen den Staaten verschärfen. Die Subventionen sind protektionistisch und nützen einseitig amerikanischen Unternehmen, setzen damit die „*America First Policy*" fort und werden von Wettbewerbern aus anderen Staaten zu Recht als unfair und diskriminierend empfunden. Die durch diese Strategie erreichten Wachstumseffekte, u. a. durch die umfangreiche Förderung der grünen Wasserstofftechnologie, wird dazu führen, dass Investitionen von anderen Ländern abgezogen werden und in die USA fließen („Staubsaugereffekt").[7] Dadurch wird es den USA gelingen, auch künftig genügend Auslandskapital aus Ländern mit niedrigeren Wachstumsraten und hohen Ersparnissen sowie einer als unzureichend empfundenen Industriepolitik anziehen, um ihre Defizite zu finanzieren.

Pläne der EU
Der EU gelang es Ausnahmeregelungen für einige in der EU produzierte Waren durchzusetzen, allerdings nicht in dem Umfang, wie dies von den USA bereits Kanada und Mexiko zugestanden wurde. Zudem plant die EU mit einem „Konkurrenzprogramm" die bestehenden, sehr restriktiven, Subventionsregelungen im EU-Raum zu entschärfen, Genehmigungsverfahren zu beschleunigen und Abnahmegarantien zu überlegen, um eine Verlagerung von europäischen Investitionsvorhaben in die USA zu verhindern oder zumindest zu reduzieren. Dies soll vor allem für die Hersteller „grüner Produkte", wie Batterien oder Windräder oder Energiespeichertechnologien, gelten. Hierfür dürften bereits bestehende europäische Programme einsetzbar sein, etwa der „Klima- und Transformationsfonds", oder ein aufgestocktes durch die *Europäische Investitionsbank* (EIB) finanzierten Programms *Invest-EU* sowie ein neu aufzulegender *EU-Souveränitätsfonds* genutzt werden (vgl. Hulverscheidt 2022; Finke 2023).

Das hohe Leistungsbilanzdefizit bei einem über viele Jahre gleichzeitig hohen Haushaltsdefizit *(Zwillingsdefizit)*, gekoppelt mit einer geringen Sparneigung, hatte eine steil anwachsende **Auslandsverschuldung** der USA zur Folge. Bis Mitte der 1970er-Jahre waren die USA mit wenigen Unterbrechungen noch Kapitalexporteur. Dies begann sich ab 1975 zu ändern und innerhalb von nur vier Jahren (1982–1986) wurden sie von der einst größten Gläubigernation der Welt zur inzwischen mit weitem Abstand größten Schuldnernation.[8] Diese Position halten die USA bis heute. Die USA waren Ende 2022 mit ca. 25 Bio. US\$ im Ausland verschuldet (vgl. Abb. 2.12), weit vor Spanien, Großbritannien, Irland oder Australien, die jeweils eine Auslandsverschuldung zwischen 1,1 und 0,7 Bio. US\$ aufweisen. Zum Vergleich: Deutschland ist nach Japan die zweitgrößte Gläubigernation mit einem Auslandsvermögen von ca. 3,1 Bio. US\$ (vgl. Milesi-Ferretti 2021).

---

[7] Vgl. zur Protektionismus-Thematik Koch (2023) Kap. 6 sowie zur internationalen Wettbewerbspolitik Kap. 9.

[8] Vgl. US-Bureau of Economic Analysis, zit. bei Sinn (2009), Abb. 2.2.

Jahr	Auslandsverschuldung der USA (in Bio US$)
2005	9
2010	14
2015	18
2020	21
2022	25

Abb. 2.12 Die Auslandsverschuldung der USA (in Bio US$). (Quelle: Schätzwerte am Jahresende (gerundet) auf der Grundlage von: https://www.ceicdata.com/en/indicator/united-states/external-debt ; https://tradingeconomics.com/united-states/external-debt)

Bezogen auf das jeweilige BIP stieg die kumulierte Auslandsverschuldung seit Mitte der 1990er-Jahre bis 2020 von 5 % auf über 50 %. Seit diesem Zeitpunkt ist auch das Nettoauslandsvermögen der USA negativ, es fällt laufend und erreichte 2020 mit fast – 70 % einen negativen Höhepunkt (vgl. Abb. 2.13).

Kapitalimporte setzen die Bereitschaft anderer Länder zu **Kapitalexporten** voraus. Nachdem in den 1980er-Jahren zunächst vor allem Japan und Deutschland, in geringerem Umfang Taiwan und seit 1990 Saudi-Arabien Kapital in die USA exportierten, kamen gegen Mitte der 1990er-Jahre auch andere Länder hinzu. 2022 waren Japan, China und Großbritannien die größten Gläubiger mit zusammen rund 3 Bio. US$, Deutschland folgt mit 88 Mrd. US$ erst an 19. Stelle.[9]

Die Gründe für Finanzanlagen im Ausland, also für **Kapitalexporte**, insbesondere für die großen Zuflüsse in die USA, sind unterschiedlich. Zum einen sind die inländischen Kapitalmärkte z. T. nicht in der Lage für die – in vielen asiatischen Ländern – zum Teil sehr hohen Ersparnisse attraktive Anlagemöglichkeiten bereitzustellen. Zum anderen werden die Anlagebedingungen in den USA – trotz der dargestellten problematischen Finanzsituation – offensichtlich als *interessante Investitionsalternative* im Vergleich zu möglichen inländischen Bedingungen gesehen. Hierbei spielt in vielen Fällen auch der *Sicherheitsaspekt* eine wichtige Rolle. Die *Größe* des US-Marktes und die Rolle der US-Währung, der nach wie vor mit Abstand weltweit wichtigsten Währung, werden offensichtlich höher gewichtet als eine mögliche Zahlungsunfähigkeit oder gar ein Zusammenbruch der US-amerikanischen Wirtschaft. Zudem wird eine eher günstige Entwicklung des *Wechselkurses* und natürlich eine gute Rendite des Anlagekapitals erwartet. Für letzteres spielt insbesondere die *Verzinsung* des eingesetzten Kapitals und damit der Höhe der US-Zinsen die wichtigste Rolle.

---

[9] https://www.statista.com/statistics/246420/major-foreign-holders-of-us-treasury-debt, https://www.gold.de/staatsverschuldung-usa/.

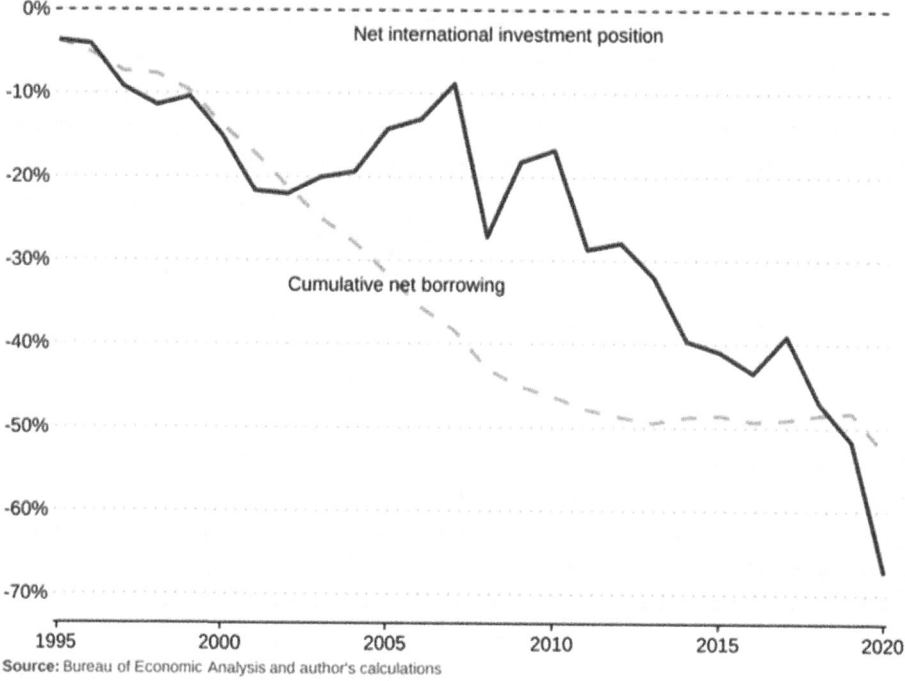

U.S. net international investment position and cumulative external borrowing

Abb. 2.13 Auslandsverschuldung der USA (bezogen auf das BIP). (Quelle: Milesi-Ferretti (2021) Fig. 1)

Grundsätzlich können Kapitalimporte in Form von Direktinvestitionen oder von Portfolioinvestitionen[10] vor allem durch den Kauf festverzinslicher US-Wertpapiere durch ausländische Investoren oder Anleger erfolgen. Während zunächst Direktinvestitionen eine größere Rolle spielten, wurde ab etwa 2002 bis zu 95 % des Defizits durch Anleihen finanziert. Bis etwa 2018 blieb die Bedeutung von Direktinvestitionen im Vergleich mit Wertpapieranlagen und Krediten weiterhin eher gering. So betrug der Anteil der Direktinvestitionen (ebenso wie der Anteil der Kredite) etwa 20 %, während der mit Abstand

---

[10] Portfolioinvestitionen sind Finanzinvestitionen im Ausland, mit denen Rendite erwirtschaftet, jedoch nicht wie bei Direktinvestitionen Einfluss auf das Unternehmen genommen werden soll, also etwa der Kauf von Anleihen, Aktien oder Fondsanteilen.

größte Anteil auf Wertpapieranlagen entfiel.[11] Ein großer Anteil hiervon entfällt auf US-amerikanische Schuldverschreibungen, die von ausländischen Zentralbanken erworben werden, die hierdurch auch zu einer Stabilisierung des US$-Wechselkurses beitragen – ein Dollarkursverfall würde den Wert ihrer Devisenbestände sinken lassen.

Die hohen und ansteigenden US-Kapitalimporte führen jedoch auch zu ökonomischer und politischer **Abhängigkeit** der Schuldnernation USA von den ausländischen Gläubigernationen, u. a. also auch von China: Eine sinkende Bereitschaft zur Finanzierung des Defizits oder ein Verkauf von US-Finanzanlagen in großem Umfang hätte ein steigendes Dollarangebot (bzw. eine sinkende Dollarnachfrage) zur Folge und würde damit einen Druck auf den Wechselkurs des US$ ausüben. Um dann weiterhin ausländische Anleger für die benötigten Anlagen in US$ zu interessieren, wäre eine weitere Zinserhöhung notwendig.

Dies hätte jedoch negative Folgen nicht nur für die US-amerikanische Wirtschaft, sondern aufgrund des internationalen Zinszusammenhangs auch für die Weltwirtschaft insgesamt. Das höhere amerikanische Zinsniveau überträgt sich auch auf andere Volkswirtschaften und könnte das dortige Wachstum negativ beeinflussen. Dies wiederum würde zu einer Verringerung der Importneigung dieser Länder führen, von der auch die US-Exporteure betroffen wären. Besonders bedroht sind hauptsächlich diejenigen Länder, vor allem Entwicklungsländer, die sich in US$ verschuldet haben und den Schuldendienst (Zinsen und Tilgung) in US$ leisten müssen (vgl. hierzu Kap. 11).

Grundsätzlich sind die USA also daran interessiert, dass die ausländischen Kapitalgeber eine Garantie dafür erhalten, dass ihre Dollarguthaben nicht abgewertet werden und sich angemessen verzinsen. Damit entsteht die paradoxe Situation, dass die USA trotz ihrer Exportschwäche nicht an einem sinkenden, sondern mindestens an einem stabilen *Dollar-Wechselkurs* und einem im Vergleich zu anderen Industrieländern tendenziell *höheren US-Zinsniveau* interessiert sind. Beides wirkt jedoch einer Verringerung des Handels- und Leistungsbilanzdefizits entgegen. Da gleichzeitig die internationale Wettbewerbsfähigkeit der amerikanischen Sachgüter-Exportindustrie nicht in genügendem Umfang zunimmt, ist mit einer raschen Verringerung der Defizite nicht zu rechnen. Daraus ist auch die amerikanische Neigung zu einer *aggressiven Handelspolitik* und weiteren protektionistischen Maßnahmen, wie etwa Importbeschränkungen oder einer gezielten Exportförderung, ableitbar.

Diese Entwicklungen und die daraus ableitbaren Folgen veranlassten die USA in der Vergangenheit kaum zu wirksamen politischen Reaktionen. Einige der wenigen Aktionen war die Abkehr von einer Politik wachsender Inlandsverschuldung in den 1990er-Jahren (s.o.), in der Haushaltsüberschüsse generiert werden konnten und die Zeit des *Zwillingsdefizits* zeitweise überwunden wurde. Sie trägt auch zur Erklärung des *Unilateralismus* bei, der das politische Denken und Handeln der USA bestimmenden Doktrin (vgl. Koch

---

[11]Eigene Berechnungen auf der Grundlage von Daten der Deutschen Bundesbank https://www. bundesbank.de/resource/blob/732984/5ab5db7388bd6f9206fe6f543af8aba5/mL/komponenten-der-kapitalbilanz-usa-data.pdf.

2006). Ebenso kann die unter allen Präsidenten gepflegte Politik des *benign neglect*, die Tolerierung eines Dollarkursverfalls durch die amerikanische Zentralbank, hierzu gezählt werden.

In die gleiche Richtung zielten politische Versuche, die Außenwirtschaftspolitik anderer Länder, vorzugsweise diejenige der Gläubigerstaaten, zu beeinflussen. Dies begann bereits mit einem Abkommen mit Japan Anfang der 1990er-Jahre und den ab 2004 begonnenen Versuchen, China zu veranlassen, den Yuan aufzuwerten, um die chinesischen Waren zu verteuern und das US-Handelsbilanzdefizit gegenüber China zu verringern. Es setzte sich mit der *America First* Politik des früheren US-Präsidenten *Donald Trump*, die vor allem gegenüber China und die EU gerichtet war, ab 2018 fort (s.a. Schaller 2019) und wird tendenziell durch die erwähnten Förder- und Subventionsinitiativen des *Inflation Reduction Acts* der demokratischen Regierung von *Joe Biden* fortgesetzt.

2.4 Zusammenfassung der Wechselwirkungen

Abb. 2.14 fasst die Überlegungen zur Fallstudie USA noch einmal zusammen:

- Ausgangspunkt war das Leistungsbilanzdefizit der USA, vor allem hervorgerufen durch eine „Exportschwäche", die wiederum durch zu niedrige Investitionen in das Sachkapital mitverursacht wird. Grund hierfür sind u. a. steigende Finanzinvestitionen, von denen eine höhere Rendite erwartet wird.
- Das Leistungsbilanzdefizit kann durch Kapitalimporte, vor allem durch Portfolioinvestitionen und FDI ausgeglichen werden, dies wird u. a. durch ein vergleichsweise höheres Zinsniveau gefördert. Dadurch steigt die US-Auslandsverschuldung.
- Das steigende Haushaltsdefizit erhöht den staatlichen Kreditbedarf. Gleichzeitig wird der Kapitalmarkt durch private Kredite und Unternehmenskredite in Anspruch genommen. Gründe für die hohe private Verschuldung sind u. a. der hohe Anteil an Niedriglohn-Jobs und die daraus entstehenden sinkenden Anteile an der gesamtwirtschaftlichen Einkommens- und Vermögensverteilung von etwa 80 % der Bevölkerung. Folge sind niedrige Spar- und hohe Konsumquoten und damit eine unzureichende Versorgung des Kapitalmarktes mit Ersparnissen („Sparlücke").
- Die Kapitalimporte werden durch ein vergleichsweise höheres amerikanisches Zinsniveau angeregt, gleichzeitig führt die dadurch ausgelöste höhere US\$-Nachfrage zu einem gewünschten tendenziell höheren zumindest aber stabilen Wechselkurs des US\$.
- Um die einheimischen Investitionen anzuregen legt der Staat Förderprogramme auf und versucht gleichzeitig durch eine z. T. aggressive Handelspolitik Importe zu senken, um so das Leistungsbilanzdefizit zu reduzieren.
- Mit steigenden Kapitalimporten steigt allerdings gleichzeitig die Abhängigkeit vom Ausland, da ein Abzug von ausländischen Dollarguthaben steigende Zinsen und einen Abwertungseffekt auf die Währung haben würde.

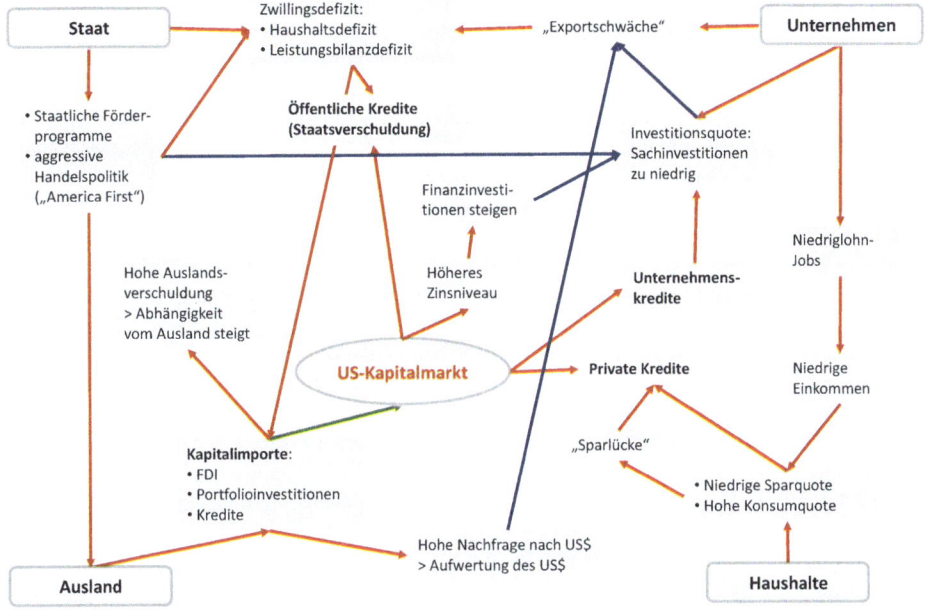

Abb. 2.14 Fallstudie USA: Zusammenfassung der Wechselwirkungen

Literatur Kap. 2[12]

Brück, C. (2002) Das Leistungsbilanzdefizit der USA: fundamentale Fehlentwicklung? in: Wirtschaftsdienst 2002/6, S. 364-368

Congressional Budget Office (2022). Trends in the Distribution of Family Wealth, 1989 to 2019, September 2022. https://www.cbo.gov/system/files/2022-09/57598-family-wealth.pdf

Deutsche Bundesbank Monatsberichte, div. Jahrgänge

Finke, B. (2023) Europas unbekannte Geldmaschine; in: SZ vom 03.02.2023

Hahn, T. (2022) Die Yen-Krise, in: SZ vom 15.11.2022

Holtermann, F. et al. (2022) Investitionsstandort USA Gewinner der Krise: Wie die USA deutsche Unternehmen anlocken; in: Handelsblatt vom 30.10.2022

Hulverscheidt, C. (2022) Europas Gegenoffensive; in: SZ vom 20.12.2022

IMF World Economic Outlook, div. Jahrgänge, Washington

IMF (2022) World Economic Outlook Database, October 2022

IKB (2018) Corporate Blog vom 7.11.2018. https://www.ikb-blog.de/wie-gehts-eigentlich-dem-us-konsumenten/

Koch, E. (2006) Die Neue Weltwirtschaftsordnung. Tragen die USA dazu bei, die Globalisierung zu stabilisieren? In: Wiecha E. (Hrsg.), Amerika und wir – US-Kulturen,Neue europäische Ansichten. 2. Aufl., München/Mering, S. 267–287

---

[12] Letzter Zugriff auf die im Literaturverzeichnis genannten Internetquellen und die Links jeweils 12/2022.

Koch, E. (2023) Internationale Wirtschaftsbeziehungen I. Internationaler Handel zwischen Freihandel und Protektionismus. 4. Auflage, Wiesbaden

Meiritz, A. (2021) Kongress beschließt historische Infrastrukturreform – Teilerfolg für Biden; in: Handelsblatt vom 6.11.2021

Milesi-Ferretti, G.M. (2021) The US is increasingly a net debtor nation. Should we worry? April 14, 2021. https://www.brookings.edu/blog/up-front/2021/04/14/the-us-is-increasingly-a-net-debtor-nation-should-we-worry

OECD Economic Outlook, Paris, div. Jahrgänge, www.oecd.org

OECD (2022) Employment Outlook 2022. https://www.oecd-ilibrary.org/employment/oecd-employment-outlook-2022_1bb305a6-en

Pitz, K. (2005) USA vs. Europa – sind die USA ein Modell? Die Unterminierung der Basis operativen Wirtschaftens. http://www.macroanalyst.de/ez-04-us-vs-eu.pdf

Schaller, C. (2019) „America First". Wie Präsident Trump das Völkerrecht strapaziert. SWP Studie 27, Dezember 2019

Sinn, H.-W. (2009) Kasino-Kapitalismus, Berlin

WTO (2021) World Trade Statistical Review 2021. https://www.wto.org/english/res_e/statis_e/wts2021_e/wts2021_e.pdf;

World Bank (2021) World Bank Data 2021. https://data.worldbank.org/indicator/NY.GDP.MKTP.CD?name_desc=false

Worldbank wits.country profiles (World Integrated Trade Solution). https://wits.worldbank.org/CountryProfile/en/

Ausgewählte Links

US-Leistungs- und Handelsbilanz: https://data.worldbank.org/indicator/BX.GSR.GNFS.CD?locations=US

https://de.statista.com/statistik/daten/studie/15635/umfrage/handelsbilanz-der-usa/

Konsumquoten: http://www.macroanalyst.de/us-2-konsum.html

Sparquoten: https://de.statista.com/statistik/daten/studie/2699/umfrage/entwicklung-der-sparquote-privater-haushalte-seit-1991/; https://de.statista.com/statistik/daten/studie/463576/umfrage/sparquote-der-privaten-haushalte-in-den-usa/

Prime Rate: https://www.jpmorganchase.com/about/our-business/historical-prime-rate *LIBOR*: http://www.fedprimerate.com/libor/libor_rates_history.htm

Investitionsquoten: https://data.worldbank.org/indicator/NE.GDI.FTOT.ZS?locations=US-DE

US-Auslandsverschuldung, US-Staatsverschuldung, US-Gläubiger: https://www.ceicdata.com/en/indicator/united-states/external-debt; https://tradingeconomics.com/united-states/external-debt, https://www.gold.de/staatsverschuldung-usa/

https://www.statista.com/statistics/246420/major-foreign-holders-of-us-treasury-debt

US-Kapitalbilanz: https://www.bundesbank.de/resource/blob/732984/5ab5db7388bd6f9206fe6f543af8aba5/mL/komponenten-der-kapitalbilanz-usa-data.pdf

EZB-Anleihenkaufprogramm: https://de.statista.com/statistik/daten/studie/427660/umfrage/bestand-des-erweiterten-anleihekaufprogramms-der-ezb/, https://www.diw.de/de/diw_01.c.505657.de/anleihekaufprogramme.html

Teil II

Wechselkurse und Weltwährungsordnung

Wechselkurse und Wechselkurssysteme

Die Versorgung der eigenen Volkswirtschaft mit Geld, das zur Vereinfachung der Tausch-beziehungen als Zahlungsmittel sowie als Wertaufbewahrungsmittel und als Rechenein-heit benötigt wird, ist Aufgabe der zuständigen Zentralbank. Die von der Zentralbank aus-gegebene Währung gilt in einem bestimmten Land (Landeswährung) oder innerhalb eines aus mehreren Ländern bestehenden Währungsraums. In der Eurozone ist die *Europäische Zentralbank* (EZB) seit Anfang 1999 für die Ausgabe des Euro zuständig. Geld besitzt je-doch nur in dem Land, bzw. der Region, einen Wert, in dem es als gesetzliches Zahlungs-mittel anerkannt ist. So ist in den derzeit 20 EU-Staaten der Europäischen Währungsunion seit März 2002 der Euro das alleinige gesetzliche Zahlungsmittel. Jeder Handelspartner wird im Normalfall nur seine eigene Währung als Zahlungsmittel akzeptieren, bzw. fremde Währungen in die eigene umtauschen, da keine international anerkannte Währung exis-tiert. Um internationale Tauschbeziehungen zu ermöglichen, muss daher die eigene Wäh-rung in die betreffende fremde Währung getauscht werden *können*.

Das *Austauschverhältnis* zweier Währungen und damit der Preis für die eigene bzw. für die fremde Währung wird durch *Wechselkurse* bestimmt. Folgende Fragen sind in diesem Zusammenhang von Bedeutung:

- Kann die eigene Währung gegen andere Währungen ohne oder nur mit geringen Ein-schränkungen getauscht werden und wird sie im Ausland akzeptiert? Anders aus-gedrückt: Ist die Währung **konvertibel**?
- Welchen Tauschwert oder **Wechselkurs** hat die eigene Währung Gibt es einen oder mehrere Werte und warum ist dies so?
- Wie wird der Wert einer Währung festgestellt und wie passt sich dieser Wert an unter-schiedliche Situationen an? Welche **Wechselkurssysteme** garantieren, dass sich der in-nere Wert der Währung nicht allzu sehr von seinem Tauschwert, dem äußeren Wert, entfernt?

E. Koch, *Internationale Wirtschaftsbeziehungen II*,
https://doi.org/10.1007/978-3-658-43377-2_3

3.1   Währungskonvertibilität und Devisenbewirtschaftung

Um wirtschaftliche Transaktionen mit einem anderen Land tätigen zu können, benötigt man ausländische Zahlungsmittel *(Devisen)*. Die Devisen werden üblicherweise im Tausch gegen inländische Währung erworben. Wenn also ein deutscher Importeur Waren aus den USA importieren möchte, benötigt er US\$ für die Bezahlung des US-amerikanischen Exporteurs, die er im Tausch gegen Euro erhält. Er kann diesen Tauschvorgang allerdings nur dann problemlos durchführen, wenn die eigene Währung frei und ungehindert in fremde Währung zu einem allgemein gültigen Wechselkurs umgetauscht werden kann und unbeschränkt ins Ausland transferierbar ist. Sind diese Merkmale gegeben, ist die Währung *konvertibel*. Die freie **Konvertibilität** von Währungen ist damit eine wichtige Voraussetzung für internationalen Handel.

Voll konvertibel sind nur Währungen, für die weder für Inländer noch für Ausländer Beschränkungen des laufenden zwischenstaatlichen Zahlungs- und Kapitalverkehrs gelten. Der Euro ist eine solche voll konvertible Währung. Eine Währung gilt aber schon dann als *formal* konvertibel, wenn ein Land sich durch die Anerkennung von *Artikel VIII* des *Internationalen Währungsfonds* (IWF) (vgl. Kap. 4) verpflichtet, *Leistungsbilanzkonvertibilität (current account convertibility)* herzustellen. Damit verpflichtet sich das betreffende Land, den freien Kapitalverkehr für Transaktionen im Rahmen der Leistungsbilanz nicht zu beschränken und sich an keinen diskriminierenden Währungsvereinbarungen zu beteiligen. Leistungsbilanzkonvertibilität schließt damit jedoch noch nicht die Freiheit ein, die eigene Währung ohne Beschränkungen für alle Arten von grenzüberschreitenden Kapitaltransaktionen, also auch für solche, denen keine realen Transaktionen zugrunde liegen, einzusetzen. Dies setzt auch *Kapitalverkehrskonvertibilität (capital account convertibility) voraus.*

Während die meisten IWF-Mitgliedsländer bereits Leistungsbilanzkonvertibilität eingeführt haben, ist dies bei der Kapitalverkehrskonvertibilität nicht der Fall. Viele Mitgliedsländer kontrollieren auch weiterhin ihren grenzüberschreitenden Kapitalverkehr. Erst wenn auch Kapitalverkehrskonvertibilität besteht, kann jedoch von voller Konvertibilität gesprochen werden. Länder, die (noch) nicht bereit sind ihren Kapitalverkehr zu liberalisieren, versuchen daher häufig, die Konvertibilität ihrer Währungen schrittweise zu erhöhen. So können sie das Recht des grenzüberschreitenden Kapitalverkehrs zunächst beispielsweise nur auf Inländer beschränken *(Inländerkonvertibilität)* oder nur den Besitz von Devisen im Inland zulassen, ohne dass hiermit das Recht zum grenzüberschreitenden Devisenverkehr verbunden wäre *(interne Konvertibilität)*.

Liegt keine volle Konvertibilität vor, so ist dies also gleichbedeutend mit der Tatsache, dass der Kapitalverkehr mit dem Ausland beschränkt und kontrolliert werden soll. Tatsächlich können derzeit auch nur rund 20 Währungen als vollständig konvertibel bezeichnet werden. Die wichtigsten frei konvertiblen Währungen sind neben dem US\$ und dem Euro, das britische Pfund Sterling, der Schweizer Franken, der kanadische und der australische Dollar sowie die schwedische, dänische und norwegische Krone und der japanische Yen. Grund für eine Einschränkung der Konvertibilität ist in den meisten Fällen die Befürchtung, dass entweder Kapital in zu großen Mengen in das Ausland abfließen könnte, etwa durch Kapitalflucht, und so einen inländischen Mangel an Devisen verursachen könnte. Eine unbegrenzte Umtauschmöglichkeit von einheimischer in ausländische Währung könnte – so die Überlegung – die für wichtige Transaktionen benötigten Devisenreserven zu schnell verringern. Um die vorhandenen Devisen zu schonen, existieren in solchen Fällen daher Systeme der **Devisenbewirtschaftung**, die gekoppelt sein können mit einem staatlichen Außenhandelsmonopol. Üblicherweise beschränkt der Staat jedoch nur den freien Zahlungsverkehr mit dem Ausland und reglementiert für seine Bürger den Zugang zu den staatlich kontrollierten Devisen.

Damit der Staat die Kontrolle über die Devisenbestände und -transaktionen behält, müssen Unternehmen mit Auslandskontakten ihren Zahlungsverkehr daher i. d. R. über staatliche Instanzen abwickeln, zum Teil besteht sogar eine *Ablieferungspflicht* für alle erworbenen Devisen. Die Zentralbank bzw. eine von ihr beauftragte Institution kauft dann die Devisen zu einem zuvor festgelegten meist unter einem fiktiven Marktpreis liegenden Wechselkurs an und verkauft sie dann an diejenigen, die Devisen beantragen – entsprechend der staatlichen Prioritäten. Allerdings gelingt es den Staaten i. d. R. nicht, sämtliche Devisen, insbesondere nicht diejenigen, die von Privatleuten in das Land gebracht werden, auf diese Weise abzuschöpfen, so dass sich in diesen Ländern ein Devisen-Schwarzmarkt mit entsprechend höheren *Schwarzmarktkursen* bildet. Die Devisennachfrage ist also üblicherweise größer als das entsprechende Angebot, so dass der Staat die knappen Devisen **kontingentiert** und dann zuteilt. Hierdurch soll eine eigentlich unumgängliche, aber aus politischen Gründen und wegen benötigter Importe nicht erwünschte Abwertung der eigenen Währung verhindert werden. Die Zentralbank kann die Devisen auch gegen Höchstgebot versteigern oder je nach staatlichen Prioritäten unterschiedliche – *gespaltene* – Wechselkurse festsetzen: Für besonders wichtige Importe wird der Devisenkurs dann niedrig und für weniger dringend benötigte Importe oder für private Devisenbedürfnisse höher festgesetzt.

Beispiele

Systeme der Devisenbewirtschaftung waren vor allem zwischen dem ersten Weltkrieg und Ende der 1950er-Jahre vorherrschend, auch die D-Mark wurde erst 1958 vollständig konvertibel. Die Staaten Mittel- und Osteuropas, die MOE-Staaten, praktizierten Devisenbewirtschaftung noch bis Mitte der 1990er-Jahre und in devisenschwachen Entwicklungsländern sind diese Systeme trotz der großen Liberalisierungswelle der 1990er-Jahre auch heute noch vorherrschend.

Wegen Schwierigkeiten seine Auslandsschulden in US$ zu bezahlen, beschloss Argentinien 2019 (wieder einmal) für einen begrenzten Zeitraum den Devisenhandel einzuschränken: Große Exporteure mussten eine Erlaubnis der Zentralbank für den Kauf von Devisen und die Überweisung von Devisen ins Ausland einholen und Privatpersonen durften ausländische Währung nur in begrenztem Umfang, bis zu 10.000 US$, erwerben (vgl. Abschn. 3.4). ◄

Da durch solche Praktiken die angemessene Bewertung der eigenen Währung verhindert und die eigene Währung meist überbewertet wird, um die Versorgung mit benötigten Importgütern zu niedrigen Preisen zu ermöglichen, können Möglichkeiten, Deviseneinnahmen durch höhere Exporte zu steigern, nur unzureichend genutzt werden. Die hierfür erforderlichen Devisenkontrollsysteme dienen auch dazu die negativen Auswirkungen der Schwarzmärkte zu verringern. Dies verursacht zum einen ökonomische und politische Kosten, zum anderen werden durch die Zuteilungspraktiken *Korruption* und *Nepotismus* gefördert.

3.2 Wechselkurse

Ähnlich wie Waren werden auch Währungen auf Märkten, in diesem Fall auf *Devisenmärkten*, gehandelt. Da es sich um absolut gleichartige „Waren" handelt, werden die Preise für die Devisen, die *Wechselkurse*, auf den Devisenmärkten in den verschiedenen Ländern angesichts der weltweit großen Transparenz über Wechselkurse nur geringfügig voneinander abweichen. Diese geringen Abweichungen können zu *Arbitragegeschäften* genutzt werden. Als *Arbitrage* bezeichnet man im Finanzbereich Transaktionen, mit denen simultan existierende Preis-, Kurs- oder Zinsunterschiede (bei Kassageschäften) für gleiche Produkte auf verschiedenen Teilmärkten bzw. Handelsplätzen durch entsprechende Transaktionen zur Erzielung von Gewinnen genutzt werden.

Arbitragegeschäfte
Bei Arbitragegeschäften werden normalerweise sehr große Summen gehandelt und die Wechselkursunterschiede werden sehr schnell wieder ausgeglichen, so dass die Möglichkeit solche Geschäfte zu tätigen meist nur sehr kurze Zeit gegeben sind (s. a. Abschn. 6.2.2). Da Devisengeschäfte jedoch permanent, weltweit und 24 h pro Tag zwischen unterschiedlichsten Marktteilnehmern durchgeführt werden, sind kleinere Kursdifferenzen auf den verschiedenen Teilmärkten die Regel.

Das Austauschverhältnis zwischen zwei Währungen und damit der Preis für die jeweils andere Währung wird entweder in Wechselkursen (i. e. S.) oder in Devisenkursen angegeben. Der **Wechselkurs** (auch: Mengen-Wechselkurs oder Mengennotierung) gibt den Außenwert der eigenen Währung an, also den in ausländischen Währungseinheiten ausgedrückten Gegenwert für eine feste Menge einheimischer Währungseinheiten (Beispiel: 1 € = 1,10 US$). Umgekehrt wird bei dem **Devisenkurs** (auch: Preis-Wechselkurs oder Preisnotierung) der Preis für eine bestimmte festgelegte Menge ausländischer Währungseinheiten (1, 100 oder 1000) in inländischer Währung ausgedrückt, damit beträgt der Dollar-Devisenkurs in unserem Beispiel 1 US$ = 0,91 €.

Soll der Preis einer in ausländischer Währung ausgezeichneten Ware in Euro berechnet werden, geschieht dies nach der Formel: *Preis in Euro = Devisenmenge × Devisenkurs.* Die Umrechnung von 200 US$ in Euro ergibt bei einem Devisenkurs von 0,91 € für 1 US$ somit folgenden Euro-Betrag: 200 US$ × 0,91 € = 182 €. Verfügt man dagegen über einen bestimmten Betrag in Euro und möchte den Gegenwert in ausländischer Währung berechnen, wird dies über den Wechselkurs berechnet, also 1000 € = 1000 × 1,10 US$ = 1100 US$.

Abgesehen von den durch Angebot und Nachfrage verursachten Wechselkursunterschieden bestimmt auch die Art des Devisengeschäftes den Wechselkurs. So spaltet sich jeder Kurs zunächst in einen **Ankaufs-** und in einen **Verkaufskurs**: Devisen werden von Banken und anderen Devisenhändlern, wie z. B. Wechselstuben, zur Deckung der für die Transaktion entstehenden Kosten und zur Erzielung von Gewinnen grundsätzlich teurer verkauft als gekauft. Bei Bargeldtransaktionen, also etwa dem Tauschen von Devisen für Urlaubsreisen, gelten **Sortenkurse**. Hier ist die Spanne zwischen den An- und Verkaufskursen relativ hoch, da die Bevorratung von Devisen für die Banken mit Kosten und Risiken verbunden ist. Im bargeldlosen Zahlungsverkehr, also etwa bei Währungstransaktionen mit Kreditkarten, Reiseschecks, Inhaberschecks oder Überweisungen, gelten **Devisenkurse** (i. e. S.). Der Unterschied zwischen dem *Geldkurs* („Ankauf von eigener Währung gegen Devisen") und dem *Briefkurs* („Verkauf von eigener Währung gegen Devisen") ist verhältnismäßig gering und wird im Wesentlichen durch die Gewinnspanne der Bank bestimmt.

Grundlage für die Kursbestimmung ist im Regelfall der von Geschäftsbanken und anderen Anbietern täglich gegen 13 Uhr ermittelte **Devisenmittelkurs** (Devisen-Fixing). Da hierfür unterschiedliche Datensätze verwendet werden, können die Kurse der Anbieter leicht variieren. Die Devisenmittelkurse sind Grundlage für die Abrechnung von Devisentransaktionen für Privatkunden.

Seit 2020 muss für die Umrechnung von Kartenzahlungen und Bargeldauszahlungen, die innerhalb des Euroraums in Fremdwährungen des Euroraums, also beispielsweise der dänischen, schwedischen oder tschechischen Krone, getätigt werden der EZB-Referenzkurs (zuzüglich eines von der Bank festgelegten Umrechnungsentgelts) zugrunde gelegt werden. Die EZB veröffentlicht täglich **Referenzkurse** zwischen dem Euro und insgesamt 17 internationalen Währungen. Die Kurse werden zwischen den Zentralbanken des Euroraums (ESZB-Zentralbanken) normalerweise gegen 14.15 Uhr ermittelt. Die Referenzkurse gelten im Wesentlichen für Transaktionen zwischen der EZB und Zentralbanken sowie zwischen der EZB und Banken, sind aber auch (s. o.) für bestimmte Transaktionen der Geschäftsbanken relevant (vgl. Abb. 3.1).

Devisenfixing

Vor der Einführung des Euro war das *Devisenfixing* eine deutsche Besonderheit. Hier wurde als Durchschnittskurs aus den Geld- und Briefkursen einer größeren Anzahl von Banken einmal pro Tag der *amtliche Mittelkurs* der D-Mark ermittelt. Auch er bildete die Grundlage für die Kurse bei kleineren Devisentransaktionen der Banken und wurde Geschäften zwischen den Banken und der Deutschen Bundesbank zugrunde gelegt. Mit Beginn der Europäischen Währungsunion wurde das amtliche *Fixing* zum 30.12.1998 abgeschafft. Seit diesem Zeitpunkt konkurrieren die verschiedenen erwähnten Systeme miteinander, die sich im Ergebnis allerdings nur geringfügig voneinander unterscheiden.

Wechselkurs (Mengen-Wechselkurs, Mengennotierung) Außenwert der Inlandswährung: Wie viel ist ein Euro wert?	**Devisenmenge** als Gegenwert für Euro: Wie viel US$ erhalte ich für 91 €?
	Euro x Mengennotierung = Devisenmenge
Relation einer festen Anzahl einheimischer Währungseinheiten, z. B. 1 Euro, zur jeweiligen Anzahl ausländischer Währungseinheiten	**91 € x 1,10 = 100 $**
	Preis der Devise (z. B. US$)in Euro: Wie viel Euro erhalte ich für 100 US$?
Beispiel:	Devisenmenge/Mengennotierung = Euro
Mengennotierung für 1 Euro in US$: **1 € = 1,10 US$**	**100 US$ ÷ 1,10 = 91 €**
Devisenkurs (Preis-Wechselkurs oder Preisnotierung) Preis der Auslandswährung: Was kostet ein US$?	**Devisenmittelkurse** legen Geschäftsbanken täglich gegen 13 Uhr fest. Sie gelten für Privatkundengeschäfte, außer für Umrechnungen von EU-Währungen in den Euro. Hier gelten die …
Relation einer festen Anzahl ausländischer Währungseinheiten (1, 100 oder 1000), z. B. 1 US$, zur jeweiligen Anzahl inländischer Währungseinheiten	
	EZB-Referenzkurse für 17 internationale Währungen. Diese werden von der EZB täglich (14.15 Uhr) mit den ESZB-Zentralbanken für Transaktionen der EZB ermittelt
Beispiel: Preisnotierung für US-Dollar in Euro: **1 US$ = 0,91 €**	

Abb. 3.1 Wechselkurs und Devisenkurs: Zusammenfassung

Fallen Vertragsabschluss und Tauschtransaktion zusammen *(Kassamarkt)*, werden **Kassakurse** *(spot exchange rates)* zugrunde gelegt. Auf dem Kassamarkt erfolgt die Wertstellung für bargeldlose Devisentransaktionen in der Regel innerhalb von zwei Tagen nach Vertragsschluss. Im Gegensatz zum Kassageschäft erfolgt bei einem Termingeschäft die Transaktion zu einem späteren Zeitpunkt, beispielsweise ein, drei, sechs oder zwölf Monate später. Der Kurs, zu dem die Devisen abgerechnet werden, der **Terminkurs** *(forward exchange rate)*, wird schon bei Vertragsschluss fest vereinbart.

Die *Differenz* zwischen Kassa- und Terminkurs richtet sich nach den Zinsunterschieden zwischen den jeweiligen Währungen.

- Liegt beispielsweise das ausländische unter dem inländischen Zinsniveau, ist der Terminkurs für die ausländische Währung (ausgedrückt als Wechselkurs!) niedriger als der Kassakurs. Die Terminwährung wird dann mit einem **Deport** (Abschlag) gehandelt. Ist also beispielsweise das Zinsniveau in Japan niedriger als im Euroraum, liegt der Terminkurs für den Yen unterhalb des aktuellen Kassakurses.
- Ist das Zinsniveau im Fremdwährungsland höher als das Zinsniveau im eigenen Land, liegt der Terminkurs oberhalb des Kassakurses. Die Termindevise wird dann mit einem **Report** (Prämie) gegenüber der Kassadevise gehandelt. Sind also beispielsweise die Zinsen in den USA höher als im Euroraum wird der Termin-Dollar zu einem höheren Kurs gehandelt als der Kassa-Dollar.

Die Differenz zwischen Kassa- und Terminkurs, der **Swapsatz,** wird i. d. R. in absoluten Werten in *(Kurs-)Basispunkten* angegeben. Ein Basispunkt (Bip) entspricht einem Hundertstel Prozentpunkt (0,01 %) der üblicherweise gehandelten Devisengrundmenge. Diese beträgt beispielsweise im Falle des Dollars 1 US$, im Falle des Schweizer Franken 100 sfr. Ein Basispunkt entspricht daher beim Dollar also 0,0001 US$, beim Schweizer Franken 0,01 sfr.

Termingeschäfte werden entweder aus Spekulationsgründen oder zur Kurssicherung *(hedging)*, etwa bei Exportgeschäften, getätigt (vgl. Kap. 6). Erwartet ein deutscher Exporteur z. B. einen Zahlungseingang von 100.000 US$ in sechs Monaten, so kann er im Rahmen eines Devisentermingeschäfts *(forward)* seiner Bank diese Devisen zum Terminkurs verkaufen, wobei die vertragliche Abwicklung dieses Devisengeschäfts erst zum vereinbarten Zeitpunkt nach sechs Monaten erfolgt. Beträgt der Kassakurs 1 € = 1,2270 US$ und der Terminkurs für ein Sechsmonatsgeschäft 1,2380 US$, so beträgt der Swapsatz – bezogen auf 6 Monate – einem *Report* von 110 Basispunkten (2380 − 2270 = 110). Beide Vertragspartner sind nun an den Devisenterminvertrag gebunden, müssen ihn also erfüllen. Liegt nach 6 Monaten der Euro-Wechselkurs beispielsweise bei 1,26 US$, erleidet der Exporteur einen fiktiven Verlust, da er seinen Exporterlös (100.000 US$) zu dem vereinbarten Kurs, also 1,2380 US$, verkaufen muss. Fällt der Kurs dagegen auf z. B. 1,20 US$, gewinnt der Exporteur, da auch die Bank die US$ zum vereinbarten Terminkurs ankaufen muss (s. a. Abschn. 6.3.5).

Termingeschäfte sind beidseitig verpflichtend und bieten damit eine verbindliche Kalkulationsbasis. Wie erwähnt, drücken Terminkurse keine Erwartungen in die Entwicklung der Wechselkurse aus, sondern berücksichtigen nur die Zinsdifferenzen zwischen den Geldmärkten der beteiligten Währungen (vgl. Abb. 3.2).

Die eingangs gestellte Frage, ob es einen oder mehrere Tauschwerte einer Währung gibt und warum dies so sein könnte, lässt sich damit folgendermaßen beantworten – es gibt sehr viele Werte einer Währung auch zum gleichen Zeitpunkt:

- Mengen- und Preisnotierung drücken das Kursverhältnis unterschiedlich aus.
- Sorten- und Devisenkurse berücksichtigen unterschiedliche Tauschformen.
- Mittel- und Referenzkurse unterscheiden sich und bilden wiederum die Grundlage für

Sortenkurse - An- und Verkaufskurse
Währungstransaktionen mit Bargeld
zwischen Banken und Kunden

Devisenkurse - Geld- und Briefkurse
Bargeldlose Devisentransaktionen
z. B. Überweisungen, Kreditkarten

Bank-Devisen-**Verkaufskurs** (Euro-Ankauf)
100 Euro = 108 US$
Für 100 Euro erhält man 108 US$

Geldkurs (Bid) 1 Euro = 1, 09 US$
Bank-Verkauf von Devisen gegen Inlandswährung
(Geld: Markt-Nachfrage nach Devisen)

Bank-Devisen-**Ankaufskurs** (Euro-Verkauf)
100 Euro = 112 US$
Für 100 Euro muss man 112 US$ bezahlen

Briefkurs (Ask) 1 Euro = 1,11 US$
Bank-Ankauf von Devisen gegen Inlandswährung
(Brief: Markt-Angebot an Devisen)

Kassakurs *(Kassamarkt)*

Die Transaktion wird unmittelbar nach
Vertragsabschluss ausgeführt
(spätestens innerhalb von zwei Tagen)

Terminkurs *(Terminmarkt)*
(forward rate, forward)

Der Wechselkurs wird bei Vertragsschluss fest
vereinbart. Die Devisentransaktion selbst wird erst zu
einem späteren, fest vereinbarten Zeitpunkt getätigt:
z. B. in 1, 3, 6, oder 12 Monaten

Abb. 3.2 Ankauf und Verkauf von Devisen (Zusammenfassung)

- An- und Verkaufskurse bzw. Geld- und Briefkurse, die die unterschiedlichen Interessen von Käufer und Verkäufer widerspiegeln.
- Kassa- und Terminkurse berücksichtigen die unterschiedlichen Zeitpunkte der Ausführung der Transaktionen.
- Hinzu kommt, dass es natürlich viele unterschiedliche „Gegenwährungen" gibt, die von ihren Regierungen unterschiedlich „gemanagt" werden (s. u.) und die wiederum
  - an unterschiedlichen Bankplätzen bzw. Ländern von
  - unterschiedlichen Finanzinstitutionen gehandelt werden, wobei sich
  - schon bei kleinsten Änderungen des Zeitpunkts neue Wechselkurse ergeben können.

Zur Beurteilung und Berechnung gesamtwirtschaftlicher Sachverhalte sind die Wechselkurse nicht-konvertibler Währungen in vielen Ländern häufig nicht geeignet, da diese meist aus den genannten Gründen zu günstig für die eigene Währung ausfallen. Bei internationalen Vergleichen werden daher auch fiktive *Schattenwechselkurse* zugrunde gelegt, die den Wert der Währung realistischer wiedergeben. Für die Berechnung dieser Kurse können verschiedene Methoden verwandt werden. So können diese beispielsweise auf der Basis der *Kaufkraftparitäten* (vgl. Abschn. 3.3.1) ermittelt werden, es können theoretische *Gleichgewichtswechselkurse* errechnet oder auch *Schwarzmarktkurse* zugrunde gelegt werden.

3.3　Wechselkurssysteme

Wechselkurse bilden praktisch ein *Scharnier*, durch das die nationale Währung mit anderen Währungen und damit mit der Weltwirtschaft verknüpft wird und Austauschbeziehungen möglich gemacht werden. Damit wird der Wechselkurs der eigenen Währung zu einem strategischen Preis, durch den die Wettbewerbsfähigkeit einer Volkswirtschaft und somit ihre Fähigkeit zu exportieren und zu importieren stark beeinflusst wird. Ein überhöhter Wechselkurs der eigenen Währung verringert die eigenen Exportmöglichkeiten, erleichtert aber die Deckung des Importbedarfs. Ein niedriger Wechselkurs verbessert dagegen die Exportchancen des eigenen Landes auf dem Weltmarkt, erhöht aber die Kosten für Importe.

Währungen werden auf *Devisenmärkten* gehandelt. Falls das Marktgeschehen nicht manipuliert wird, spiegelt der Marktpreis die Knappheitsverhältnisse und damit auch die Wertschätzung für die dort gehandelten Güter, bzw. Währungen, wider. Auch auf den Devisenmärkten wird der Wechselkurs einer Währung durch Angebot und Nachfrage bestimmt. Steigt der Wechselkurs für eine Währung gegenüber einer oder mehreren anderen Währungen, so geschieht dies offensichtlich aufgrund steigender Nachfrage. Fällt der Wechselkurs, so möchten mehr Marktteilnehmer die Währung verkaufen, es liegt also ein Überangebot an dieser Währung vor. Es kann jedoch im Interesse von Staaten liegen, einen bestimmten gewünschten Wechselkurs festzulegen oder ihn durch geeignete Maßnahmen zu steuern, und ihn somit von Angebots- und Nachfragebewegungen und damit von Kursschwankungen und Auf- oder Abwärtsbewegungen (partiell) abzukoppeln.

Die Art des praktizierten *Wechselkurssystems* beeinflusst die aktuellen Wechselkurse: In einem freien oder **flexiblen Wechselkurssystem** *(floating exchange rates)* richtet sich der Preis für die eigene Währung grundsätzlich nach Angebot und Nachfrage auf den Devisenmärkten. In einem **festen Wechselkurssystem** *(fixed oder pegged exchange rates)* wird dagegen versucht, den eigenen Wechselkurs in Bezug auf eine oder mehrere andere Währungen möglichst konstant zu halten.

In der Praxis haben sich verschiedene Varianten dieser „reinen Systeme" herausgebildet. Folgt man dem Ordnungsprinzip zunehmender Interventionen, lassen sich folgende Untersysteme unterscheiden: Bei flexiblen Wechselkurssystemen werden die Wechselkurse entweder völlig dem Spiel von Angebot und Nachfrage überlassen *(free floating)* oder nur in definierten Ausnahmefällen durch staatliche Interventionen beeinflusst *(managed floating)*. Floaten mehrere Währungen, die untereinander fest miteinander verbunden sind, gegenüber anderen Währungen, spricht man von *Blockfloating*.

Bei festen Wechselkurssystemen bleibt der Wechselkurs im Verhältnis zu einer anderen Währung, mehreren anderen Währungen oder gegenüber einem Währungskorb, der aus festgelegten Anteilen bestimmter Währungen besteht, entweder weitgehend oder völlig konstant. In der Praxis unterschiedet man verschiedene Formen. Ist die Bindung nicht allzu fest, spricht man von einem *soft peg*. Hier stehen folgende Varianten zur Auswahl: Bei der gleitenden Parität *(crawling peg)* wird die Währung an eine Leitwährung in festgelegten kleinen Schritten angepasst. Bei der *Korbbindung* ist die Währung an ein Bündel von Währungen angebunden und Zielzonen *(target zones)* geben von vornherein einen bestimmten (relativ weiten) Spielraum an, in dem der Wechselkurs frei schwanken kann. Ist die Währungsbindung tatsächlich fest *(hard peg)*, so kann sie dennoch innerhalb von festgelegten *weiteren oder schmalen Bandbreiten* schwanken. Sie kann auch im Rahmen eines *Currency Board Systems* fest an die Reservewährung geknüpft oder schließlich, wie etwa bei einer Währungsunion, *völlig starr* mit anderen Währungen verbunden sein (vgl. Abb. 3.3).

Beispiel

Länder können ihr Wechselkursregime jedoch auch jederzeit ändern. Ein Beispiel hierfür ist China. Zwischen 2005 und 2008 wurde die chinesische Währung, der Yuan, aufgewertet, vor allem deswegen, weil China von seinen internationalen Handelspartnern vorgeworfen wurde, die Parität künstlich niedrig zu halten, um sich durch den niedrigen Wechselkurs Handelsvorteile zu verschaffen. Ab 2008 band China den Wechselkurs des Yuan relativ fest an den US\$, und erlaubte nur eine Schwankungsbreite von +/−0,5 %. Ab April 2012 wurde diese auf +/−1,0 % erhöht. Derzeit lässt China den Yuan kontrolliert floaten. ◄

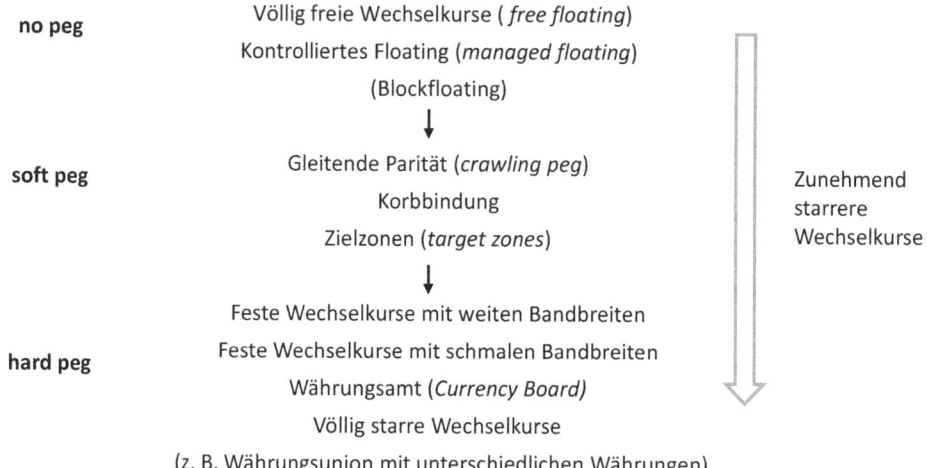

no peg Völlig freie Wechselkurse (*free floating*)

Kontrolliertes Floating (*managed floating*)

(Blockfloating)

↓

soft peg Gleitende Parität (*crawling peg*)   Zunehmend

Korbbindung   starrere

Zielzonen (*target zones*)   Wechselkurse

↓

Feste Wechselkurse mit weiten Bandbreiten

hard peg Feste Wechselkurse mit schmalen Bandbreiten

Währungsamt (*Currency Board*)

Völlig starre Wechselkurse

(z. B. Währungsunion mit unterschiedlichen Währungen)

Abb. 3.3 Von flexiblen zu starren Wechselkurssystemen

3.3.1 Flexible Wechselkurse

Wie erwähnt, bilden sich absolut freie Wechselkurse unbeeinflusst von staatlicher Einflussnahme auf den Devisenmärkten. Da die meisten Staaten jedoch daran interessiert sind, den Wechselkurs ihrer Währungen nicht allzu stark steigen oder sinken zu lassen, intervenieren viele Zentralbanken auf den Devisenmärkten und versuchen durch gezielte An- und Verkäufe von Devisen den Wechselkurs nicht allzu stark schwanken zu lassen. In diesen Fällen spricht man von *kontrolliertem oder managed floating*.

Häufig besteht die Konstellation, dass ein Land A mit einer starken Währung seine Währung floaten lässt, während Land B seine Währung fest an die Währung von Land A bindet. So ist beispielsweise der Wechselkurs des Euro völlig frei, Interventionen der Europäischen Zentralbank (EZB) sind sehr selten, während einige Länder ihre Währungen einseitig fest an den Euro gebunden haben. Wird eine solche Bindung gelöst, kann es an den Währungsmärkten zu heftigen Turbulenzen kommen.

Beispiel

So gab beispielsweise die *Schweizer Nationalbank* (SNB) Anfang 2015 die Bindung des Schweizer Franken (sfr) an den Euro auf, nachdem sie drei Jahre zuvor einen Euro-Mindestkurs von 1,20 sfr festgelegt hatte. Folge dieser Entscheidung war ein rascher Anstieg des Franken-Wechselkurses bis auf die Parität von 1 € = 1 sfr. Die Reaktionen an den Devisenmärkten war so groß, dass die elektronischen Devisen-Handelssysteme, die auf tägliche Transaktionen von 5,3 Billionen Dollar ausgelegt waren, zu kollabieren drohten (vgl. Sommerfeldt/Zschäpitz 2015). ◄

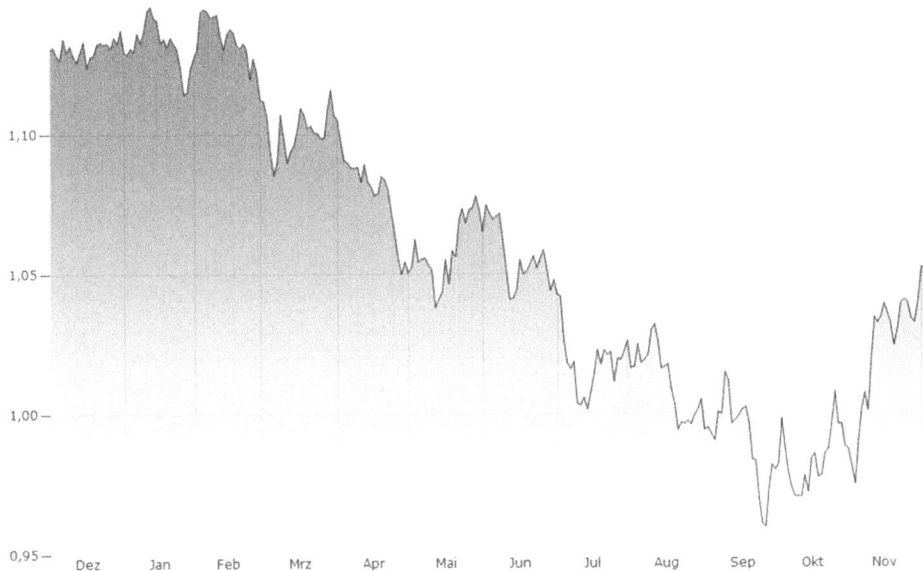

Abb. 3.4 Schwankungen des Euro-Wechselkurses zum US\$ (1 € = … US\$, 2022). (Quelle: finanzen.net)

Die aktuellen Wechselkurse sind abhängig von den Angebots- und Nachfrageverhältnissen auf den Devisenmärkten. Da sich diese permanent ändern, sind Kursschwankungen die Regel. Abb. 3.4 zeigt stark den schwankenden Verlauf des Euro-Wechselkurses gegenüber dem US\$ im Jahr 2022. Während er im Februar 2022 noch bei knapp 1,15 US\$ lag, sank er im September auf fast 0,95 US\$ ab, um dann im November schon wieder auf 1,05 US\$ zu steigen.

Angebot und Nachfrage nach der Währung eines Landes sind von vielen Faktoren abhängig. Von besonderer Bedeutung sind

- der für *Leistungsbilanztransaktionen* benötigte Bedarf, also beispielsweise für die Bezahlung von Importen,
- der Devisenbedarf für grenzüberschreitende *Kapitalanlagen*, wie Portfolio- und Direktinvestitionen, sowie
- *spekulative* Überlegungen und damit das Motiv mit einer autonomen Devisentransaktion selbst einen Währungs- oder Zinsgewinn zu erzielen.

Zu den sich jeweils für kurze Zeitabschnitte einstellenden *Gleichgewichtskursen* stimmen Angebot und Nachfrage nach der jeweiligen Währung überein: Alle diejenigen, die zu diesem *Preis* die Währung kaufen wollen, können dies tun, ebenso diejenigen, die zu diesem Preis die Währung verkaufen wollen. Werden beispielsweise mehr Euro gegen US\$ nach-

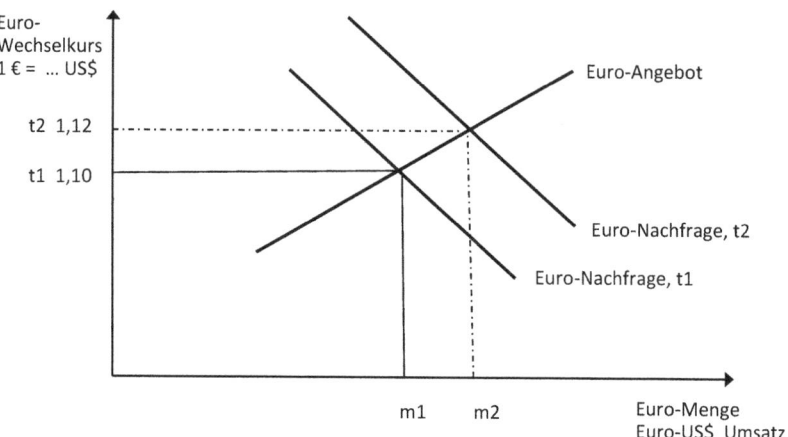

Abb. 3.5   Flexible Wechselkurse

gefragt wird der Euro-Wechselkurs steigen, werden weniger Euro gegen US$ nachgefragt wird der Euro-Wechselkurs sinken. Abb. 3.5 verdeutlicht diese Situation.

Abb. 3.5 zeigt eine Situation, in der sich zunächst zum Zeitpunkt *t1* ein *Gleichgewichts-wechselkurs* von 1 € = 1,10 US$ gebildet hat. Auf der y-Achse ist der Euro-Wechselkurs und auf der x-Achse die zu unterschiedlichen Wechselkursen angebotenen und nach-gefragten Euromengen abgetragen. Die Kurve *Euro-Nachfrage, t1* gibt die im Zeitpunkt t1 zu unterschiedlichen Wechselkursen nachgefragte Menge an Euro an, die auf ein ent-sprechendes Marktangebot an Euro stößt. Der fallende Verlauf der Kurve wird durch die Annahme bestimmt, dass mit sinkendem Wechselkurs eine immer größere Menge an Euro nachgefragt wird, während der steigende Verlauf der Angebotskurve durch eine bei stei-gendem Eurokurs zunehmende Bereitschaft Euro zu verkaufen, erklärt werden kann. Bei dem sich bildenden Gleichgewichtswechselkurs von 1,10 US$ wird die *Euromenge m1* umgesetzt. Steigt nun die Nachfrage nach Euro, verschiebt sich die Nachfragekurve nach oben (Euro-Nachfrage, t2). Bei unverändertem Verlauf der Euro-Angebotskurve steigt der Euro-Wechselkurs in t2 auf den neuen Gleichgewichtswechselkurs von 1,12 US$. Damit erhöht sich der Euro-Umsatz von m1 auf m2, der Wechselkurs des Euro steigt, es müssen mehr Euro für den US$ bezahlt werden.

Steigt der Wechselkurs für die eigene Währung, wird diese *aufgewertet* und die aus-ländische Währung *abgewertet*, fällt der Wechselkurs, wird die eigene Währung ab-gewertet, während die ausländische Währung aufgewertet wird. Durch eine Abwertung der eigenen Währung muss das Ausland weniger eigene Währung für die Bezahlung der importierten Waren bereitstellen, da die Exportgüterpreise, ausgedrückt in ausländischer Währung, sinken. Für ein in die USA exportiertes deutsches Auto muss zwar immer noch – beispielsweise – 30.000 € bezahlt werden, der US-amerikanische Kunde muss dafür, bei einer angenommenen Euro-Abwertung von 1,10 auf 1,00 US$, aber nicht mehr 33.000 US$ sondern „nur noch" 30.000 US$ aufbringen. Damit steigt tendenziell die Nachfrage nach deutschen Exportgütern, etwa Autos, und damit auch wieder die Nachfrage nach Euro, so dass hieraus wiederum ein Aufwertungseffekt des Euro resultieren könnte.

Steigt der Wechselkurs dagegen, wird die eigene Währung aufgewertet und die Fremdwährung entsprechend abgewertet. Da nun die eigenen Exportgüter im Ausland teurer werden, wird der Export und damit die Nachfrage nach Inlandswährung tendenziell zurückgehen. Eine sinkende Nachfrage bei angenommenem gleich bleibenden Angebot an Inlandswährung wird zu einem Abwertungseffekt für die Inlandswährung führen und die Exportaussichten wieder verbessern.

Kaufkraftparitätentheorie

Wechselkurse werden durch eine Vielzahl von Faktoren bestimmt, dabei spielen die Entwicklungen der Zins- und der Preisniveaus in den jeweiligen Ländern für die Wechselkursentwicklung eine zentrale Rolle. Eine der ältesten *Währungstheorien* ist die von dem schwedischen Ökonomen *Gustav Cassel* (1866–1945) entwickelte *Kaufkraftparitätentheorie*, nach der sich die Wechselkursentwicklung zwischen zwei Währungen, unter gewissen Voraussetzungen und zumindest auf längere Sicht, aus den *Inflationsdifferenzen* zwischen zwei Währungsgebieten erklärt: Steigt das Preisniveau in Land A schneller als in Land B, so fällt der Außenwert der Währung von Land A gegenüber Land B.[1] Der Wechselkurs sorgt somit dafür, dass die Kaufkraft der inländischen Währung derjenigen der ausländischen Währung entspricht. Da höhere Preissteigerungsraten in einem Land zu einer Verteuerung der Exporte bei gleichzeitiger relativer Verbilligung der Importe führen, wird die Nachfrage nach einheimischer Währung zurückgehen bzw. nach ausländischer Währung steigen. Die hierdurch hervorgerufene Abwertungstendenz der nationalen Währung wird zu einer Verbilligung der Exporte bei gleichzeitiger Verteuerung der Importe führen. Am Ende eines solchen Anpassungsprozesses – empirisch wurden vier bis sechs Jahre ermittelt – entspricht der Inlandspreis der Güter, multipliziert mit dem neuen Wechselkurs, dem Preis in der Auslandswährung: Die Preisniveaus, ausgedrückt in einer Währung, haben sich einander wieder angeglichen.[2]

Verschiedene Untersuchungen zeigen, dass der Wechselkurs tatsächlich um die Kaufkraftparität schwankt, langfristig gibt diese damit durchaus die Entwicklungsrichtung vor. Kurz- und mittelfristig stimmt dies jedoch nicht, so dass Kaufkraftparitäten Wechselkursentwicklungen nicht vollständig erklären können. Weitere Faktoren, wie etwa der in der *Zinsparitätentheorie* unterstellte Einfluss unterschiedlicher *Zinsniveaus* auf die Nachfrageverhältnisse auf den Devisenmärkten oder *Erwartungen hinsichtlich politischer oder konjunktureller Entwicklungen* haben einen wesentlichen Einfluss auf die Ausprägung der aktuellen Wechselkurse. Hinzu kommt, dass viele Länder ihre Währungen keineswegs völlig frei floaten lassen, sondern sie – meist aus wirtschaftspolitischen Gründen – zu beeinflussen versuchen. Aus Kaufkraftparitätentheorie und Zinsparitätentheorie wurde später die *monetäre Wechselkurstheorie* entwickelt.

---

[1] Im Gegensatz zur absoluten Kaufkraftparitätstheorie, bei der der Wechselkurs dem Verhältnis der Preisniveaus zwischen zwei Ländern entspricht, erklärt die relative Kaufkraftparitätstheorie Wechselkursänderungen aus den Inflationsunterschieden zwischen Ländern.

[2] Vgl. Belke/Dross (2009), Deutsche Bundesbank (2004).

Da Wechselkurse die Kaufkraft nur unzulänglich widerspiegeln, werden für internationale Vergleiche immer häufiger nicht die offiziellen Wechselkurse, sondern errechnete *fiktive Wechselkurse* auf der Grundlage der Kaufkraft der Währungen in den jeweiligen Ländern zugrunde gelegt. Diese *Kaufkraftparität (purchasing power parity, PPP)* ist der mit statistischen Methoden bestimmte Gleichgewichtswechselkurs, bei dem die Kaufkraft zweier Währungen gleich groß ist, gemessen an der Summe einheimischer Währung, die für bestimmte *Warenkörbe* in den jeweiligen Ländern bezahlt werden muss. Kaufkraftparität liegt vor, wenn in zwei Staaten die mit der jeweiligen nationalen Geldmenge gekauften Waren- und Dienstleistungen eines Warenkorbes gleich groß sind. Wenn also ein typischer Warenkorb in Euroland 100 € kostet und in Japan 14.500 Yen, dann ergibt sich daraus ein Wechselkurs von 1 € = 145 Yen. Dies würde auch dem derzeitigen offiziellen Wechselkurs entsprechen. Würde der gleiche Warenkorb aber 20.000 Yen kosten, wäre der in Kaufkraftparitäten ausgedrückte Wechselkurs 1 € = 200 Yen. Das Leben in Japan wäre also erheblich teurer, als dies in dem offiziellen Wechselkurs zum Ausdruck kommt.

Ein populäres Beispiel für den Vergleich der Kaufkraft der Währungen, der Kaufkraftparität, unterschiedlicher Länder ist der seit 1986 von der Zeitschrift *The Economist* regelmäßig veröffentlichte „*Big Mac Index*". Dabei wird ermittelt, wie viel ein *Big Mac* in einem McDonald's Restaurant in derzeit 57 Ländern kostet. Zur Vereinheitlichung der ermittelten Werte werden die in unterschiedlichen Währungen vorliegenden Preise in US$ umgerechnet. Dies gibt einen Hinweis darauf, ob eine Währung im Vergleich zum Preisniveau in einem anderen Land unter- oder überbewertet ist (vgl. Abb. 3.6).

Big Mac Index 2022		
Vergleich zwischen ausgewählten Ländern		
Land	**Preis des Big Mac in US$**	**Währung ist um x % unter- bzw. überbewertet**
USA	5,15	0
Indien	2,39	- 54 %
Japan	2,83	- 45 %
Mexiko	3,43	- 33 %
China	3,56	- 31 %
Euroland	4,77	- 7 %
Norwegen	6,26	+ 22 %
Schweiz	6,71	+ 30 %

Abb. 3.6   Der Big Mac Index. (Quellen: *Ausgewählte Links*: Big Mac Index)

Der Big Mac Index ist kein akkurater Maßstab, da er von vielen verschiedenen Einflussfaktoren abhängig ist. Er gibt aber interessanterweise häufiger Hinweise auf die Entwicklung von Wechselkursen: Überbewertete Währungen tendieren dazu an Wert zu verlieren.[3]

3.3.2 Feste Wechselkurse

Bei einem festen Wechselkurssystem wird das Wechselkursverhältnis zwischen der eigenen und einer oder mehreren anderen Währungen festgelegt. Feste Wechselkurse können durch den Beschluss eines Landes einseitig festgelegt oder im Rahmen von zwei- bzw. mehrseitigen Verträgen mit wechselseitigen Verpflichtungen vereinbart werden. Da ein genau fixierter Wechselkurs (*Parität* oder *Leitkurs*) in der Praxis nur schwer einzuhalten ist, werden meist *Bandbreiten* bestimmt, innerhalb derer der Kurs schwanken darf, ohne dass die betreffende Währungsbehörde, in der Regel die Zentralbank, eingreifen muss. In der Praxis haben sich verschiedene Varianten herausgebildet, auf die weiter unten näher eingegangen wird. Als eine der wichtigsten Varianten wird zunächst das *System fester Wechselkurse mit Bandbreiten* näher behandelt. Innerhalb der Bandbreite können sich die Wechselkurse relativ frei bewegen, sie dürfen nur die Grenzen nicht überschreiten. Sind die Grenzen der Bandbreiten nicht genau bestimmt, wird die Zentralbank den akzeptablen Schwankungsbereich ihrer Währung je nach Situation festlegen und gegebenenfalls intervenieren.

Feste Wechselkurse mit Bandbreiten

Die Grenzen der Bandbreiten werden als *Interventionspunkte* bezeichnet, obwohl in der Praxis Interventionen häufig schon früher erfolgen, etwa dann, wenn sich der Kurs den Grenzen der Bandbreiten nähert (*intramarginale Interventionen*). Die Zentralbank des Landes, das an der Einhaltung des festen Austauschverhältnisses interessiert ist, versucht durch Interventionen die aktuellen und unerwünschten Marktverhältnisse auf dem Devisenmarkt zu „korrigieren". Durch *Stützungskäufe* der abwertungsgefährdeten Währung bzw. *Devisenverkäufe* im Falle einer Aufwertungstendenz ist sie bemüht, den tatsächlichen Wechselkurs innerhalb der vereinbarten Bandbreiten zu halten.

Handelt es sich um mehrseitige internationale Abkommen, wie dies etwa bei dem *Europäischen Währungssystem* (EWS) oder bei dem *Abkommen von Bretton Woods* (vgl. Kap. 4, 8 und 9) der Fall war, gibt es eine *Interventionsverpflichtung*: Die betreffenden Zentralbanken sind dann – i. d. R. gemeinsam – verpflichtet Interventionen durchzuführen. Interventionen sind dann notwendig, wenn der Wechselkurs zu stark schwankt oder auf Grund kurz- oder mittelfristiger Trends die Bandbreite zu verlassen droht. Kann eine Zentralbank aufgrund zu geringer Devisenreserven keine Interventionen durchführen,

---

[3] Vgl. Belke/Dross (2009).

ist sie auf *Devisenkredite* von anderen Zentralbanken oder internationalen Institutionen, wie dem *Internationalen Währungsfonds* (IWF) oder der *Bank für Internationalen Zahlungsausgleich* (BIZ) angewiesen. Kann der Wechselkurs auch durch Interventionen und/oder durch entsprechende geldpolitische Maßnahmen der betreffenden Länder, etwa durch eine Erhöhung bzw. Senkung der Leitzinsen, nicht innerhalb der Bandbreiten gehalten werden, müssen *Paritätsänderungen vereinbart und durchgeführt* werden. Die betreffende Währung – gegebenenfalls auch mehrere Währungen – müssen dann auf- bzw. abgewertet werden.

Beispiel Leitwährung

Sind mehrere Länder an einem solchen System beteiligt, müssen im Prinzip die Wechselkurse aller beteiligten Währungen zueinander festgelegt werden. Das Verfahren lässt sich dadurch vereinfachen, dass zunächst der Wechselkurs zwischen den beteiligten Währungen und einer *Leitwährung* bestimmt wird. Der Wechselkurs zweier beteiligter Währungen zueinander wird dann berechnet, indem die Paritäten dividiert werden. So galten im *Bretton-Woods-System* (vgl. Abschn. 4.1) zu Beginn u. a. folgende Paritäten zur Leitwährung, dem US$: 1 US$ = 4,20 DM; 1 US$ = 5,20 FF. Den Wechselkurs des französischen Francs (FF) zur D-Mark erhielt man dann durch folgende Division: 1 FF = 4,20 ÷ 5,20 = 0,82 DM. ◄

Die Wirkungsweise von Interventionen soll am Beispiel der dänischen Krone (dkr) zum Euro dargestellt werden (vgl. hierzu Abb. 3.7). Vereinfachend wird hier von dem (realistischen) Wechselkurs der dänischen Krone ausgegangen (100 dkr = 1,33 €) – und damit von dem Devisenkurs des Euro – und nicht wie üblich von dem Wechselkurs des Euro (1 € = 7,46 dkr).

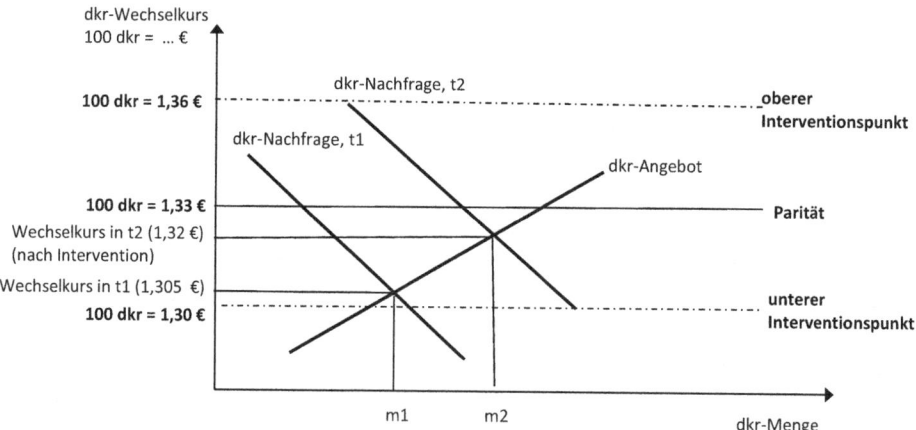

Abb. 3.7 **Interventionen am unteren Interventionspunkt**

Die Parität beträgt 100 dkr = 1,33 €. Sinkt die Nachfrage nach dänischen Kronen, so sinkt bei gleichbleibendem Angebot an dkr der Wechselkurs der dänischen Krone. Bevor der Wechselkurs den **unteren Interventionspunkt** (100 dkr = 1,30 €) erreicht, wird die dänische Zentralbank auf den Devisenmärkten Kronen gegen Euro kaufen. Durch diese höhere Nachfrage nach dkr zum Zeitpunkt t2 (*Stützungskäufe*) wird der Wechselkurs der dänischen Krone wieder steigen, zumindest dann, wenn das Angebot gleich bleibt. In unserem Beispiel (Abb. 3.7) steigt der Wechselkurs der dkr von 1,305 € in t1 auf 1,32 € in t2 und liegt dann wieder in der Nähe der Parität. Zu diesem „Preis" wird die höhere dkr-Menge m2 umgesetzt. Da ohne Interventionen der Wechselkurs die Bandbreite verlassen würde, wird durch diese Intervention der Kurs der dänischen Krone allerdings künstlich hoch gehalten, so dass die Währung zu diesem Zeitpunkt aus Sicht des Marktes über-bewertet ist.

Kauft die dänische Zentralbank Kronen gegen Euro, nimmt sie einheimisches Geld aus dem Geldumlauf und senkt damit die dänische Geldmenge. Dadurch wird, bei sonst konstanten Daten, ein Druck auf die Preise in Dänemark und damit auch auf die Preise der dänischen Exportgüter ausgeübt. Allerdings wird dieser Effekt durch die Aufwertung der Krone (als Folge der Intervention) teilweise kompensiert. Da Importe durch den Aufwertungseffekt billiger werden, wird die Nachfrage nach Importgütern tendenziell steigen.

Quantitätsgleichung
Grundlage für die Aussage, dass eine sinkende Geldmenge preisstabilisierend wirkt, ist die auf *Irving Fisher* zurückgehende *Quantitätsgleichung*. Danach ist das Produkt aus Geldmenge (GM) und Umlaufgeschwindigkeit des Geldes (U) identisch mit dem realen Bruttoinlandsprodukt (BIP), multipliziert mit dem Preisindex des BIP (P). Durch Umformung ergibt sich: $P = GM \times U \div BIP$. Da die Umlaufgeschwindigkeit kurzfristig als konstant angenommen wird und das BIP entsprechend der Annahme nicht in gleichem Umfang sinkt, werden die Preise bei sinkender Geldmenge ebenfalls sinken.

Ohne Interventionen würde sich durch den sinkenden Kurs der dänischen Krone nach Überwindung des **J-Kurven-Effekts** ein automatischer Ausgleich durch steigende Exporte und sinkende Importe ergeben, unter der Voraussetzung, dass alle anderen Einflussgrößen (u. a. keine größeren spekulativen Währungsoperationen) konstant bleiben: Eine Änderung der Wechselkurse wirkt sich i. d. R. erst mit Verzögerung auf die Export- und Importmengen aus, während Preiseffekte meist unmittelbar auftreten. Bei sinkenden Wechselkursen lässt sich daher ein Effekt beobachten, der nach seiner Verlaufsform als *J-Kurven-Effekt* bezeichnet wird: Bei einer Abwertung der eigenen Währung führen die in eigener Währung ausgedrückten Exportpreise zunächst zu gleich bleibenden Exporterlösen, während die Importpreise steigen und damit ein bestehendes Leistungsbilanzdefizit vergrößern. Eine Verbesserung der Leistungsbilanzsituation ergibt sich erst nach den mit Verzögerung eingetretenen Verhaltensänderungen: Nachdem die durch die Abwertung für die ausländischen Importeure entstandenen Währungsgewinne auch im Ausland zu Preissenkungen geführt haben, werden die Auslandsaufträge, die Exportmengen und somit auch die Deviseneinnahmen ansteigen, während die Importmengen infolge der gestiegenen Importgüterpreise zurückgehen und zu einer Verringerung der Devisenzahlungen führen.[4] Im Falle der USA treten diese Effekte allerdings meist nur in abgeschwächter Form auf, da ein Großteil der Importe, z. B. Rohöleinfuhren, in US$ abgerechnet wird, auf die eine Dollar-Abwertung naturgemäß keinen Einfluss hat.

Vergrößert sich die Nachfrage nach dänischen Kronen gegen Euro, bei zunächst gleichbleibendem Angebot an Kronen, steigt der Wechselkurs der Krone auf 1,355 € (t1). Die dänische Zentralbank wird nun spätestens am **oberen Interventionspunkt** das Angebot an Kronen erhöhen (dkr-Angebot in t2) und die eigene Währung gegen Euro verkaufen bzw. Euro gegen Kronen kaufen. Damit wird der Wechselkurs der dänischen Krone bei einem steigenden Umsatz an Kronen (m2) in t2 auf 100 dkr = 1,34 € sinken. (vgl. Abb. 3.8).

Verkauft die dänische Zentralbank Kronen gegen Euro, steigt die inländische Geldmenge und damit – unter den oben genannten Voraussetzungen – auch das inländische Preisniveau. Die damit einhergehende Erhöhung der Exportpreise wirkt sich dämpfend auf die Exporte aus. Andererseits kompensiert der durch den Abwertungseffekt künstlich niedrigere Kronenkurs diese Preiswirkung zumindest teilweise. Die Importe werden sich verteuern und damit tendenziell zurückgehen. Auch hier ist der Nettoeffekt der Interventionen nicht genau prognostizierbar. Bei flexiblen Wechselkursen würde sich – nun ohne Interventionen – durch den Aufwertungseffekt der Krone zeitverzögert, nach Überwindung des J-Kurven-Effekts, ein automatischer Ausgleich durch sinkende Exporte und steigende Importe einstellen.

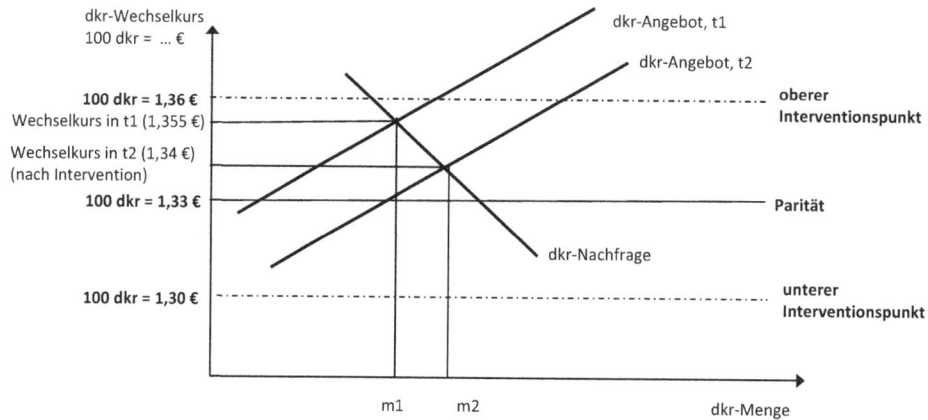

Abb. 3.8 Intervention am oberen Interventionspunkt

---

[4]Vgl. u. a. *Ausgewählte Links*: J-Kurven-Effekt.

Paritätsänderungen

Liegt ein fundamentales *Zahlungsbilanzungleichgewicht* vor, müssen entweder in größerem Umfang und/oder über einen längeren Zeitraum Devisen gegen eigene Währung gekauft oder Devisen verkauft werden. Werden Devisen in größerem Umfang und/oder über einen längeren Zeitraum gekauft, kann die steigende inländische Geldmenge zu erheblichen Preissteigerungen führen, wenn keine dämpfenden geldpolitischen Maßnahmen ergriffen werden. Gleichzeitig werden die nationalen Devisenreserven über den geplanten Umfang hinaus erhöht. Ist in der gegensätzlichen Situation die Zentralbank gezwungen, ständig Devisen gegen eigene Währung zu verkaufen, so werden sich die eigenen Devisenreserven entsprechend verringern, so dass gegebenenfalls auch Währungskredite im Ausland aufgenommen werden müssen. Interventionen in größerem Umfang können daher nicht unbeschränkt durchgeführt werden.

Bei diesen Konstellationen muss daher eine *Änderung* der festgelegten *Währungsparität* erwogen werden. Durch eine Auf- bzw. Abwertung der Währung wird dann eine *neue Parität* festgelegt, die es der Zentralbank erleichtert, die Währung zukünftig wieder durch fallweise mäßige Interventionen innerhalb neu festgelegter *Bandbreiten* zu halten. Paritätsänderungen werden im Allgemeinen von der Exekutive, also der Regierung, meist in Absprache mit den Partnerländern, beschlossen. Im Gegensatz dazu liegt es bei flexiblen Wechselkursen i. d. R. im Ermessen der Zentralbank, inwieweit sie interveniert oder sogar zum *kontrollierten Floating* übergeht.

Eine **Abwertung** wird dann notwendig, wenn der Wechselkurs der einheimischen Währung permanent in der Nähe des unteren Interventionspunkts liegt und die einheimische Währung laufend durch Devisenverkäufe gestützt werden muss. Die Währung ist dadurch überbewertet. Die Parität und damit die Interventionspunkte werden dann um einen vereinbarten Prozentsatz nach unten verschoben. Die dadurch erreichte Verbilligung der Exporte und Verteuerung der Importe wird ein evtl. vorhandenes Leistungsbilanzdefizit verringern und ist damit eine wesentliche Voraussetzung für die (Wieder-)Herstellung eines außenwirtschaftlichen Gleichgewichts. Da für *Importe*, beispielsweise Erdgas oder Speicherchips, mehr Inlandswährung für die gleiche Warenmenge bezahlt werden muss, sofern die ausländischen Exporteure ihre Preise nicht entsprechend senken, verteuern sich die Importe, so dass diese tendenziell zurückgehen werden. Gleichzeitig werden die eigenen *Exporte* auf dem Weltmarkt billiger, da die ausländischen Importeure für die in Auslandswährung fakturierten Importwaren weniger eigene Währungseinheiten aufwenden müssen. Sollte der Exporteur in Auslandswährung fakturieren, wird er entweder höhere Gewinne machen (Abwertungsgewinne) oder die Gewinne durch Preissenkungen an seine ausländischen Abnehmer weitergeben. Insgesamt wird die ausländische Nachfrage nach inländischen Gütern daher tendenziell zunehmen. Die steigenden Importpreise und der durch das Exportwachstum bewirkte Anstieg der inländischen Geldmenge können jedoch einen Anstieg des *Preisniveaus* verursachen und damit die erwarteten Effekte teilweise kompensieren.

Beispiel

Im Dezember 2022 verpflichtete Ghana inländische Goldproduzenten 20 % ihrer Goldproduktion an die Zentralbank zu verkaufen. Ghana will zukünftig Gold anstelle von US$-Reserven für Importe einsetzen, um die schwindenden Devisenreserven zu schonen. Der Kurs der lokalen Währung Cedi verlor innerhalb eines Jahres rund 60 % seines Wertes. Die Auslandsschulden Ghanas stiegen daher in einem Jahr um etwa 6 Mrd. US$, so dass die Regierung bereits Ausgabenkürzungen, einen Einstellungsstopp und eine Erhöhung der Mehrwertsteuer ankündigen musste. ◄

Wenn eine Währung über einen längeren Zeitraum zu niedrig bewertet wird, wird eine **Aufwertung** erwogen. Der Wechselkurs liegt in einer solchen Situation über einen längeren Zeitraum in der Nähe des oberen Interventionspunktes, so dass die Zentralbank durch Verkäufe der eigenen Währung laufend Devisen ankaufen muss, um den Wechselkurs innerhalb der Bandbreiten zu halten. Die Parität und damit die Interventionspunkte werden dann um einen vereinbarten Prozentsatz nach oben verschoben. Dadurch werden weitere unerwünschte Devisenzuflüsse und die durch den Anstieg der Geldmenge verursachten Inflationsgefahren vermieden. Durch die hierdurch bewirkte Verbilligung der Importe werden die Importe tendenziell zunehmen, während sich die Exporte verteuern und somit tendenziell zurückgehen werden. Der dadurch verursachte Produktionsrückgang im Inland wirkt tendenziell inflationsdämpfend und könnte die Exportpreissteigerungen wieder verringern, insbesondere dann, wenn im Ausland die Preise erheblich schneller steigen als im Inland.

3.3.3   Varianten fester Wechselkurssysteme

Wie aus Abb. 3.3 ersichtlich, haben sich in der Praxis weitere Varianten fester Wechselkurse herausgebildet, die sich vor allem in dem Grad ihrer Bindung an andere Währung und in den Instrumenten, die für die Aufrechterhaltung des Kurses sorgen sollen, unterscheiden.

Crawling Peg (gleitende Parität)
Eine wesentliche Ursache dafür, dass sich feste Wechselkurse zwischen zwei Ländern nicht aufrechterhalten lassen, sind Differenzen in den Inflationsraten zwischen den beteiligten Ländern. Will das Land mit der höheren Inflationsrate seine Wettbewerbsfähigkeit nicht verschlechtern, muss es versuchen, den realen (ohne Berücksichtigung der Preisentwicklung) und nicht nur den nominalen Wechselkurs zu seiner Ankerwährung stabil zu halten. Da bei festen Wechselkursen die hierfür notwendigen häufigen Abwertungen das Vertrauen der internationalen Anleger in die Währung zerstören könnten, versuchen manche Länder dieses Ziel durch **regelmäßige Abwertungen in kleinen Schritten** *(crawling peg)* zu erreichen. Um Kaufkraftparität zu erreichen, muss sich die Größe der Ab-

wertungsschritte dabei nach der erwarteten Inflationsrate richten. Ungeplante Kapitalabflüsse können dadurch verhindert werden, dass der Zins im Inland – etwa um die Höhe der erwarteten Inflationsrate – höher ist als im Land der Ankerwährung. Gleitende Paritäten wurden schon in den 1960er-Jahren in mehreren Ländern, u. a. in Argentinien, Brasilien, Chile und Indonesien praktisch erprobt.

Abgesehen davon, dass der Wechselkurs nicht nur durch die Inflationsunterschiede, sondern auch u. a. durch Spekulationserwartungen beeinflusst wird, ist eines der größten Probleme bei dieser Methode die richtige Antizipation und Erfassung der Inflationsraten sowie die Größe und Frequenz der Abwertungsraten. Durch die Erkenntnis, dass höhere Inflationsraten für die Wirtschaftsentwicklung eines Landes eher negativ sind, versuchen viele Länder eine Anti-Inflationspolitik zu betreiben. Dadurch verlor das Crawling Peg-System mit der Bezugnahme auf eine Ankerwährung immer mehr an Bedeutung und wurde Ende 2022 nur noch von vier Ländern praktiziert: Honduras, Nicaragua, Botswana und Vietnam. Allerdings nutzte eine wachsende Anzahl von Ländern, Ende 2022 immerhin 24, ein System, das vom IWF als *Crawl-like Arrangement* bezeichnet wird. Hierbei nutzt das Land keine Ankerwährung (peg), sondern orientiert sich an selbst gewählten geld- und wirtschaftspolitischen Zielen, etwa der Entwicklung der Geldmenge, der Inflationsrate oder auch an mehreren Indikatoren.

Korbbindung

Bei der Bindung an einen „Korb" aus mehreren Währungen wird versucht, den Wechselkurs gegenüber den wichtigsten Handelspartnern konstant zu halten. Dieses Wechselkurssystem ist für international verflochtene Volkswirtschaften eine Alternative zur Wechselkursbindung an eine einzelne Währung. Der jeweilige Anteil der im Korb enthaltenen Währungen richtet sich dabei nach deren (handelspolitischer) Bedeutung für das sich bindende Land. Die Wechselkurse der inländischen Währung gegenüber den im Korb enthaltenen Währungen fließen dann anteilsmäßig in den Wechselkurs der Inlandswährung gegenüber dem Währungskorb ein und addieren sich zu 100 %. Ziel der Währungspolitik ist es, den Kurs zwischen Inlandswährung und Währungskorb konstant zu halten. Der bekannteste Währungskorb war der bis zur Einführung des Euro verwendete ECU *(European Currency Unit)*, an den sich die Mitglieder des Europäischen Währungssystems (EWS) banden (vgl. Kap. 7). Eine an einen Währungskorb gebundene Kunstwährung sind die Sonderziehungsrechte (SZR) des Internationalen Währungsfonds (IWF) (s. a. Abschn. 4.4).

Beispiel

2005 kündigte die chinesische Zentralbank den Übergang von einer Dollar-Bindung zu einer Währungskorb-Bindung ihrer Währung an. Ebenfalls 2005 veränderte die russische Zentralbank die Zusammensetzung ihres Währungskorbes zugunsten Euro. ◄

Zielzonen

Das Konzept der Zielzonen *(target zones)* wurde in den 1980er-Jahren entwickelt. Es stellt eine Zwischenform zwischen festen und flexiblen Wechselkursen dar. Zunächst wird ein marktgerechter Wechselkurs festgelegt und dann um diesen Kurs ein als *Zielzone* bezeichneter Toleranzbereich (ähnlich einer Bandbreite) definiert. Gerät der Kurs in die Nähe der Zielzonengrenzen, werden die Zentralbanken durch Devisenmarktinterventionen oder geeignete geldpolitische Maßnahmen intervenieren.

Von Systemen fester Wechselkurse mit Bandbreiten unterscheiden sich Zielzonen vor allem durch ihre im Prinzip geringere Verbindlichkeit – es gibt keine offiziellen Paritäten und Interventionsverpflichtungen – und durch einen relativ großen Schwankungsbereich von ± 10 % bis ± 15 %. Die Effizienz von Zielzonenvereinbarungen hängt vor allem ab von der Festlegung des Ausgangswechselkurses, der Breite der Zielzone und der Wahrscheinlichkeit und Intensität der Interventionen. Zielzonen sollen die Vorteile von festen und flexiblen Wechselkurssystemen kombinieren. So steht einerseits ein verlässlicher Rahmen für die internationalen Transaktionen zur Verfügung, während gleichzeitig Unterschiede in den Inflationsraten, Verschiebungen in der Wettbewerbsfähigkeit und spekulative Attacken durch eine (begrenzte) Wechselkursflexibilität ausgeglichen werden können (vgl. Krugman, 1991; Williamson 1987; Konrad 2000).

Das Zielzonen-Konzept ist ein nach wie vor interessanter Beitrag zur Diskussion um Wechselkursstabilität. Allerdings setzen Zielzonen neben dem übereinstimmenden Willen der beteiligten Länder ein solches System einzuführen und zu verteidigen vor allem eine konvergierende und an anerkannten Prinzipien orientierte stabilitätsorientierte Wirtschaftspolitik (s. u.) voraus. An diese Überlegung knüpfte auch ein Vorschlag der 1994 zum 50. Jahrestag der Bretton-Woods-Konferenz ins Leben gerufenen *Bretton-Woods-Kommission* an. Diese schlug ein „regelgestütztes System der internationalen Politik-Koordinierung" als Voraussetzung für neue flexible Bandbreiten zwischen den Währungen vor, das unter der Aufsicht des IWF umgesetzt werden solle. Eine Umsetzung dieser Überlegungen erscheint aus heutiger Sicht jedoch wenig wahrscheinlich, so dass Zielzonen ihre Funktionsfähigkeit bislang noch nie unter realen Bedingungen unter Beweis stellen konnten.

Currency Board

Unter einem *Currency Board System* (CBS) versteht man die spezifische Form eines festen Wechselkurssystems, bei dem das Ziel verfolgt wird, die eigene Währung durch die unbedingte Bindung an eine *Ankerwährung*, i. d. R. US$ oder Euro, nach innen und außen zu stabilisieren. Um dieses zu gewährleisten, sorgt eine monetäre Institution, das *Currency Board* (CB) (übersetzt: Währungsamt oder Währungsinstitut), dafür, dass die eigene Währung zu einem hohen Prozentsatz – angestrebt werden meist 100 % – durch Devisen gedeckt ist.

Currency Boards waren in britischen Kolonien Behörden mit beschränkten Aufgaben, die dann später von den unabhängigen Staaten durch Zentralbanken ersetzt wurden. In neuerer Zeit wurden CBS meist vorübergehend in Hongkong (1983), Argentinien (1991), Estland (1992), Litauen (1994) und Bulgarien (1997) eingeführt. Ende 2022 hatten nur noch wenige meist sehr kleine Staaten in der Karibik, aber auch in Afrika (Djibouti) und Asien (Brunei), ein Currency Board System.

Das CB hat nach *außen* eine rigorose feste Wechselkurspolitik. Es verpflichtet sich, jederzeit die eigene Währung zu dem garantierten festen Kurs in die Ankerwährung zu tauschen. Dies kann nur dann funktionieren, wenn das CB stets so viel Devisenreserven hat, wie es an nationalem Geld in Umlauf bringt. Es kann daher nationales Geld (nach *innen*) nur im Tausch gegen die Ankerwährung ausgeben. (Dafür können die Devisen auch kurzfristig zinsbringend im Ausland angelegt werden.) Damit ist im Regelfall zumindest das in eigener Währung umlaufende Bargeld – nicht unbedingt jedoch die gesamte **Geldbasis**, die auch Bankguthaben bei der Zentralbank umfasst – vollständig durch Währungsreserven (und Gold) gedeckt. Eine Erhöhung des Geldumlaufs erfolgt also nur dann, wenn das CB Währungsreserven ankauft, während der Abzug von Devisenreserven folgerichtig zu einer Schrumpfung der Geldmenge und zu steigenden Zinsen führt.

Geldpolitik

Obwohl das Buchgeld *(Giralgeld)* nicht durch Devisen gedeckt ist, wird davon ausgegangen, dass es sich proportional zum Bargeldumlauf entwickelt. Als geldpolitisches Instrument verbleibt dem CB damit nur die **Zinspolitik**. Eine aktive Geldpolitik durch den An- und Verkauf von Wertpapieren durch die Zentralbank *(Offenmarktpolitik)* ist nicht möglich, auch Kredite für die Regierung sind nicht zulässig. Aufgrund der geringen Grenzen in denen sich die Geldmenge ausdehnen kann, ist das Zinsniveau i. d. R. hoch.

Currency Board Systeme gelten als sinnvolle Strategie insbesondere für kleine Volkswirtschaften, die nach Phasen hoher Inflation Stabilisierungsprogramme durchführen, internationales Vertrauen wiedergewinnen wollen und Vorteile darin sehen, sich eng an die Währung ihres Haupthandelspartners zu binden. Voraussetzungen sind eine ausreichende Anfangsausstattung mit Währungsreserven, ein stabiles Finanzsystem, eine strikte Bankenaufsicht sowie eine disziplinierte Haushaltspolitik. Vor der Einführung eines CBS sind dabei folgende Fragen zu beantworten: Welche Ankerwährung und welche Parität werden gewählt? Zu welchem Prozentsatz soll die einheimische Währung durch Währungsreserven gedeckt sein? Soll die Einführung graduell oder mit einem *big bang*, also auf einen Schlag, erfolgen?

Die **Vorteile** eines CBS bestehen vor allem darin, dass die Preisstabilität der Ankerwährung importiert wird und die Erwartung besteht, dass das Vertrauen in die Ankerwährung auf das Land übertragen wird, so dass Kapitalimporte begünstigt werden. Das System wird dadurch stabilisiert, dass Devisenabflüsse eine Verringerung der inländischen Geldmenge auslösen. Die dadurch ausgelösten Zinserhöhungen bilden wiederum einen Anreiz für Kapitalimporte, so dass der Devisenabfluss kompensiert werden kann. Ausländische Anleger sollten so keine Währungsverluste erleiden. Auf den internationalen Kapitalmärkten muss ein solches Land zudem keine Risikozuschläge in Form von höheren Zinssätzen zahlen. Zusätzlich wird davon ausgegangen, dass ein CBS eine disziplinierende Wirkung auf die Haushaltspolitik ausübt. Ist dies nicht der Fall, müssen Haushaltsdefizite durch eine Kreditaufnahme im Ausland finanziert werden, da das System keine inländischen Kredite an den Staat zulässt.

Zentraler **Nachteil** ist der Verlust der geldpolitischen Autonomie: Die einheimische Währung wird dauerhaft und fest an eine andere Währung gebunden. Dies führt in der Regel zu steigenden Zinssätzen und einer Aufwertung der Währung und bedingt meist eine restriktive Ausgabenpolitik. Dies wird sehr häufig zunächst zu einer Senkung der Sozialausgaben führen. Die geld- und fiskalpolitischen Eingriffs- und Gestaltungsspielräume sind begrenzt. In der Anfangsphase besteht zudem die Gefahr von Wachstums- und Beschäftigungseinbußen, da eine wachstumsfördernde Geldschöpfung behindert und sich die internationale Wettbewerbsfähigkeit aufgrund des meist nur langsamen Zurückgehens der Inflationsrate zunächst verschlechtern wird. Mittelfristig sollten diese Nachteile allerdings durch einen Zustrom von Auslandskapital ausgeglichen werden. Sind Preise und Löhne auch nach unten flexibel, können die negativen Wirkungen von Zinssteigerungen durch Kostensenkungen und eine steigende Wettbewerbsfähigkeit aufgefangen werden. Ist dies nicht der Fall, sind auch längerfristige Produktions- und Beschäftigungsrückgänge und damit eine Verringerung des Wirtschaftswachstums wahrscheinlich. Besondere Probleme kann eine spätere Abschaffung des CBS mit sich bringen.[5] Meist führt dies zu einer psychologisch und realwirtschaftlich induzierten erheblichen Abwertung der Landeswährung, einer Einschränkung von Devisentransaktionen, einer erheblichen Verteuerung der Importe sowie meist dramatischen Wirtschafts- und Beschäftigungsproblemen (s. a. Fuhrmann/Richert 1995; Konrad 2000). Abb. 3.9 gibt einen kurzen Überblick über die derzeit (2021) praktizierten Wechselkursregelungen weltweit.

Weltweite Wechselkursregelungen	
Land	**Zahl der Länder**
Flexible Wechselkurse (free floating und managed floating)	64
Feste Wechselkurse (davon nur ein Land mit horizontalen Bandbreiten)	39
Crawling Peg (einschl. Crawl-like-Arrangements)	27
Currency Board	10
Sonstige	50
Total	*190*

Abb. 3.9 Weltweite Wechselkursregelungen. (Quellen: IMF (2021), Deutsche Bundesbank (2022), S. 44)

---

[5]Vgl. hierzu die Fallstudie Argentinien, Abschn. 3.4.

3.4 Fallstudie: Argentinien-Krise

Argentinien führte Anfang 1991 ein Currency Board System mit 100 %iger Devisendeckung ein. Der Wechselkurs zwischen dem US$ und dem argentinischen Peso wurde auf 1:1 festgesetzt. Die Geldbasis betrug ca. 16 Mrd. US$ und der Devisenbestand belief sich 1994 auf 18 Mrd. US$. Die Devisendeckung des Geldumlaufs, einschließlich der Deckung der auf US$ lautenden Staatstitel, betrug bis Ende 1996 etwa 95 %.

Ziele

Mit dem CBS wollte Argentinien folgende ambitionierte Ziele erreichen:

- Die Hyperinflation eindämmen
- Das einheimische Zinsniveau senken
- Voraussetzungen für eine Liberalisierung des Handels schaffen
- Die Wirtschaft deregulieren und die Märkte öffnen
- Staatsbetriebe privatisieren
- Voraussetzungen für eine Reform des Finanzsystems schaffen und
- einen ausgeglichenen Staatshaushalt erreichen.

Zielerreichung

Tatsächlich konnten viele der Ziele auch weitgehend erreicht werden: Die Inflationsrate wurde von 1990 bis 1993 von 5000 % (!) auf 10 % gesenkt, sie betrug 1994 5 % und lag in den nächsten Jahren sogar bei 0 %. Das Zinsniveau konnte erheblich gesenkt werden, allerdings schwankten die Zinsen zwischen 1993 und 2001 erheblich. Schon bis Ende 1991 konnten die Einfuhrzölle und auch die sonstigen Handelsbeschränkungen weitgehend abgebaut werden, zudem wurden ausländische Investoren nicht mehr diskriminiert. Auch die staatlichen Preiskontrollen und viele Marktzutrittsschranken wurden schnell abgeschafft, und schon 1994 waren bereits 90 % der Staatsbetriebe privatisiert. Das Finanzsystem wurde reformiert, u. a. so mussten die Banken ihre Rücklagen und ihr Eigenkapital erhöhen und schließlich war bereits 1993 der Staatshaushalt ausgeglichen. Anschließend nahmen die Defizite jedoch wieder zu.

Ungewollte Folgen

Allerdings traten auch einige neue Probleme auf. Die *Wettbewerbsfähigkeit* der argentinischen Wirtschaft ging stark zurück. Zunächst wegen der bis 1995 noch zu hohen Inflationsrate, später wegen einer starken Aufwertung des US$, der Ankerwährung, die zu einer realen Überbewertung des Peso um etwa 30 % führte. Zusätzlich zu den hohen Preisen der argentinischen Exportgüter – insbesondere auch gegenüber und im Vergleich mit dem wichtigen Handelspartner Brasilien – nahmen die Importe aufgrund der Überbewertung des Peso und der Aufhebung der Importkontrollen stark zu. 1999 wertete der brasilianische *Real* gegenüber dem US$ um 50 % ab, nachdem Brasilien sein CBS beendet hatten.

Dadurch verschärften sich die Probleme: Die Außenhandelsmöglichkeiten Argentiniens nahmen ab, während sich die Wettbewerbsfähigkeit Brasilien weiter verbesserte. Folge waren hohe zwischen 6 % und 14 % des BIP schwankende *Leistungsbilanzdefizite*.

Infolge sinkender Einnahmen und steigender Ausgaben stieg die *öffentliche Verschuldung* ab 1994 bei Haushaltsdefiziten zwischen 2 % und 4 % des BIP an. Durch rezessionsbedingte Steuerausfälle verschärfte sich die Situation ab 1998. Die Wachstumsrate sank von 8 % (1997) auf minus 3 % (1999), während die öffentliche Verschuldung, inkl. staatlicher Auslandsschulden, auf 130 Mrd. US$ anstieg. Zusätzlich begannen auch die argentinischen Banken sich auf dem internationalen Kapitalmarkt, meist in US$, zu verschulden, so dass die schon zuvor hohe *Auslandsverschuldung* weiter anstieg.

Krise

Verschiedene Währungskrisen in der zweiten Hälfte der 1990er-Jahre führten zu weltweit *steigenden Zinsen*, auch in Argentinien, mit negativen Folgen für Argentiniens Wirtschaft. Eine weltweite Wirtschaftskrise führte dann 2001 endgültig zum Ausbruch der Krise in Argentinien: Durch das Staatsdefizit stiegen die Zinsen weiter. Damit verschärfte sich die bestehende *Rezession*, die Unternehmen hatten mit zunehmenden Problemen bei der Kreditrückzahlung zu kämpfen, Konkurse nahmen zu, so dass die Banken die Kreditvergabe einschränkten. Mit drastischen Sparmaßnahmen versuchte der Staat die beginnende Krise zu bekämpfen. Die Staatstitel wurden intern *umgeschuldet*, dabei sanken die Kurse internationaler argentinischer Obligationen bis auf 41 % ihres Nominalwertes im Dezember 2001. Die Arbeitslosenquote stieg auf über 13 %. Die Regierung versuchte daher den Konsum anzukurbeln, u. a. über eine Senkung der Sozialversicherungsbeiträge sowie der Mehrwertsteuer. Wegen der unsicheren Wirtschaftslage stieg die *Konsumquote* jedoch nicht, gleichzeitig stieg das Haushaltsdefizit weiter an. Da sich eine Währungskrise abzeichnete, begannen viele Bürger ihre Dollarguthaben von den Banken abzuziehen. Anfang Dezember 2001 blockierte die Regierung die Bankguthaben um Bankenzusammenbrüche zu vermeiden und erlaubte nur noch Abhebungen von maximal 1000 US$ pro Monat und Person (*„Corralito"*). Demonstrationen, Plünderungen, die Ausrufung des Ausnahmezustands und schließlich der Rücktritt der Regierung im Dezember 2001 waren die Folge.

Beendigung des Currency Board Systems

Am 1. Januar 2002 wurde das weiterhin praktizierte CBS beendet, der staatliche Schuldendienst wurde ausgesetzt und damit die *Zahlungsunfähigkeit* des Staates erklärt. Dies war der größte Zahlungsausfall eines Staates in der neueren Geschichte.

Am 7. Januar 2002 wurde ein *gespaltener Wechselkurs* des Peso festgelegt: Während für Außenhandelstransaktionen ein um 29 % abgewerteter Peso zur Verfügung gestellt wurde, wurde für alle übrigen Zwecke der Wechselkurs frei gegeben. Diese Konstruktion hielt in dieser Situation jedoch nur wenige Tage, am 11. Februar wurde insgesamt zum *Floaten* übergegangen. Nach der Aufhebung des *Corralito* im März setzte ein Run auf den

Dollar ein. Innerhalb weniger Tage wertete der argentinische Peso daraufhin um etwa
70 % ab, am 22. März lag der Kurs des US$ bei etwa 3,50 Peso, nach einem Peso im De-
zember 2001. Daraufhin meldeten viele Unternehmen mit Devisenschulden im Ausland
Konkurs an, die Arbeitslosigkeit stieg weiter an und die Armutsquote lag bei über 50 %.[6]
Drei Jahre zahlte Argentinien für seine *Auslandsschulden* von über 80 Mrd. US$ weder
Zinsen noch Tilgung, so dass inzwischen über 20 Mrd. US$ an Zinsen aufgelaufen waren,
nachdem mehrere Umschuldungskonzepte von den Gläubigern nicht akzeptiert worden waren.

Die Rolle des IWF
Obwohl die Krise in Argentinien in erster Linie durch eine falsche Wirtschaftspolitik aus-
gelöst wurde, erhielt das Land auch noch ab 1997 sog. vorbeugende Kredite durch den
IWF, als deutlich geworden war, dass Haushaltsdisziplin und notwendige institutionelle
Strukturreformen nicht zu erwarten waren.[7] Auch nach Ansicht des IWF-internen *In-
dependent Evaluation Office* (IEO) unterstützte der IWF das argentinische Currency Board
System ohne seinen Konditionen, insbesondere der Notwendigkeit der Haushaltskonsolidierung, Nachdruck zu verleihen. Erst nachdem der IWF ab 2004 keine Kredite an
Argentinien mehr auszahlte, beschloss das Land seine Schulden beim IWF in Höhe von
über 15 Mrd. US$ innerhalb von fünf Jahren zurückzuzahlen und keine weiteren Kredit-
programme in Anspruch zu nehmen. Hintergrund dieser Entscheidung dürfte jedoch gewesen sein, dass Argentinien keine weiteren wirtschaftspolitischen Auflagen des IWF akzeptieren und die Zusammenarbeit beenden wollte. Zu diesem Zeitpunkt hatte Argentinien
schon seit über zwei Jahren seinen Schuldendienst ausgesetzt, da dieser die Exporterlöse
der Jahre überstiegen hatte. Damit hatte Argentinien nur noch die Möglichkeit sich zu
wesentlich schlechteren Konditionen auf den internationalen Kapitalmärkten zu refinanzieren.

Umschuldungsalternativen
Das Land verlangte von seinen Gläubigern nun einen umfangreichen Forderungsverzicht.
Es forderte von ihnen auf 90 % des Nominalwerts ihrer Kredite zu verzichten und war zu
keinen weiteren ernsthaften Verhandlungen bereit. Da der IWF auch bewilligte Kredittranchen nicht auszahlt, wenn sich ein Land im Zahlungsverzug befindet und sich nicht
ernsthaft mit seinen Gläubigern um eine Umschuldung bemüht, drohte Argentinien im
März 2004 dem IWF gegenüber in Zahlungsverzug zu geraten, sollte der IWF aus diesem
Grund die Auszahlung einer Kredittranche als Teil eines Gesamtkredits über 13,3 Mrd. US$
verweigern. Kurzfristig lenkte Argentinien daher ein und bot den privaten Gläubigern nun
an, 25 % des Nominalwerts ihrer Anleihen, die seit drei Jahren nicht mehr verzinst worden
waren, zurückzuzahlen sowie zwei weitere Alternativen: Einen Tausch in neue Schuldverschreibungen, entweder (a) in eine auf Euro lautende Anleihe mit dem gleichen Nennwert

---

[6] Vgl. zur Entwicklung bis 2002 bzw. 2002: Aschinger 2002, IMF 2004/1.
[7] Vgl. IMF 2004/2 sowie Abschn. 4.3.

wie die alten Anleihen, wobei diese zu diesem Zeitpunkt allerdings nur rund 30 % des Wertes der alten Anleihen hatten und erst ab 2029 zurück gezahlt werden sollten oder (b) eine Anleihe mit einem erheblich niedrigeren Nennwert, höherer Verzinsung und einem früheren Rückzahlungszeitpunkt.

Anfang 2005 wurde von den meisten Gläubigern ein neues Umschuldungskonzept angenommen: Etwa drei Viertel der Privatgläubiger akzeptierten das Angebot zum Tausch ihrer Anleihen in neue Anleihen mit einem niedrigeren Wert, niedrigeren Zinszahlungen und längeren Laufzeiten. Damit verzichtet sie insgesamt auf fast 70 % ihrer Forderungen. Trotzdem blieben auch nach Beendigung dieser Aktion noch Staatsschulden in Höhe von 145 Mrd. US$ bestehen.

Neuere Entwicklungen

Allerdings klagten einige neuere Gläubiger, u. a. die Hedgefonds *NML Capital* und *Aurelius Capital Management*, vor einem US-amerikanischen Gericht gegen die vereinbarten Schuldenerlasse. Die Hedgefonds hatten während der Krise 2001 die im Wert drastisch gesunkenen argentinischen Staatsanleihen billig aufgekauft, dem Schuldenschnitt nicht zugestimmt und verlangten nun die Rückzahlung der Anleihen zu dem deutlich höheren Nennwert in US$. Nach jahrelangem Streit gab es 2016 zwischen Argentiniens Regierung und mehreren US-Hedgefonds eine Grundsatzeinigung: Argentinien erklärte sich bereit, den Hedgefonds NML Capital, Aurelius und zwei weiteren Fonds 4,65 Mrd. US$, etwa 75 % der ursprünglich geforderten Summe, zu zahlen. Dies war eine Voraussetzung dafür, dass Argentinien wieder Zugang zu den internationalen Kreditmärkten erhielt.

Ab 2008 begann sich die Wirtschaftssituation in Argentinien, die sich in der Zwischenzeit verbessert hatte, im Zusammenhang mit der Weltfinanzkrise wieder zu verschlechtern: Die Exporterlöse sanken, die Inflationsraten stiegen, der Zugang der Bürger zu Devisen wurde eingeschränkt, es entstand ein paralleler Markt für US$ und immer mehr Devisen wurden im Ausland angelegt (*Kapitalflucht*). 2018 erhielt die Regierung mit 57 Mrd. US$ einen neuen Kredit des IWF, den größten der bis dahin vom IWF vergeben worden war. 2019 waren die Auslandsschulden Argentiniens auf 320 Mrd. US$ angestiegen. Die Corona-Pandemie verschärfte die Situation, so dass Anfang 2022 fast die Hälfte der Bevölkerung unterhalb der Armutsgrenze lebte und die Inflationsrate 100 % überstieg.

Schlussfolgerungen

Das CBS führte zu einer realen Überbewertung des Peso, so dass sich die Wettbewerbsfähigkeit der argentinischen Wirtschaft zwischen 1991 und 2002 drastisch verschlechterte. Neben klassischen Fehlern, wie einer fehlenden Disziplin bei den Staatsausgaben, fanden vor allem keine strukturelle Anpassungsprozesse statt. Sinnvoll wäre es wahrscheinlich auch gewesen die Möglichkeit für Fremdwährungskonten von vornherein erheblich einzuschränken. Zudem gab es kaum Möglichkeiten auf die negativen externen Einflüsse angemessen zu reagieren: Die Abwertung des brasilianischen Real, die Aufwertung des US$ und die spätere Finanzkrise mit ihren Auswirkungen auf die argentinischen Exporte schufen ein Umfeld, das die sich verschlechternde Wirtschaftssituation mit steigender Arbeitslosigkeit, Armut und Konsumrückgang weiter verstärkte und schließlich in eine massive Wirtschaftskrise mündete.

Der Abzug von US$ führte zu einer Kontraktion der Geldmenge und verschärfte durch steigende Zinsen die Krise. Trotzdem hielt die Regierung am CBS fest, versuchte aberdurch eine Blockierung der Einlagen sowie durch Kapitalverkehrskontrollen das System zu stabilisieren. Eine Aufhebung – so wurde zu Recht erwartet – hätte wegen der vielen ausstehenden Dollarkredite, die bei einer zu erwartenden Peso-Abwertung unbezahlbar geworden wären, zu massiven Problemen für Schuldner und Banken geführt.

Die Aufhebung des CBS wurde schließlich aber doch unumgänglich und führte zu den erwarteten Folgeproblemen: einer hohen Abwertung des Peso, einer massiven Erhöhung der Auslandsschulden in Inlandswährung und schließlich einem Schuldenmoratorium. Tatsächlich waren die auf US$ lautenden Forderungen an die argentinischen Banken (ca. 70 Mrd. US$) nicht durch Dollarreserven gedeckt. Verlieren Anleger das Vertrauen in die Regierung kann es daher offensichtlich auch bei einem CBS zu einer Währungskrise kommen.[8] Diese Erfahrungen dürften mit dazu beigetragen haben, dass ein CBS heute kaum noch praktiziert wird und etliche Länder stattdessen ihre eigene Währung abgeschafft und die Ankerwährung als Landeswährung eingeführt haben, wie etwa Ecuador, Panama und El Salvador (den US$) oder Kosovo und Montenegro (den Euro).

3.5   Vergleich der Wechselkurssysteme

Flexible und feste Wechselkurssysteme haben Vor- und Nachteile, wobei im Allgemeinen die Vorteile des einen Systems die Nachteile des anderen Systems sind.

3.5.1   Vorteile fester Wechselkurse

Ein System fester Wechselkurse begünstigt *Koordination* und Vereinheitlichung der Wirtschafts- und Währungspolitik der beteiligten Länder, wie auch die Erfahrungen mit dem EWS (vgl. Kap. 8) belegen. Gleichzeitig werden jedoch die geld- und wirtschaftspolitischen Handlungsmöglichkeiten der beteiligten Länder stark eingeschränkt. So wird eine stärker sozial- und ausgabenorientierte und damit tendenziell inflationsfördernde Wirtschaftspolitik möglicherweise einen Abwertungsdruck auf die betreffende Währung ausüben. Aufgrund ihrer Interventionsverpflichtung ist die Zentralbank des betreffenden Landes dann gezwungen, Devisen gegen eigene Währung zu verkaufen, um diese zu stützen. Sind die Devisenbestände beschränkt, wird sie dies nicht lange durchhalten können, so dass das Land entweder eine Abwertung der eigenen Währung akzeptieren oder sich zu einem Politikwechsel entschließen muss. Die **Erfahrungen** mit festen Wechselkurssystemen haben daher gezeigt, dass diese nur dann erfolgreich durchgehalten werden können, wenn

---

[8]Vgl. Aschinger (2002).

- die Mitgliedsländer sich auf eine *stabilitätsorientierte Politik* verständigt haben, diese auch konsequent umsetzen und sich den hierzu erforderlichen wirtschaftspolitischen Anpassungszwängen unterwerfen,
- kein Land eine *Sonderrolle* mit bestimmten Privilegien erhält, die es in die Lage versetzt, sich über diese Anpassungszwänge hinwegzusetzen und
- die Interventionsregeln und die daraus resultierenden ökonomischen *Anpassungslasten* zur Stützung von Währungen asymmetrisch von dem Land, das vom Stabilitätskurs abweicht, also dem potenziellen Abwertungsland, getragen werden müssen.

Bei festen Wechselkursen werden internationale Transaktionen von Ex- und Importeuren, Investoren und Finanzanlegern *nicht* durch zusätzliche *Kursrisiken* bzw. Kosten der Kurssicherung belastet, so dass Außenhandel und grenzüberschreitende Finanztransaktionen positiv beeinflusst werden. Allerdings hängt der reale Netto-Effekt davon ab, ob die Parität „außenhandelsfreundlich" festgelegt wurde.

Schwankungen des US$-Wechselkurses

Nach der Freigabe der Wechselkurse 1971 (vgl. Kap. 4) dauerte es nur neun Jahre, bis der US$-Kurs von seinerzeit 4,00 DM auf weniger als die Hälfte gesunken war, danach verdoppelte sich der Wert des Dollars innerhalb von fünf Jahren wieder. 1978, zwei Jahre später, war der US$ wieder nur die Hälfte wert. Anschließend stieg sein Kurs von 1,60 DM auf 2,00 DM, um dann 1995 auf historische Tiefststände um 1,35 DM abzusinken. Zwei Jahre später galt der Dollar als Fluchtwährung vor dem geplanten Euro und gewann wieder erheblich an Wert. Es ist offensichtlich, dass derart schwankende Wechselkurse erhebliche Planungsrisiken beinhalten, die auch durch Kurssicherungen der Ex- und Importeure nicht vollständig abgedeckt werden können.

Bindet sich ein Land einseitig an eine andere, starke Währung *(Ankerwährung)*, geschieht dies meist mit dem Ziel, das Vertrauen, vor allem auch von Investoren, in die eigene Währung zu erhöhen. Durch ein nur noch geringes Währungsrisiko, stabile Zinssätze und eine disziplinierte, stabilitäts- und wachstumsorientierte Wirtschaftspolitik mit meist nur geringen Preissteigerungsraten wird das Land attraktiver für ausländische Kapitalgeber, deren Planungssicherheit erhöht wird.

Langfristig kann ein solches Vorhaben aber nur dann erfolgreich sein, wenn es für die ausländischen Anleger kaum Zweifel an der Aufrechterhaltung der Wechselkursparität und einer entsprechenden Wirtschaftspolitik gibt: Die Liberalisierung der Finanzmärkte im Zuge der Globalisierung, etwa ab Mitte der 1980er-Jahre, führte dazu, dass bei nur geringen Zweifeln an dieser Politik spekulative Kapitalabflüsse einsetzen können, die den Währungsbehörden des betreffenden Landes eine Aufrechterhaltung der Parität unmöglich macht. Die verschiedenen Finanz- und Währungskrisen 1997/98 in Asien und 2001/2002 in Argentinien sind Beispiele für das Scheitern einer solchen Politik.[9] Andererseits besteht aber auch die Möglichkeit spekulativer Kapitalzuflüsse, vor allem dann, wenn die internationalen Anleger die Währung als unterbewertet einschätzen. Die notwendigen Inter-

---

[9] Vgl. u. a. Abschn. 5.4.

ventionen der Zentralbank unterminieren dann eine Stabilitätspolitik, während die Kapitalzuflüsse zu strukturellen Verzerrungen, etwa zu Überinvestitionen in den Immobiliensektor oder die Exportindustrie, führen können.

3.5.2   Vorteile flexibler Wechselkurse

Flexible Wechselkurse (*floating*) entsprechen der marktwirtschaftlichen Maxime, dass
Angebot und Nachfrage die Preise von Waren, hier von Währungen, bestimmen sollen.
Folgende Argumente sprechen für ein solches System:

Es wird erwartet, dass sich beim Floating die Wechselkurse zumindest langfristig an
den fundamentalen wirtschaftlichen Daten der beteiligten Länder ausrichten und abrupte
Auf- und *Abwertungsschocks ausbleiben*. Dies bedeutet, dass sich die Wechselkurse
kurzfristig eher an Zinsdifferenzen und langfristig an der von der Entwicklung der Preisniveaus beeinflussten Kaufkraft der Währung orientieren. Starke Kursschwankungen von
Währungen in der Vergangenheit haben allerdings gezeigt, dass eine Orientierung an
volkswirtschaftlichen Fundamentaldaten in der Praxis häufig weniger relevant ist und von
spekulativen Überlegungen überlagert wird.

Im Gegensatz zu einem System fester Wechselkurse haben die Länder hierbei mehr
Möglichkeiten eine *eigenständige Wirtschafts- und Währungspolitik* zu verfolgen, wobei
jedoch zu berücksichtigen ist, dass in einem System eng verflochtener Volkswirtschaften
der Autonomie auch natürliche Grenzen gesetzt sind. Darüber hinaus werden viele Länder
spekulative Währungszuflüsse oder -abflüsse durch Zentralbankinterventionen zu vermeiden suchen, so dass hierdurch nationale Maßnahmen zur Inflationsbekämpfung konterkariert werden können. Die Reaktion der Wechselkurse auf wirtschaftspolitische Maßnahmen und Ergebnisse hat in der Praxis erheblichen Einfluss auf politische Entscheidungen. So können negative Wirtschaftsdaten, wie etwa hohe Preissteigerungen oder
eine steigende Staatsverschuldung, leicht zu einem Abwertungsdruck auf die Währung
führen. Zinssenkungen und eine stabilitätsorientierte Politik können dagegen Auf-
wertungstendenzen mit evtl. negativen Konsequenzen für die internationale Wettbewerbsfähigkeit aufgrund der Erhöhung der Exportpreise zur Folge haben.

Beispiele

Folgende *Beispiele* verdeutlichen, dass bei *festen Wechselkursen* eine autonome Wirtschaftspolitik zur Reduzierung fundamentaler Ungleichgewichte der Zahlungsbilanz
aufgrund internationaler Wirkungszusammenhänge auf Dauer kaum möglich ist: Beschließt die Zentralbank eines Landes, die Zinsen zu erhöhen, um Inflationsgefahren
vorzubeugen, werden die Kapitalimporte aufgrund des höheren Zinsniveaus zunehmen.
Das bedeutet, dass ausländische Anleger einheimische Währung gegen Devisen nach-
fragen. Die Zentralbank ist nun gezwungen, durch Verkäufe der eigenen Währung den
Wechselkurs innerhalb der Bandbreiten, also der akzeptierten Toleranzzone, zu halten.

Die dadurch steigende inländische Geldmenge wirkt tendenziell inflationsfördernd. Feste Wechselkurse übertragen die Inflation des Auslands auf das Inland *(importierte Inflation)*: Steigen die Preise im Ausland stärker als im Inland, werden Exporte in dieses Land infolge des eigenen Preisvorteils zunehmen. Dies bewirkt eine höhere Nachfrage nach inländischer Währung durch das Ausland, der Wechselkurs der eigenen Währung steigt im Rahmen der Bandbreite. Wird nun nicht aufgewertet, wird trotz der Interventionen der Zentralbank die Nachfrage nach inländischer Währung durch die anhaltenden Exporte weiter zunehmen, bei tendenziell ebenfalls steigender Produktion. Durch den hierdurch ausgelösten Anstieg des Preisniveaus wird eine stabilitätsorientierte inländische Wirtschaftspolitik partiell unterlaufen. ◀

Bei flexiblen Wechselkursen wird eine Tendenz zum *Zahlungsbilanzausgleich* angenommen. Da Auf- und Abwertungsspekulationen entfallen und der Wechselkurs auf die Leistungsbilanzentwicklung reagiert, wird auch von einem *Zahlungsbilanzautomatismus* gesprochen, der Ungleichgewichte nur kurzfristig auftreten lässt. Dies gilt insbesondere im direkten Vergleich mit festen Wechselkurssystemen, bei denen Paritätsänderungen meist hinausgezögert werden und daher auch häufig zu spät, evtl. erst nach einer Zahlungsbilanzkrise, stattfinden. Grund für die verspätete Reaktion ist entweder der gezielte Versuch eine Aufwertung zu vermeiden und durch eine bewusste Unterbewertung der eigenen Währung Exportvorteile zu realisieren oder eine Abwertung aus Prestigegründen zu vermeiden. Auf diese Weise werden ökonomisch notwendige Anpassungsprozesse verzögert. Die preisstabilen Länder, die infolge fehlender Aufwertung internationale Wettbewerbsvorteile erzielen, nutzen den Export als Wachstumsmotor. Die Länder dagegen, die aufgrund hoher Inflationsraten ihre Währung eigentlich abwerten müssten, erleben eine reale Aufwertung mit steigenden Export- und niedrigeren Importpreisen und damit tendenziell steigenden Leistungsbilanzdefiziten.

Generell verhindern flexible Wechselkurse also Verzerrungen in der Außenhandels- und Produktionsstruktur, die durch eine möglicherweise falsche Paritätsfestsetzung hervorgerufen werden. Diese Effekte können die notwendig werdenden Kurssicherungskosten der Außenhandel betreibenden Unternehmen i. d. R. überkompensieren.

3.5.3 Fazit

Da die Wahl des Wechselkurssystems große Bedeutung für die Wirtschaft des betreffenden Landes hat und beide Systeme mit ihren unterschiedlichen Ausprägungen immer Vor- und Nachteile aufweisen, werden für eine Entscheidung, die im Übrigen auch wieder rückgängig gemacht werden kann, die verschiedenen Gesichtspunkte sorgfältig abgewogen. Wechselkursschwankungen beeinflussen Produktion, Beschäftigung und Einkommenssituation in den außenhandelsorientierten Wirtschaftssektoren. Je stärker ein Land in die Weltwirtschaft integriert ist, desto mehr ist es daher daran interessiert, Wechselkursschwankungen gegenüber den Ländern, mit denen intensive Außenhandelsbeziehungen bestehen, durch stabile Wechselkurse auszuschließen. Andererseits darf nicht übersehen werden, dass sich die Effekte von Wechselkursschwankungen auch teilweise neutralisieren können, da die wechselkursbedingte Verteuerung der Exporte durch eine Verbilligung der Importanteile dieser Waren zumindest zum Teil aufgefangen werden kann.

Kleinere Länder sind in ihrer wirtschaftspolitischen Autonomie a priori eingeschränkt. Aufgrund der weltwirtschaftlichen Verflechtung und Reaktionsverbundenheit besteht für sie vielfach gar nicht die Möglichkeit einer eigenständigen Geld- oder Fiskalpolitik. Sie sind daher eher bereit, sich den Regeln eines festen Wechselkurssystems zu unterwerfen und eine Beschränkung ihrer wirtschaftspolitischen Autonomie hinzunehmen. Andererseits haben diese Länder meist kaum die Möglichkeit, Aufwertungsspekulationen im Rahmen eines festen Wechselkurssystems wirksam zu begegnen, da die durch den notwendigen Verkauf eigener Währung zunehmende inländische Geldmenge direkte Inflationswirkungen nach sich zieht. Evtl. erwogene Zinserhöhungen sind in einer globalisierten Weltwirtschaft ebenfalls kaum durchzusetzen, da Ausweichreaktionen die Wirkung konterkarieren würden. Für eine wirksame Abwehr von Abwertungsspekulationen reichen die meist begrenzten Devisenreserven ebenfalls kaum aus. Wie u. a. schon Ende der 1990er-Jahre durch die Asienkrise deutlich wurde, kann kaum ein Land einer gezielten Abwertungsspekulation wirksam begegnen.[10] Die Lösung kann dann meist nur in einer raschen, evtl. sogar präventiven Paritätsänderung liegen, die Spekulationen schon im Keim erstickt.

Abschließend lässt sich daher die zweifellos sehr allgemeine Aussage rechtfertigen, dass kleine Länder mit relativ hoher Außenhandelsabhängigkeit trotz allem eher Vorteile in der Bindung ihrer Währung an diejenige des Haupthandelspartners sehen. Länder mit großem Binnenmarkt hingegen, deren Außenhandelsabhängigkeit geringer ist, so dass sie nur in geringerem Umfang von Wechselkursschwankungen betroffen sind, können sich eher ein flexibles Währungssystem leisten. Dies gilt allerdings nur unter der Voraussetzung, dass sie eine stabilitätsorientierte Wirtschaftspolitik betreiben, die größere Wechselkursschwankungen nicht wahrscheinlich werden lässt. Zudem sollten sie jederzeit in der Lage sein, ihren Wechselkurs durch maßvolle Interventionen zu stabilisieren.

Literatur Kap. 3[11]

Aschinger, G. (2002) Währungskrise in Argentinien trotz „Currency Board"; in: WiSt Heft 5, Mai 2002, S. 242–248

Belke, A. / Dross, A. (2009) Die Kaufkraftparität des Wechselkurses; in: WISU Nr. 10/2009, S. 1354–1360

Deutsche Bundesbank (2004) Die Kaufkraftparitätentheorie als Konzept zur Beurteilung der preislichen Wettbewerbsfähigkeit; in: Monatsberichte der Deutschen Bundesbank, Juni 2004

---

[10] Vgl. hierzu ausführlich Abschn. 12.4.

[11] Letzter Zugriff auf die im Literaturverzeichnis genannten Internetquellen und die Links jeweils 12/2022.

Deutsche Bundesbank (2022) Wechselkursstatistik, Januar 2022, aktualisierte Ausgabe vom 15.11.2022. https://www.bundesbank.de/resource/blob/804110/42f70db78fa2646da307710d77 5dcd53/mL/0-wechselkursstatistik-data.pdf

Freiberger, H. (2017) Lieber ohne Libor; in: SZ vom 06.12.2017

Fuhrmann, W. / Richert, R (1995) Ein Währungssystem mit einem Currency Board; in: WISU 12/1995, S. 1035–1039

IMF (2004/1) World Economic Outlook, April 2004

IMF (2004/2) IMF Survey, Vol 33, No. 15, August 2004

IMF (2021) Annual Report on Exchange Arrangements and Exchange Restrictions 2021, Washington 2021

Konrad, A. (2000) Alternative Formen der Währungsbindung; in: WiSU 1/2000, S. 106–111

Krugman, P. (1991) Target Zones and Exchange Rate Dynamics; in: Quarterly Journal of Economics 56 (1991), Heft 3

Krugman, P. /Obstfeld, M. (2019) Internationale Wirtschaft – Theorie und Politik der Außenwirtschaft, 11. Auflage, 2019

Sommerfeldt, N. / Zschäpitz, H. (2015) Euro erlebt das größte Erdbeben aller Zeiten; in: Die WELT vom 15.01.2015

Williamson, J.H. (1987) Exchange Rate Management: The Role of Target Zones, in: The American Economic Review, Papers and Proceedings, Vol 77 (1987), S. 200–204

Ausgewählte Links

Big Mac Index: https://de.fxssi.com/der-big-mac-index; https://www.economist.com/big-mac-index
J-Kurven-Effekt: http://www.wirtschaftslexikon24.com/d/j-kurven-effekt/j-kurven-effekt.htm

Das Bretton-Woods-System und der Internationale Währungsfonds

4

Unter einer internationalen Währungsordnung versteht man die Summe aller Grundsätze und Regeln, nach denen die nationalen Geldsysteme international koordiniert werden. Internationale Währungsvereinbarungen sichern die Konvertibilität der Währungen und damit die Tauschmittelfunktion des Geldes auf internationaler Ebene. Ziel ist das reibungslose Funktionieren des internationalen Handels- und Kapitalverkehrs. Durch geeignete Anpassungsmechanismen und die Bereitstellung internationaler Liquidität kann eine internationale Währungsordnung zur Entschärfung von Zahlungsbilanzungleichgewichten und Währungsschwankungen und damit zur Herstellung von Vertrauen in die Funktionsfähigkeit der internationalen Finanzmärkte und des internationalen Kapitalverkehrs beitragen.

4.1 Das Bretton-Woods-System (BWS)

Noch während des Zweiten Weltkriegs wurde auf Initiative und unter maßgeblicher Beteiligung der USA und Großbritanniens damit begonnen, eine globale Nachkriegsordnung zu entwerfen. Ein wichtiger Pfeiler war die Schaffung der Grundlage für ein neues **internationales Währungssystem**. Hiermit sollten die Konsequenzen aus den Erfahrungen vor allem der „Zwischenkriegszeit" gezogen werden, in der jedes Land versucht hatte, auf Kosten anderer Länder einseitig Vorteile aus dem internationalen Handel zu ziehen.

Nach der Weltwirtschaftskrise 1929 bis 1932, in der die Preise um fast 50 % fielen und der Welthandel um über 60 % zurückging, werteten die Länder ihre Währungen ständig ab *(Abwertungswettlauf)*, um auf diese Weise Handelsvorteile gegenüber ihren Weltmarktkonkurrenten zu erlangen. Hinzu kamen *Importbeschränkungen* aus protektionistischen Erwägungen sowie eine Vielzahl zweiseitiger Handelsvereinbarungen *(Bilateralität)*, Maßnahmen, die zu Lasten von Drittländern und damit des internationalen Warenaustausches gingen. Da gleichzeitig die Währungsreserven in vielen Ländern zurückgingen, waren diese gezwungen, zur *Devisenbewirtschaftung* (vgl. Abschn. 3.1) überzugehen, um einen unkontrollierten Abfluss von Devisen zu verhindern.

Weltwirtschaftskrise 1929

Ein Börsencrash folgt meist einem Boom, der häufig durch kreditfinanzierte Aktienkäufe und spekulative Finanzanlagen ermöglicht wird und dann u. a. auch Devisenabflüsse zur Folge hat. So begann beispielsweise die Weltwirtschaftskrise 1929 mit einem drastischen Börsencrash am 24. Oktober, dem „Schwarzen Donnerstag" in New York und einem Verfall der weltweiten Aktienkurse. Zunächst beruhigten sich die Wertpapiermärkte wieder, bis sie dann wenige Tage später zusammenbrachen und die Banken ihre Kredite, mit denen viele ihre spekulativen Aktienkäufe finanziert hatten, zurückforderten. Die Folge war eine lang andauernde Wirtschaftskrise (*Great Depression*) mit einer Konkurswelle bei Unternehmen, Bankenkrisen, Massenarbeitslosigkeit und sozialen Unruhen in den USA und auch in Europa. Es kam zu einem massiven Einbruch des Welthandels und einem drastischen Anstieg der Arbeitslosenzahlen mit den bekannten politischen Folgen in Deutschland: dem Aufstieg des Nationalsozialismus, der Machtergreifung Hitlers und den Vorbereitungen für den zweiten Weltkrieg.

Um dem Welthandel neue Impulse zu geben und gleichzeitig den Ländern größere Möglichkeiten zur Expansion ihrer Wirtschaft zu verschaffen, die durch die frühere Bindung der nationalen Währungen an das Gold, den *Goldstandard* (s. u.), nicht gegeben war, wollte man daher die internationalen Währungsbeziehungen neu gestalten. Nebenbei sollte auch, den geopolitischen und wirtschaftlichen Machtverhältnissen entsprechend, die vorherrschende Stellung der USA abgesichert werden.

Das neue internationale Währungssystem wurde im Juli 1944 in **Bretton Woods**, einem kleinen Ort im amerikanischen Bundesstaat New Hampshire, im *Mount Washington Hotel* im Rahmen einer Währungs- und Finanzkonferenz der UN beschlossen (vgl. Abb. 4.1). Die dreiwöchige Konferenz, an der 44 Länder teilnahmen und die lange vorbereitet worden war, erbrachte folgende Ergebnisse: Es wurde ein System fester Wechselkurse, das **Bretton-Woods-System**, beschlossen, zudem wurden zwei Organisationen gegründet, der

Abb. 4.1 **Bretton Woods: Mount Washington Hotel**. (Quelle: E. Koch)

Internationale Währungsfonds (IWF) und die *Internationale Bank für Wiederaufbau und Entwicklung* (IBRD), die **Weltbank**, die daher auch als „Bretton-Woods-Institutionen" bezeichnet werden.

Zentrale Elemente des Bretton-Woods-Systems (BWS) waren der *Gold-Devisenstandard*, die Rolle des US\$ als *Leitwährung*, die Möglichkeit von *Paritäts-änderungen* und die Bereitstellung von *Devisenkrediten* durch den IWF. Der **Gold-Devisen-Standard** ist eine Weiterentwicklung des *Goldstandards*, der ab 1880 bis zum Ausbruch des Ersten Weltkriegs Grundlage der internationalen Währungsordnung war. Beim Goldstandard legten die teilnehmenden Länder eine feste Goldparität fest und be-gründeten damit feste Wechselkurse zwischen ihren Währungen. Beim Gold-Devisenstandard gab es keine festen Deckungsvorschriften. Es wurde also nicht fest-gelegt, dass ein bestimmter Prozentsatz des Notenumlaufs durch Gold und/oder Devisen gedeckt sein musste, die Deckung wurde flexibel gehandhabt.

Der US\$ war **Leitwährung** und damit gleichzeitig **Hauptreservewährung** des Systems. Sein Wert wurde durch seine Relation zum Gold bestimmt: Eine Feinunze Gold (31,104 g) erhielt den Gegenwert von 35 US\$. Gegenüber Inländern und ausländischen Zentralbanken verpflichtete sich die US-Zentralbank, US\$ zu diesem Kurs zu kaufen und zu verkaufen, der US\$ war damit *so gut wie Gold*. Dies war zu diesem Zeitpunkt möglich, weil die USA 1944 über den größten Goldvorrat der Welt verfügten, so dass der Dollar zu 25 % durch Gold ge-deckt war. Da die USA auch über eines der leistungsfähigsten Bankensysteme und einen effi-zienten Finanzmarkt verfügten, übernahm der US\$ praktisch auch die Rolle des Goldes. Jede Zentralbank war in der Lage mit US\$ alle anderen Währungen zu kaufen. Daneben fungierte zunächst auch das britische Pfund Sterling als Reservewährung, nach mehreren Pfund-Krisen in den 1950er-Jahren übernahm dann aber ausschließlich der Dollar diese Funktion.

Jedes Mitgliedsland vereinbarte mit dem IWF (vgl. Abschn. 4.3) Anfangsparitäten sei-ner Währung in Gold bzw. US\$. So wurde z. B. der Wert des britischen Pfund mit 3,58 g Feingold bzw. 4,03 US\$ festgelegt. Wie bei einem System fester Wechselkurse üblich, waren die Mitglieder verpflichtet, durch Interventionen ihrer Zentralbank die Stabilität ihrer Währungen zu sichern (vgl. Abschn. 3.3.2). Hierbei entscheidet die Ausgestaltung der Interventionsregeln maßgeblich über die Verteilung der geldpolitischen Anpassungs-lasten auf die beteiligten Länder und damit über die Funktionsfähigkeit des Systems. Im BWS durften die Wechselkurse innerhalb einer Bandbreite von zunächst ± 1 %, später ab 1971, um ± 2,25 % schwanken. Zudem waren **symmetrische Interventionsver-pflichtungen** vorgesehen: die Mitgliedsländer mussten sowohl bei Auf- wie auch bei Ab-wertungstendenzen ihrer Währung intervenieren.

Zur Überbrückung von dabei auftretenden Zahlungsbilanzschwierigkeiten sah das Ab-kommen ein System **multilateraler Finanzierungshilfen** vor, das über den IWF abgewickelt wurde. Fallweise **Paritätsänderungen** waren bei „fundamentalen Zahlungsbilanzungleich-gewichten" vorgesehen und durften nur nach Beratung mit dem IWF vorgenommen werden, die Entscheidung lag dann bei dem betreffenden Land. Änderungen, die 10 % der ursprüng-lichen Parität überschritten, konnten vom IWF abgelehnt werden, wenn dieser der Auffassung war, ein solches fundamentale Ungleichgewicht läge nicht vor (vgl. Abb. 4.2).

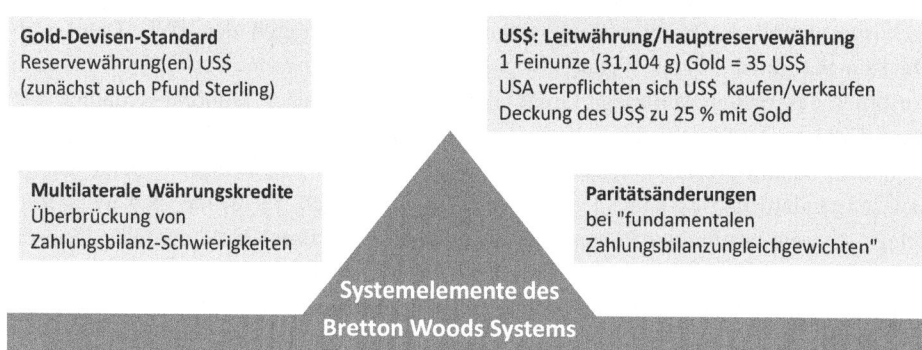

Abb. 4.2 Bretton Woods System: Systemelemente

   Voraussetzung für die Funktionsfähigkeit des Systems war die Einführung der *Leistungs-bilanzkonvertibilität* durch die wichtigsten Welthandelsländer. Diese Voraussetzung wurde bis Ende der 1950er-Jahre auch realisiert. Die vollständige Konvertibilität auch für Kapital-anlagen und reine Finanztransaktionen war dagegen zunächst nicht vorgesehen und wurde, wie erwähnt, bis heute auch nur von einer Minderheit der IWF-Mitgliedsländer realisiert.

4.2   Krise und Zusammenbruch des Bretton-Woods-Systems

Ein System fester Wechselkurse kann auf Dauer nur funktionieren, wenn die beteiligten Länder sich an Stabilitätskriterien orientieren und so das Vertrauen in die Wirtschaft und Währung des eigenen Landes fördern. Im Kern bedeutet dies, dass sie versuchen müssen, bei niedriger Inflationsrate ein außenwirtschaftliches Gleichgewicht zu erzielen, um vor allem einen Ab-wertungsdruck auf die eigene Währung zu verhindern. Dies galt im Fall des Bretton-Woods-Sys-tems auch für die USA, das Land, das ja die *Hauptreservewährung* bereitstellte. Diese Voraus-setzung und damit auch das BWS funktionierten lange Zeit ziemlich gut und waren auch die Basis für den Wirtschaftsaufschwung der westlichen Welt in der Nachkriegsphase.

Bundesrepublik Deutschland
Dies gilt insbesondere auch für die Bundesrepublik Deutschland, die von den stabilen Wechsel-kursen und vor allem von der erheblichen Unterbewertung der D-Mark profitierte. Der niedrige Wechselkurs begünstigte die deutschen Exporte und war die Grundlage für hohe Leistungsbilanz-überschüsse einerseits und die Möglichkeit große Goldvorräte anzulegen. Auch 2022 verfügte Deutschland über die weltweit zweithöchsten Goldreserven nach den USA von über 3300 t vor Ita-lien und Frankreich (vgl. *Ausgewählte Links*: Goldreserven).

Die USA befanden sich jedoch in einem grundsätzlichen Dilemma: Sie mussten eine Politik des knappen Geldes betreiben und gleichzeitig international benötigte Währungsreserven in genügendem Umfang bereitstellen, um die Versorgung der Welt mit *internationaler Liquidität* zu gewährleisten (vgl. Abschn. 4.4). Diese *Reservewährungsfunktion* des US$ ergab sich vorwiegend aus der Tatsache, dass der größte Teil des internationalen Zahlungsverkehrs in US$ abgewickelt wurde. Eine solche Doppelfunktion verleitet jedoch zu einer *weniger disziplinierten Geldpolitik*, da mit dem Argument der Bereitstellung von internationaler Liquidität jederzeit eine Ausweitung der eigenen Geldmenge begründet werden konnte.

Zudem war in der Tatsache, dass keine Deckungsvorschriften festgelegt waren, schon das zentrale Problem des BWS angelegt: Durch die wachsende Dynamik der Weltwirtschaft und eine gewisse „Sorglosigkeit" der USA änderten sich die Deckungsrelationen rasch. So waren bereits 1964 die Dollarbestände des Auslands größer als die amerikanischen Goldreserven und 1971 galt dies schon für alle nur in der Bundesrepublik Deutschland gehorteten US$-Bestände. Gründe für diese Entwicklung waren vor allem die (mit US$ bezahlten) hohen Auslandsinvestitionen der USA, diese beliefen sich bis 1960 allein auf 230 Mrd. US$, sowie sonstige hohe Ausgaben vor allem für internationale militärische Aktionen, wie die Einsätze zunächst in Korea und später in Vietnam, sowie strategische Entwicklungshilfeleistungen.

Aus diesen Gründen wurde die in Bretton Woods geschaffene *Weltwährungsordnung* ab Mitte der 1960er-Jahre zunehmend störanfälliger und zu Beginn der 1970er-Jahre praktisch funktionsunfähig. Hinzu kam eine stark *divergierende wirtschaftliche Entwicklung* in den am BWS beteiligten Ländern, die zu erheblichen Zahlungsbilanzungleichgewichten führte. Da die internen stabilitätspolitischen Maßnahmen meist unzureichend waren, traten zudem in mehreren Ländern Inflationsprobleme auf. Die notwendig werdenden Paritätsänderungen fanden jedoch meist zu spät oder in zu geringem Umfang statt, so dass es immer wieder zu Inflationsübertragungen und damit zu einer Verstärkung der Zahlungsbilanzungleichgewichte kam.

Paritätsänderungen

Grund für die *verzögerten Wechselkursanpassungen* war die Scheu der Länder mit Leistungsbilanzüberschüssen durch eine Aufwertung die eigenen Exporte und damit auch die inländische Produktion und Beschäftigung zu gefährden. Die Defizitländer hingegen befürchteten einen Prestigeverlust durch Abwertungen. Darüber hinaus wurden vom IWF genügend Finanzhilfen bereitgestellt aus Furcht, die abwertungsverdächtigen Länder würden eher protektionistische Maßnahmen ergreifen, als sich zu Paritätsänderungen und restriktiver Wirtschaftspolitik zu entschließen.

Betrachten wir die Rolle des US$ während des BWS, so lassen sich drei Phasen unterscheiden:

1. In der *ersten Phase* (bis zur Korea-Krise 1952) war das Dollarangebot verhältnismäßig knapp, während die Dollarnachfrage wegen des sich dynamisch entwickelnden Welthandels relativ hoch war, so dass eine **Dollarlücke** entstand.
2. In der *zweiten Phase* (bis Anfang der 1960er-Jahre) nahm das Dollarangebot vor allem wegen der steigenden US-Importe, der zunehmenden Direktinvestitionen der USA in Europa sowie des wachsenden weltweiten militärischen Engagements der USA

laufend zu. Da diese Phase aber gleichzeitig durch eine beträchtliche Ausweitung des Welthandels und einen damit einhergehenden steigenden Bedarf an nationalen Währungsreserven gekennzeichnet war, befanden sich in dieser Phase Dollarangebot und Dollarnachfrage weitgehend im **Gleichgewicht**.

3. Die *dritte Phase* (bis Anfang der 1970er-Jahre) war durch ein die Nachfrage übertreffendes Dollarangebot, durch eine **Dollarschwemme**, gekennzeichnet. Da die USA als Leitwährungsland nicht befürchten mussten, mangels Devisenreserven zahlungsunfähig zu werden, konnten sie ihre zunehmenden Auslandsverpflichtungen, die wachsende Anzahl von Direktinvestitionen sowie die mit dem Krieg in Vietnam verbundenen Ausgaben mit US$ finanzieren. Durch die Ausweitung des Dollarangebots verlagerten die USA die monetären Anpassungslasten einseitig auf die anderen Mitgliedsländer.

Die Dollarschwemme führte zu einer zunehmenden Nachfrage nach aufwertungsverdächtigen Währungen, vor allem der Deutschen Mark. Die betreffenden Staaten waren gezwungen US$ gegen eigene Währung zu kaufen, um den Wechselkurs der eigenen Währung nicht zu stark steigen zu lassen. Andererseits mussten unter Abwertungsdruck stehende Länder ihre Währungsreserven zur Stützung der Wechselkurse ihrer Währungen verkaufen. Die steigende Geldmenge führte zu Inflationsproblemen, die bei den abwertungsgefährdeten Währungen Paritätsänderungen (Abwertungen) schneller als geplant herbeiführten. Die USA versuchten der steigenden Nachfrage nach ausländischen Währungen durch ein Bündel verschiedener Maßnahmen, wie der Beschränkung von Auslandskrediten, Steuern auf ausländische Zinserträge oder sogar der Beschränkung amerikanischer Direktinvestitionen im Ausland zu begegnen. Letztlich konnte mit diesen Maßnahmen der Zusammenbruch des Bretton-Woods-Systems aber nicht verhindert werden. Die US-Goldreserven reichten nicht mehr aus, um die amerikanische Einlöseverpflichtung zu erfüllen: Die zunehmenden amerikanischen Zahlungsbilanzdefizite führten immer wieder zu einer Flucht aus dem Dollar und damit zu spektakulären Goldkäufen, die den Goldpreis über die offizielle Parität (35 US$ pro Feinunze Gold) steigen ließen.

Im November 1967 führte eine erhebliche Abwertung der ursprünglich zweiten Reservewährung, des britischen Pfund Sterling, zu einer weiteren massiven spekulativen Goldnachfrage. Zunächst gelang es den acht im 1961 gegründeten *Londoner Goldpool* zusammengeschlossenen westlichen Zentralbanken (Teilnehmer: USA, Großbritannien, Frankreich, Deutschland, Italien, Niederlande, Belgien, Schweiz) durch Goldverkäufe den Goldpreis zu stützen. Wegen der drastischen Reduzierung ihrer Goldreserven sahen sie sich jedoch schon ab März 1968 gezwungen, ihre schon seit 1960 praktizierten Interventionen einzustellen. Im gleichen Jahr wurde daher auf einer Währungskonferenz in Washington die *Spaltung des Goldpreises* beschlossen: Im Zahlungsverkehr zwischen den Zentralbanken galt weiterhin der offizielle Goldpreis, auf dem freien Goldmarkt dagegen sollte die Preisbildung dem Markt überlassen werden. Nach der Abwertung des britischen Pfund Sterling gab es aufgrund der zunehmenden, z. T. extremen außenwirtschaftlichen Ungleichgewichte auch immer größere Zweifel an dem Fortbestehen der Paritäten der anderen Währungen. Die hierdurch ausgelösten Bewegungen spekulativer Gelder führten 1968/69 zu mehreren Währungskrisen, in deren Verlauf der französische Franc im August

1969 abgewertet, die D-Mark im Oktober 1969 aufgewertet und der Kurs des kanadischen Dollars erneut freigegeben wurde. Die Möglichkeit eines größeren amerikanischen Handelsbilanzdefizits und die daran geknüpfte Erwartung einer wahrscheinlichen Dollarabwertung löste im April 1971 eine **Flucht aus dem US\$** vor allem in die D-Mark, aber auch in andere europäische Währungen aus.

Bei dem Versuch, ihre Wechselkurse zu verteidigen, mussten viele Regierungen, insbesondere die Niederlande, Belgien, die Schweiz, Deutschland und Österreich, erhebliche Mengen an US\$ ankaufen. Entsprechend erhöhten sich die Auslandsverbindlichkeiten der USA auf etwa 40 Mrd. US\$, während sich gleichzeitig ihre Goldreserven auf gut 10 Mrd. US\$ halbierten. Angesichts dieser Entwicklung suspendierte der damalige US-Präsident *Richard Nixon* im August 1971 das Goldeinlöseversprechen, nachdem sich schon zuvor die wichtigsten Welthandelsländer mit Ausnahme von Frankreich an einem „Stillhalteabkommen" beteiligt und darauf verzichtet hatten, ihre Dollarreserven in Gold einzulösen. Die meisten westlichen Industrieländer stellten daraufhin Dollarankäufe zu den festgesetzten Kursen ein, ohne jedoch vollständig auf Interventionen auf den Devisenmärkten und damit auf eine Manipulation der Wechselkurse zu verzichten (vgl. Jarchow/Rühmann 2002).

Wenige Monate später wurde im Dezember 1971 im Rahmen einer internationalen Währungskonferenz in Washington eine grundlegende Neuordnung der Wechselkurse *(Realignment)* beschlossen, das sog. *Smithsonian Agreement:*

* Der Dollar wurde abgewertet und der Preis für eine Feinunze Gold auf 38 US\$ heraufgesetzt, die Goldkonvertibilität des Dollars wurde jedoch nicht wieder eingeführt.
* Die Währungen der G-10-Staaten (mit Ausnahme Kanadas) wurden neu festgesetzt, während gleichzeitig die *Paritäten* in weniger strikte „*Leitkurse*" umbenannt werden.
* Die Bandbreiten der beteiligten Währungen gegenüber dem Dollar wurden auf ± 2,25 % und zwischen den anderen Währungen auf ± 4,5 % erweitert.

Das *Smithsonian Agreement* war der letzte ernsthafte Versuch, das System fester Wechselkurse von Bretton Woods zu retten. Schon ab 1972 verschlechterte sich jedoch die amerikanische Leistungsbilanz wieder und es setzte eine erneute Spekulation gegen den Dollar ein. Die europäischen Währungen versuchten sich daher schon im März 1972 von der vorhersehbaren völligen Liberalisierung der Wechselkurse durch die Schaffung eines innereuropäischen Systems fester Wechselkurse, des **Europäischen Wechselkursverbundes** (EWKV), abzukoppeln (vgl. Abschn. 8.1). Im Juni 1972 wurde jedoch der Wechselkurs des britischen Pfund freigegeben, das damit auch wieder aus dem Europäischen Wechselkursverbund ausschied, während Deutschland mit dirigistischen Maßnahmen versuchte, die inflationsfördernden Kapitalimporte zu bremsen.

Deutschlands Kampf gegen die Kapitalimporte

Deutsche Unternehmen mussten ab März 1972 einen Teil der im Ausland aufgenommenen Kredite als *Bardepot* zinslos bei der Deutschen Bundesbank hinterlegen. Da Auslandskredite ja anschließend in D-Mark eingetauscht wurden, wirkten diese wie Kapitalimporte, die die Deutsche Bundesbank durch eine Kreditverteuerung verhindern wollte. Das Bardepot betrug zunächst 40 % und wurde später auf 50 % erhöht, die gleichzeitig gewährten Freigrenzen sanken von umgerechnet 1 Mio. € über

250.000 € auf schließlich 25.000 €. Später wurde die *Mindestreservepflicht* auf ausländische Einlagen, also der Anteil, den die Banken zinslos bei der Bundesbank hinterlegen mussten, so weit erhöht, dass neu zufließende Auslandseinlagen zu 100 % stillgelegt werden mussten. Im Februar 1973 wurde schließlich der Erwerb festverzinslicher Wertpapiere durch Ausländer genehmigungspflichtig. Die restriktiven Bedingungen wurden erst wieder ab Januar 1974 schrittweise gelockert. Gleichzeitig wurden *Kapitalexporte* gefördert. Dies geschah vorwiegend durch die *Swapsatzpolitik* der Bundesbank. Um die Bereitschaft der Geschäftsbanken zu kurzfristigen Kapitalexporten zu fördern, bot ihnen die Bundesbank Devisen zum Kassakurs an und sicherte ihnen den Rückkauf zu einem verbindlichen Terminkurs zu, so dass die Geldanlage im Ausland schon bei geringen Zinsdifferenzen attraktiv wurde. Allerdings waren diese ordnungspolitisch eher bedenklichen Instrumente nur begrenzt erfolgreich, zumal sie viele Umgehungsmöglichkeiten, etwa für die Kapitalimporte, zuließen.

Trotz aller Gegenmaßnahmen eskalierte die Situation Anfang 1973. Nach der Wechselkursfreigabe des Schweizer Franken im Januar, wurden im Februar die deutschen Kapitalverkehrskontrollen weiter verstärkt, trotzdem musste die Bundesbank an einem einzigen Tag im März 1973 fast 2 Mrd. US$ ankaufen. Kurz darauf wurde der Kurs des japanischen Yen ebenfalls freigegeben. Nach einem weiteren *Realignment* am 12. Februar, bei dem der US$ ein weiteres Mal auf nun 42,22 US$ pro Feinunze Gold abgewertet wurde, verkündete der *Richard Nixon* im *März 1973* die völlige Freigabe des Dollarkurses („Nixon-Schock"). Das Bretton-Woods-Systems war damit Geschichte.

Eine Lösung wäre gewesen, den Kurs des US$ durch höhere Zinsen und niedrigere Staatsausgaben zu stabilisieren. Dies hätte jedoch mit hoher Wahrscheinlichkeit zu einer Rezession in den USA geführt und war aus innenpolitischen Gründen nicht erwünscht. Allerdings hätten damit die fundamentalen Probleme des BWS auch nicht gelöst werden können. In der Folge stieg der Goldpreis laufend an und erreichte Ende der 1970er-Jahre einen vorläufigen Höchstpreis von über 600 US$ (vgl. Abb. 4.3), um dann später bis auf rund 2000 US$ anzusteigen. Gleichzeitig war das Ende des BWS gleichbedeutend mit dem Beginn des Entstehens der globalen Finanz- und Kapitalmärkte, mit denen sich die nächsten Kapitel beschäftigen werden. Die Zentralbanken erhielten neue andere Aufgaben und wurden zu wichtigen politischen Akteuren, Finanzkrisen mussten entschärft werden und die Wirtschaftspolitik wurde vor neue Herausforderungen, wie zunächst die *Stagflation*, gestellt. Einen Überblick über die Entwicklung des BWS bietet Abb. 4.4.

Abb. 4.3 Die Entwicklung des Goldpreises (in US$ pro Unze Feingold)

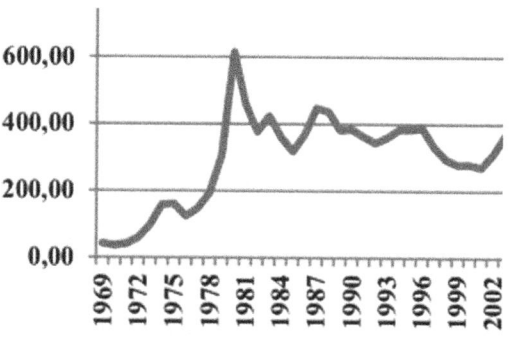

Goldpreis pro Feinunze in US$ (jeweils am Jahresende)

Chronik des Bretton-Woods-Systems

1929 - 1932	Weltwirtschaftskrise; Deflation, Rückgang des Welthandels um über 60 %,Beggar-thy-neighbour policy; Abwertungswettlauf
1939 - 1945	Zweiter Weltkrieg
07/1944	Währungskonferenz in Bretton Woods, Beschlüsse: Festes Wechselkurssystem (BWS); Gründung von IWF und Weltbank.
12/1945	Das Abkommen tritt in Kraft, nachdem es von 29 Mitgliedern unterzeichnet wurde.
03/1947	Der IWF nimmt seine Geschäftstätigkeit auf.
07/1952	Die Bundesrepublik Deutschland tritt dem IWF bei.
1957	Pfund-Krise: Die Bank of England schränkt die Verwendung des Pfund Sterling im internationalen Geschäft ein.
1958	Übergang der meisten europäischen Länder zur Ausländerkonvertibilität; die D-Mark wird voll konvertibel.
03/1961	Die D-Mark wird um 5 % aufgewertet: Die Parität zum US-Dollar verändert sich von 4,20 DM auf 4,00 DM.
10/1961	Die USA und sieben weitere Industrienationen gründen den Londoner Goldpool, der durch Goldverkäufe einen Anstieg des Goldpreises verhindern soll.
01/1962	Die Gruppe der Zehn (G-10), sowie später die Schweiz und Saudi-Arabien, unterzeichnen das General Agreement to Borrow, in dem sie sich verpflichten bei Zahlungsbilanzstörungen Stützungskredite von zunächst bis zu 6 Mrd US$ (später 17 Mrd.) bereitzustellen.
09/1967	Die IWF-Mitglieder vereinbaren die Schaffung von Sonderziehungsrechten (SZR), um zusätzliche internationale Liquidität bereitzustellen.
11/1967	Das britische Pfund wird abgewertet; der Goldpool interveniert auf dem Goldmarkt in größerem Umfang.
03/1968	Spaltung des Goldpreises: Im Zahlungsverkehr zwischen den Zentralbanken gilt weiterhin der offizielle Goldpreis, während auf dem freien Goldmarkt die Preisbildung dem Markt überlassen wird. Die USA geben ihre interne Golddeckung (die Einlöseverpflichtung gegenüber Inländern) auf.
1968/69	Mehrere Währungskrisen, u. a. wird die D-Mark aufgewertet.

Abb. 4.4 Chronik des Bretton-Woods-Systems

1969	1. Änderung des IWF-Abkommens: Schaffung von Sonderziehungsrechten (SZR)
05/1971	Der Schweizer Franken und der österreichische Schilling werden aufgewertet, während die Wechselkurse der deutschen, belgischen und der niederländischen Währung freigegeben werden.
08/1971	Die USA führen eine Importabgabe ein, und geben nun auch ihr externes Goldeinlöseversprechen auf. Der Wechselkurs des Yen wird freigegeben, kurz darauf erfolgt eine erneute Freigabe der Wechselkurse der meisten europäischen Währungen.
12/1971	Rückkehr zu festen Wechselkursen. Im Smithsonian Agreement wird eine Neuordnung der Wechselkurse (Realignment) vereinbart: Der Preis der Feinunze Gold wird auf 38 US$ heraufgesetzt; andere Währungen werden mit unterschiedlichen Raten gegenüber dem Gold aufgewertet; Paritäten werden in „Leitkurse" umbenannt; die Bandbreiten gegenüber dem Dollar werden auf ±2,25 % und zwischen anderen Währungen auf ±4,5 % erweitert.
ab 1972	Die Spekulation gegen den US$, verstärkt sich, der US$ wird weiter auf 42,22 US$ pro Feinunze Gold abgewertet.
03/1972	Deutschland führt ein Bardepot für ausländische Einlagen in Höhe von 40 % bei einer Freigrenze von umgerechnet 1 Mio. Euro ein.
04/1972	Der Europäische Wechselkursverbund wird geschaffen: Die europäischen Währungen verengen ihre Bandbreiten zueinander und behalten die Bandbreite gegenüber dem US$ („Schlange im Tunnel").
07/1972	Die deutsche Bardepotpflicht wird auf 50 % erhöht, der Freibetrag auf umgerechnet 250.000 Euro gesenkt (ab 01/1973: 25.000). Zusätzlich werden die Mindestreserven für den Zuwachs an Auslandsverbindlichkeiten auf 30 % bzw. 40 % erhöht.
01/1973	Die Spekulation gegen den US$ eskaliert erneut. Die Anleger flüchten vor allem in die schweizer, deutsche und japanische Währung.
02/1973	Deutschland beschließt eine Genehmigungspflicht für den Erwerb inländischer Wertpapiere durch Gebietsfremde sowie eine Erhöhung der Mindestreserven auf 100 %.
03/1973	Am 2. März werden die Devisenbörsen aufgrund der starken Spannungen im BWS geschlossen. Erst am 14. März werden sie wieder eröffnet. Mehrere Länder, u. a. die USA und Großbritannien lassen ihre Währungen floaten. Damit wird das Bretton-Woods-System aufgegeben. Die Mitglieder des Europäischen Wechselkursverbundes behalten die Bandbreiten von ±2,25 % zwischen ihren Währungen bei und floaten gemeinsam gegenüber dem US$ (Block-Floating).

Abb. 4.4 (Fortsetzung)

4.3   Der Internationale Währungsfonds (IWF)

Die Beratungen während der Währungskonferenz von *Bretton Woods* basierten vor allem auf den in wesentlichen Punkten unterschiedlichen Vorstellungen Großbritanniens und der USA, genauer: zwischen dem amerikanischen *White-Plan* und dem Konzept des englischen Ökonomen John Maynard Keynes, dem *Keynes-Plan*. Gemeinsam war beiden Vorschlägen, dass eine *internationale Währungsorganisation* mit der Durchsetzung stabiler Wechselkurse betraut und damit individuellen Änderungen von Währungsrelationen eine Absage erteilt werden sollte.

Konzepte zur Gründung eines Internationalen Währungsfonds
Harry White, Assistent des amerikanischen Finanzministers *Henry Morgenthau*, prognostizierte in einem 1942 vorgelegten Entwurf hohe Zahlungsbilanzüberschüsse der Gläubigernationen und eine hohe Güternachfrage mit starken Inflationstendenzen. Er legte das Schwergewicht daher auf die Durchsetzung internationaler Stabilität und schlug im Wesentlichen die Schaffung eines *Inter-Alliierten Stabilisierungsfonds* zur Bewältigung von Zahlungsbilanzproblemen vor, der keine Möglichkeiten haben sollte, neues Geld oder sonstige Reserven zu schöpfen. Im Wesentlichen sollten aber die Defizitländer selbst für die Beseitigung ihrer Defizite, für die sie die Verantwortung trügen, sorgen. Darüber hinaus sah der Entwurf die Gründung einer *Inter-Alliierten Bank* zur Organisation von Krediten und Finanzhilfen an die Alliierten vor.

John Maynard Keynes, einer der profiliertesten Ökonomen seiner Zeit, wurde vom britischen Finanzministerium schon 1941 mit einer Studie über eine Weltwirtschaftsordnung nach dem Ende des Zweiten Weltkriegs betraut. Keynes erwartete hohe Zahlungsbilanzdefizite und Arbeitslosigkeit und suchte nach einem Instrument, mit dem diese Probleme auch ohne das Vorkriegsinstrument der *Abwertungswettläufe* zu bewältigen waren. Die Lösung sah er in der Schaffung einer *Internationalen Clearing Union*, die als eine Art Welt-Zentralbank in eher dirigistischer Weise Wechselkurse festlegen, Kredite an Länder mit Leistungsbilanzdefiziten vergeben und von Überschussländern Darlehen aufnehmen sollte. Da er die Verantwortung von internationalen Zahlungsbilanzungleichgewichten auch bei den Überschussländern sah, sollten diese stärker an deren Lösung beteiligt werden, etwa dadurch, dass sie verpflichtet werden sollten, für ihre Guthaben Zinsen zu zahlen.

4.3.1   Organisation, Aufgaben, Quoten

Organisation
Die Beschlüsse über die Struktur des Währungssystems und die Gründung des IWF *(International Monetary Fund, IMF)* können als Kompromiss zwischen den beiden Vorschlägen von *Keynes* und *White* angesehen werden, wenn sie im Kern auch mehr dem *White-Plan* folgten. Nachdem das Abkommen in Bretton Woods im Juli 1944 beschlossen und bis Ende Dezember 1945 von 29 Mitgliedern unterzeichnet worden war, trat es im Dezember 1945 in Kraft. Im März 1947 nahm der IWF mit nunmehr 39 Mitgliedsländern seine Arbeit auf (vgl. Abb. 4.5). 1952 wurde auch die Bundesrepublik Deutschland als Mitglied aufgenommen.

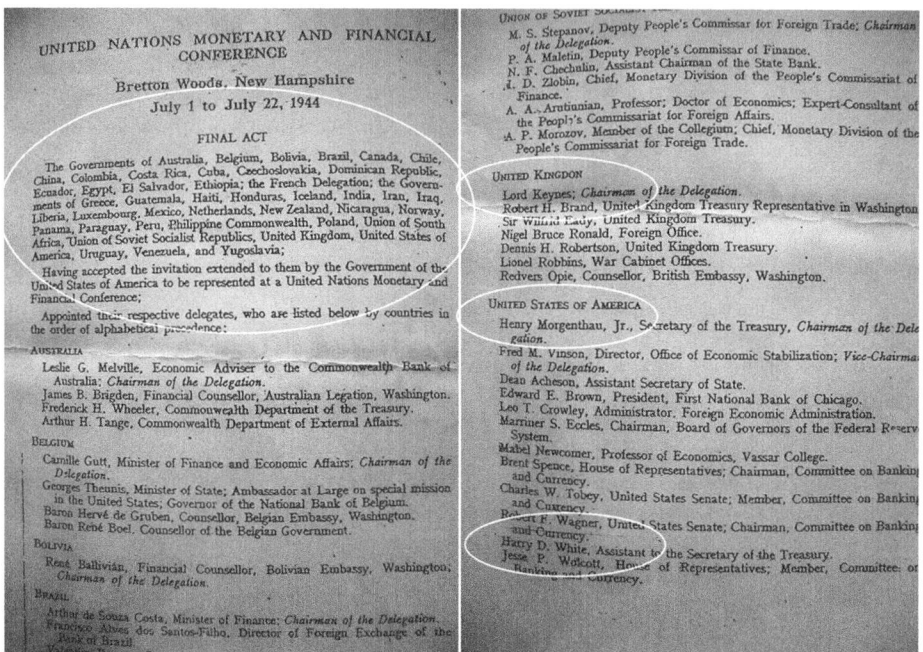

Abb. 4.5 Bretton Woods Konferenz: Teilnehmer

Oberstes Beschlussorgan des IWF ist der **Gouverneursrat**, in den jedes Mitgliedsland einen Vertreter, normalerweise den Finanzminister oder den Zentralbankpräsidenten, entsendet und der einmal jährlich zusammentritt. Für die laufende Geschäftsführung, insbesondere für die Entscheidung über Kreditvergaben, ist ein **Exekutivdirektorium**, der *Board*, zuständig, der aus 24 Direktoren und einem Geschäftsführenden Direktor *(Managing Director)* besteht. Sechs Exekutivdirektoren werden von den Ländern mit den höchsten *Quoten* (USA, Japan, China, Deutschland, Großbritannien und Frankreich) ernannt, die anderen Direktoren werden jeweils von einer Ländergruppe gemeinsam gewählt. Im Board haben nur die Exekutivdirektoren ein Stimmrecht, das sich nach den Kapitalanteilen ihrer Länder bzw. Ländergruppe richtet, der *Managing Director* hat nur bei Stimmengleichheit ein Stimmrecht.

Der **Internationale Währungs- und Finanzausschuss** (IMFC) wurde 1974 ins Leben gerufen und ist das wichtigste politische Gremium des IWF. Er berät den Gouverneursrat und das Direktorium, kontrolliert das Management und bereitet grundlegende Entscheidungen zur IWF-Politik vor. Seine Mitglieder sind überwiegend Finanzminister oder Zentralbankpräsidenten der 24 Länder, die Exekutivdirektoren entsenden. Der Ausschuss trifft sich bei der Frühjahrs- und Herbsttagung des Fonds. Er besitzt zwar keine formellen Entscheidungsbefugnisse, übt aber aufgrund seines politischen Gewichts praktisch die Rolle eines *Leitungsgremiums* aus. Ebenfalls 1974 wurde der **Gemeinsame Entwicklungsausschuss** *von IWF und Weltbank (Joint Development Committee, DC)* ins Leben gerufen, um die entwicklungspolitische Arbeit der beiden Institutionen zu koordinieren und den Ressourcentransfer in die Entwicklungsländer zu überwachen (vgl. Abb. 4.6).

Abb. 4.6 **Der Internationale Währungsfonds (IWF): Organisation**

Zuständigkeiten

Die Weisungen an den deutschen Exekutivdirektor erteilt der Bundesfinanzminister, während die finanziellen Beziehungen zum IWF durch die Deutsche Bundesbank wahrgenommen werden. Obwohl mit Beginn der Europäischen Währungsunion zum 1. Januar 1999 die Zuständigkeit für die Währungspolitik von den Ländern auf die EU, in diesem Fall auf den Ministerrat, übergegangen ist, blieb das IWF-Übereinkommen unverändert. Damit bestehen die bisherigen Beziehungen der Mitgliedsländer zum IWF in vollem Umfang weiter. Auch die Konsultationen finden weiterhin mit den einzelnen Mitgliedsländern statt. Die Europäische Zentralbank (EZB) ist im IWF-Board durch einen Beobachter vertreten (vgl. Deutsche Bundesbank 1999).

Aufgaben

Der IWF ist eine Sonderorganisation der UN und hat ebenso wie die Weltbank (vgl. Abschn. 4.5) seinen Sitz in Washington, DC. Die zentrale Aufgabe des IWF ist es, die internationale Zusammenarbeit auf dem Gebiet der Währungspolitik zu fördern, um die Funktionsfähigkeit und Stabilität des internationalen Währungssystems zu sichern. Dadurch soll der internationale Handel erleichtert und die Beschäftigung sowie nachhaltiges Wirtschaftswachstum gefördert werden. Aus diesen Zielen lassen sich drei Kernaufgaben ableiten:[1]

- *Volkswirtschaftliche Überwachung (Surveillance):* Der IWF bewertet in Abstimmung mit den Mitgliedsländern insbesondere deren Finanz-, Wechselkurs- und Geldpolitik, die Entwicklung der Zahlungsbilanz und der Auslandsschulden. In diesen jährlichen „Gesundheitschecks" berät er die Länder in Bezug auf die Folgen wirtschafts- und währungspolitischer Entscheidungen und schlägt politische Maßnahmen zur Verbesserung der makroökonomischen Stabilität, zum Ankurbeln der Konjunktur und zur Linderung von Armut vor. Dies geschieht üblicherweise alljährlich im Rahmen der „Artikel-IV-Konsultationen". Für einzelne Mitgliedsländer werden zusätzlich weitergehende Analysen zur Bewertung des Finanzsektors (*Financial Sector Assessment Program, FSAP*) durchgeführt. Zusätzlich analysiert er im Rahmen der multilateralen

---

[1] Vgl. hierzu u. a. IWF 2022.

Überwachung[2] das internationale Währungssystem und die Wirtschaftsentwicklungen auf globaler und regionaler Ebene sowie die Auswirkungen einzelstaatlicher Politiken auf andere Länder (*Spillover-Effekte*).

Informationsstandards und Informationsquellen

Der *Special Data Dissemination Standard* (SDDS) wurde 1996 eingerichtet, um Länder, die Zugang zu internationalen Kapitalmärkten haben oder anstreben, bei der Verbreitung von Wirtschafts- und Finanzdaten zu unterstützen. Er wurde 2012 durch den *Special Data Dissemination Standard Plus* (SDDS Plus) ergänzt, der eine verbesserte Veröffentlichung der Daten ermöglicht. 2015 löste das *Enhanced General Data Dissemination System* (e-GDDS) das 1997 eingeführte *General Data Dissemination System* (GDDS) ab. Es dient der Anleitung der Mitgliedsländer bei der Datenverbreitung, indem es die Statistik in den Ländern fördert und Synergien zwischen Datenverbreitung und Überwachung ermöglicht. Die *Data Quality Reference Sites* (DQRS) wurden schließlich entwickelt, um ein gemeinsames Verständnis von Datenqualität zu fördern (vgl. *Ausgewählte Links*: dsbb). Die *National Summary Data Page* (NSDP) ist ein Datenportal für Länder, die an SDDS Plus, SDDS und e-GDDS teilnehmen. Über dieses können die Nutzer auf Links zu Online-Datensätzen für alle verfügbaren Kategorien eines Landes zugreifen. Für Länder, die an SDDS Plus und e-GDDS teilnehmen, ermöglicht das NSDP den automatischen Austausch und die gemeinsame Nutzung von statistischen Daten.

- *Kreditvergabe*: Der IWF gibt Finanzhilfen (*Währungskredite*) an Mitgliedsländer mit tatsächlichen, potenziellen oder absehbaren Zahlungsbilanzproblemen. Die Kredite sollen den Ländern helfen, ihre Zahlungsbilanzprobleme zu bewältigen bzw. absehbare zukünftige Krisen zu verhindern, ihre Devisenreserven zu erhöhen und sie bei der Stabilisierung ihrer Wirtschaft und der Wiederherstellung der Voraussetzungen für ein nachhaltiges Wirtschaftswachstum zu unterstützen. Kredite können grundsätzlich auch bei Naturkatastrophen und Pandemien bereit gestellt werden. Grundsätzlich werden zwei Arten von Krediten vergeben: Kredite zu Zinssätzen, die anhand des Durchschnitts der Zinssätze für Kredite in den weltweit wichtigsten Währungen berechnet werden, und konzessionäre Kredite für einkommensschwache Länder, die zu niedrigen Zinsen oder auch zinsfrei bereitgestellt werden. Einzelne Projekte werden nicht finanziert (vgl. Abschn. 4.3.2).
- *Kapazitätsentwicklung*: Der IWF unterstützt Mitgliedsländer durch fachliche Beratung und Ausbildung zu zentralen Themen der Wirtschafts- und Fiskalpolitik, wie öffentliche Finanzen, Stabilität des Finanzsektors, Zentralbankgeschäfte, makroökonomische Rahmenbedingungen, Wirtschaftsstatistiken u. a. Auf diese Weise sollen Wirtschaftsinstitutionen, wie Zentralbanken, Statistikämter, Finanzaufsichts- und Finanzverwaltungsbehörden gestärkt werden, um die Gestaltung und Umsetzung passender wirtschaftspolitischer Maßnahmen zur Konjunkturförderung und zur Erzielung eines nachhaltigen Wirtschaftswachstums zu ermöglichen. Teilnehmer an Maßnahmen zur Kapazitätsverbesserung sind in der Regel Fach- und Führungskräfte in den entsprechenden Institutionen der Mitgliedsländer, deren Analyse- und Überwachungsfähigkeiten verbessert werden sollen, um Wirksamkeit und Effizienz der Kreditvergabe und die Zusammenarbeit mit anderen internationalen Organisationen zu fördern.

---

[2] Vgl. hierzu World Economic Outlook, Global Financial Stability Report, Fiscal Monitor.

Quoten

Die Gewährung von Finanzhilfen an seine Mitgliedsländer ist eine der zentralen Aufgaben des IWF. Die Mittel hierfür stammen im Wesentlichen aus den Beiträgen der Mitgliedsländer. Diese Beiträge werden als **Quoten** bezeichnet, deren Höhe und Zusammensetzung etwa alle fünf Jahre überprüft werden. Im Rahmen der letzten voraussichtlich Ende 2023 abgeschlossenen 16. *Quotenüberprüfung* wurde – wie in allen anderen vorangegangenen Überprüfungen – beurteilt, ob die Quoten erhöht werden sollten und ob ihre Aufteilung auf die Mitglieder noch angemessen ist. Im Rahmen der letzten großen Neuordnung der Quoten Ende der 2000er-Jahre wurde beispielsweise die Quote Chinas angesichts seiner gewachsenen weltwirtschaftlichen Bedeutung erheblich erhöht, was dann zu einer Verringerung der Quoten anderer Länder führte.

Quoten sind praktisch die Kapitalanteile der Mitgliedsländer am Fonds. Sie werden nach **gesamtwirtschaftlichen Indikatoren,** wie Bruttoinlandsprodukt, Währungsreserven oder Außenhandelsvolumen, festgelegt und sollen der Position des Landes in der Weltwirtschaft entsprechen. Die Quoten und damit die Einzahlungsverpflichtungen der Länder bestimmen dann den Zugang zu Krediten und auch die Stimmrechte orientieren sich an den Quoten. Die Länder mit den höchsten Quoten haben auch die meisten Stimmrechte. Nach wie vor die höchste Quote haben die USA mit 17,4 %. Damit verfügen sie bei statutenändernden Beschlüssen, für die eine Mehrheit von 85 % erforderlich ist, über eine Sperrminorität. Die höchsten Quoten nach den USA haben Japan, China, Deutschland, Frankreich und Großbritannien (Stand: 2022) (vgl. IMF 2022/1). Diese sechs Länder repräsentieren zusammen 44 % des Fondskapitals und damit auch der Stimmrechte des IWF, während beispielsweise die 80 Länder mit den niedrigsten Quoten zusammen nur über 8 % der Stimmrechte verfügen (vgl. Abb. 4.7).

Das Gesamtkapital des Fonds betrug bei seiner Gründung zunächst rund 20 Mrd. €. Durch die *Quotenerhöhungen* wurde es inzwischen auf 640 Mrd. US$ aufgestockt. Jedes

Abb. 4.7 Funktion und Höhe der Quoten. (Quellen: IWF 2022, Deutsche Bundesbank)

Mitgliedsland zahlt rund 75 % der Quote in eigener Währung ein, während der restliche Anteil in Sonderziehungsrechten (SZR) oder in internationalen Reservewährungen eingezahlt werden muss (vgl. Abschn. 4.5).

Weitere Finanzierungsmöglichkeiten

1962 verpflichteten sich zehn führende Industrieländern, die *Gruppe der Zehn* (G10), im Rahmen eines *General Agreement to Borrow* (GAB) dem IWF zusätzliche Mittel von zunächst 18,5 Mrd. SZR zur Verfügung zu stellen, falls dessen Mittel bei einer Zuspitzung von Zahlungsbilanzproblemen einzelner Länder nicht ausreichen sollten. Mitglieder der G10 sind die G7, sowie Belgien, die Niederlande und Schweden. Die Schweiz ist seit 1983 elftes Mitglied, obwohl sie zunächst nicht Mitglied des IWF war. Da die Umsetzung von Quotenänderungen relativ lange dauert, wurde das GAB später zu einem zusätzlichen Finanzierungsinstrument ausgebaut. Seit 1997 kann der IWF nun als Ergänzung der Quotenmittel im Rahmen eines *New Arrangement to Borrow* (NAB) auf eine weitere, von insgesamt 38 Mitgliedern bereitgestellte Kreditlinie zurückgreifen. Diese wurde mehrfach geändert und beträgt derzeit wieder knapp 250 Mrd. US$, nachdem sie während der Finanzkrise 2007/08 kurzfristig verdoppelt worden war. Darüber hinaus können bei Liquiditätsproblemen IWF-Mittel auch durch Kredite von Einzelstaaten bzw. Privatbanken aufgestockt werden.

4.3.2   Ziehungen – Gewährung von Devisenkrediten

Wie erwähnt, bietet der IWF konzessionäre und nicht konzessionäre Kredite an. Die nicht konzessionären Kredite werden über das Allgemeine Konto *(General Resources Account, GRA)* bereitgestellt, das sich aus mehreren Währungen und Reserveaktiva zusammensetzt, die den Zahlungen der von den Mitgliedsländern gezeichneten Kapitalanteilen entsprechen. Konzessionäre Kredite werden aus einem Treuhandfonds, dem *Poverty Reduction and Growth Trust (PRGT)* finanziert.[3]

Der Zugang eines Mitgliedslands zu Krediten bestimmt sich grundsätzlich aus seiner *Quote* (s. o.). Jedes Land muss, wie erwähnt, mindestens 25 % seiner Quote in international konvertiblen Währungen oder in Sonderziehungsrechten (SZR) in den Fonds einzahlen. Diese **Reservetranche** kann das Land jederzeit bei Bedarf im Tausch gegen die eigene Landeswährung „ziehen". Diese Ziehung stellt keine Inanspruchnahme eines Kredits dar, sie ist nicht gebührenpflichtig und unterliegt auch keiner Rückkaufserwartung oder Rückkaufspflicht.

Bei den sonstigen **Ziehungen** dagegen *kauft* das Land Devisen vom IWF gegen eigene Währung. Es zahlt die Finanzhilfe dann später zurück, indem es seine eigene Währung gegen internationale Reserveaktiva vom IWF „zurückkauft". Praktisch nimmt das Land einen Devisenkredit auf, den es später wieder mit Devisen tilgt. Die Gesamtmittel des IWF ändern sich durch die gewährte oder zurückgezahlte Finanzhilfe buchhalterisch nicht, allerdings ändert sich die Zusammensetzung seiner Aktiva.

Die wichtigste reguläre Kreditfazilität ist der den IWF-Mitgliedern zustehende **Bereitschaftskredit** *(stand-by arrangement)* zur Überbrückung von kurzfristigen Zahlungs-

---

[3]Vgl. hierzu auch die HIPC-Initiative, Abschn. 11.3.2.

bilanzschwierigkeiten. Die Höhe des Bereitschaftskredits ist abhängig von der Quote des Landes sowie von dem konkreten Bedarf des Landes zur Verbesserung seiner Zahlungs-bilanzsituation und seiner Fähigkeit zur Rückzahlung des Kredits. Übt ein Land sein regu-läres *Ziehungsrecht* aus, so erhält es die benötigte Fremdwährung aus den Fondsbeständen im Tausch gegen seine Landeswährung. Dabei sind die Ziehungsrechte i. d. R. in einzelne *Tranchen* aufgeteilt. Bereitschaftskredite dürfen 145 % der Quote pro Jahr nicht über-schreiten und müssen in maximal fünf Jahren zurückgezahlt werden.

Erfordern die Probleme längerfristige strukturelle Maßnahmen zur Sanierung der Zahlungsbilanz, so kann das betreffende Land weitere Devisenkredite im Rahmen der **Er-weiterten Fondsfazilität** *(extended fund facility)* erhalten. Diese Mittel müssen in einem Zeitraum von maximal zehn Jahren zurückgezahlt werden. Insgesamt darf das Land bei diesen beiden Kreditfazilitäten jeweils 435 % der Quote nicht überschreiten (vgl. Abb. 4.8).

Die Zurverfügungstellung von Krediten und damit von internationaler Liquidität ver-knüpft der IWF mit Auflagen (**Konditionen**), durch die das Land seine Zahlungsbilanz-probleme innerhalb eines akzeptablen Zeitraums lösen soll. Nimmt das Land beispiels-weise Mittel der *Erweiterten Fondsfazilität* in Anspruch muss es ein maximal vierjähriges wirtschaftspolitisches Programm mit konkreten Maßnahmen für jeweils 12 Monate er-stellen. Die Auszahlung der Kredittranchen erfolgt dann entsprechend den Fortschritten bei der Umsetzung der Konditionen. Die Konditionen bestehen aus vom IWF vor-geschlagenen und kontrollierten wirtschaftspolitischen Anpassungsmaßnahmen, die sich lange Zeit am *Washington Consensus* orientierten und deren Intensität mit der Inanspruch-nahme „höherer" Kreditfazilitäten zunimmt.

Washington Consensus
Unter dem Washington Consensus wird ein keinesfalls eindeutig definiertes Paket von Auflagen zu-sammengefasst, das vor allem von IWF und Weltbank in den 1980er- und 1990er-Jahren Ent-wicklungsländern mit Zahlungsbilanzproblemen „verordnet" wurde. Ziel der Auflagen (Konditio-nen) war es, marktwirtschaftliche Prinzipien und Politiken in den Ländern zu stärken und die außen-wirtschaftliche Öffnung voranzutreiben. Vielfach wurde es auch als neoliberales Konzept interpretiert. Kritisiert wurde vor allem, dass die realen politischen Gegebenheiten und damit die konkreten Umsetzungsmöglichkeiten zu wenig berücksichtigt wurden, die geforderte außenwirt-schaftliche Liberalisierung die realen Möglichkeiten des Landes zu wenig einbezog und soziale As-pekte und Armutsbekämpfung sowie das Fehlen bzw. der notwendige Aufbau von leistungsfähigen Institutionen zu wenig Berücksichtigung fand.

Obwohl die genaue Ausgestaltung der Konditionen auf IWF-Prognosen über den er-forderlichen Anpassungsbedarf beruht, der naturgemäß bei jedem Land anders ausfällt, weisen sie ähnliche Grundmuster auf: Da es im Kern darum geht, den öffentlichen und pri-vaten Bedarf an Devisen zu verringern – mit dem Schwerpunkt auf einer geforderten An-passungsleistung der öffentlichen Haushalte – verlangt der IWF i. d. R. eine Verringerung von Defiziten der *Leistungsbilanz* wie auch des *Staatshaushalts*. Dies soll üblicherweise dadurch erreicht werden, dass die Exporte bei gleichzeitiger Reduzierung der Importe gesteigert werden, der Staatshaushalt durch Einnahmensteigerung und Ausgabensenkung

Reguläre Kredite

Fazilität (Einführung)	Zweck	Laufzeiten (Jahre)	Gebühren	Zugangsgrenzen (% der Quote)
Stand-By Arrangement (SBA) (1952)	Kurz- bis mittelfristige Hilfe zur Überbrückung von kurzfristigen Zahlungsbilanzproblemen	3,25 bis 5	Basissatz plus Aufschlag: 200 Basispunkte (BP) bei Beträgen über 187,5 % der Quote, zusätzlich 100 BP, wenn der ausstehende Betrag 36 Monate über 187,5 % liegt	145 % jährlich 435 % kumulativ
Extended Fund Facility (EFF) (1974)	Mittelfristige Hilfe für Strukturreformen bei langfristigen Zahlungsbilanzproblemen	4,5 bis 10	Basissatz plus Aufschlag: 200 BP bei Beträgen über 187,5 % der Quote; zusätzlich 100 BP, wenn der ausstehende Betrag 51 Monate über 187,5 % liegt	
Flexible Credit Line (FCL) 2009				Keine definierten Ziehungsgrenzen
Precautionary and Liquidity Line (PLL) (2011)	Flexible Hilfe bei potentiellem oder tatsächlichem Zahlungsbilanzbedarf	3,25 bis 5	wie SBA	125 % bis maximal 250 % der Quote bis maximal 2 Jahre. Bis 500 % nach 12 Monaten zufriedenstellenden Fortschritts
Short-Term Liquidity Line (SLL) (2020)	Liquiditätsstütze bei potentiellen externen Schocks und moderaten Zahlungsbilanzproblemen	12 Monate	Basissatz plus Aufschlag: 200 BP bei Beträgen über 187,5 % der Quote	Bis 145 % der Quote
Rapid Financing Instrument (RFI) (2011)	Schnelle Hilfe bei akuten Zahlungsbilanzproblemen	3,25 bis 5	wie SBA	jährlich 50 % der Quote (80 % bei schweren Naturkatastrophen) kumulativ bis 100 % (133 %)

Konzessionäre Kredite (Poverty Reduction and Growth Trust, PRGT)

Extended Credit Facility (ECF)	Hilfen für einkommensschwache Länder mit dem Ziel eine stabile makroökonomische Position zu erreichen und aufrechtzuerhalten, die dauerhaft Armutsbekämpfung und Wachstum ermöglichen	3 bis 5	0 %	100 % der Quote, kumulativ bis 300 % bzw. 400 %. (Ausnahmen möglich). Verschiedene weitere Voraussetzungen möglich, u.a. niedriges Pro-Kopf Einkommen, Zahlungsbilanzprobleme, Umsetzung einer Poverty Reduction and Growth Strategy
Standby Credit Facility (SCF)		3 bis 6		
Rapid Credit Facility (RCF)		2 x innerhalb von 2 Jahren		

Abb. 4.8 **Kreditfazilitäten des IWF.** (Quelle: IWF 2022)

saniert wird und die nationalen Finanzmärkte durch Deregulierung und Inflationsbekämpfung wieder effizienter werden (vgl. hierzu ausführlich Abschn. 11.4).

Neben diesen „regulären" Kreditmöglichkeiten stellt der IWF seinen Mitgliedern noch
weitere **Kreditfazilitäten** zur Verfügung. Umfang, Bezeichnung und Bedingungen änderten sich im Zeitablauf. Einige Kreditfazilitäten wurden entweder abgeschafft oder in die
neuen Fazilitäten integriert.[4] Im Prinzip dienen jedoch alle nach wie vor primär sowohl der
Bewältigung akuter Zahlungsbilanzprobleme, als auch der Überwindung strukturell be-
dingter Zahlungsbilanzprobleme. Weitere Fazilitäten sind die 2009 eingeführte *Flexible
Credit Line* (FCL), die 2011 begonnene *Precautionary and Liquidity Line* (PLL) und das
Rapid Financing Instrument (RFI) sowie die erst 2020 aufgelegte *Short-Term Liquidity
Line* (SLL). Alle stellen für unterschiedliche Situationen und zu variierenden, aber markt-
orientierten Bedingungen Devisenkredite bei Zahlungsbilanzproblemen zur Verfügung
(vgl. Abb. 4.8 sowie IWF 2022).

Zusätzlich stellt der IWF **konzessionäre Finanzhilfen** für einkommensschwache
Länder zur Verfügung. Ziel dieser Kredite ist es, dazu beizutragen, dass diese Länder
eine stabile makro-ökonomische Position erreichen und aufrechterhalten, die ihnen
dauerhaft Armutsbekämpfung und Wachstum ermöglicht. Hierbei handelt es sich um die
Extended Credit Facility (ECF), die *Standby Credit Facility* (SCF) und die *Rapid Credit
Facility* (RCF). Diese Fazilitäten können z. T. für bis zu fünf Jahre in Anspruch genommen werden und sind derzeit zinsfrei. Die Mittel hierfür stammen aus einem Treuhandfonds, dem *Poverty Reduction and Growth Trust* (PRGT). 2022 wurde die Einrichtung eines zweiten Treuhandfonds beschlossen, des *Resilience and Sustainability
Trust* (RST), über den Kredite einer weiteren konzessionären Fazilität, der *Resilience
and Sustainability Facility* (RSF), finanziert werden sollen. Diese Kredite sollen Maßnahmen gegen längerfristige strukturelle Herausforderungen, wie den Klimawandel
oder Pandemien, finanzieren, und damit das Risiko eines zukünftigen Zahlungsbilanz-
ungleichgewichts mindern.

Geht der Devisenbedarf eines Landes über den durch diese zusätzlichen Fazilitäten geschaffenen Rahmen hinaus, kann der IWF in begründeten Ausnahmefällen auch Kredite in
einem größeren Umfang bereitstellen. Darüber hinaus ist er Wegbereiter für multilaterale
Kreditarrangements, indem er Kredit-Gesamtpakete schnürt, die auch öffentliche Mittel
nationaler Geber einschließen. Nicht alle Kredite müssen im Übrigen auch ausgezahlt
werden. Häufig reicht einem devisenschwachen Land der zusätzliche Kreditrahmen, über
den es im Bedarfsfall verfügen kann, aus, so dass die Kredite gar nicht in Anspruch genommen werden müssen.

Die Höhe der in Anspruch genommenen IWF Kredite schwankt stark, lag aber in den
letzten 20 Jahren mit wenigen Ausnahmen meist unter 20 Mrd. SZR (rund 30 Mrd. US$)
pro Jahr, die Anzahl der Länder mit Außenständen beim IWF liegt meist zwischen 60 und

---

[4] Hierbei handelt es sich u. a. um die *supplemental reserve facility,* die *contingent credit line,* die
compensatory financing facility und die *poverty reduction and growth facility.*

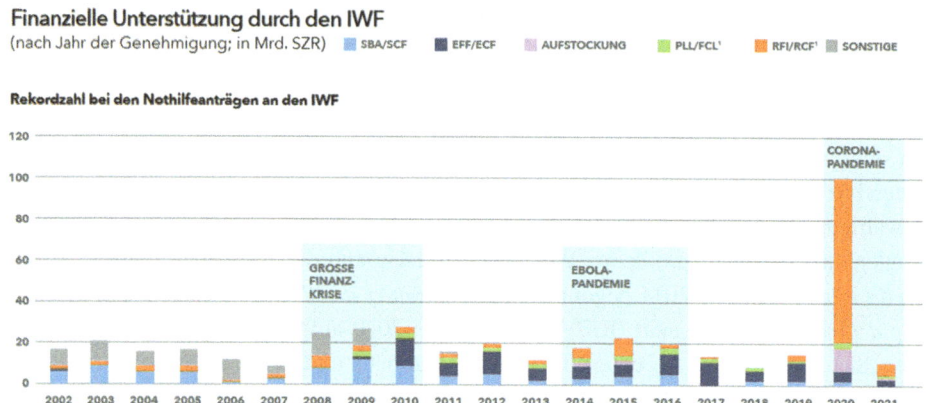

Abb. 4.9 IWF-Kredite. (Quelle: IWF Jahresbericht 2021)

80. 2020 war bislang ein Ausnahmejahr: 113 Mrd. US$ wurden an 23 Länder vergeben, davon 9 Mrd. US$ konzessionäre Kredite an 14 Länder (vgl. Abb. 4.9).

4.3.3 Überblick über die Aufgabenschwerpunkte

Wie erwähnt, sind drei zentrale Aufgabenfelder des IWF die volkswirtschaftliche Überwachung der Mitgliedsländer, die Gewährung von Devisenkrediten und die Kapazitätsverbesserung. Abgesehen davon passt der IWF die **Schwerpunkte seiner Tätigkeit** den Änderungen des weltwirtschaftlichen Umfelds an. Im Folgenden wird versucht, an Hand der weltwirtschaftlichen Entwicklungen in stark verkürzter Form einen Überblick darüber zu geben, welche Aufgaben in den genannten Perioden jeweils im Mittelpunkt der IWF-Tätigkeiten standen.[5]

(1) ab 1950: In den 1950er-Jahren unterstützte der IWF die Mitgliedsländer bei der Erreichung der *Konvertibilität* ihrer Währungen. Dies war Ende der 1950er-Jahre weitgehend erreicht. Anschließend konzentrierte er sich auf die Unterstützung des festen Wechselkurssystems von Bretton Woods. Insbesondere überwachte er die Stabilität des Systems fester Wechselkurse und suchte zu verhindern, dass Mitgliedsländer ihre Währungen unkontrolliert abwerteten.

---

[5] Vgl. hierzu vor allem die IWF-Jahresberichte der entsprechenden Jahre.

Auch nach dem Zusammenbruch des Bretton-Woods-Systems 1973 und der sich anschließenden Flexibilisierung der Wechselkurspolitik sind die 190 Mitgliedstaaten des IWF (Stand: Ende 2022) verpflichtet, die Regeln des Fonds zur Wechselkursstabilisierung einzuhalten, Beschränkungen im zwischenstaatlichen Zahlungsverkehr zu vermeiden und sich zur Überwindung außenwirtschaftlicher Ungleichgewichte gegenseitig zu unterstützen.

(2) ab 1973: Faktisch ab 1973, formal aber erst mit einer Änderung des IWF-Abkommens 1978, konzentrierte sich der IWF stärker auf die Beratung der Mitgliedsländer. Im Rahmen der jährlichen *Konsultationen* mit den Mitgliedsländern analysieren IWF-Teams wirtschaftliche Situation, Ziele und Instrumente sowie die wirtschaftspolitischen Probleme der Länder, um so Zahlungsbilanzprobleme – in den 1970er-Jahren waren hiervon vor allem Industrieländer betroffen – schon im Vorfeld entschärfen zu können.

(3) ab 1982: Mit dem Beginn der Weltwirtschaftskrise 1982 bis zum Anfang der 1990er-Jahren spielte der IWF im Rahmen seiner Möglichkeiten, also vor allem durch Vergabe von Krediten, eine wichtige Rolle bei der Bewältigung der *Schuldenkrise Lateinamerikas* (vgl. Abschn. 5.4). Da hierfür die üblichen kurzfristig orientierten Währungskredite nicht mehr ausreichten, wurden zusätzliche längerfristige Finanzierungsmöglichkeiten bereitgestellt und Umschuldungsinitiativen eingeleitet.

(4) ab 1989: Mit dem Zusammenbruch der zentralverwaltungswirtschaftlichen Systeme in Osteuropa ab Ende der 1980er-Jahre standen zunächst neue Kreditvereinbarungen mit den osteuropäischen und den GUS-Staaten[6] zur Unterstützung der Umgestaltung ihrer Wirtschaftssysteme im Mittelpunkt der IWF-Tätigkeit. Hierfür wurden zwischen 1993 und 1995 zusätzliche Kredite durch eine neu geschaffene Kreditfazilität, die *Systemic Transformation Facility* (STF), bereitgestellt.

In der zweiten Hälfte der 1990er-Jahre absorbierten Hilfsaktionen für Schwellenländer, zunächst für Mexiko (1994/95), später für Thailand, Korea und Indonesien (1997/98), Russland (1997/98) und Brasilien (1998) sowohl die Arbeits- als auch die finanziellen Kapazitäten des IWF (vgl. Abschn. 5.4).

(5) ab 2000: Mit den 2000er-Jahren begann auch eine neue Phase, die vor allem geprägt war von internen Reformbemühungen des IWF. Insbesondere wurde gefordert, die Überwachungsfunktion zu *verbessern,* um mögliche Finanz- und Währungsprobleme der Mitgliedsländer frühzeitig zu erkennen und zu entschärfen. Während die ersten Jahre noch von klassischen Aktionen, vor allem zur Bewältigung der *Argentinienkrise* (vgl. Abschn. 3.4) überlagert waren, wurde die

---

[6] In der „Gemeinschaft Unabhängiger Staaten" (GUS) schlossen sich 1991 verschiedene Nachfolgestaaten der früheren Sowjetunion (UdSSR) zusammen. Gründungsmitglieder waren Russland, die Ukraine und Belarus (Weißrussland), später traten Armenien, Aserbaidschan, Kasachstan, Kirgisistan, Moldawien, Tadschikistan, Turkmenistan und Usbekistan bei. Etwa ab 2000 nahmen die gemeinsamen Aktivitäten der Staatengemeinschaft ab. Einzelne Länder erklärten ihren Austritt aus der GUS bzw. unterzeichneten 2011 ein beschlossenes Freihandelsabkommen nicht. Inzwischen hat die GUS nur noch symbolische Bedeutung, obwohl Gipfeltreffen noch stattfinden (vgl. bpd 2021).

Notwendigkeit einer Reform des IWF immer deutlicher. Da sich in der Zwischenzeit der Zugang der meisten Schwellenländer zu den privaten Kapitalmärkten verbessert hatte und die Gefahr größerer Zahlungsbilanzkrisen einzelner Länder verringert schien, wurde zu diesem Zeitpunkt angenommen, dass die Finanzierungsfunktion des IWF weniger benötigt würde. Bis 2005 hatten die großen Schuldnerländer Brasilien, Russland und Argentinien ihre Außenstände beim IWF entweder komplett oder zum großen Teil getilgt, und nur noch wenige Länder benötigten IWF-Kredite. Der größte Kreditnehmer, die Türkei, nahm allein über 70 % der ausstehenden Kredite in Höhe von knapp 20 Mrd. US$ in Anspruch.

(6) ab 2005: In der zweiten Hälfte der 2000er-Jahre konzentrierte sich der IWF daher zunächst wieder stärker auf seine zentralen präventiven Funktionen: die Analyse der Kapitalmärkte, die Überwachung der Mitgliedsländer und deren Beratung. Ziel war die Verbesserung der makroökonomischen Voraussetzungen, um mögliche Zahlungsbilanzkrisen schon im Vorfeld zu erkennen und zu verhindern.

Während der Internationalen Finanzkrise ab 2008 bis 2010 versuchte der IWF die Folgen insbesondere für die einkommensschwachen Länder abzufedern. Dafür legte er eine neue Kreditlinie, die *Flexible Credit Line* (FCL) auf, die diese Länder zu subventionierten Bedingungen nutzen konnten. Diese Kreditlinie wurde später durch eine zusätzliche *Vorsorgliche Kreditlinie* (*Precautionary Credit Line, PCL*) ergänzt, die einer breiteren Gruppe von Ländern zur Verfügung stand.

Zudem trat eine Quotenreform in Kraft, durch die die gewachsene Bedeutung wichtiger Schwellenländer, vor allem von China, Südkorea, der Türkei oder Mexiko stärker berücksichtigt wurde und die Vertretung der einkommensschwachen Länder verbessert wurde.

(7) ab 2010: Zu Anfang der 2010er-Jahre ging die internationale Finanzkrise praktisch nahtlos in die *Eurokrise* über (vgl. Abschn. 10.1). Der IWF kooperierte bei der Krisenbewältigung mit der EU, er war Mitglied der „Troika" (zusammen mit EU-Kommission und EZB) und stellte Kredite für Griechenland, Irland und Portugal bereit, die zu diesem Zeitpunkt größten Schuldner des IWF. Die bilaterale und multilaterale Finanzüberwachung wurde daraufhin besser integriert, um externe Effekte und finanzielle Vernetzungen der Mitgliedsländer besser berücksichtigen sowie Risiken frühzeitiger erkennen und auf diese schneller reagieren zu können.

Die Unterstützung für die Kapazitätsentwicklung in den Mitgliedsländern wurde durch eine neue Einheit im IWF, das *Institute for Capacity Development*, erweitert und gleichzeitig wurden die Ausgaben für Aus- und Fortbildung in einkommensschwachen Ländern erhöht.

(8) ab 2015: Auch Mitte der 2010er-Jahre waren immer noch einige Länder von den Nachwirkungen der Finanzmarktkrisen und dem schwierigen Wirtschafts- und Finanzumfeld betroffen, für diese wurden Finanzhilfen in größerem Umfang bereitgestellt (112 Mrd. US$ für neun Länder). Zudem erhielten 20 einkommensschwache Länder, u. a. drei von einer Ebola-Epidemie betroffene westafrikanische Staaten, niedrig verzinste oder zinsfreie Darlehen.

2015 wurde auf einer internationalen Konferenz zur Entwicklungsfinanzierung in Addis Abeba konkrete Zusagen für mehr finanzielle Unterstützung, verstärkte Politikberatung und zusätzliche kapazitätsbildende Maßnahmen angekündigt. In den Folgejahren wurden daher weitere Instrumente verbessert: Instrumente zur Krisenprävention wurden gestärkt, die Methodik zur Bewertung globaler Ungleichgewichte wurde verfeinert, Prioritäten für Strukturreformen zur Förderung von nachhaltigem und inklusivem Wirtschaftswachstum, also einem Wachstum, das möglichst viele gesellschaftliche Gruppen und Schichten einschließt, wurden gesetzt und ein neues Regelwerk für den Kampf gegen Korruption und schwache Regierungsführung wurde erarbeitet. Zudem wurden die vorhandenen Rahmenwerke für die Bewertung der Schuldentragfähigkeit von Ländern umgestaltet.

(9) ab 2020: Mit Ausbruch der Corona-Pandemie standen die Bereitstellung von Krediten zu sehr günstigen Bedingungen sowie Schuldenerleichterungen für Länder, die hierdurch in wirtschaftliche Schwierigkeiten geraten waren, im Mittelpunkt. Der Zugang zu Notfall-Finanzierungsinstrumenten *(Rapid Credit Facility, RCF* und *Rapid Financing Instrument, RFI)* wurde verlängert, die Kreditfazilitäten aufgestockt und die Koordinierung mit der Weltbank bei Kreditvergaben dadurch verbessert, dass deren definitionsbasierte Länderlisten übernommen wurden. Damit konnten in den ersten beiden Jahren der Dekade fast 300 Mrd. US$ an Krediten für mehr als 80 Länder bereit gestellt werden, zudem wurden 165 Länder volkswirtschaftlich überprüft und Maßnahmen zur Kapazitätsverbesserung für etwa 30.000 Teilnehmer an Schulungen durchgeführt.

Sehr wichtig war auch die Entscheidung zusätzliche Sonderziehungsrechte (SZR) (vgl. Abschn. 4.4) im Wert von ca. 650 Mrd. US$ (450 Mrd. SZR) zur Verfügung zu stellen, die größte Zuteilung in der Geschichte des IWF. Hierdurch konnten die Devisenreserven insbesondere der einkommensschwachen Länder ohne zusätzliche Schuldenbelastung aufgefüllt und ihre Liquiditätssituation erheblich verbessert werden.

Zudem richtete der IWF einen „*Policy Tracker*" ein. Dieser bietet einen Überblick über die wichtigsten wirtschaftlichen Maßnahmen, die als Reaktion auf die Pandemie in 196 Volkswirtschaften ergriffen wurden. Mit der Bereitstellung von Informationen, Daten und Analysen wurde hierdurch ein Mehrwert für die Mitgliedsländer geschaffen.

Kurzes Fazit

Die Arbeit des IWF wurde in der Vergangenheit häufig kritisiert, u. a. wegen der Vermutung, dass sich die Dominanz der Industrieländer bei den Stimmrechten zu einer bevorzugten Wahrnehmung der Interessen der reicheren Länder auswirken würde. Ein Beleg schien zu sein, dass die Auflagen, die mit der Vergabe von Währungskrediten verknüpft waren, die Situation der betroffenen Entwicklungsländer zu wenig berücksichtige. Verschiedene in den letzten Jahren veröffentlichte Studien, konnten den „schlechten Ruf" des *Washington Consensus* jedoch nicht bestätigen.[7] Danach erhöhte sich in den untersuchten

---

[7] Vgl. Grier et al. (2020) und Archibong, B. et al. (2021) sowie Abschn. 4.3.2.

Ländern das BIP-Wachstum, z. T. nach anfänglichen Rückgängen, über einen längeren Zeitraum deutlich. Allerdings sind diese Effekte nicht eindeutig auf die IWF Auflagen zurückzuführen. Die Erfolgsaussichten einer liberalen marktorientierten Politik hängen vielmehr vor allem von dem Willen und der Kompetenz der Politiker ab eine solche Politik auch durchzuführen. Die IWF-Auflagen bewirkten jedoch mit Sicherheit in vielen Ländern ein Umdenken, wobei die entsprechende Implementierung nicht zwingend unmittelbar erfolgte, so dass sich auch Erfolge nicht sofort einstellten.

In jedem Fall hat sich der dreistufige Ansatz des IWF: „Gesundheitscheck" der Mitglieder, Finanzhilfen, Kapazitätsentwicklung offensichtlich bewährt, ebenso die Kombination aus regulären und konzessionären Währungskrediten. Wichtig ist hierbei auch die Funktion des IWFs als „Türöffner" für weitere private Kredite. Schließlich zeigten die Schwerpunktsetzungen der vergangenen Jahrzehnte auch, dass sich der IWF schnell auf veränderte Weltwirtschaftssituationen einstellte und somit die Rolle einer funktionierenden „Finanz-Feuerwehr" übernehmen konnte. Es ist davon auszugehen, dass er diese Funktion auch zukünftig wahrnehmen und so zu einer Stabilisierung der Finanzmärkte beitragen wird. Dies wird vor allem auch deswegen wichtig sein, weil sich zukünftige Schuldenkrisen schon jetzt abzeichnen (vgl. Kap. 11).

4.4   Währungsreserven und Sonderziehungsrechte

Der Bedarf an Währungsreserven der einzelnen Länder zur Deckung von Zahlungsbilanzdefiziten begann gegen Ende der 1960er-Jahre und insbesondere nach dem Zusammenbruch des Bretton-Woods-Systems stark anzusteigen. Nach Angaben des IWF stiegen die offiziellen Weltwährungsreserven (ohne Gold) der Zentralbanken zwischen 1965 und 2005 von nur 71 Mrd. US$ auf 4 Bio. US$, 2022 lagen sie bei über 12 Bio. US$. Wesentliche Ursachen für den starken Anstieg waren zunächst hohe Leistungsbilanzüberschüsse einiger Länder, der zunehmende Finanzierungsbedarf für Importe und Finanztransaktionen, sowie der Interventionsbedarf der Zentralbanken zur Stützung der Landeswährungen. Rund 80 % der globalen Währungsreserven entfallen seit Anfang der 2000er-Jahre auf nur zwei Währungen: 60 % werden in US$ gehalten, 20 % in Euro, der japanische Yen und der chinesische Yuan spielen mit rund 4 % und 2 % nur eine untergeordnete Rolle. Über die größten Devisenreserven verfügen seit Anfang der 2000er-Jahre Japan und China mit zusammen derzeit etwa 4,6 Bio. US$, also mehr als einem Drittel der gesamten Weltwährungsreserven (vgl. Abb. 4.10).

Die Vorrangstellung des US$ hängt u. a. damit zusammen, dass der amerikanische Kapitalmarkt die größte Auswahl an festverzinslichen Wertpapieren bietet und der Dollar am effektivsten für Stützungskäufe auf den Devisenmärkten eingesetzt werden kann. Um den Dollar in der Endphase des Bretton-Woods-Systems als Hauptreservewährung zu entlasten und so das Weltwährungssystem zu stabilisieren und um gleichzeitig einer seinerzeit diagnostizierten *internationalen Liquiditätsknappheit* zu begegnen, wurde 1969 be-

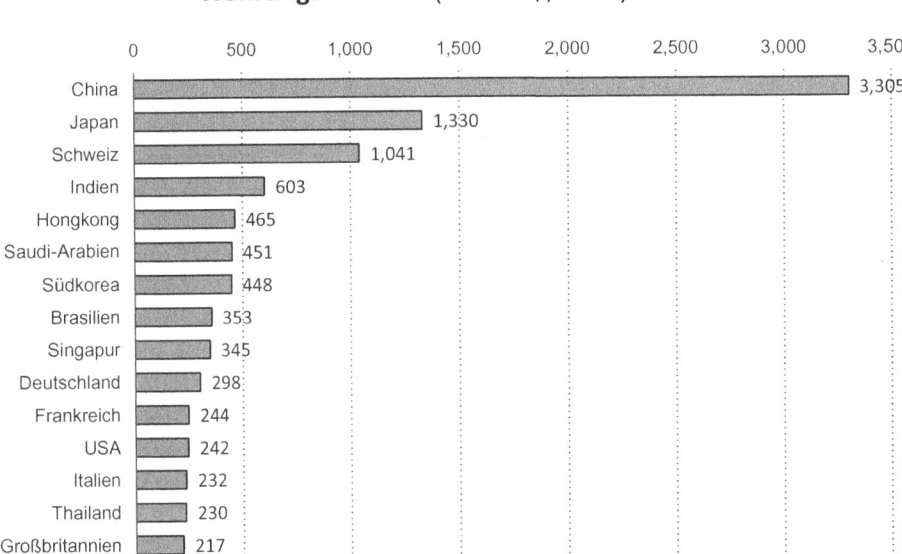

Abb. 4.10 Währungsreserven ausgewählter Länder (in Mrd. US$, 2022). (Quelle: https://de.
statista.com/statistik/daten/studie/157870/umfrage/waehrungsreserven-ausgewaehlter-laender/)

schlossen zusätzliche Währungsreserven in Form von **Sonderziehungsrechten (SZR)**
(Special Drawing Rights, SDR) zu schaffen.

Diese zusätzlichen, künstlich geschaffenen Währungsreserven werden allein vom IWF
gesteuert und kontrolliert. Sie werden zwar für alle IWF-Mitglieder bereit gestellt, sollen
aber vor allem den Ländern helfen, die unter einer chronischen Devisenknappheit infolge
von Zahlungsbilanzungleichgewichten leiden. Durch die SZR erhalten die Mitglieder, unabhängig von ihrer Zahlungsbilanzentwicklung und ohne ihre Quoten beim IWF auf-
stocken zu müssen, ein „zusätzliches Ziehungsrecht", also einen unabhängigen Anspruch
an den IWF auf Überlassung konvertibler Währung. Mit dieser zusätzlichen Liquidität
können die Länder ihre Devisenreserven auffüllen und sind in einem etwas geringeren
Umfang auf die internationalen Kapitalmärkte angewiesen.

Zwischen 1970 und 1981 erhielten die Mitgliedsländer in sechs Zuteilungen hierdurch
insgesamt 21,5 Mrd. SZR. 1997 wurden die SZR dann auf rund 43 Mrd. SZR verdoppelt.
Die größten SZR-Zuteilungen stellte der IWF dann jedoch 2009 während der internationalen Finanzkrise und 2021 während der Corona-Pandemie bereit: 161 und
466 Mrd. SZR. Damit belaufen sich die zugeteilten Mittel auf insgesamt rund 660 Mrd. SZR
(umgerechnet knapp 900 Mrd. US$).

Sonderziehungsrechte sind eine internationale **Reservewährung** und stellen einen
Anspruch gegenüber der Gesamtheit der IWF-Mitglieder auf Überlassung konvertibler
Währung dar, werden ohne vorherige Einzahlung auf der Grundlage der IWF-Quote als
Buchgeld zugeteilt und im internationalen Zahlungsverkehr zwischen Zentralbanken

wie Devisen akzeptiert. Für direkte Transaktionen auf den Devisenmärkten können sie allerdings nur, nachdem sie in die jeweils benötigte Interventionswährung eingetauscht wurden, verwendet werden. Jedes Mitgliedsland ist verpflichtet, SZR von anderen Zentralbanken gegen konvertible Währung entgegenzunehmen, allerdings nur in begrenztem Umfang bis zu 200 % des ihm zugeteilten SZR-Bestandes, wobei jedoch höhere Limits bilateral vereinbart werden können. Für die Inanspruchnahme von SZR müssen Zinsen und Gebühren entrichtet werden, die sich nach den durchschnittlichen kurzfristigen Zinssätzen der SZR-Länder richten.

SZR sind gleichzeitig die **Recheneinheit** des IWF. Der Wert einer SZR, wurde anfangs in Gold festgelegt (1 SZR = 0,889 g Gold = 1 US$) und ab 1974 mit dem Übergang zu flexiblen Wechselkursen auf der Grundlage eines *Währungskorbs* ermittelt. Dieser setzte sich ab 1981 aus den fünf wichtigsten Währungen, den sog. *SZR-Währungen* US$, D-Mark, Yen, Franc und britischen Pfund Sterling, zusammen. Die Zusammensetzung des Währungskorbs wird alle fünf Jahre überprüft und richtet sich nach dem Anteil des jeweiligen Landes am Welthandel sowie der Bedeutung der betreffenden Währung als Reservewährung. Seit 2016 besteht er wieder aus fünf Währungen: dem US$, dem Euro, dem chinesischen Renminbi, dem japanischen Yen und dem Pfund Sterling. Die letzte Überprüfung der jeweiligen Anteile fand im Juli 2022 statt. Die derzeitige Aufteilung des Währungskorbs zeigt Abb. 4.11.

Wegen der vergleichsweise geringen Wechselkursschwankungen wird das SZR auch häufig auf internationaler Ebene als Recheneinheit benutzt. In den letzten 20 Jahren bewegte sich der SZR-Wert zwischen 1,25 US$ und 1,61 US$, Anfang 2023 lag der Wert bei etwa 1,35 US$.

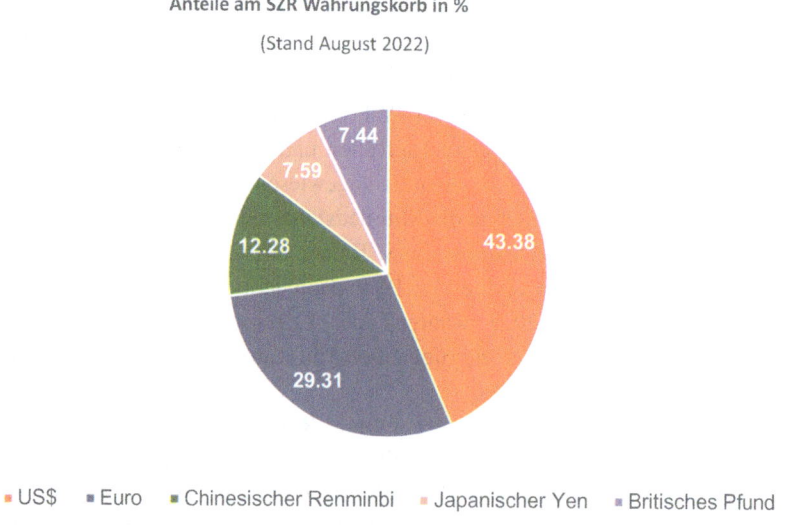

Abb. 4.11 Der SZR-Währungskorb (Stand: 2022)

SZR-Berechnung
Der Wert eines SZR wird börsentäglich zunächst in US$ errechnet, indem die Gegenwerte der festen
Währungsbeträge in US$ ermittelt und dann addiert werden. Der Wert eines SZR in einer nationalen
Währung (z. B. in Euro) wird dann errechnet, indem der ermittelte SZR-Wert, z. B. 1,40 US$, mit
dem Devisenkurs der jeweiligen Landeswährung (z. B. 1 US$ = 0,90 €) multipliziert wird (1,4 ×
0,90 = 1,26 €).

Auch wenn die Bedeutung von SZR für die Bereitstellung internationaler Liquidität gering geblieben ist, so wird die Forderung, Sonderziehungsrechte abzuschaffen, nicht ernsthaft erhoben. Auch Kritiker sehen den Vorteil, dass SZR bei internationalen Währungskrisen zumindest die Basis eines internationalen währungspolitischen Sicherheitsnetzes
bilden können. Insbesondere auch deswegen, weil für eine größere Gruppe von hoch verschuldeten Mitgliedsländern der Zugang zu den internationalen Kapitalmärkten in Krisensituationen schwierig sein kann.

4.5   *Exkurs*: Die Weltbankgruppe

Die *Weltbankgruppe* umfasst insgesamt fünf Organisationen, von denen die *Internationale
Bank für Wiederaufbau und Entwicklung* (IBRD), auch als **Weltbank** bezeichnet, die
größte und bekannteste Organisation ist.[8] Die Weltbank wurde zusammen mit dem IWF in
Bretton Woods 1944 geplant, 1945 gegründet und nahm im Juni 1946 ihre Geschäftstätigkeit auf. Voraussetzung für eine Mitgliedschaft bei der Weltbank ist die Mitgliedschaft im
IWF. Neben der Zentrale in Washington D.C. verfügt die Weltbank heute über 130 Länder-
büros in vielen der 189 Mitgliedsländer.

Nach einer wichtigen Rolle in der kriegsbedingten Wiederaufbauphase wurde die Weltbank zu einer Organisation für Entwicklungsländer und später, nach dem Zerfall des früheren Ostblocks vorübergehend, der Transitionsländer. Die Weltbank vergibt i. d. R. langfristige Kredite an Entwicklungsländer für Investitionen und Anpassungsmaßnahmen.
Hierbei handelt es sich meist um Vorhaben, die für die wirtschaftliche Entwicklung des
Landes von besonderer Bedeutung sind, wie Infrastrukturprojekte, Maßnahmen zur ländlichen Entwicklung, Projekte im Bildungsbereich, Projekte zur Förderung spezieller Wirtschaftssektoren sowie zur Förderung des Umweltschutzes. Neben der Kreditvergabe
unterstützt die Weltbank Regierungen auch mit Beratungsmaßnahmen.

Nachdem die Weltbank zunächst vor allem Infrastrukturprojekte finanziert hatte, spielten später Themen wie Gesundheit, Ernährung und Familienplanung eine größere Rolle.
Zwischen 1980 und 2000 unterstützte sie verstärkt marktorientierte Ansätze und förderte
Privatisierungs- und Deregulierungsprojekte. U. a. wurden Strukturanpassungsdarlehen zur
Verfügung gestellt. Hierdurch sollen Länder mit hohen strukturellen *Leistungsbilanz-
defiziten* in die Lage versetzt werden, gezielte Anpassungsmaßnahmen durchzuführen,
etwa bei Umschuldungsvereinbarungen. Da diese Art der Unterstützung sich mit den
IWF-Zielen und Aktivitäten überlappt, arbeiten hier beide Institutionen eng zusammen.

---

[8] Siehe hierzu die *Ausgewählte Links*: Weltbankgruppe, Weltbank.

Kritik an Weltbankprojekten

Kritisiert wurde die Weltbank lange Zeit vor allem wegen der Konzentration ihrer Finanzierungs-aktivitäten auf kapitalintensive und ökologisch wie sozial umstrittene Infrastrukturprojekte. Die Kreditorientierung und permanente *pressure to lend* ließen häufig problematische Nebenwirkungen und soziale Akzeptanz der Großprojekte sowie möglicherweise wirkungsvollere alternative Klein-projekte unberücksichtigt. Die zersplitterte Eigentümerstruktur macht eine Aufsicht über ihre Aktivi-täten zudem schwierig, so dass die Kontrollfunktion häufig durch die Medien wahrgenommen wurde. Als Folge eines 1992 vorgelegten internen Prüfberichts *(Wapenhans-Report)*, der den Anteil gescheiterter Projekte auf über 37 % bezifferte, wurden jedoch interne Reformen in Gang gesetzt, die die Überprüfung des Vergabe- und Kontrollkonzepts zum Gegenstand hatten und dazu führten, dass die sozialen und ökologischen Effekte stärker berücksichtigt wurden. Bei der Projektprüfung spielen jetzt neuere Erfahrungen und Erkenntnisse über Entwicklungsprozesse eine wichtige Rolle.

Inzwischen werden Projekte in ganz unterschiedlichen Sektoren, etwa im Bildungs-, Gesundheits-, Sozial- und Umweltbereich finanziert, wobei die Berücksichtigung der sozialen und ökologischen Auswirkungen von Projekten eine wichtige Rolle spielen (vgl. u. a. World Bank 2022). Aktuell sind vor allem Weltbankkredite zur Verbesserung der öffentlichen Verwaltung, der sozialen Sicherung und – insbesondere aufgrund der Corona-Pandemie – auch des Gesundheitswesens gefragt. Die größten Kreditnach-frager sind Schwellenländer aus Lateinamerika und Asien. Insgesamt beliefen sich die Kreditzusagen in den letzten Jahren auf knapp 30 Mrd. US\$ pro Jahr (vgl. hierzu Abb. 4.12). Die tatsächlichen Kreditauszahlungen (*disbursements*) sind etwa 15 bis 20 % niedriger als die Kreditzusagen. Da regelmäßige Schuldentilgungen der Kredit-nehmer stattfinden, liegen die Netto-Auszahlungen regelmäßig sogar nur bei etwa 40 % der Kreditzusagen.

Kreditzusagen (Commitments)	2018	2019	2020	2021	2022	Durchschnitt p.a.
IBRD	23	23	28	31	33	28
IDA	24	22	30	36	38	30

Angaben in Mrd. US\$, alle Zahlen gerundet
Die angegebenen Fiskaljahre weichen von den tatsächlichen Jahresangaben ab

Insti-tution	Auf die drei wichtigsten Sektoren entfielen ... %	Auf die drei wichtigsten Regionen entfielen ... %	Auf die drei Länder mit den größten commitments 2022 (!) entfielen ... %

IBRD	• Public Administration
	• Social Protection
	• Health
	       42 %
		• Lateinamerika
		• Ostasien
		• Südasien
		      60 %
			• Indien
			• Indonesien
			• Kolumbien
			      26 %

IDA	• Transportation
	• Public Administration
	• Energy
	      50 %
		• Ost- und Südafrika
		• West- und Zentralafrika
		• Südasien
		      94 %
			• Nigeria
			• Bangladesch
			• Kongo (Demokratische Republik)
			      18 %

Alle Angaben sind gerundet und beziehen sich auf Kreditzusagen für die Fiskaljahre 2018 bis 2022

Abb. 4.12 Kreditzusagen von IBRD und IDA. (Quelle: World Bank 2022, eigene Berechnungen)

Weltbankkredite haben üblicherweise Laufzeiten von 15 bis 20 Jahren und müssen nach einem tilgungsfreien Zeitraum *(grace period)* von drei bis fünf Jahren zurückgezahlt werden. Der den kreditnehmenden Ländern berechnete Zinssatz ist marktähnlich und so kalkuliert, dass sämtliche Kosten gedeckt sind.

Die Weltbank verfügt über gezeichnetes Kapital ihrer Mitglieder von rund 190 Mrd. US$, hiervon sind allerdings nur 14 Mrd. US$ eingezahlt, so dass der größte Teil nur Haftungs-kapital zur Absicherung von Ansprüchen gegen die Weltbank ist. Die Bank muss daher zur Finanzierung ihrer Aktivitäten Anleihen an den internationalen Kapitalmärkten auf-nehmen. Da die vergebenen Kredite die Gesamtsumme des Kapitals, einschließlich der Überschüsse und Reserven, nicht überschreiten dürfen, finden von Zeit zu Zeit Kapital-erhöhungen statt. Die Kapitalanteile der Weltbank sind im Besitz der beteiligen Staaten, wobei die Stimmrechte von den Kapitalanteilen abhängig sind.

Selbstgesetzte Ziele der Weltbankgruppe bis 2030 sind die Reduzierung des Anteils der Menschen, die von weniger als 1,90 US$ pro Tag leben, auf 3 % und die Förderung des Einkommenswachstums der unteren 40 % der Bevölkerung in jedem Land. Dies soll durch Kreditvergabe, je nach Institution mit konzessionären oder marktnahen Konditionen, Eigenkapitalbeteiligungen, Garantieinstrumenten sowie technischer Assistenz erfolgen. Diese sollen dazu beitragen, vor allem die Leistungsfähigkeit der Menschen verbessern, um so ein nachhaltiges Wirtschaftswachstum zu erreichen und die Widerstandsfähigkeit der Länder gegen externe Schocks und Bedrohungen zu stärken.

Hierzu tragen neben der IBRD auch die anderen vier Institutionen der Weltbankgruppe bei, die zwar administrative und andere Dienstleistungen der IBRD in Anspruch nehmen, aber rechtlich und finanziell selbstständig sind:[9]

- Da viele Entwicklungsländer nicht mehr in der Lage waren, sich zu marktähnlichen Konditionen bei der Weltbank zu verschulden, wurde mit der 1960 gegründeten *International Development Agency (IDA)* eine Institution speziell für die ärmsten Ent-wicklungsländer geschaffen. Ebenso wie die IBRD stellt die IDA Kredite für den öf-fentlichen Sektor zur Verfügung. Dies sind meist langfristige Kredite (Laufzeiten 35 bis 50 Jahre), die praktisch zinslos vergeben werden und deren Rückzahlung erst nach einer *grace period* von zehn Jahren beginnt. Die IDA hat derzeit 174 Mitgliedsländer, wobei die meisten Kreditnehmer die afrikanischen Länder südlich der Sahara sind. Der IDA-Fonds wird alle drei Jahre von den Industriestaaten aufgefüllt. Anders als die IBRD-Darlehen gelten die IDA-Kredite als Entwicklungshilfe.
- 1956 wurde die *International Finance Corporation* (IFC) (derzeit 186 Mitglieder) ge-gründet, die Investitionen von privaten Investoren in Entwicklungsländern finanziert. Durch Beratung, Kreditvergabe, Minderheitsbeteiligungen und die Vermittlung von sog. „syndizierten" Krediten übt die IFC eine wichtige Katalysatorfunktion für die Mo-bilisierung von Eigen- und Fremdkapital für Entwicklungsländer aus. Die IFC ergänzt

---

[9] Siehe hierzu die entsprechenden *Ausgewählten Links* am Ende des Kapitels.

das Finanzierungsinstrumentarium der IBRD, die gemäß Statut nur Darlehen an Regierungen vergeben darf.

Die Voraussetzungen für die Inanspruchnahme von IFC- Krediten wurden sukzessive verschärft. Durch Auflagen sollen negative Folgen für Umwelt und Bevölkerung minimiert werden. Umwelt- und Sozialaspekte werden daher regelmäßig überprüft. Die Standards verlangen insbesondere die Beachtung der Menschenrechte und des Arbeitsrechts, den Schutz der biologischen Vielfalt, die Vermeidung von Umweltbelastungen und Angaben über Emissionen. Zudem stellen sie höhere Ansprüche an Gesundheit und Sicherheit der lokalen Bevölkerung. Hierzu ist Transparenz über die Risiken sowie ein ständiger Dialog mit betroffenen gesellschaftlichen Gruppen über die gesamte Lebensdauer der Projekte gefordert.

- 1966 wurde das *International Centre for the Settlement of Investment Disputes* (ICSID) mit derzeit 166 Mitgliedsländern gegründet. Durch den Versuch Streitigkeiten zwischen ausländischem Investor und Empfängerland zu schlichten, durch Forschung, Beratung und Publikationstätigkeit trägt das ICSID ebenfalls zur Förderung internationaler Investitätigkeit bei.
- Auch die 1988 ins Leben gerufene *Multilateral Investment Guarantee Agency* (MIGA) (182 Mitgliedsländer) verfolgt ähnliche Ziele durch die Übernahme von Bürgschaften zur Absicherung von größeren, meist politischen Risiken und durch die Beratung von Entwicklungsländerregierungen bei der Ausgestaltung von Programmen zur Förderung ausländischer Investitionen.

Die Leitungsstruktur der Weltbank ist ähnlich wie diejenige des IWF. Formell oberstes Entscheidungs- und Kontrollorgan ist der *Gouverneursrat,* in dem jedes Mitgliedsland vertreten ist, und der einmal im Jahr tagt und Grundsatzentscheidungen trifft. Die meisten Befugnisse sind jedoch an das *Exekutivdirektorium* delegiert. Fünf der 24 Exekutivdirektoren sind Vertreter der fünf größten Kapitalgeber (USA, Japan, Deutschland, Frankreich und Großbritannien), die restlichen Direktoren werden von Ländergruppen nach ihrer regionalen Zugehörigkeit gewählt. Der Exekutivrat überwacht das Tagesgeschäft sowie die Verwaltung, fasst Beschlüsse über Kreditvorschläge und trifft unternehmenspolitische Entscheidungen. Die laufenden Geschäfte führt ein auf fünf Jahre vom Exekutivdirektorium gewählter Präsident, der traditionell US-Amerikaner ist. Der Präsident der IBRD leitet auch die IDA und ist Präsident der IFC.

Neben ihren zentralen Funktionen hat sich die Weltbankgruppe auch immer mehr zu einer Wissensorganisation entwickelt. Eine für Wissenschaftler, Studierende und sonstige Interessierte gleichermaßen wichtige Funktion sollte daher hier zum Schluss noch erwähnt werden: Die Weltbank veröffentlicht regelmäßig eine breite Palette von Publikationen und Daten zu Entwicklungsthemen. So u. a. den jährlich erscheinenden *World Development Report* und eine Vielzahl von entwicklungsrelevanten Datenreihen, die alle im Internet abrufbar sind.[10]

---

[10]Vgl. *Ausgewählte Links*: Weltbank Research.

Weitere Entwicklungsbanken

In gewisser Konkurrenz zur Weltbank wurde 2015 von 50 Staaten die *Asian Infrastructure Investment Bank* (AIIB) auf Initiative von China mit Sitz in Beijing gegründet. Die AIIB versteht sich als eine von China geführte regionale Entwicklungsbank. Sie hat inzwischen über 100 Mitglieder und ist nach der Weltbank die zweitgrößte multilaterale Entwicklungsbank. Nach China, dem mit Abstand größten Anteileigner, Indien und Russland hat Deutschland den viertgrößten Anteil. Die AIIB finanziert vor allem Infrastrukturinvestitionen im asiatischen Raum, derzeit in insgesamt 34 Ländern (vgl. *Ausgewählte Links*: AIIB). Allerdings wird die AIIB auch als flexible Plattform für die globalen wirtschaftlichen Aktivitäten Chinas kritisiert.[11]

Nachdem die BRICS-Staaten (Brasilien, Russland, Indien, China, Südafrika) 2012 erste Überlegungen zu einer eigenen Entwicklungsbank für Schwellenländerinvestitionen angestellt hatten, nahm 2016 die *New Development Bank* (NDB) als Entwicklungsbank des Südens ihre Arbeit auf. Allerdings bewegt sich das Volumen der vergebenen Kredite auf sehr niedrigem Niveau: Bis 2023 wurden nur rund 33 Mrd. US$ an Krediten vergeben, dies entspricht insgesamt knapp den durch die Weltbank vergebenen Krediten pro Jahr.

Neben diesen beiden Neugründungen stellen auch Regionale Entwicklungsbanken, wie die *African Development Bank* (AfDB), die *Asian Development Bank* (ADB) und die *Inter-American Development Bank* (IDB) Darlehen für Entwicklungsprojekte zur Verfügung.

Literatur Kap. 4[12]

Archibong, B. et al. (2021) Washington Consensus Reforms and Lessons for Economic Performance in Sub-Saharan Africa. Journal of Economic Perspectives. No. 35 (3), p. 133–156. https://www.aeaweb.org/articles?id=10.1257/jep.35.3.133

bpd (2021) Die GUS: 30 Jahre nach Gründung nur noch von symbolischer Bedeutung, 3.12.2021. https://www.bpb.de/kurz-knapp/hintergrund-aktuell/344318/die-gus-30-jahre-nach-gruendung-nur-noch-von-symbolischer-bedeutung/

Deutsche Bundesbank (1999) Die Beziehungen Deutschland zum Internationalen Währungsfonds nach Einführung des Euro; in: Deutsche Bundesbank Monatsbericht, September 1999, S. 15–25

Deutsche Bundesbank (2002) Quoten und Stimmrechtsanteile im IWF

Deutsche Bundesbank (2013) Weltweite Organisationen und Gremien im Bereich von Währung und Wirtschaft, Frankfurt. https://www.bundesbank.de/resource/blob/602028/f157d8b35ec4dbcc26b35e4a7cdf49e0/mL/weltweite-organisationen-und-gremien-data.pdf

---

[11] Die Projektfinanzierungen der AIIB werden häufig dafür kritisiert, soziale und ökologische Standards nicht einzuhalten (vgl. Müller 2023). Ein interessantes Beispiel ist eine Rennstrecke in Lombok (Indonesien), bei deren Realisierung offensichtlich wiederholt Menschenrechte verletzt wurden, vgl. Herrmann/Pfeifer (2023), Müller/Pfeifer (2023).

[12] Letzter Zugriff auf die im Literaturverzeichnis genannten Internetquellen und die Links jeweils 06/2023.

Eichengreen, B. (1996) Vom Goldstandard zum Euro. Die Geschichte des internationalen Währungssystems, Berlin

Frenkel, M./Menkhoff, L. (2001) Theoretische Grundlagen von IWF Anpassungsprogrammen; in: WiSt Heft 3, März 2001

Grier, K. et al. (2020) The Washington Consensus Works: Causal Effects of Reform, 1970–2015; in: Journal of Comparative Economics. September 2020, p. 59–72. https://www.sciencedirect.com/science/article/pii/S0147596720300639

Herrmann, B./Pfeifer, D. (2023) Und wer hat's bezahlt? in: SZ vom 01.03.2023

IMF (2022/1) Members' Quotas and Voting Power, and IMF Board of Governors, update: 16.12.2022, https://www.imf.org/en/About/executive-board/members-quotas

IMF (2022/2) Review of Adequacy of Poverty Reduction and Growth Trust Finances, April 2022, S. 15. https://www.imf.org/en/Publications/Policy-Papers/Issues/2022/04/21/2022-Review-of-Adequacy-of-Poverty-Reduction-and-Growth-Trust-Finances-517091

IWF (2022) Monatsbericht, September 2022. https://www.imf.org/external/pubs/ft/ar/2022/downloads/imf-annual-report-2022-german.pdf

Jarchow/Rühmann (2002) Monetäre Außenwirtschaft, Teil II: Internationale Währungspolitik; 5. Aufl., Göttingen

Müller, F. (2023) Kommunisten in der Bank; in: SZ vom 16. Juni 2023

Müller, F./Pfeifer, D. (2023) Palmen fällen für einen Vergnügungspark; in: SZ vom 19. Juni 2023

World Bank (2022) Annual Report 2022. https://www.worldbank.org/en/about/annual-report#anchor-annual

Ausgewählte Links

DSBB: https://dsbb.imf.org/

GDSS: https://www.imf.org/external/pubs/ft/gdds/guide/2013/gddsguide13.pdf

Goldreserven: https://de.statista.com/statistik/daten/studie/156673/umfrage/laender-mit-den-groessten-goldreserven/

IDA: https://ida.worldbank.org/en/home

ICSID: https://icsid.worldbank.org/

IFC: https://www.ifc.org/wps/wcm/connect/corp_ext_content/ifc_external_corporate_site/home

MIGA: https://www.miga.org/

Weltbank/IBRD: https://www.worldbank.org/en/who-we-are/ibrd

Weltbankgruppe: https://www.worldbank.org/en/home

Weltbank Research: https://data.worldbank.org/; https://www.worldbank.org/en/publication/wdr2021; https://www.worldbank.org/en/research; https://openknowledge.worldbank.org/

Teil III

Die Liberalisierung der Währungs- und Finanzmärkte

Die Neuordnung des internationalen Währungssystems

Der Zusammenbruch des weltweiten festen Wechselkurssystems zwang die Länder, neue Lösungen zur Gestaltung ihrer Währungsbeziehungen zu finden. Während einige Länder bzw. Ländergruppen sich weiterhin für feste Wechselkursbeziehungen gegenüber ihren Haupthandelspartnern entschieden, bevorzugten andere Länder *flexible Wechselkurse*, von denen sie sich verschiedene Vorteile erhofften. Insbesondere sollten durch flexible Wechselkurse *abrupte Kursschwankungen* vermieden und durch gleitende Übergänge ersetzt werden. Da hierbei Angebot und Nachfrage den Preis für die Währungen, den Wechselkurs, bestimmen, sollten die Marktkräfte den *„richtigen" Wechselkurs* finden. Darunter wurde meist der an der jeweiligen Kaufkraft orientierte Wechselkurs verstanden.

Die Wiederherstellung nationaler *wirtschafts-* und *geldpolitischer Autonomie* sollte vor allem dadurch erreicht werden, dass der Zwang zu Interventionen zur Verteidigung von festen Paritäten fortfiel. Inflationäre Tendenzen, die durch den erzwungenen Ankauf von Fremdwährung entstehen oder eine ungewollte Verringerung der eigenen Devisenreserven aufgrund von notwendigen Stützungskäufen zur Verhinderung einer Abwertung der eigenen Währung, mussten nun nicht mehr hingenommen werden, da die Stabilität der Wechselkurse keine unbedingte Priorität mehr hatte. Flexible Wechselkurse sollten nun eigenständige, auf die nationalen Verhältnisse abgestimmte konjunktur- und wachstumspolitische Entscheidungen ermöglichen. Schließlich sollten hierdurch auch die internationalen *Leistungsbilanzungleichgewichte* durch den *Zahlungsbilanzautomatismus* verringert werden: Bei Leistungsbilanzdefiziten wurden Abwertungen erwartet, durch die die Exporte verbilligt würden und bei Leistungsbilanzüberschüssen würden sich durch eine Aufwertung der eigenen Währung die Importe verbilligen. Damit würde eine quasi automatische Tendenz zum Zahlungsbilanzausgleich in Gang gesetzt werden.

5.1   Internationale währungspolitische Kooperation

Der Zusammenbruch des festen Wechselkurssystems von Bretton Woods eröffnete also den Ländern neue Möglichkeiten und Spielräume. Es zeigte sich aber auch sehr schnell, dass mit den neuen Chancen auch Risiken und Gefahren verknüpft waren, die einerseits neue Formen internationaler währungspolitischer Kooperation erforderten, welche aber gleichzeitig die neu gewonnenen Freiheiten wieder einschränkten. Eine Ausnahme machten die europäischen Staaten. Schon 1972 vereinbarten sie mit dem *Europäischen Wechselkursverbund* ein festes Wechselkurssystem. Auf den ambivalenten Erfahrungen des Wechselkursverbundes aufbauend, wurde das *Europäische Währungssystem* (EWS) gegründet, das dann direkt in die *Europäische Wirtschafts- und Währungsunion* (EWWU) überging (vgl. Kap. 8 und 9). Im Folgenden sollen einige wesentliche Stationen der internationalen währungspolitischen Kooperation zunächst bis zum Ende der 1990er-Jahre zusammengefasst werden.

Nach dem Ende des BWS entschlossen sich immer mehr Ländern dazu, ihre Wechselkurse mehr oder weniger frei zu geben. Formal war diese Möglichkeit allerdings erst durch die zweite Änderung des IWF-Abkommens gegeben, die 1978 in Kraft trat. Nun war jedem IWF-Mitgliedsland die Art der Wechselkursregelung grundsätzlich freigestellt, lediglich eine Bindung an das Gold war ausgeschlossen. Bis zum Jahr 2000 waren daraufhin fast 80 Länder zu einem kontrollierten oder unabhängigen Floating ihrer Währung übergegangen. Nach unterschiedlichen Erfahrungen mit dem Floating kehrte sich dieser Trend in den Folgejahren jedoch um: 2010 hatten noch gut 60 und 2022 nur noch 44 Länder ein flexibles Währungssystem.[1] Mit der Zunahme der Bedeutung flexibler Wechselkurse stieg auch der internationale Koordinierungsbedarf. Später rückten konkrete währungspolitische Abstimmungsnotwendigkeiten in den Hintergrund und die Kooperation zur Bewältigung gefährlicher Finanzkrisen dominierte.

Die wirtschaftliche Entwicklung der 1970er-Jahre war maßgeblich bestimmt durch die Erhöhung der Rohölpreise 1973 (*erste Ölpreiskrise*), die sich anschließende Weltrezession 1974/75 und die nachfolgenden Versuche, durch nationale wirtschaftspolitische Programme die eigenen Wirtschaften wieder anzukurbeln. Zwar konnten die Wachstums- und Beschäftigungseinbußen in vielen Ländern kompensiert werden, jedoch nur auf Kosten steigender Inflationsraten. Die weltwirtschaftliche Situation und insbesondere die unterschiedlichen Fähigkeiten der Länder, sich auf die gestiegenen Importpreise einzustellen, führten zusätzlich zu einem Anstieg von Leistungsbilanzungleichgewichten mit erheblichen Auswirkungen auf die Wechselkurse.

Recycling der Petro-Dollars

Gleichzeitig wuchsen die spekulativen Finanzströme, u. a. auch durch das *Recycling der Petro-Dollars* (s. a. Abschn. 6.3.1). Hierunter verstand man die Tatsache, dass die Erdöl exportierenden Länder ihre hohen Einnahmen zu einem großen Teil wieder auf den internationalen Finanzmärkten vorzugsweise in den Industrieländern anlegten. Anders ausgedrückt, wurden gewaltige Summen in den internationalen Banken von einem Konto auf ein anderes transferiert und mussten von diesen dann auch Gewinn bringend in internationalen Finanzprodukten angelegt werden.

---

[1] Vgl. Deutsche Bundesbank (2000), (2010), (2022).

Neben einigen anderen Ländern waren insbesondere die USA daher gezwungen, ihre Währungen durch Interventionen auf den Währungsmärkten zu verteidigen, um den Wechselkurs ihrer Währungen aufgrund des Devisenzuflusses nicht allzu stark ansteigen zu lassen. Die erhoffte Steigerung der Handlungsautonomie stellte sich also nicht ein. Es zeigte sich damit sehr schnell, dass der generelle Übergang zum Floating instabile Wechselkursverhältnisse und vor allem größere Wechselkursschwankungen keineswegs beseitigte. Um die Entwicklung der internationalen Handelsbeziehungen nicht zu gefährden, wurden neue Formen internationaler Währungszusammenarbeit notwendig. Ab Mitte der 1970er-Jahre nahmen daher die Bemühungen zu, die Wechselkurse, und hierbei insbesondere den Kurs des US$, durch internationale Kooperations- und Interventionsvereinbarungen wieder zu stabilisieren. 1975 trafen sich zum ersten Mal die Staats- und Regierungschefs der führenden Wirtschaftsnationen im Rahmen eines *Weltwirtschaftsgipfels* mit dem Ziel Wirtschafts- und Finanzprobleme zu erörtern und nach gemeinsamen Lösungen zu suchen.

Weltwirtschaftsgipfel

Diese neue Form der Zusammenarbeit war von den beiden früheren Regierungschefs Frankreichs und Deutschlands Valérie Giscard d'Estaing und Helmut Schmidt initiiert worden. Eigentliches Ziel dieser Initiative war es, angesichts des inzwischen eingetretenen Verfalls des US$ die USA auf eine auf Stabilität ausgerichtete Wechselkurspolitik zu verpflichten. Beim ersten Weltwirtschaftsgipfel 1975 in *Rambouillet*, Frankreich, trafen sich die Regierungschefs sowie die Außen- und Finanzminister der fünf führenden Wirtschaftsnationen USA, Japan, Deutschland, Frankreich und Großbritannien (G5). Als Vorsitzender des *Europäischen Rats* nahm Italien als sechstes Mitglied teil. Als Italien ein Jahr später darauf bestand nun als ordentliches Mitglied zum zweiten Gipfel nach Puerto Rico eingeladen zu werden, setzte der damalige US-Präsident *Gerald Ford* im Gegenzug die Beteiligung Kanadas durch. Diese sieben Länder bilden nach wie vor die G7.

Die *Group of Seven* (**G7**) entwickelte sich in den nächsten Jahrzehnten zu einem informellen Steuerungsgremium der Weltwirtschaft.[2] Die Gipfeltreffen stellten insofern eine entscheidende Neuerung dar, als hier zum ersten Mal Wirtschaftskoordinationsgespräche auf höchster Ebene stattfanden, zuvor waren Wirtschaftsthemen meist nur auf der Ebene der Finanzminister und Notenbankchefs besprochen worden. Nicht alle Treffen erbrachten wichtige Ergebnisse. In den ersten Treffen in den späten 1970er-Jahren wurden vor allem handels- und währungspolitische Vereinbarungen getroffen, die den Weg für die spätere Währungskooperation in den 1980er-Jahren ebneten und die Länder zum Freihandel verpflichteten.

Ansätze für weitergehende konzertierte währungspolitische Aktionen gab es zu diesem Zeitpunkt noch nicht, so dass nach wie vor nationale geld- und währungspolitische Alleingänge dominierten. Insbesondere war man auch nicht in der Lage, die weltwirtschaftlichen Trends zu hohen Inflationsraten und steigenden Zinsen zu stoppen. Damit wuchs auch die Gefahr der Zahlungsunfähigkeit vieler inzwischen hoch verschuldeter Entwicklungsländer und damit die Gefahr einer Krise des internationalen Finanzsystems. Die sich aus diesen Ent-

---

[2] Mitte der 1990er-Jahre bis zur Annexion der Krim durch Russland 2014 war Russland zeitweise reguläres Mitglied der zwischenzeitlich als G8 bezeichneten Ländergruppe.

wicklungen ergebenden Folgen sowie die zu Beginn der 1980er-Jahre in den meisten Industrieländern einsetzende Neuorientierung der Wirtschaftspolitik, mit den Zielen Inflation zu bekämpfen und die Wirtschaft zu liberalisieren, verbesserte in den folgenden Jahren die Voraussetzungen für eine effizientere internationale wirtschafts- und währungspolitische Zusammenarbeit.

Plaza-Abkommen

Größere negative Folgen der *Schuldenkrise Lateinamerikas* 1982, der erklärten internationalen Zahlungsunfähigkeit einer zunehmenden Anzahl von vorwiegend lateinamerikanischen Schwellenländern, für das Weltfinanzsystem konnten durch Umschuldungsvereinbarungen und Strukturreformen in den betreffenden Ländern unter der Leitung des IWF verhindert werden.[3] Zugleich wurde die währungspolitische Kooperation intensiviert. So wurde in einem Treffen der Finanzminister und Notenbankchefs der G5 im Dezember 1982 vereinbart, durch gemeinsame Aktionen wieder ein höheres Maß an Währungsstabilität herbeizuführen und insbesondere die gravierenden Wechselkursschwankungen des US$ in Grenzen zu halten. Dies gelang jedoch zunächst nicht. Der Wechselkurs des US$ stieg als Folge der amerikanischen Wirtschaftspolitik noch bis Anfang 1985 steil an, bis es den G5 durch abgestimmte Aktionen im Frühjahr 1985 für kurze Zeit gelang, einen Kursumschwung auszulösen. Im September 1985 begann dann eine Phase koordinierter Wechselkursinterventionen: Die G5 vereinbarten die währungspolitische Zusammenarbeit zu institutionalisieren und den nun erwarteten scharfen Rückgang des US$-Kurses durch koordinierte Zentralbankinterventionen abzufangen. Die erzielte Übereinkunft, mit der sich auch die USA nach einer Phase der Nicht-Einmischung *(benign neglect)* zu Interventionen bereit erklärten, wurde als *Plaza-Abkommen* (benannt nach dem Veranstaltungsort der Konferenz, dem damaligen *Plaza Hotel* in New York) bekannt. Folge der Anstoßwirkung dieser Konferenz war eine Abwertung des US$ um rund 40 % innerhalb von etwa eineinhalb Jahren, die verbunden war mit einem starken Anstieg anderer Wechselkurse, vor allem der D-Mark und des japanischen Yen. Diese dramatischen Wechselkursänderungen wurden in ihrem Verlauf von weiteren abgestimmten geld- und währungspolitischen Maßnahmen der G5 begleitet.

Auf dem *Weltwirtschaftsgipfel 1986* (Tokio) wurde der Kooperationsprozess weiter intensiviert: Die Teilnehmer verständigten sich auf ein Konzept der regelmäßigen *multilateralen Überwachung* der Wirtschaftspolitik und arbeiteten hierbei eng mit dem IWF zusammen. Insbesondere wurde vereinbart, die Wirtschaftsentwicklung in diesen Ländern anhand von insgesamt zehn W*irtschaftsindikatoren* regelmäßig zu überprüfen, um so zur Stabilisierung der internationalen Wirtschaftsentwicklung im Allgemeinen und der Wechselkurse im Besonderen beizutragen. Aus praktischen Erwägungen wurde auf dem *Weltwirtschaftsgipfel 1987* (Venedig) die Zahl der Indikatoren auf sechs reduziert: Wachstumsrate des BSP, Inflationsrate, Höhe des Haushaltsdefizits gemessen als prozentualer Anteil am BSP, Handelsbilanzsaldo, Entwicklung von Geldmenge und Zinsen und des Wechselkurses. Die Länder verpflichteten sich, bei signifikanten Abweichungen von gewünschten, aber geheim gehaltenen Zielwerten korrigierend einzugreifen. Ein zunächst geplantes konzertiertes Eingreifen wurde aufgrund von nationalen und internationalen Abstimmungsproblemen nicht realisiert.

---

[3] Vgl. Abschn. 5.5 und 11.3.

Louvre Akkord

Zuvor waren die Bemühungen um mehr Stabilität im internationalen Währungsgefüge im Februar 1987, durch den Pariser *Louvre-Akkord,* mit dem der weitere Verfall des Dollarkurses gestoppt und die Wechselkurse im Bereich des aktuellen Niveaus stabilisiert werden sollten, fortgesetzt worden. Hierzu wurde sowohl ein als „richtig" angesehener *Gleichgewichtswechselkurs* für den US$ von etwa 1,82 DM sowie eine zunächst geheim gehaltene Bandbreite von ± 2,5 % festgelegt. Innerhalb dieses Bereichs sollte der Kurs durch konzertierte aber freiwillige Interventionen der beteiligten Länder abgesichert werden. Gleichzeitig wurde eine erweiterte Bandbreite von ± 5 % festgelegt, in der neben verstärkten Interventionen zusätzlich gegenseitige Konsultationen über wirtschaftspolitische Anpassungsmaßnahmen stattfinden sollten. Auch diese Stabilisierungsbemühungen waren nur begrenzt erfolgreich. Nach dem *Börsencrash* vom Oktober 1987 sank der Dollarkurs trotz umfangreicher Stützungsmaßnahmen bis auf unter 1,60 DM, stieg dann zunächst wieder auf über 2,00 DM an und sank anschließend bis 1995 unter heftigen Schwankungen auf historische Tiefststände um 1,40 DM.

Zwar wurde auf den Weltwirtschaftsgipfeln *1988 (Toronto) und 1989 (Paris)* weiterhin die Notwendigkeit wirtschafts- und währungspolitischer Abstimmung betont und verschiedene Konzepte zur Stabilisierung der Kurse diskutiert (vgl. Abschn. 5.5), eine Einigung auf eines der Konzepte unterblieb jedoch. Hauptsächlich auch deswegen, weil der Verfall des US$ von den USA als Mittel zur Verbesserung ihrer internationalen Wettbewerbsfähigkeit nicht ungern gesehen wurde und diese eher zu einer Fortsetzung ihrer Politik des *benign neglect* veranlasste. In einzelnen Fällen versuchten die Zentralbanken, einen allzu starken Kursrückgang durch teilweise koordinierte Aktionen zu verhindern. Zunehmend trat jedoch die Erkenntnis in den Vordergrund, dass eine solide nationale Finanz- und Wirtschaftspolitik die beste Voraussetzung für angemessene Währungsverhältnisse schaffe.

Nach der Bewältigung einer weiteren Finanzkrise, der *Mexiko-Krise* (1994/95) (vgl. Abschn. 5.4), bei der durch die Erweiterung des Kreditrahmens des IWF und durch Industrieländer-Kredite negative Auswirkungen auf die Weltwirtschaft weitgehend vermieden werden konnten, wurde auf dem folgenden G7-Gipfeltreffen 1995 (Halifax, Kanada) Instrumente zur besseren effektiven Krisenprävention diskutiert. So wurden u. a. die für Aufsicht und Regulierung zuständigen Institutionen aufgefordert, Standards zur Eindämmung von Finanzmarktrisiken zu entwickeln bzw. zu verbessern.

Schon Ende 1996 wurde der Verfall des Dollarkurses nun wieder von einem erheblichen Anstieg des US$ -Wechselkurses abgelöst. Hauptursache war die „Wiederentdeckung" des US$ als Fluchtwährung: Finanzanleger befürchteten insbesondere im Falle der Realisierung der *Europäischen Währungsunion* steigende Zinsen und damit einhergehende Kursverluste von auf D-Mark lautenden Wertpapieren. Diese Tendenz wurde gestützt durch ein höheres US-Zinsniveau, gute US-Wirtschaftsdaten und einen wieder boomenden Aktienmarkt. Obwohl die starken Kursschwankungen Mitte der 1990er-Jahre die G7 Mitglieder immer wieder über gemeinsame währungspolitische Aktionen nachdenken ließ, gab es keine konkreten Vereinbarungen zur Herbeiführung eines gewünschten Wechselkurses: Die Interventionsmöglichkeiten wurden als zu wenig wirksam eingeschätzt und das Interesse der USA an einer Stabilisierung der US$-D-Mark-Relation erwies sich als zu gering.

Vor allem von den Schwellenländern war angesichts ihrer zunehmenden weltwirtschaftlichen Bedeutung die dominierende Rolle der Industrieländer und der G7 kritisiert worden.

Ende 1999 wurde daher auf einer Weltwirtschaftskonferenz in Berlin ein neues internationales Koordinationsforum, die **Gruppe der 20** (G20), gegründet.[4] *Mitglieder* sind 19 Industrie- und Schwellenländer: die G7, die 5 BRICS-Staaten (Brasilien, Russland, Indien, China, Südafrika), Argentinien, Australien, Indonesien, Mexiko, Saudi-Arabien, Südkorea, Türkei, sowie der jeweils amtierende Ratspräsident der EU (vgl. *Ausgewählte Links*: G20). Die G20 repräsentiert über 85 % des globalen BIP, etwa 75 % des Welthandels und rund zwei Drittel der Weltbevölkerung. Zu den jährlichen Treffen werden weitere Länder sowie Vertreter von IWF, Weltbank, der UN und der OECD eingeladen. Ziel der G20 ist die Stabilisierung der Finanzmärkte, um die Entstehung von globalen Währungs- und Finanzkrisen schon im Vorfeld zu entschärfen und hierbei vor allem die Schwellenländer in viel stärkerem Maße als zuvor mit einzubinden. Während der Finanzkrise 2007/08 wurde die G20 zum wichtigsten Koordinierungsgremium auf internationaler Ebene und trug wesentlich zur Stabilisierung der Finanzmärkte bei (vgl. zu einzelnen Stationen der internationalen Währungs- und Finanzkooperation die Übersicht in Abb. 5.1).

5.2   Zusammenfassende Ergebnisse

Betrachtet man die Entwicklung des US\$-Kurses, die nach wie vor hohen weltwirtschaftlichen Ungleichgewichte und die immer weiter zunehmende Auslandsverschuldung der USA, aber auch vieler Entwicklungsländer waren die Erfolge der internationalen Währungspolitik sehr begrenzt. Zunächst auch deswegen, weil die *Ziele* der weltwirtschaftlich wichtigen Länder sehr *unterschiedlich* waren. Dominierendes und erklärtes Ziel der meisten Zentralbanken war es zudem auch schon längere Zeit nicht mehr, ihre Währungen zu stabilisieren, sondern vielmehr die Inflation in ihren Ländern auf einem niedrigen Niveau zu halten (*inflation targeting*). Deutschland verfolgte schon seit Ende 1974 einen monetaristischen Ansatz und hatte das Ziel eines kontrollierten Geldmengenwachstums angekündigt und nahm dabei eine „unvermeidliche Inflationsrate" in Kauf. Weitere Länder, die *inflation targeting* verfolgten, waren Neuseeland (1989), Kanada (1991) und Großbritannien (1992). Seit Beginn der 2000er-Jahre orientiert sich die Politik der meisten großen Zentralbanken an einem Inflationsziel. Und später strebte auch die Europäische Zentralbank (EZB) eine Preissteigerung unter, aber in der Nähe von 2 % an.

Die neue Wechselkursflexibilität führte auch nicht automatisch oder gar kurzfristig zu einem Abbau der *Ungleichgewichte* in den *Leistungsbilanzen*. Dies liegt u. a. an der Rolle der unterschiedlichen Kapitalmarktzinsen, die ein wichtiger Auslöser für internationale Finanzbewegungen sind. So führen beispielsweise steigende US-Zinsen zu einer steigenden Nach-

---

[4] Die G20 löste ein bereits 1998 von den USA während der Asienkrise *ad hoc* eingeladenes und verhältnismäßig willkürlich zusammengestelltes Forum von Industrie- und Entwicklungsländern (meist Schwellenländer) ab, die G22, die der ebenfalls von den USA ins Leben gerufenen *Willard Group* nachfolgte. Ähnlich wie die G20 sollte ihre Aufgabe darin bestehen, nach Lösungsansätzen für globale Finanzkrisen zu suchen.

Jahr	Ausgewählte Stationen der internationalen Währungs- und Finanzkooperation
1975	**1. Weltwirtschaftsgipfel** (Rambouillet, Frankreich); Beteiligung der G5 (Deutschland, Frankreich, Großbritannien, Japan, USA), später Erweiterung auf G7 (+ Italien , Kanada). Ziel ist vor allem die Koordinierung der Wirtschaftspolitik der beteiligten Länder.
1978	Der IWF schreibt die faktisch bereits eingetretene **Reform des Weltwährungssystems** fest: Jedem Mitgliedsland ist die Art der Wechselkursregelung grundsätzlich freigestellt.
1982	• **Lateinamerikakrise.** Durch **Umschuldungen** und verordnete **Strukturreformen** unter der Leitung des IWF werden größere negative Folgen für das Weltfinanzsystem verhindert. • Die **G5** beginnen mit gemeinsamen Aktionen die Wechselkursschwankungen des US$ in Grenzen zu halten.
1985	**Plaza-Abkommen:** Die G5-Zusammenarbeit wird institutionalisiert, um den erwarteten scharfen Rückgang des US$-Kurses durch koordinierte Zentralbankinterventionen abzufangen. Folge der Anstoßwirkung der Konferenz ist ein Kurseinbruch des US$, der im weiteren Verlauf von abgestimmten geldpolitischen Maßnahmen der G5 begleitet wird (September).
1986	**Weltwirtschaftsgipfel in Tokio:** Die G7 verständigen sich darauf, zur Stabilisierung der internationalen Wirtschaftsentwicklung und der Wechselkurse die Wirtschaftsentwicklung in ihren Ländern mit 10 wirtschaftlichen Indikatoren regelmäßig zu überprüfen.
1987	• **Weltwirtschaftsgipfel in Venedig:** Die Zahl der Indikatoren wird reduziert. Zudem verpflichten sich die Länder bei signifikanten Abweichungen von gewünschten, aber geheim gehaltenen Zielwerten für den US$-Wechselkurs korrigierend einzugreifen. • **Louvre-Akkord:** Der Verfall des Dollarkurses soll durch die Festlegung eines Gleichgewichtswechselkurses für den US$ und die Einführung von geheim gehaltenen Bandbreiten gestoppt werden (Februar). • **Welt-Börsencrash:** Durch Bereitstellung von Liquidität durch die Zentralbanken wurden größere Folgen vermieden (September).
1989	• IWF und Privatbanken federn die Auswirkungen des **Zusammenbruchs des Ostblocks** auf das internationale Finanzsystem ab. • In Basel wird die *Financial Action Task Force on Money Laundering* (FATF) zur Überwachung der **Offshore Finanzzentren** (OFC) ins Leben gerufen, die ein Jahr später 40 Empfehlungen zur Bekämpfung der Geldwäsche vorlegt.
1994	**Mexiko-Krise** (Juli). Durch Erweiterung des Kreditrahmens des IWF und durch Industrieländer-Kredite konnten negative Auswirkungen auf die Weltwirtschaft weitgehend vermieden werden.
1995	Auf dem G7-Gipfel in Halifax/Kanada wird die **Notwendigkeit effektiver Krisenprävention** hervorgehoben und die für Aufsicht und Regulierung zuständigen Institutionen aufgefordert Standards zur Eindämmung von Finanzmarktrisiken zu entwickeln bzw. zu verbessern.
1997	• Die FATF überarbeitet die **Standards zur Bekämpfung der Geldwäsche** (revidierte Fassung: 1999). • Das *Basel Committee on Banking Supervision* (BCBS) veröffentlicht Grundsätze für eine wirksame **Bankenaufsicht.** • **Asienkrise** 1997/98
1999	• Gründung der **G20**

Abb. 5.1 Stationen der internationalen Währungs- und Finanzkooperation

frage nach US$, dies wiederum verschärft das amerikanische Leistungsbilanzungleichgewicht tendenziell weiter. Diese Situation ist schon deswegen realistisch, weil die USA gezwungen sind, ihre Leistungsbilanzdefizite durch hohe Kapitalimporte zu finanzieren (vgl. hierzu Kap. 2).

Hinzu kommt, dass die Güterpreise nur einen, wenn auch wesentlichen Entscheidungs-parameter darstellen. Andere Parameter, wie Qualität, Zuverlässigkeit, Prestige etc. beein-flussen Handelsbeziehungen mindestens in gleicher Weise. Ferner verteuern Abwertungen die Importe und damit auch die Preise der Exportgüter, die Importgüter enthalten, so dass hierdurch mögliche Exportsteigerungen zum Teil wieder kompensiert werden. Schließlich wird der Abbau des Leistungsbilanzdefizits zusätzlich durch den *J-Kurven-Effekt* verzögert (vgl. Abschn. 3.3.2). Damit wurden auch die Erwartungen an eine größere *nationale wirt-schaftspolitische Autonomie* nur sehr begrenzt erfüllt. Insbesondere die schnellen und hefti-gen Reaktionen der internationalen Finanzmärkte auf nationale Entwicklungen (Zinssätze, Inflationsraten, Verschuldung) reduzieren die Möglichkeiten zu autonomen Entscheidungen und führen immer wieder zu erheblichen Folgeproblemen für die betroffenen Länder.

Flexible Wechselkurssysteme konnten die in sie gesetzten Erwartungen offensichtlich nicht bzw. nicht in vollem Umfang erfüllen (vgl. Abschn. 3.3.1). Zwar gilt nach wie vor, dass diese den Marktprinzipien entsprechen und eine tendenziell eigenständigere Wirt-schaftspolitik ermöglichen, gleichzeitig gefährden aber allzu starke Schwankungen der Wechselkurse sowie hohe Leistungsbilanzdefizite und die damit einhergehende Auslands-verschuldung die weltwirtschaftliche Stabilität. Kursbewegungen waren erwartet worden, nicht jedoch die heftigen, zum Teil abrupten Kursschwankungen, die ausgelöst wurden durch die – infolge der stark gewachsen internationalen Kapitalmobilität – umfangreichen spekulativen internationalen Finanzströme. Selbst irrationale Erwartungen und Informa-tionen veranlassen die Finanzanleger, äußerst schnell und heftig zu reagieren *(overshoo-ting)*, um Gewinnchancen zu realisieren oder Verluste zu vermeiden. Devisentransaktionen in Größenordnungen von – in Extremsituationen – mehreren Billionen US$ pro Tag *(hot money movements)* sind keine Seltenheit. Hierdurch werden zum Teil extreme Schwankun-gen der Devisen- und Wertpapierkurse *(Volatilitäten)* ausgelöst, die unmittelbar die Real-wirtschaft beeinflussen und bestehende Probleme vergrößern oder neue Probleme hervor-rufen. Adäquate und notwendige Reaktionen auf politisch-ökonomische Fehlentwick-lungen werden erschwert oder unmöglich gemacht.

Die spekulationsbedingten Wechselkursschwankungen werden z. T. auch mit „Seifen-blasen" *(bubbles)* verglichen. Nach der *„Bubble-Theorie"* entfernt sich der Wechselkurs in-folge spekulationsbedingter Währungstransaktionen, die durch Erwartungen über die Ent-wicklung des Wechselkurses ausgelöst wurden, immer weiter von einem *Gleichgewichts-kurs*, der sich aufgrund von fundamentalen Marktdaten ergeben müsste. Erweisen sich die Erwartungen dann als falsch, bricht der Kurs plötzlich zusammen. Häufig entstehen die *bub-bles* aufgrund einer *self-fulfilling prophecy:* Je mehr Spekulanten aufgrund ihrer Erwartungen die betreffende Währung kaufen, desto größer ist die Wahrscheinlichkeit, dass sich die „fal-schen" Erwartungen auch schnell realisieren. Solange sich diese erwartungsgetriebenen Ak-tionen der Marktteilnehmer fortsetzen, ist ein Platzen der Blase unwahrscheinlich. Dies wird erst dann der Fall sein, wenn sich die Erwartungen umkehren (vgl. Neidner 1989, S.124). Ungeklärt ist hierbei jedoch die Entstehung der Erwartungen. Ein wichtiger Ansatzpunkt sind die von Banken und Devisenhändlern verwendete Kursverlaufsanalysen *(Chartanalysen)*, die sich an bestimmten typischen Mustern auszurichten pflegen.

Im BWS war die nationale Geldpolitik eher auf ein externes Gleichgewicht und weniger auf Preisstabilität ausgerichtet und der internationale Kapitalverkehr war durch eine Vielzahl an Beschränkungen stark begrenzt. In dieser Zeit gab es zwar auch Währungsungleichgewichte, jedoch keine bedeutenden Phasen der Finanzinstabilität, trotzdem war das System nicht in der Lage die weltweite Währungsstabilität nachhaltig zu sichern. Das sich anschließend herausbildende System dagegen hat sich bei der Sicherung von Preisstabilität besser als bei der Sicherung von Finanzstabilität bewährt.[5] Es war dadurch aber deutlich geworden, dass das Instrumentarium zur Verhinderung allzu großer Wechselkursschwankungen erheblich verbessert werden musste. Trotzdem wurden auch die im nächsten Abschnitt kurz vorgestellten Ansätze zu einer Stabilisierung der Wechselkurse allenfalls ansatzweise umgesetzt.

5.3 Vorschläge zur Stabilisierung der Wechselkurse

Die Erfolgsaussichten von währungspolitischen Interventionen sind also offensichtlich begrenzt. Während einerseits nicht alle Länder in gleichem Umfang bereit sind, mehr oder weniger verbindliche währungspolitische Vereinbarungen umzusetzen, sind andererseits auch die verfügbaren Interventionsinstrumente nur begrenzt wirksam: Angesichts des gewaltigen Volumens der spekulativen Finanzströme sind die begrenzten staatlichen Interventionsmittel nicht in der Lage, eine Stabilisierung der Wechselkurse *gegen* den Markttrend zu bewirken. Allerdings sind die Anstöße, die von einer gemeinsam getragenen Wechselkurspolitik ausgehen, vor allem wenn die Zentralbankinterventionen entschlossen und koordiniert durchgeführt werden, zweifellos in der Lage, in labilen Situationen **Signaleffekte** zu geben. Sie können dann die Richtung von Wechselkursentwicklungen mitbestimmen, indem sie bestehende Entwicklungen verstärken oder sogar auslösen. Auf diese Weise können währungspolitische Auswirkungen von welt- und wirtschaftspolitischen Ereignissen abgeschwächt werden. Die Chance für die Durchsetzung von *Wechselkurszielen* liegt also darin, durch dosierte Interventionen und vor allem ein geschicktes Timing die Erwartungen und die daran gekoppelten Transaktionsentscheidungen im Sinne der politischen Zielsetzungen zu beeinflussen. Bleiben diese Effekte aus oder wird bekannt, dass einzelne Länder Interventionen nicht durchführen werden, so kann dies allerdings auch gegenteilige Effekte auslösen und vorhandene Ungleichgewichte verstärken.

---

[5]Vgl. BIZ (2015) S. 102. Eine interessante Quelle für Informationen zur Entwicklung der internationalen Währungs- und Finanzpolitik sind die einschlägigen Kapitel der Jahresberichte der BIZ ab 2009.

In unregelmäßigen Abständen werden **Zielzonen** *(target zones)* für ausgewählte Währungen als mögliche Lösung vorgeschlagen. Zielzonen unterscheiden sich ja von festen Wechselkursen vor allem durch ihre prinzipiell geringere Verbindlichkeit (vgl. Abschn. 3.3). Meist wurden hierfür relativ große Bandbreiten, wie etwa ± 10 %, vorgeschlagen, wobei dann ebenfalls koordinierte Interventionen der Zentralbanken notwendig sind, um ein Ausbrechen der Währungen aus den Zielzonen zu verhindern. Auch hierbei ist die Wirksamkeit primär von der Umsetzung einer stabilitätsorientierten Wirtschaftspolitik abhängig, Interventionsverpflichtungen oder eine konzertierte Zinspolitik können Spekulation nicht unterbinden. Eine abgestimmte Zinspolitik würde zudem die nationalen Instrumente zur Stabilisierung des Preisniveaus radikal verringern und den Zins zum Spielball politischer Beliebigkeit machen.

Bereits 1994 schlug die *Bretton-Woods-Kommission* ein **regelgestütztes System der internationalen Politik-Koordinierung** als Voraussetzung für neue flexible Bandbreiten zwischen den Währungen vor, das unter der Aufsicht des IWF umgesetzt werden sollte. Weitere Vorschläge zielen ab auf die **Besteuerung** internationaler Finanztransaktionen *(Keynes, Tobin, Dornbusch)*, meist als *Tobin-Steuer* bezeichnet (vgl. Abschn. 5.5), auf die Einrichtung eines **internationalen Interventionsfonds,** der zur Stabilisierung gefährdeter Wechselkurse eingesetzt werden könnte *(Hosomi)* oder auf international vereinbarte **maximale Wachstumsraten der nationalen Geldmengen,** um so überraschende Änderungen der nationalen Geldpolitiken als Ursache für Wechselkursänderungen zu verhindern *(McKinnon, Brunner)*. Alle Überlegungen setzen aber die Beteiligung zumindest der überwiegenden Anzahl aller Länder und damit die weitgehende Interessenidentität der Teilnehmerstaaten voraus, eine Annahme, die bislang nur in wenigen Fällen gegeben war. Bei einigen Vorschlägen kämen zudem noch erhebliche administrative Kosten als Hinderungsgrund für eine Einführung hinzu.

Eine weitere Möglichkeit wurde in erweiterten **Blockabsprachen** zwischen verschiedenen Währungsblöcken gesehen, die – auf der Grundlage flexibler Wechselkurse – dann allerdings auch eine abgestimmte Wirtschaft- und Währungspolitik voraussetzen würden. In diesem Zusammenhang war an eine trilaterale Absprache zwischen den drei Hauptwährungsräumen, dem Dollarraum, dem Europäischen Währungsraum und einem sich an einer asiatischen Leitwährung orientierenden asiatischen Währungsblock gedacht. Hier sollte eine Gleichgewichtssituation hergestellt und versucht werden, allzu heftige Währungsausschläge zwischen den drei Blöcken zu vermeiden. Als asiatische Leitwährung wäre entweder der japanische Yen oder der chinesische Yuan denkbar. Voraussetzung wäre, dass sich sowohl innerhalb des Dollarraums, wie auch des asiatischen Währungsraums eine zunehmende Anzahl von Währungen mehr oder weniger fest an die jeweilige Leitwährung binden würden, um so Absprachen zwischen diesen Währungsblöcken, bei grundsätzlicher Flexibilität der Blöcke zueinander, zu erleichtern. Ein solches System könnte sich auf verbindliche Indikatoren als Entscheidungsparameter einigen und evtl. eine wechselseitige Verpflichtung zur Bereitstellung von Währungskrediten enthalten. Aufgrund der bestehenden politischen Divergenzen scheint ein solcher Ansatz derzeit allerdings kaum Realisierungschancen zu haben.

Chiang-Mai-Initiative

Für den pazifischen Raum gab es entsprechende Ansätze schon gegen Ende der 1990er-Jahre. Eine von Japan 1997 während der Asienkrise angeregte stärkere finanz- und währungspolitische Zusammenarbeit der sechs größten Wirtschaftsnationen des asiatisch-pazifischen Raums, USA, Japan, China, Hongkong, Singapur und Australien, die *Six Markets Group* (G6), sowie eine Initiative zum Aufbau eines *Asiatischen Währungsfonds* wurde zunächst von den anderen Ländern abgelehnt. Schon während der zehnten UNCTAD-Konferenz (UNCTAD X) in Bangkok im Februar 2000 wurde der Vorschlag wieder aufgegriffen und während einer Tagung der *Asian Development Bank* (ADB) 2000 in *Chiang Mai*, Thailand, konkretisiert. Die Mitglieder der ASEAN + 3 Gruppe (Brunei, Indonesien, Laos, Kambodscha, Malaysia, Myanmar, Philippinen, Singapur, Thailand und Vietnam sowie China, Japan und Südkorea) und die *Hong Kong Monetary Authority* beschlossen ihre finanzielle Zusammenarbeit durch die *Chiang-Mai-Initiative* (CMI) zu verstärken. Insbesondere wurde eine Ausweitung der bestehenden bilateralen Währungskredite zur Vermeidung zukünftiger Finanzkrisen vereinbart und gefährdeten Ländern der Zugang zu Finanzhilfen erleichtert. Die CMI wurde 2010 in eine vertragliche Vereinbarung, die *Chiang Mai Initiative Multilateralisation* (CMIM), umgewandelt, eine multilaterale Vereinbarung zur Liquiditätsunterstützung mit einem Gesamtvolumen von derzeit 240 Mrd. US\$. Ziel ist es Zahlungsbilanzschwierigkeiten bzw. kurzfristige Liquiditätsengpässe der Mitglieder zu beheben und damit bestehende internationale Finanzvereinbarungen zu ergänzen. Zusätzlich zu der *CMIM Stability Facility* dient die Krisenpräventionsfazilität, die *CMIM Precautionary Line*, der Bewältigung akuter Krisen (vgl. *Ausgewählte Links*: AMRO).

5.4 Internationale Währungs- und Finanzkrisen in den 1980er- und 1990er-Jahren

Die Zeit zwischen der Aufkündigung der Währungsvereinbarungen von Bretton Woods und der Jahrtausendwende war nicht nur von dem Versuch die Währungspolitik zu koordinieren geprägt, sondern auch von diversen Währungs- und Finanzkrisen – einige wurden bereits kurz angesprochen – die wesentliche Schwachstellen der globalen Währungs- und Finanzordnung offenlegten. Gingen die Krisen von Entwicklungs- oder Schwellenländern aus, so wurden diese häufig von in diesem Umfang unerwartet schnellen Zu- und Abflüssen von internationalem Kapital überrascht. Waren sie zuvor noch als *Emerging Markets* begehrtes Ziel internationaler Anleger, zogen diese nun überraschend schnell ihr Kapital wieder ab: Internationale Kapitalströme ändern schonungslos ihre Richtung, wenn wirtschaftliche Probleme auftauchen, strukturelle Defizite erkannt werden oder politische Fehlentscheidungen die Gefahr von Abwertungen oder Kursverlusten auf den Wertpapiermärkten wahrscheinlich werden lassen. Dies hat nicht nur Folgen für die Finanz- und Währungssituation der betroffenen Länder, sondern beeinflusst auch deren reale Wirtschaft massiv.

Die Auswirkungen auf die Realwirtschaft, auf Wirtschaftswachstum, Investitionen, Nachfrage, Beschäftigung und Einkommen haben unmittelbare Folgen für die Lebenssituation der

Bevölkerung: Sinkende Wachstumsraten verursachen Nachfrageausfälle und damit Arbeits-platzverluste. Damit verschlechtert sich nicht nur die wirtschaftliche Situation der direkt Be-troffenen, sondern auch diejenige der Zulieferer und einer breiten Palette sonstiger Produkti-ons- und Dienstleistungsunternehmen. Vielfach sind Konkurse und damit eine weitere Ver-schärfung der Wirtschaftssituation die Folge. Dies betrifft meist nicht nur die jeweiligen Länder selbst, sondern kann auch schnell auf andere Länder übergreifen. Gläubigerländer sind un-mittelbar von Zahlungsausfällen oder Auftragsstornierungen betroffen. Auch Nachbarländern und Ländern, die aus externer Sicht sehr ähnliche Bedingungen aufweisen, kann dann ebenso wie anderen Schwellenländern pauschal das Vertrauen der Anleger entzogen werden.

Finanzkrisen sind keineswegs selten, allerdings treten sie seit dem Ende von Bretton Woods verstärkt auf. So registrierte der IWF allein zwischen 1970 und 2007 insgesamt 124 Bankenkrisen, 326 Währungskrisen und 64 Staatsverschuldungskrisen auf nationaler Ebene (vgl. Laeven/Valencia 2012), wobei bei Weitem nicht alle Krisen auch globale Fol-gen hatten. Die Liberalisierung der internationalen Finanzmärkte trug einerseits dazu bei, dass einzelne Staaten anfälliger für Finanzkrisen wurden und andererseits, dass Aus-wirkungen auch in anderen Ländern, zum Teil sogar weltweit, spürbar waren.

Versucht man eine gemeinsame Ursache für Krisen der Entwicklungsländer zu finden, so kann man sie unter der gemeinsamen Bezeichnung **Staatsschuldenkrisen** bzw. Ver-schuldungskrisen von Entwicklungs- und Schwellenländern zusammenfassen. Der leich-tere Zugang vieler Länder zu den internationalen Finanzmärkten einerseits und eine häufig wenig disziplinierte Haushalts- und Wirtschaftspolitik andererseits führten zu einer Über-schuldung und damit der mangelnden Fähigkeit die in ausländischer Währung (!) auf-genommenen Kredite vertragsgemäß zurückzuzahlen. Damit hatten sie – grob gesagt – ihren Ursprung in einem Missverhältnis zwischen ökonomischer Leistungsfähigkeit und dem Kapitalbedarf der Länder, den diese bevorzugt auf den internationalen Kapital-märkten deckten. Leistungsbilanzdefizite, hohe Verschuldung und mangelnde Rück-zahlungsfähigkeit, etwa infolge eines steigenden internationalen Zinsniveaus, führten zu den genannten Vertrauensverlusten und schnellen Kapitalabflüssen aus dem betreffenden Land mit der Folge einer schnellen drastischen Abwertung der betreffenden Währung.

Finanzkrisen können auch andere Ursachen haben, wie beispielsweise Schocks an den Wertpapiermärkten, etwa das Platzen von Spekulationsblasen (**Börsenkrisen**) oder ein sich rasch verschlechterndes wirtschaftliches Umfeld, das eine problematische Geschäfts-politik von Banken, etwa eine laxe Kreditpolitik, zu niedrige Risikovorsorge oder ein un-genügendes Riskmanagement schonungslos offenlegt (**Bankenkrisen**). Erleiden Banken Verluste, verlieren sie schnell das Vertrauen ihrer Kunden, und es kann zu einem *bank run* kommen, bei dem die Bankkunden sehr schnell ihre Einlagen zur gleichen Zeit abziehen wollen. Können die Banken die hierfür nötige Liquidität nicht bereitstellen, werden sie hierdurch oder in Folge ausbleibender Kreditrückzahlungen insolventer Kreditnehmer, selbst schnell insolvent. Im Folgenden werden einige der bereits angesprochenen Finanz-krisen der 1990er-Jahre kurz dargestellt, wobei die *Schuldenkrise Lateinamerikas* und die *Asienkrise* in den Kap. 11 und 12 noch einmal ausführlicher thematisiert werden. Ein Überblick über die verschiedenen Krisen findet sich in Abb. 5.2.

Globale Finanz- und Wirtschaftskrisen bis 2001 (Auswahl, Überblick)			
	Wer / Wo /Wann	Kurze Beschreibung	Ausgewählte Maßnahmen
Finanzkrisen			
Schulden-krisen	Lateinamerikakrise 1982	Infolge stark gestiegener Rohstoffpreise als Folge der Ölpreiskrisen 1973 und 1979 stieg die Auslandsverschuldung einzelner Staaten, die dann nicht mehr in der Lage waren ihre Devisenkredite zu bedienen und zahlungsunfähig wurden.	Durch Umschuldungsaktionen (*Brady Bonds*) wurden die Darlehensschulden in handelbare US\$-Schuldverschreibungen konvertiert.
	Mexiko (1994/95) Russland (1998/99) Brasilien (1998/99) Argentinien (2001/02) Türkei (2001)	Währungs- und Schuldenkrisen. Starke Abwertungen, meist verursacht durch hohe Haushaltsdefizite, Verschuldung in Fremdwährung und eine Kapitalflucht ausländischer Anleger, führten zu Problemen bei der Schuldentilgung mit der Folge inländischer Wirtschaftskrisen.	Bereitstellung von Devisenkrediten durch private und öffentliche Gläubiger zusammen mit IWF und Weltbank. Zusätzlich: Moratorien und Schuldenerlasse sowie Sparpakete und Zinserhöhungen im Inland.
	Asienkrise 1997/98	Verschuldungskrise, insbesondere privater Schuldner, in mehreren Schwellenländern Asiens. Angesichts von Rückzahlungsproblemen zogen ausländische Finanzinvestoren sehr schnell ihr Kapital ab. Folgen waren u.a. hohe Abwertungen der Währungen, ein Einbruch der Immobilienpreise, zunehmende Problemkredite der Banken, Unternehmensinsolvenzen und ein erheblicher Rückgang der inländischen Konsumnachfrage.	Bereitstellung von Finanzhilfen, die an makroökonomische Bedingungen, wie eine straffere Geldpolitik, restriktivere Haushaltspolitik und die Umsetzung von Strukturreformen gebunden waren.
Banken-krisen	Japan 1990	Infolge der überhitzten Wirtschaft kam es zu Spekulationsblasen auf dem japanischen Immobilien- und Aktienmarkt. Japans Banken akzeptierten überbewertete Immobilien als Kreditsicherheiten, die die Gläubiger nach dem Zusammenbruch des Immobilienmarktes (Wertverluste bis zu 75 %) nicht mehr bedienen konnten. Anschließend lange Rezessionsphase in Japan mit hoher Arbeitslosigkeit und Deflation.	Senkung der Zinsen, um die Kreditvergabe zu erleichtern und Investitionen zu fördern, mehrere Konjunkturprogramme .
Börsen-krisen	USA > Europa 1929 - 1932	Weltwirtschaftskrise, ausgelöst durch Börsencrash in den USA und anschließend auch in den europäischen Ländern mit der Folge von Banken- und Unternehmensinsolvenzen und hoher Arbeitslosigkeit.	Kontraproduktive Sparpolitik und kontraktive Geldpolitik, später: Arbeitsbeschaffungsmaßnahmen.
	USA > Europa 1987	Im Oktober 1987 ließ eine Kettenreaktion die globalen Börsen innerhalb weniger Stunden zusammenbrechen. In den USA fiel der Dow Jones in einer einzigen Handelssitzung um über 20 %.	Bereitstellung umfangreicher Liquidität durch die Fed, Überarbeitung der Handelsregeln.
	USA > Europa 2000	New Economy Krise (Dotcomkrise). Nach starkem Anstieg der Technologie- und Internetaktien zeigte sich, dass viele Unternehmen überbewertet waren und Gewinnerwartungen nicht erfüllen konnten, Folge war ein massiver Kurssturz an den Technologiebörsen.	Verschärfte Börsenregeln, Auflösung des „Neuen Marktes" in Deutschland, Niedrigzinspolitik in den USA.
Sonstige Krisen / Globalisierungskrisen			
Ölpreiskrisen	1973 1979/80	Drastische Erhöhung der Ölpreise durch die OPEC mit der Folge u.a. einer weltweiten Rezession.	Liberalisierung, Deregulierung, Privatisierung > Globalisierung.
Klimakrise	seit ca. 1990	Ein permanent zu hoher CO_2 Ausstoß und ungenügende Gegenmaßnahmen führen zu einem Anstieg der Temperaturen, problematischen Wetterphänomenen und lebensfeindlichen Umweltbedingungen vorwiegend in Ländern des Südens.	Internationale Abkommen, Finanzzusagen, Änderungen der nationalen Politik, Klima-Audit.

Abb. 5.2 Ausgewählte globale Finanz- und Wirtschaftskrisen (bis 2001) Überblick

Schuldenkrise Lateinamerikas 1982

Die steigenden Rohstoffpreise als Folge der Ölpreiskrise 1973 und 1979 trafen nicht nur die Industrieländer, sondern gerade auch viele Entwicklungsländer und insbesondere die Öl importierenden Schwellenländer. Sie verschuldeten sich im Ausland, um ihre Leistungsbilanzdefizite zu finanzieren, vorwiegend in US$. Als die US-Zentralbank 1980 begann die Leitzinsen zu erhöhen und der US$-Wechselkurs stieg, stiegen auch die Zinsen für den Schuldendienst der Entwicklungsländer, die sich bald nicht mehr in der Lage sahen, die hierfür benötigten Devisen bereitzustellen. Zwischen 1975 und 1983 vervierfachten sich die Auslandsschulden der lateinamerikanischen Staaten, insbesondere von Brasilien, Argentinien und Mexiko, auf 315 Mrd. US$, etwa 50 % des BIP der gesamten Region, und der jährliche Schuldendienst stieg 1982 auf 66 Mrd. US$. 1982 erklärte zunächst Mexiko seine Zahlungsunfähigkeit. Daraufhin reduzierten die meisten kommerziellen Banken ihre Kreditvergabe an die lateinamerikanischen Staaten: Viele Kredite, die sonst üblicherweise verlängert wurden, wurden damit sofort fällig. Die nun einsetzende massive Kapitalabwanderung führte zu einer starken Abwertung der Währungen, daraufhin stiegen die Zinsen und auch die Inflationsraten stark an, während die Pro-Kopf-Einkommen in den betroffenen Ländern sanken.

1989 wurden *Brady Bonds* geschaffen, benannt nach dem ehemaligen US-amerikanischen Finanzminister, um die Darlehensschulden in handelbare US$-Schuldverschreibungen zu konvertieren (praktisch eine Verbriefung der Kredite). Diese neuen lang laufenden Bonds, die mit Zinskupons ausgestattet und in der Regel durch US-Anleihen besichert waren, kauften die Schuldnerländer mit Hilfe von neuen Krediten, die der IWF und die Weltbank bereitstellten. Durch die Standardisierung der Schulden und die Besicherung waren diese für die Gläubiger attraktiver und damit leichter auf den internationalen Kapitalmärkten handelbar. Insgesamt nahmen 12 Länder, nicht nur aus Lateinamerika an der ersten Runde der Brady-Bond-Emission teil.

Börsencrash von 1987

Am 19. Oktober 1987, dem „Schwarzer Montag", fiel der Dow Jones Index in den USA innerhalb weniger Stunden um über 20 % und beendete damit den Börsenboom des vorangegangenen halben Jahres. Durch die Verflechtung der internationalen Finanzmärkte folgten die anderen globalen Börsen praktisch zeitgleich dem Abwärtstrend, wobei einige Börsenindizes noch stärker verloren. In der Folge überarbeiteten die Aufsichtsbehörden die bestehenden Handelsregeln und ermöglichten es den Börsen den Handel bei außergewöhnlich starken Kursrückgängen vorübergehend einzustellen.

Mexiko-Krise 1994/95

Als Folge der Unruhen in *Chiapas*, einer Provinz im Süden Mexikos, und steigender US-Zinsen begannen im Frühjahr 1994 vor allem US-amerikanische Investoren mexikanische Wertpapiere zu verkaufen. Da Mexiko sein großes Leistungsbilanzdefizit größtenteils mit diesen Geldern finanziert hatte, führte dies zu einer Finanzierungslücke und einem konstanten Verlust von Währungsreserven. Die mexikanische Zentralbank gab deshalb im Dezember 1994 den festen Wechselkurse der Landeswährung Peso zum US$ auf. Darauf sank der Wert des mexikanischen Pesos und damit auch der Wert der mexikanischen Wertpapiere (in US$) zunächst innerhalb von drei Tagen um fast 40 %, um dann insgesamt um etwa 50 % nachzugeben. Diese Abwertung und die damit einhergehenden Inflationsbefürchtungen sowie gesunkenen Wirtschaftswachstumserwartungen lösten weitere ausländische Wertpapierverkäufe aus, zudem stiegen die Kreditkosten der Unternehmen, die sich in US$ verschuldet hatten, und der Zahlungsausfälle bei den Banken. Diese heftigen Verluste führten dazu, dass ausländische Investoren auch die Stabilität anderer lateinamerikanischer Währungen anzuzweifeln begannen, so dass diese nun auch von Abwertungsspekulationen erfasst wurden. Ein Zusammenbruch der beteiligten großen Banken und Investmentfonds konnte letztlich mit einem internationalen Kreditpaket in Höhe von 50 Mrd. US$, das von den USA, dem IWF und der Weltbank bereitgestellt wurde, vermieden werden.

Asienkrise 1997/98

Bei der Asienkrise handelte es sich um eine Währungs- und Finanzkrise in mehreren Schwellenländern Asiens. Leistungsbilanzdefizite und vor allem eine hohe Auslandsverschuldung der Banken und privater Unternehmen führte zu einem Vertrauensverlust zunächst in die thailändische Wirtschaft, später auch in die Wirtschaften anderer südost- und ostasiatischer Staaten, vor allem von Südkorea, Indonesien, Malaysia und den Philippinen. Sie wurde ausgelöst durch einerseits weitgehend liberalisierte nationale Kapitalmärkte mit nationalen Finanzsystemen, die noch erhebliche strukturelle Schwächen aufwiesen und andererseits externe Einflüsse, wie den Auswirkungen internationaler Zinserhöhungen, Aufwertungen des US$ und spekulativer Finanzzuflüsse und -abflüsse, die auch hier außerordentlich schnell auf erkannte oder vermeintliche Schwächen reagierten.

Die strukturellen Schwächen der nationalen Finanzmärkte hatten ein im internationalen Vergleich hohes Zinsniveau zur Folge, so dass sich viele Akteure, insbesondere Investoren und Banken, lieber in US$ verschuldeten, da hier die Zinsen erheblich niedriger lagen. Am Ende einer Boomphase bei den Wertpapiermärkten, Immobilien und bei Investitionen in den asiatischen Ländern verschlechterten sich ab 1996 die Rahmenbedingungen und in der Folge auch die binnenwirtschaftliche Situation der Länder. Ausländische Anleger und Investoren zogen daraufhin ihr Kapital aus diesen Ländern ab, so dass diese gezwungen waren, die enge Bindung ihrer Währungen an den US$ aufzugeben. Fremdwährungskredite verteuerten sich, so dass die Unternehmen und Banken erheblich mehr Inlandswährung für die Bedienung ihrer Auslandskredite aufbringen mussten. Ende 1997 hatten die betroffenen Währungen zum Teil über 50 % an Wert verloren und auch die Aktienindizes waren bis zu 50 % gesunken. Das zuvor hohe Wirtschaftswachstum ging stark zurück, die Gewinne sanken, die Immobilienpreise brachen ein, die Problemkredite der Banken und Insolvenzen von Unternehmen nahmen zu, die Arbeitslosenquote stieg und die inländische Konsumnachfrage sank.

Wie zuvor Mexiko mussten auch Thailand, Südkorea und Indonesien durch umfangreiche Hilfsaktionen unter Führung des IWF unterstützt werden. In der zweiten Jahreshälfte 1997 wurden den asiatischen Krisenstaaten unter Leitung des IWF multilaterale Beistandspakete zwischen 17 Mrd. US$ (Thailand) und 57 Mrd. US$ (Südkorea) zur Verfügung gestellt.[6] Wie üblich, wurden diese an makroökonomische Bedingungen gebunden, wie eine straffere Geldpolitik, eine restriktivere Haushaltspolitik sowie an die Umsetzung finanzpolitischer Strukturreformen.[7]

Russlandkrise 1998

Der durch die Asienkrise ausgelöste Kursverfall der Rohstoffpreise traf auch die hoch verschuldete rohstofforientierte russische Wirtschaft schwer, da nun nicht nur die Exportpreise, sondern auch die Staatseinnahmen, die zu einem großen aus Abgaben auf Rohstoffexporte bestanden, sanken. Bereits 1997 begann daher das Vertrauen in den russischen Rubel zu sinken, so dass viele Anleger ihre in Rubel notierten Wertpapiere verkauften. Anfang 1998 war Russland daher gezwungen, die Zinsen auf seine Rubelanleihen von 20 % über 50 % und schließlich auf 70 % heraufzusetzen, um weiterhin ausländische Mittelzuflüsse zu erhalten. Ungeachtet der akuten Risiken kauften Hedgefonds und Banken daher weiterhin Rubelanleihen und spekulierten darauf, dass der IWF bei einer evtl. Zahlungsunfähigkeit der russischen Regierung einspringen würde *(moral hazard)*. Tatsächlich hatte Russland erhebliche Schwierigkeiten, den Schuldendienst für seine Auslandskredite aufzubringen und stellte im August 1998 alle Schuldendienstzahlungen ein. Gleichzeitig wertete es – ohne seine Kreditgeber vorab zu informieren – den Rubel ab.

Russland sah sich zudem gezwungen, weitere Kredite des IWF und anderer Geber zu akzeptieren, die alle an Auflagen geknüpft waren: So sollte u. a. ein Antikrisenprogramm umgesetzt, das Haushaltsdefizit verringert und die Steuereinnahmen erhöht werden. Die gesamten Auslandsschulden Russlands beliefen sich zu jenem Zeitpunkt auf ca. 150 Mrd. US$. Durch diese Maßnahmen konnten jedoch keineswegs alle Schwierigkeiten, die zu der Krise geführt hatten, beseitigt werden. Diese bestanden vor allem in einer Reihe struktureller Probleme, wie einem kaum funktionsfähigen Bankensystem, einer inkompetenten, ineffektiven und teilweise korrupten Staatsbürokratie, untätigen Aufsichtsbehörden, einer massiven Steuerhinterziehung, dem Nichtvorhandensein einer unabhängigen Rechtsprechung, einem die Wirtschaft kontrollierenden Geflecht aus Mafia und Staatsfunktionären, einem nicht an Transparenz interessierten und die Kapitalströme eher blockierenden finanzindustriellem Komplex, einer – abgesehen vom Rüstungssektor – nicht weltmarktfähigen Industrie und zu hohen Zinssätzen. In der Folge wurde der Wechselkurs des Rubel nochmals freigegeben, der dann auch um bis zu 60 % abgewertet wurde. Ab 1999 begann sich die russische Wirtschaft langsam zu erholen und auch das Vertrauen in die Finanzmärkte stieg wieder an.

---

[6] Vgl. hierzu ausführlich Abschn. 12.3.

[7] Vgl. zur Kritik an den strukturpolitischen Maßnahmen sowie an den Prioritäten der Auflagen Abschn. 11.4.

Brasilienkrise 1998/99

Nach dem Ausbruch der Russlandkrise wurden die brasilianischen Währungsreserven durch eine Kapitalflucht der Anleger um über 30 Mrd. US$ reduziert. Um den Devisenabfluss zu stoppen, erhöhte die Zentralbank die Zinsen auf in der Spitze bis zu 40 %. Da der *Plano Real* eine feste Bindung des *Real*, der Landeswährung, über ein *Currency Board* an den US$ vorsah, kam eine Abwertung der Landeswährung nicht in Betracht. Zwar gingen hierdurch die hohen Inflationsraten zurück, da diese aber immer noch über denen des US$ lagen, stieg das Leistungsbilanzdefizit laufend an. Die hohen Zinsen führten zu einem Wirtschaftsabschwung und einem – infolge der hohen Zinsbelastung – steigenden Haushaltsdefizit. Als sich zusätzlich noch ein Schuldenmoratorium der zweitreichsten brasilianischen Provinz abzeichnete beschleunigte sich die bisherige Kapitalflucht auf bis zu zwei Mrd. US$ täglich. Innerhalb von 6 Monaten schrumpften die Devisenreserven des Landes um über die Hälfte auf nur noch 30 Mrd. US$. Zur Überbrückung der dadurch ausgelösten Zahlungsschwierigkeiten erhielt Brasilien im November 1998 Zusagen für Währungskredite mit dem Ziel, die Währungsreserven des Landes zu erhöhen und sich dadurch gegen Attacken von außen zu schützen. Nach den für Mexiko 1995 bereitgestellten 48 Mrd. US$ war dies das zweithöchste vom IWF geschnürte Paket. Bedingungen für das Kreditpaket waren u. a. die Sanierung des Staatshaushalts, Steuer-, Renten- und Verwaltungsreformen, Liberalisierung und Privatisierung der Binnenwirtschaft, eine straffere Geldpolitik, eine Reform des Rentensystems und ein Festhalten an dem festen Wechselkurs zum US$.

Eine der gravierendsten Verschuldungs- und Währungskrisen war die Eurokrise (2009–2013), die sich unmittelbar aus der internationale Finanzkrise (Subprime-Krise) 2007/2008 entwickelte. Beide Krisen werden in einem anderen Kontext behandelt. Vgl. hierzu die Abschn. 7.2 und 10.1.

5.5 Ansätze zur Verhinderung von Währungskrisen

Das Verhindern und Bekämpfen derartiger Krisen rückte spätestens seit Ende der 1990er-Jahre in den Mittelpunkt der internationalen finanz- und währungspolitischen Kooperation. Die bisher vorhandenen Mechanismen und Instrumente zur Früherkennung und Prävention sowie zum Krisenmanagement reichten offensichtlich nicht aus, um die Entwicklung von Finanz- und Währungskrisen frühzeitig zu erkennen und zu verhindern. Es mussten also neue Mechanismen für eine globale Währungs- und Finanzarchitektur entwickelt werden. Diese sollten einerseits den freien globalen Kapitalfluss und damit die Entwicklung der Weltwirtschaft nicht behindern und andererseits die negativen Folgen für die Stabilität des internationalen Finanzsystems sowie die reale Wirtschaft kontrollier- und damit auch beherrschbarer machen. Kurz: Sie sollten die optimale – globale – *Allokation des Kapitals* sicherstellen und gleichzeitig für ein hohes Maß an Systemsicherheit und Finanzstabilität sorgen. Diese z. T. widersprüchlichen, in jedem Fall aber komplexen Anforderungen führten zu einer Vielzahl von Vorschlägen und Ansätzen zur weiteren Ausgestaltung der globalen Finanzarchitektur. Die Vorschläge betrafen insbesondere die Rolle der internationalen Organisationen sowie der internationalen Staatengemeinschaft, aber auch Maßnahmen auf nationaler Ebene, etwa zur besseren Haushalts- und Ausgabenkontrolle, zur Regierungsführung und insgesamt zur Optimierung des wirtschaftspolitischen Instrumentariums.

Bis Mitte der 1990er-Jahre ging es bei der Krisenbekämpfung – meist in Kooperation mit dem IWF – um das Schnüren von umfangreichen angepassten *Kreditpaketen*, mit denen aktuelle Leistungsbilanzprobleme bzw. konkrete Rückzahlungsprobleme der betroffenen Länder möglichst schnell überbrückt werden sollten. Gleichzeitig wurden die Länder mit Vorschlägen und Bedingungen zur *Reform ihrer Wirtschaftspolitik* unterstützt, um so die Voraussetzungen dafür zu schaffen, die Auslandsverschuldung in Devisen wieder auf eine tolerable Größenordnung zurückzuführen. Damit sollten auch immer die realökonomischen Auswirkungen der Finanzkrisen reduziert werden: In Krisensituationen werden Banken restriktiver in ihrer Kreditvergabe an Privatpersonen und Unternehmen. Damit fehlt Geld für Investitionen und Konsum, Umsätze sinken, Zahlungsausfälle, Insolvenzen und Arbeitslosigkeit sind die Folge.

Mit der *Asienkrise* änderte sich allerdings die Struktur der *Verursacher*: Waren zuvor vor allem Staaten mit ihrer Haushalts- und Schuldenpolitik und der mangelnden Rückzahlungsfähigkeit Hauptverursacher der Krisen, waren es nun im Wesentlichen Banken und Unternehmen. Dies wurde zum Zeitpunkt der Asienkrise jedoch nur unzureichend berücksichtigt. Mit den Rezepten des *Washington Konsensus* wurde massiv in die jeweilige Politik des Landes eingegriffen, ohne dass damit die wesentlichen Ursachen bekämpft werden konnten. Zum Teil wurde mit den oktroyierten Auflagen, wozu immer ein zu konsolidierender Staatshaushalt gehörte, die Krise noch verschärft.

Insbesondere mit der Finanzkrise 2007/08 rückten die internationalen Finanzmärkte mit ihren Hauptakteuren, den Banken, stärker in das Blickfeld der internationalen Politik. Konkret geht es dabei darum, bestehende Regulierungsdefizite zu beseitigen. Begünstigt durch die neoliberale Ideologie, die letztlich auf der Vorstellung basiert, der Staat solle möglichst wenig in den Markt eingreifen, zeigte sich, dass die Marktteilnehmer, und hier vor allem die international agierenden Finanzinstitute, keineswegs in der Lage waren ohne staatliche Unterstützung adäquat auf Krisen zu reagieren. Die „Selbstregulierungskräfte der Märkte" reichten nicht aus, um immense Schäden für die Weltwirtschaft zu verhindern. Hierfür waren neue Kriseninterventions- und Regulierungsinstrumente insbesondere zur Verbesserung der Risikovorsorge und der Bankenaufsicht erforderlich (vgl. Abschn. 7.4).

Bei der Eurokrise ab 2009 standen dann wieder die Staaten, allerdings in diesem Fall Industrieländer, als Krisenauslöser im Mittelpunkt. Hier mussten neue Instrumente, wie etwa ein Euro-Rettungsschirm, entwickelt werden, um Staaten und den Euro selbst zu restabilisieren. Flankierend wurden hierfür prinzipiell ähnliche Instrumente wie bei den früheren Schwellenländerkrisen eingesetzt: So wurde den Ländern ein rigider Sparkurs auferlegt, der wiederum einen Abbau der Sozialleistungen, wie etwa der Rentenzahlungen, beinhaltete, und es wurde die Privatisierung von Staatsunternehmen sowie die Senkung der Arbeitskosten gefordert (vgl. hierzu Kap. 10).

Die Corona-Krise und die Russland-Ukraine-Krise und auch die langfristige Klimakrise können eher als *Globalisierungskrisen* und weniger als originäre Finanzkrisen klassifiziert werden. Sie verweisen auf andere Schwächen und Ursachen, wie etwa geostrategische Fehleinschätzungen (Russland, China), einseitige Abhängigkeiten von einzelnen Lieferanten und Ländern (Pharma, Erdgas), zu große Fokussierung auf lediglich ökonomische Vorteile (Lieferketten, Transportwege, Menschenrechte) etc.

5.5.1 Reformierte IWF Strategie

Es ist weitgehend unbestritten, dass die umfangreichen Finanzhilfen des IWF gekoppelt mit wirtschaftspolitischen Auflagen – bis 1997/98 für mehr als 90 Länder – mit hoher Wahrscheinlichkeit einen Finanzkollaps durch die internationale Zahlungsunfähigkeit der Krisenländer nach dem drastischen Verfall ihrer Währungen verhinderten. Damit wurde auch die Gefahr eines Übergreifens auf andere Länder und die mögliche Auslösung einer Weltfinanzkrise wesentlich reduziert. Grundsätzlich wird daher die Notwendigkeit, bei Krisen schnell und effizient Liquiditätshilfen bereitzustellen, nicht in Frage gestellt. Hierfür wurden bereits ab 1999 neue IWF-Kreditlinien mit abgeschwächten Konditionen eingerichtet (vgl. Abb. 4.8). Diese können Ländern entweder schnell für eine Überbrückung akuter Krisen bereitgestellt werden oder sie stehen Ländern mit einer soliden Wirtschaftspolitik und starken Finanzsystemen, die ohne eigenes Verschulden als Folge internationaler Finanzkrisen unter Kapitalabflüssen und damit unter Zahlungsbilanzproblemen leiden, zur Verfügung. Auf diese Weise sollen Krisen möglichst schon im Vorfeld entschärft werden.

Es wurde allerdings kritisiert, dass die auf dem *Washington Consensus (vgl.* Abschn. 4.3.2) beruhenden „Standardkonditionen" des IWF in vielen Fällen nicht sinnvoll seien. Sie wurden deswegen auch vom IWF revidiert und besser an die wirtschaftliche Situation der kreditnehmenden Länder angepasst. Wie erwähnt, lagen die Ursachen verschiedener Finanzkrisen, u. a. der *Asienkrise*, nicht im öffentlichen, sondern im privaten Sektor. Maßnahmen, die die staatliche Seite betrafen, wie Haushaltskürzungen oder Zinsanhebungen, waren damit nicht nur wirkungslos, sondern wirkten sogar destabilisierend und damit krisenverschärfend. So erfüllten vom IWF oktroyierte Zinssteigerungen zur Verhinderung eines weiteren Kapitalabflusses aus den asiatischen und lateinamerikanischen Ländern Ende der 1990er-Jahre ihr Ziel, eine massive Kapitalflucht zu verhindern, nicht. Vielmehr verteuerten sie die von den Unternehmen benötigten Mittel zur Schuldenrückzahlung erheblich, so dass die erhöhte Wahrscheinlichkeit von Unternehmensinsolvenzen die Wirtschaftssituation in den Ländern weiter verschlechterte.

Diese Einschätzung ist allerdings umstritten, da die Wiederherstellung des Vertrauens in die nationalen Finanz- und Devisenmärkte häufig erst dann möglich wird, wenn politische Stabilisierungsmaßnahmen durchgesetzt werden können. Hierzu zählen die Reduzierung der Staatsverschuldung, Zinserhöhungen zur Abschwächung von als zu hoch eingeschätzten Wachstumsraten, eine Verbesserung der Bankenstruktur, Einlagensicherungssysteme, vor allem aber international akzeptierte Richtlinien und eine wirksame Finanzmarktaufsicht. Die realen binnenwirtschaftlichen Folgen wurden jedoch bis Ende der 1990er-Jahre bei der inhaltlichen Ausgestaltung der Auflagen zu wenig berücksichtigt. Länder wurden beispielsweise zu sozial problematischen Maßnahmen im Rahmen der Haushaltskonsolidierung gezwungen, etwa zum Abbau von Subventionen für Grundnahrungsmittel oder zur Reduzierung von Ausgaben für das Bildungssystem. Obwohl in vielen Fällen geringere Staatsausgaben zwingend notwendig sind, müssen entsprechende Maßnahmen die sozialen und ökonomischen Bedingungen der Empfängerländer viel stärker berücksichtigen, um soziale Unruhen und politische Instabilität zu vermeiden.

Wichtige Ansatzpunkte sind auch die Stärkung wirtschaftlicher und politischer Institutionen, vor allem die Schaffung eines unabhängigen Justizsystems zur Verbesserung des Investorenvertrauens und der Eigentumsrechte sowie zur Verringerung von Korruption. Hinzu kommen die Steigerung der Effektivität von Aufsichts- und Kontrollsystemen für die nationalen Finanzmärkte, die Einführung eines Wettbewerbsrechts zur Verhinderung von Monopolstrukturen, die Flexibilisierung der Arbeitsmärkte sowie adäquate Infrastrukturinvestitionen. Allerdings müssen entsprechende Beratungsinputs in diesen Bereichen sorgfältig mit den Regierungen abgestimmt werden, um Widerstände gegen eine als Einmischung in nationale Angelegenheiten empfundene Intervention möglichst gering zu halten. Durch ex ante-Auflagen kann zudem die Selbsthilfefähigkeit der Länder gestärkt werden.

5.5.2   Weitere Verbesserung der Frühwarnsysteme

Nationale Währungskrisen entstehen meist durch die sprunghafte Abnahme der Währungsreserven des betreffenden Landes, eine außergewöhnlich starke Abwertung der Landeswährung sowie abrupt steigende Zinsen. Dies geschieht jedoch i. d. R. nicht ohne Vorwarnung, vielmehr gehen den meisten Krisen bestimmte ökonomische Konstellationen voraus, die zwar nicht zwangsläufig in eine Krise münden, aber die Gefahr des Entstehens einer Krise begünstigen. Es wird daher versucht, aus diesen Konstellationen Frühwarnindikatoren herauszufiltern, um so Prognosen erstellen zu können. Meist liegen Finanz- und Währungskrisen fundamentale Finanz- und Währungsungleichgewichte zugrunde, die wiederum Folge einer übermäßig expansiven Geld- und Fiskalpolitik sind und einhergehen mit Leistungsbilanzdefiziten bei stagnierenden oder rückläufigen Direktinvestitionen. Daraus kann abgeleitet werden, dass die folgenden *binnenwirtschaftlichen Indikatoren* beobachtet werden müssen:

- Entwicklung und absolute Höhe des Haushaltsdefizits,
- Entwicklung der Geldmenge, der Kapitalmarktzinsen sowie der Inflationsrate,
- Entwicklung des Außenwerts der Währung, der privaten und der öffentlichen Auslandsverschuldung und der Währungsreserven.

Beispiel

In der Vergangenheit gab es allerdings Fälle, bei denen einzelne Länder ihre Währungsreserven bewusst zu niedrig auswiesen, um später flexibler mit den Währungskrediten des IWF verfahren zu können, oder genauer: um die Kredite zweckentfremdet verwenden zu können. So wurde beispielsweise in den 1990er-Jahren erst im Nachhinein bekannt, dass die russische Zentralbank Devisentransfers auf dubiose Auslandskonten veranlasst hatte, ohne den IWF zu informieren. ◄

Hinzu kommen qualitative Faktoren, wie die Steuerungskompetenz der politischen Führung und die Qualität des Bankensystems. Auch spielen *externe Faktoren*, wie die Entwicklung des internationalen Zinsniveaus oder die globale Konjunkturlage eine wichtige Rolle. Obwohl die meisten dieser Größen als *Frühwarnindikatoren* weitgehend akzeptiert sind, bleibt die konkrete krisenrelevante Ausprägung der Indikatoren ebenso umstritten wie die Wirkung von Verknüpfungen bestimmter Ausprägungen.

Die Verbesserung des *Frühwarnsystems* ist vorwiegend Aufgabe des IWF, der hierzu – wie bereits erwähnt – entsprechende Schritte eingeleitet hat, wie das seit 2012 existierende SDDS Plus und das 2015 eingeführte e-GDSS.[8] Dabei kommt es natürlich darauf an, dass die Daten korrekt erhoben und zeitnah bereit gestellt und anschließend auch zeitnah ausgewertet werden, um *frühzeitig präventive Gegenmaßnahmen* ergreifen zu können. Dann könnten – unter Berücksichtigung der jeweiligen politischen und sozialen Situation – etwa maßvolle Zinserhöhungen oder schrittweise Abwertungen für die betroffenen Länder empfohlen werden. Erst wenn die Länder nicht adäquat reagieren, also wenn beispielsweise die Durchführung von notwendigen restriktiven geld- oder fiskalpolitischen Maßnahmen verzögert wird oder aber wenn die erforderliche Datenbereitstellung durch die betroffenen Länder gerade in Vor-Krisensituationen verfälscht oder verzögert wurde, könnte dies veröffentlicht werden.

5.5.3 Temporäre Kapitalverkehrsbeschränkungen

Während das langfristig orientierte Kapital meist eher besonnen auf mögliche oder erwartete Veränderungen der wirtschaftspolitischen Konstellationen in dem Anlageland reagiert, tendieren die kurzfristigen, spekulativ orientierten internationalen Kapitalanleger zu Überreaktionen. Diese Entwicklung wurde durch die Liberalisierungspolitik insbesondere der 1990er-Jahre erst ermöglicht oder wesentlich erleichtert. Vielfach wurden jedoch die notwendigen Bedingungen für eine funktionierende Kapitalmarktliberalisierung zu wenig beachtet. Voraussetzungen sind u. a. ein effizient und effektiv funktionierendes Finanzsystem, nach internationalen Standards arbeitende und auch kontrollierte Banken, ein verantwortungsbewusstes staatliches Wirtschafts- und Finanzmanagement sowie eine „liberalisierungsfeste" Währungspolitik.[9] Diese Rahmenbedingungen waren und sind bei vielen Entwicklungs- und Schwellenländern bisher jedoch noch nicht in vollem Umfang gegeben.

Solange dies aber (noch) nicht der Fall ist, kann es sinnvoll sein, den grenzüberschreitenden Kapitalverkehr in Krisensituationen temporär zu deliberalisieren bzw. zu re-regulieren, um

---

[8]Vgl. hierzu die IWF Informationsstandards in Abschn. 4.3.1.

[9]Vgl. hierzu Kap. 6.

kurzfristige, spekulative Finanzströme zu verringern, möglichst ohne dabei langfristig orientierte Kapitalzuflüsse zu beeinträchtigen. Eine solche Beschränkung kann *direkt* erfolgen über ein Verbot bestimmter Kapitalbewegungen, etwa Gewinne ins Ausland zu transferieren, oder *indirekt* über eine Verteuerung von kurzfristigen Kapitalbewegungen, beispielsweise durch die Erhebung oder Erhöhung von Finanz-Transaktionssteuern. Dies wiederum kann entweder auf nationaler Ebene geschehen, oder es kann versucht werden, durch internationale Vereinbarungen eine globale Reduzierung zu erreichen. So könnten auf internationaler Ebene Situationen definiert und vereinbart werden, in denen es Ländern erlaubt ist die Liberalisierung des Kapitalverkehrs zeitweise auszusetzen. Es müsste sich hierbei allerdings um Ausnahmeregeln handeln, deren Anwendung nur unter klar und restriktiv definierten Voraussetzungen möglich wäre. Voraussetzungen, Maßnahmen und Anwendungsperiode müssten kontrollierbar sein und auch überprüft werden.

Direkte Kapitalverkehrsbeschränkungen
Durch direkte Kapitalverkehrsbeschränkungen, die beispielsweise von Malaysia auf dem Höhepunkt der Asienkrise 1998 erfolgreich eingeführt wurden und erst 2005 wieder vollständig aufgehoben wurden, gelang es dem Land einen dramatischen Abzug von Auslandskapital zu verhindern und die negativen Folgen der Währungs- und Finanzkrise zu verhindern. China gelang es, durch die Verpflichtung chinesischer Exporteure Devisenerlöse zu bestimmten Kursen an die Zentralbank abzuliefern, den Wechselkurs der einheimischen Währung zunächst fest, später in einer engen Bandbreite zum US$ zu halten. In beiden Fällen handelte es sich um einseitige nationale Maßnahmen mit dem Ziel, die Instabilität der nationalen Wirtschaft und insbesondere der nationalen Finanzmärkte zu reduzieren und gleichzeitig nationale Autonomie zurück zu erhalten, allerdings um den Preis eines gestörten Vertrauensverhältnisses gegenüber internationalen Anlegern und Kapitalgebern.

Kapitalverkehrsbeschränkungen sollen daher eine grundsätzliche Liberalisierung nicht rückgängig machen, sondern nur zeitlich begrenzen. Sie sind nur dann sinnvoll, wenn ihre (Wieder-)Abschaffung konkret geplant ist und das Land in dieser Phase seine Wirtschafts- und Finanzmarktstrukturen soweit reformiert, dass diese einem freien Kapitalverkehr (wieder) gewachsen sind. Reformen können sich beispielsweise beziehen auf eine Anpassung des Außenwerts der Währung, auf die Erhöhung der allgemeinen Rechtssicherheit, die Förderung eines effizienten und widerstandsfähigen Bankensystems mit adäquaten internen Kontrollsystemen sowie die Erhöhung der Transparenz von politischen Entscheidungen und Entscheidungsvorgängen. Zudem sollte ein funktionierendes unabhängiges Aufsichtssystem Kontrollfunktionen wahrnehmen. Gelingt dies nicht, werden die notwendigen Devisenkontrollen eher den Schwarzmarkt stärken.

Erziehungszoll
Zeitlich limitierte Kapitalverkehrskontrollen können eine gewisse Analogie zu *Erziehungszöllen* aufweisen. Diese werden von Staaten erhoben, um inländische Produzenten für einen befristeten Zeitraum (!) vor leistungsfähiger ausländischer Konkurrenz zu schützen. Temporäre, degressiv gestaltete Erziehungszölle werden dann als sinnvoll angesehen, wenn sie dazu dienen, dem betreffenden Land den

Aufbau eines neuen Industriezweiges *(infant industry)* zu erlauben, was wegen der internationalen Konkurrenz sonst nicht möglich wäre. Dem Bedenken, dass preisgünstigere Importe von größerem Vorteil wären, wird üblicherweise entgegengehalten, dass nur so der eigenständige Aufbau von Knowhow, Innovationen und Unternehmertum gewährleistet sei.

Eine solche zeitlich begrenzte Schutzphase kann auch deswegen geboten sein, weil vollständige Konvertibilität eine eigenständige Geldpolitik nicht zulässt. So führen nationale Zinserhöhungen zur Abwehr von Überhitzungserscheinungen im Allgemeinen zu verstärkten Kapitalimporten durch inländische Unternehmen, die sich im Ausland zu günstigeren Zinssätzen verschulden können. Dies gilt ebenso für inländische Banken, die Kredite im Ausland aufnehmen, um diese Mittel dann zu inländischen Konditionen anbieten und von der Zinsdifferenz profitieren zu können. Damit wird der Zweck der geldpolitischen Maßnahme konterkariert: Die Geldmenge nimmt nicht ab und die Inflationsgefahr wird weiter erhöht.

IWF-Regelungen
Kapitalverkehrskontrollen stehen übrigens nicht unbedingt im Widerspruch zu dem IWF-Ziel, ein freies multilaterales Zahlungssystem zu fördern. Den IWF-Vereinbarungen entspricht ein Land ja schon dann, wenn es sich – wie erwähnt – durch Anerkennung von *Artikel VIII des IWF-Übereinkommens* verpflichtet, den freien Kapitalverkehr für Transaktionen im Rahmen der Leistungsbilanz *(Leistungsbilanzkonvertibilität)* nicht zu beschränken und sich an diskriminierenden Währungsvereinbarungen nicht zu beteiligen. Tatsächlich sind aber bei den meisten Ländern, die sich zur Leistungsbilanzkonvertibilität verpflichtet haben, noch Beschränkungen für autonome internationale Kapitaltransaktionen in Kraft, also für solche Transaktionen, denen keine realwirtschaftlichen Transaktionen oder Verträge zugrunde liegen (vgl. Abschn. 3.1).

Indirekte Kapitalverkehrsbeschränkungen
Indirekt wirkende Ansätze zielen primär auf die Verringerung von Kapitalzuflüssen und setzen damit unmittelbar an der möglichen Ursache potenziell stabilitätsbedrohender Kapitalbewegungen an. Der bekannteste Vorschlag, internationale Kapitalbewegungen zu verteuern und damit auch zu reduzieren, stammt von dem amerikanischen Ökonomen und Nobel-Preisträger *James Tobin. Tobin* schlug schon in den 1970er-Jahren vor, durch eine Devisenumsatzsteuer mit einem Steuersatz von weniger als einem Prozent „Sand in das Getriebe spekulativer Kapitalbewegungen" zu streuen. Durch diese bereits erwähnte **Tobin-Steuer** *(Tobin Tax)* sollen vor allem kurzfristige, an marginalen Zins- und Währungsdifferenzen orientierte Finanzgeschäfte an Attraktivität verlieren und damit eine Reduzierung des weltweiten Devisenumsatzes bewirken.[10] Unter dem „Schutz" einer solchen *Finanztransaktionssteuer* könnten sich die Devisenmärkte damit wieder stärker an Fundamentaldaten orientieren, so dass sich die Volatilität der Wechselkurse verringern würde. Damit würde sich auch der internationale Zinszusammenhang lockern und die nationalen Regierungen eine höhere Autonomie in der Geldpolitik zurückerhalten, auch deswegen, weil ihre Interventionen aufgrund der insgesamt niedrigeren Devisenmarktumsätze wieder wirkungsvoller würden.

---

[10] Nach Erhebungen der BIZ entfällt der mit Abstand größte Anteil des täglichen Transaktionsvolumens auf den Kapitalmärkten auf Fristen von maximal sieben Tagen. Vgl. auch Kulessa (1996).

Nach der Finanzkrise 2007/08 wurde die Tobin-Steuer wieder intensiv diskutiert und sollte zunächst in Europa eigentlich bis 2014 eingeführt werden. Inzwischen ist das Interesse an einer Einführung zurückgegangen, insbesondere wohl auch deswegen, weil die USA und Großbritannien an einer solchen Steuer nicht interessiert sind. Es ist daher fraglich, ob dieser Ansatz tatsächlich einmal umgesetzt wird, da er nur dann, wenn er auf globaler Ebene umgesetzt wird, auch wirksam wäre, da sonst Finanztransaktionen zum großen Teil auf Finanzplätze ohne eine Tobin-Steuer verlagert würden. Das wichtigste Gegenargument aber ist, dass eine so geringe Steuer gerade in „heißen Spekulationsphasen" kaum ein Korrektiv darstellen würde, da die erwarteten Spekulationsgewinne (oder die vermiedenen Verluste) die (geringe) Steuerlast übersteigen würden. Dies gilt insbesondere dann, wenn Abwertungen einzelner Währungen als Korrektur bisheriger Übertreibungen oder als Reaktion auf eine unzulängliche Wirtschaftspolitik als ökonomisch sinnvoll angesehen werden.

5.6   *Exkurs*: Währungskriege

Von Zeit zu Zeit wird die Wahrscheinlichkeit drohender Währungskriege diskutiert. Bei einem *Währungskrieg* geht es nicht darum, Währungsschwankungen zu beseitigen oder gar die Märkte zu einem als „richtig" eingestuften Gleichgewichtswechselkurs zu bewegen. Vielmehr möchten die politischen Akteure, in Abhängigkeit von ihren Zielen, ihre Währung durch bestimmte Aktionen aufwerten oder abwerten, etwa um durch einen niedrigeren Wechselkurs der eigenen Währung eigene Exporte zu erleichtern. Dies wurde in der Vergangenheit mehrfach versucht. China wurde ein solches Verhalten vorgeworfen und die USA praktizierten dies durch ihre Strategie des *benign neglect*. Ein etwas anderer Fall liegt vor, wenn ein Land aufgrund einer zu starken Währung seine Wettbewerbsfähigkeit einbüßt. Dies war in den 2010er-Jahren der Fall, als sehr viel Kapital in einige Schwellenländer floss, deren Zinsniveau wegen einer notendigen Anti-Inflationspolitik vergleichsweise hoch war. Der brasilianische Finanzminister warf daraufhin den führenden Industrieländern vor, sie würden mit ihrer Niedrigzinspolitik ihre eigenen Währungen gezielt schwächen und einen „Währungskrieg" führen.[11]

Ein *„umgedrehter Währungskrieg"* liegt demnach dann vor, wenn ein Land versucht, seine eigene Währung zu stärken. Dies kann etwa gelingen, durch eine entsprechende Zinspolitik, die Anlagen in die eigene Währung durch höhere Zinsen und Aufwertungsgewinne fördert. Die Effekte sind dann umgekehrt. Es werden zwar eigene Exporte verteuert, dafür verbilligen sich die Importe, sofern sie in anderen, nun abgewerteten, Währungen bezahlt werden können. Erwartet wird so ein dämpfender Effekt auf die durch die hohen Importpreise hervorgerufene *importierte Inflation*. Verteuern sich beispielsweise in US$ bewertete Energieimporte für die Euro-Länder, wie dies 2022/23 der Fall war, kann es ökonomisch sinnvoll sein, den Euro künstlich zu stärken. Dies kann neben Zinserhöhungen evtl. auch über direkte Interventionen am Währungsmarkt geschehen: Die Zentralbank verkauft dann gezielt Devisen, um den Wert der

---

[11]Vgl. Klein/Teng (2011); Perdzioch et al (2011).

fremden Währung, hier des US\$, zu senken. 2022 gab es solche Aktionen etwa bei dem Schweizer Franken und dem britischen Pfund. Ein Währungskrieg würde allerdings erst dann entstehen, wenn andere Länder mit ihren Währungen in ähnlicher Weise verfahren würden (vgl. Gojdka 2022).

Literatur Kap. 5[12]

Bank für Internationalen Zahlungsausgleich (BIZ) Jahresbericht, verschiedene Jahrgänge: 1998, 2009, 2012, 2015, 2018, Basel

Deutsche Bundesbank (2000) und (2010) Devisenkursstatistik, Dezember 2000 und Dezember 2010

Deutsche Bundesbank (2022) Wechselkursstatistik, Dezember 2022

Gojdka, V. (2022) Jetzt ein Währungskrieg; in: SZ vom 31.08.2022

Klein, M./Teng, F. (2011) Währungskrieg: Schlagwort oder reale Bedrohung; in: WISU Nr. 01/2011, S. 120 ff.

Laeven, L./Valencia, F. (2012) Systemic Banking Crises Database: An Update. IMF Working Paper WP 12/163

Neidner, M. (1989) Flexible Wechselkurse im Widerstreit der Meinungen; in: WiSt Heft 3/1989

Pierdzioch, C. et al. (2011) Auslöser und Auswirkungen von Währungskriegen; in: WISU Nr. 07/2011, S. 979 ff.

Ausgewählte Links

AIIB: https://www.aiib.org/en/general/faq/index.html

AMRO: https://www.amro-asia.org/about-amro/amro-and-the-cmim/

Finanzkrisen: https://www.bpb.de/kurz-knapp/zahlen-und-fakten/globalisierung/52625/groessere-finanzkrisen-seit-1970/

BCBS, Baser Ausschuss für Bankenaufsicht: https://www.bis.org/bcbs/membership.htm; https://www.bis.org/bcbs/

G7: https://www.bundesfinanzministerium.de/Content/DE/Standardartikel/Themen/Internationales_Finanzmarkt/G7-G20/Gruppe-G7-und-8.html

G15: https://www.allexamgurublog.com/2018/04/g-15-group.html

G20: www.g20.org

G24: www.g24.org

G77: www.g77.org

---

[12]Letzter Zugriff auf die im Literaturverzeichnis genannten Internetquellen und die Links jeweils 02/2023.

Die Globalisierung der Finanzmärkte I

6

Im Bretton-Woods-System (BWS) hatte die Stabilität der Wechselkurse als wichtige Voraussetzung für die Entwicklung des internationalen Handel Priorität, während freier Kapitalverkehr eher als Quelle von Instabilität gesehen und daher auch stark eingeschränkt wurde. Mit dem Ende des BWS und dem Beginn der Liberalisierung der Finanzströme setzte sich auch die Erkenntnis durch, dass durch die Beseitigung von Kapitalverkehrskontrollen Verzerrungen bei der Allokation der Ressourcen abgebaut und damit eine wesentliche Voraussetzung für eine weitere Handelsausweitung geschaffen werden konnte. Die internationalen Finanzströme stiegen daraufhin sprunghaft an, so dass die nationalen Finanzmärkte zu einem globalen Finanzmarkt zusammen wuchsen.

Wichtige Merkmale dieser Entwicklung sind neben den stark gefallenen Informations- und Transaktionskosten der freie Marktzugang für alle Interessenten sowie hohe Gewinnchancen bei gleichzeitig gesunkenen Aufsichts- und Einflussmöglichkeiten der nationalen politischen Organe. Dabei stieg allerdings auch die Krisenanfälligkeit der Finanzmärkte: Die Finanzmarktakteure entwickelten eine Fülle neuer kaum kontrollierbarer Finanzinnovationen, nutzten *Schattenbanken* oder entzogen sich in Steueroasen sogar komplett dem Einflussbereich von Finanzkontrollen.

E. Koch, *Internationale Wirtschaftsbeziehungen II*, https://doi.org/10.1007/978-3-658-43377-2_6

Kurze Erläuterung ausgewählter Begriffe

- Als *lender of last resort* wird die Institution bezeichnet, die dann noch Kredite zur Verfügung stellt, wenn die internationalen Finanzmärkte hierzu nicht mehr bereit sind. In der Regel ist dies die jeweilige Zentralbank.

- *Moral hazard* bezeichnet ein Verhalten, bei dem Risiken bewusst eingegangen werden in der (häufig berechtigten) Erwartung, die negativen Folgen bei einem Risikoeintritt würden von anderen getragen.

- Bei einem *burden-sharing* tragen mehrere Institutionen die Folgen eines Risikoeintritts (beispielsweise einer Banken- oder Finanzkrise), neben dem Staat meist Eigentümer und/oder Kapitalanleger.

- Werden Finanzkrisen durch externe Liquiditätshilfen „aufgefangen", so dass sich das Risiko für Eigentümer und Kapitalanleger verringert, wird dies als *bail-out* bezeichnet.

- Beim *bail-in* dagegen beteiligen sich wichtige Stakeholder, wie die Banken selbst, sowie Eigentümer und Kapitalanleger an der Krisenlösung, insbesondere durch die Haftung mit eigenem Kapital oder die Bereitstellung zusätzlicher Kredite.

- Eine *Schattenbank* – auch als *non-bank financial intermediary* (NBFI) bezeichnet – ist ein Finanzinstitut, das außerhalb des regulären Bankensystems tätig ist und deshalb auch nicht der Bankenaufsicht untersteht. Typische Schattenbanken sind Fonds, wie Geldmarktfonds, Hedgefonds oder Aktienfonds (vgl. Abschn. 7.3).

- *Bad Banks* werden von einer Bank als „Abwicklungsinstrument" gegründet, auf das sie notleidende Kredite und Papiere überträgt, um die eigene Insolvenz abzuwenden bzw. ihre Bonität und ihr reguläres Bankgeschäft nicht (weiter) zu gefährden. Nach erfolgreicher Abwicklung des übertragenen Portfolios wird die *Bad Bank* aufgelöst.

- *Systemrelevante Banken* (SFIs) gelten als „too big to fail". Ihr Bilanzvolumen ist zu groß, um sie scheitern zu lassen, wobei einzelne Staaten sie auch nicht retten könnten. Ihr Zusammenbruch müsste daher von der internationalen Staatengemeinschaft verhindert werden.

6.1   Internationale Finanzmärkte

Finanzgeschäfte werden auf Finanzmärkten abgewickelt, auf denen Angebot und Nachfrage nach Geld und Kapital zusammentreffen. Internationale Finanztransaktionen werden auf *internationalen Finanzmärkten* durchgeführt, auf denen in großem Umfang Transaktionen in den verschiedensten Währungen getätigt werden. Zwar nimmt die Anzahl der Finanzplätze zu, dennoch konzentrieren sich die Transaktionen auf nur wenige Finanzmärkte. Schon seit vielen Jahren werden mehr als zwei Drittel aller internationalen Finanztransaktionen auf den vier großen Finanzplätzen New York, London, Singapur und Hongkong abgewickelt (vgl. Abb. 6.1).

Gleichzeitig stieg die Konzentration der internationalen Finanztransaktionen auf die jeweils größten Akteure an den Devisenmärkten laufend an: Bereits zwischen 1995 und 2004 halbierte sich die Anzahl der Banken, auf die zusammen 75 % des Devisenhandels (*Forex Trading*) auf den sieben größten Finanzplätzen entfällt, von über 120 auf 67 Banken (BIZ 2004, S. 76 und 82). 2018 entfielen rund zwei Drittel des globalen Devisenhandels auf nur noch zehn Banken, die wichtigsten Banken hierbei sind J.P. Morgan (USA), UBS (Schweiz), Deutsche Bank und die Citigroup (USA), wobei allein auf die größten drei Finanzinstitute über 25 % des weltweiten Devisengeschäfts entfallen (vgl. HB 2018).

Der Devisenmarkt ist an keinen zentralen physischen Standort gebunden, er funktioniert nach dem Prinzip von Angebot und Nachfrage und findet direkt zwischen zwei Parteien statt (*Over-the-Counter*, OTC) ohne dass er reguliert oder überwacht wird. Ein typi-

Abb. 6.1 Die wichtigsten globalen Finanzplätze 2022. (Quelle: *Ausgewählte Links*: The Global Financial Centres Index (GFCI) 2023)

1	**New York**	11	Seoul
2	**London**	12	Chicago
3	**Singapur**	13	Sidney
4	**Hongkong**	14	Boston
5	San Franzisco	15	Washington D.C.
6	Shanghai	16	Tokyo
7	Los Angeles	17	Dubai
8	Beijing	18	Frankfurt
9	Shenzhen	19	Amsterdam
10	Paris	20	Genf

scher Nachteil eines OTC-Marktes, auf den später nochmals eingegangen wird, ist, dass immer ein *Gegenparteirisiko* besteht, also das Risiko, dass eine der Parteien vor der Transaktion in Verzug gerät und nicht in der Lage ist, die vereinbarte Gegenleistung zu erbringen.

Auf den Devisenmärkten werden über 160 verschiedene Währungen gehandelt, allerdings konzentriert sich der Handel nur auf sehr wenige Währungen. Einige Währungspaare werden nur selten gehandelt, so dass der Devisenhandel auf eine verbreitete Zwischenwährung zurückgreift. Über 75 % des Devisenhandels entfällt daher nur auf die vier am meisten verwendeten Währungen: US$, Euro, den japanischen Yen und das britische Pfund Sterling. Weitere häufiger gehandelte Währungen sind der australische und der kanadische Dollar, der Schweizer Franken und der chinesische Yuan.

Der US$ ist für die meisten Zentralbanken die wichtigste *Reservewährung* und damit auch das wichtigste *Wertaufbewahrungsmittel*, sein Anteil an den Währungsreserven ging in den letzten 20 Jahren von über 70 % (2001) auf knapp 60 % (2022) jedoch leicht zurück. Da er weltweit akzeptiert ist, wird er auch häufig als Zwischenwährung, als alternatives Zahlungsmittel und als Währungsanker für die eigene nationale Währung verwendet. Seit Beginn der 2000er-Jahre ist er an etwa 88 % aller Devisentransaktionen beteiligt. Die Bedeutung des Euro ist von 39 % (2010) auf 31 % gesunken, die des japanische Yen liegt unverändert bei 17 %.[1] Das am meisten gehandelte „Währungspaar" war US$ zu Euro vor den Währungspaaren US$ zu Yen und US$ zu Pfund Sterling (vgl. BIS 2022/1).

Wertpapier- und Warenterminbörsen
Neben den Devisenmärkten sind die Wertpapiermärkte, die Märkte für Aktien, Anleihen und Finanzderivate (vgl. Abschn. 6.3.5), ein wichtiger Bereich der internationalen Finanzmärkte. In London sind dies vor allem die *London Stock Exchange* (LSE), die mit weitem Abstand größte Wertpapierbörse Europas sowie die *Intercontinental Exchange* (ICE) und die *ICE Futures Europe* für fossile Rohstoffe, wie Erdöl oder Erdgas, sowie für *nachwachsende Rohstoffe* (*soft commodities*), wie Kaffee, Kakao oder Zucker. Alle Warenbörsen sind heute Terminbörsen, an denen Terminkontrakte gehandelt werden.[2] Die bedeutendsten Zentren in den USA sind Chicago und New York. Die CME

---

[1] Hinweis: Die Gesamtzahl der Devisentransaktionen summiert sich bei dieser Darstellung auf 200 %.

[2] Vgl. *Ausgewählte Links*: ICE Futures. Die ICE, die früher als *International Petroleum Exchange of London* (IPE) firmierte, und die frühere *London International Financial Futures und Options Ex-*

Group ist der weltweit führende Marktplatz für Derivate und besteht aus vier Börsen, der *Chicago Mercantile Exchange* (CME), der größten Terminbörse der Welt, der *Chicago Board of Trade* (CBOT), der *New York Mercantile Exchange* (NYMEX) und der *New York Commodities Exchange* (COMEX). In New York befindet sich die 1792 gegründete *New York Stock Exchange* (NYSE) und die 1971 geschaffene Computerbörse *Nasdaq*. In Japan wird der Aktienhandel von der *Tokyo Stock Exchange* dominiert.

6.2 Internationale Finanztransaktionen

Mit dem weltweiten Übergang zu flexiblen Wechselkursen begannen die meisten Länder ihre an das feste Wechselkurssystem gekoppelten Kapitalverkehrsbeschränkungen abzubauen. Anfang der 1990er-Jahre hatten praktisch alle wichtigen Länder ihre Kapitalverkehrskontrollen beseitigt, so dass sich neue vielfältige Finanzierungs- und Anlagemöglichkeiten eröffneten. Die weltweiten Finanzströme begannen daher ab Mitte der 1970er-Jahre zunächst zögernd und dann immer rascher zu wachsen. So verdreifachten sich die täglichen Umsätze auf den Welt-Devisenmärkten bereits zwischen 1989 und 2004 von 590 Mrd. US\$ auf fast 1,9 Bio. US\$ – trotz eines erheblichen konjunkturell bedingten Einbruchs in den Jahren 2001 und 2002 und trotz der Einführung des Euro, der die intraeuropäischen Devisentransaktionen erheblich reduzierte. In den letzten ca. 20 Jahren vervierfachten sich die täglichen Devisenmarktumsätze noch einmal auf inzwischen 7,5 Bio. US\$ im April 2022 (vgl. Abb. 6.2) Die Devisentransaktionen wuchsen damit in diesem Zeitraum erheblich schneller als der Welthandel oder gar das Welt-BIP.

Triennial Survey
Zur Ermittlung der Umsätze auf den Fremdwährungsmärkten erhebt die *Bank für Internationalen Zahlungsausgleich* (BIZ) mit Sitz in Basel in dreijährigen Intervallen Daten bei einer steigenden Anzahl von Zentralbanken. Der letzte im Frühjahr 2022 durchgeführte Survey stützt sich auf die in 52 Ländern einen Monat lang gesammelten und bereitgestellten Daten von 1.200 am Devisenhandel beteiligten Finanzinstitutionen (vgl. BIS 2022/1).

Die *Bank für Internationalen Zahlungsausgleich*, BIZ, (*Bank for International Settlements*, BIS) wurde 1930 von Zentralbanken in Europa, Nordamerika und Japan als neutrales Institut zur Abwicklung deutscher Reparationszahlungen nach dem Ersten Weltkrieg, entsprechend des Young-Plans, mit Sitz in Basel gegründet. Gleichzeitig sollte sie die Zusammenarbeit zwischen den Zentralbanken fördern und neue Möglichkeiten für internationale Finanzgeschäfte erschließen. Heute ist die BIZ für die Zentralbanken ein wichtiges Zentrum der internationalen Zusammenarbeit im Währungs- und Finanzbereich. Anfang 2023 gehörten ihr 63 Zentralbanken aus Europa, Nordamerika und einer wachsenden

---

change (LIFFE), eine in London ansässige Terminbörse, wurde nach mehreren Übernahmen 2014 Teil von ICE und später in *ICE Futures Europe* umbenannt.

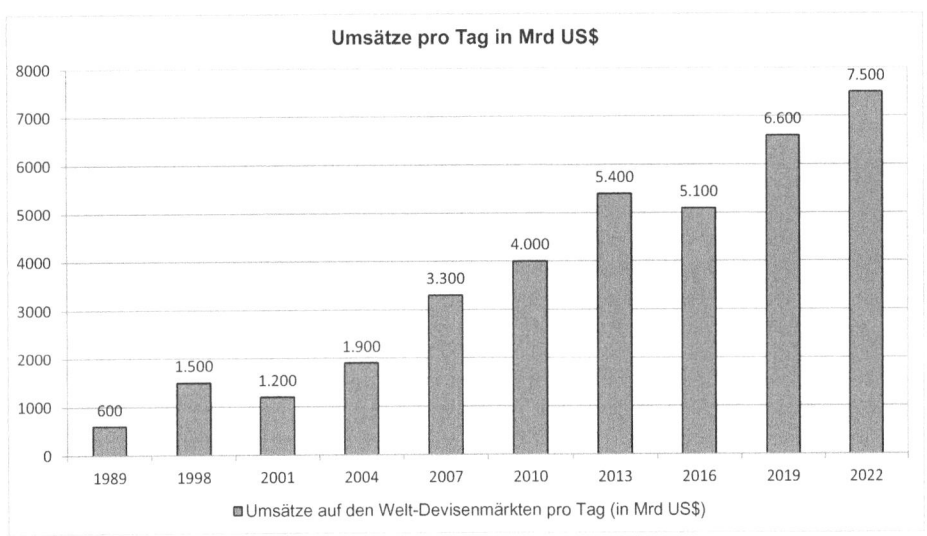

Abb. 6.2 **Umsätze auf den Welt-Devisenmärkten pro Tag (in Mrd. US $).** (Quellen: BIS (2022/1), BIS (2022/2), BIS (2022/3))

Anzahl von Schwellenländern an, sie beschäftigt mehr als 600 Mitarbeitende und unterhält zwei Regionalbüros in Hongkong und Mexiko. Als „Bank der Zentralbanken" verwaltet sie Währungsreserven von über 140 Zentralbanken und Währungsbehörden. Darüber hinaus stellt sie Zentralbanken (nicht jedoch Regierungen!) Liquiditätskredite zur Verfügung und bietet diesen spezielle Finanzdienstleistungen, etwa zur effizienteren Liquiditätssteuerung, an.

Auf regelmäßigen Sitzungen der Zentralbankgouverneure werden Fragen der Konjunktur- und Finanzmarktlage sowie der Finanzstabilität behandelt. Bei der BIZ sind ebenfalls wichtige ständige Ausschüsse angesiedelt, u. a. der *Ausschuss für das weltweite Finanzsystem* (*Committee on the Global Financial System*, CGFS), der *Baseler Ausschuss für Bankenaufsicht* (*Basel Committee on Banking Supervision*, BCBS) sowie *das Financial Stability Institute* (FSI). Weitere bei der BIZ ansässige Vereinigungen sind u. a. *der Financial Stability Board* (FSB), die *Internationale Vereinigung für Einlagensicherungen* (*International Association of Deposit Insurers*, IADI) und die *Internationale Vereinigung für Versicherungsaufsichtsbehörden* (*International Association of Insurance Supervisors*, IAIS).

Der informelle *Baseler Prozess*, die Kooperation zwischen Zentralbanken, Ausschüssen, Finanzaufsichtsbehörden sowie Bankenaufsichts- und Regulierungsgremien, bildet einen wesentlichen Pfeiler der internationalen Zusammenarbeit im Bereich der Finanzstabilität. Die Beratungen legten u. a. die Basis für die verschiedenen Basel-Abkommen, einschließlich der Basel III-Regularien nach der Finanzkrise 2007/08 (vgl. Abschn. 7.4.1).

6.2.1   Induzierte Finanztransaktionen

Unter *induzierten* Finanztransaktionen werden Geld- und Kapitalströme verstanden, die in unmittelbarem Zusammenhang mit „leistungsbezogenen" Aktivitäten stehen, also Transaktionen, die in der Leistungsbilanz verzeichnet werden. Hierzu zählen sämtliche Waren- und Dienstleistungsex- und -importe, Transaktionen, die im Zusammenhang mit grenzüberschreitender Arbeitstätigkeit und internationalen Vermögensanlagen sowie mit grenzüberschreitenden unentgeltlichen Leistungen stehen. Diese Transaktionen sind Folge von grenzüberschreitenden bzw. internationalen Vereinbarungen und Verträgen, wie etwa von Exportbeziehungen, Handelskrediten, Devisentausch- oder Kurssicherungsgeschäften oder es handelt sich um regelmäßige Zahlungen an internationale Organisationen bzw. von diesen erhaltene Leistungen (vgl. Abschn. 1.1 und 1.2).

Alle angesprochenen Beziehungen führen zu einer Nachfrage nach ausländischen Währungen und beeinflussen das Volumen der internationalen Devisentransaktionen. So führen Außenhandelsbeziehungen zu einer Nachfrage nach der Währung des Exportlandes durch das Importland, so dass ein Anstieg der Exporte eine steigende Nachfrage nach der Währung des Exportlandes durch die Importländer zur Folge hat. Allerdings dürften die induzierten Transaktionen selbst bei günstigsten Schätzungen 2 bis 3 % des derzeitigen Gesamtvolumens aller internationaler Finanztransaktionen, also der induzierten und der autonomen Transaktionen, kaum überschreiten (vgl. Abb. 6.3).

Diese Relation ändert sich auch dann nicht wesentlich, wenn nicht nur die *direkten Finanztransaktionen*, also die wertgleichen internationalen Zahlungsströme etwa zur Begleichung der Import- und Exportrechnungen berücksichtigt werden, sondern auch die *in-*

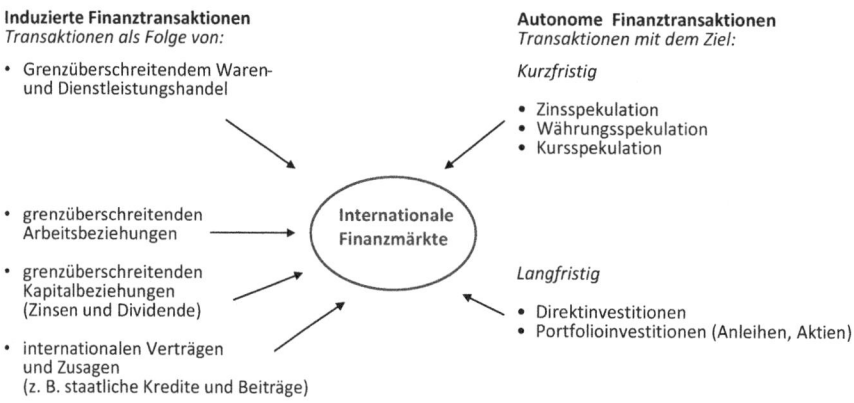

Abb. 6.3   Internationale Finanztransaktionen

direkten Finanztransaktionen, die nur in einem mittelbaren Zusammenhang mit den Leistungsströmen stehen. Hierzu lassen sich die mit der Zunahme internationaler Handelsbeziehungen im Zusammenhang stehenden internationalen Dienstleistungsbeziehungen zählen, wie Transport-, Kommunikations-, Versicherungs-, Service- und Finanzdienstleistungen, etwa die Absicherung *(hedging)* von Zins- und Währungsrisiken oder die Abtretung von Forderungen *(factoring)*, die ihrerseits von wertgleichen Finanztransaktionen begleitet werden.

6.2.2   Autonome Finanztransaktionen

Der mit weitem Abstand größte Teil der internationalen Finanztransaktionen geschieht also autonom, unabhängig von realwirtschaftlichen Geschäften. Hierzu zählen vor allem kurz- oder langfristige Anlage- und Spekulationsgeschäfte in Fremdwährungen. Unter *autonomen Finanztransaktionen* sollen diejenigen grenzüberschreitenden Finanzströme verstanden werden, die durch direkt mit diesen Transaktionen verknüpfte Gewinnerwartungen ausgelöst werden. Grundsätzlich lassen sich diese in kurzfristige, spekulativ orientierte, und mittel- bis langfristige, eher anlageorientierte, Transaktionen unterteilen.

Kurzfristige Finanzströme

Kurzfristige Finanztransaktionen, die sehr häufig innerhalb eines Tages *(intra-day trading)* häufig von professionellen Händlern, abgewickelt werden, um von marginalen Zins- und Wechselkursdifferenzen zu profitieren, stellen den mit weitem Abstand größten Teil der internationalen Finanzströme dar. Richtung und Umfang dieser Transaktionen werden im Wesentlichen von Erwartungen bestimmt, in die eine Vielzahl online zur Verfügung stehender Informationen eingehen. Besondere Bedeutung kommt in diesem Zusammenhang den *Arbitragegeschäften* zu (vgl. Abschn. 3.2). Auswirkungen auf das Gesamtvolumen der Finanztransaktionen haben dabei vor allem *Zinsarbitragegeschäfte*, bei denen aus Kursdifferenzen vergleichbarer Geld- und Kapitalmarktpapiere Gewinne erzielt werden. Aufgrund der extrem kurzen Reaktionszeit und der fast vollständigen Transparenz der Finanzmärkte nimmt allerdings die Möglichkeit für Arbitragegeschäfte tendenziell ab, bzw. erfordert wegen der geringen Gewinnspannen pro Einheit, ein sehr großes Volumen pro Einzeltransaktion. Damit tragen Arbitragegeschäfte wesentlich zur Aufblähung des Transaktionsvolumens, aber gleichzeitig auch zur Herstellung des Preisgleichgewichts auf den Kapitalmärkten bei.

Wechselkursentwicklungen bzw. Erwartungen bezüglich deren Entwicklung sind die andere bedeutende Ursache für Richtung und Volumen der internationalen Kapitalströme. So kann es im Rahmen einer *Aufwertungsspekulation* interessant sein, aus spekulativen Gründen eine Währung zu kaufen, von der erwartet wird, dass ihr Wechselkurs steigen wird, um sie später zu einem höheren Kurs verkaufen zu können. Wird umgekehrt erwartet, dass eine Währung Kursverluste erleidet, werden Positionen in dieser Währung aufgelöst bzw. Darlehen in dieser Währung aufgenommen, die dann später zu günstigeren Devisenkursen zurückgezahlt werden *(Abwertungsspekulation)* (vgl. Abschn. 8.2). Für die Devisen-spekulation spielen sowohl die Analyse und Interpretation der ökonomischen Fakten als auch andere fundamentale politisch-ökonomische Daten und insbesondere Erwartungen und Prognosen über die Entwicklung dieser Daten eine zentrale Rolle. Wichtig sind hierbei u. a. Informationen über die konjunkturelle Entwicklung des Landes, die Entwicklung der Leistungsbilanz, der Staatsverschuldung sowie des Inflations- und Zinsniveaus.

Langfristige Finanztransaktionen
Kurz- und langfristig orientierte grenzüberschreitende Kapitalströme lassen sich nicht immer zweifelsfrei voneinander unterscheiden. Dies gilt für Wertpapieranlagen, die so-wohl kurzfristig spekulationsorientiert oder langfristig renditeorientiert als *Portfolio-investitionen* erfolgen können. Mittel- bis langfristige Kapitalengagements liegen mit eini-ger Sicherheit jedoch im Falle von *Direktinvestitionen* vor, die mit dem Ziel getätigt wer-den, unmittelbaren, tendenziell dauerhaften Einfluss auf die Geschäftstätigkeit des kapitalempfangenden Unternehmens im Ausland zu nehmen, zumindest aber durch die Aktivitäten des betreffenden Unternehmens Gewinne zu erzielen. Direktinvestitionen um-fassen somit den Erwerb von Kapitalbeteiligungen in größerem Umfang bzw. von ganzen Unternehmen, die Gründung von Unternehmen, gegebenenfalls zusammen mit aus-ländischen Partnern *(joint ventures)*, die Errichtung von Produktionsstätten, Tochtergesell-schaften o. ä. wie auch die Erhöhung des Eigenkapitals von Tochterunternehmen bzw. die Re-Investition von Gewinnen (vgl. Abb. 6.3).[3]

6.3   Merkmale der Globalisierung der Finanzmärkte

Anfang der 1970er-Jahre führte die notwendige Neugestaltung der internationalen Währungsbeziehungen zu einer *Liberalisierung* des grenzüberschreitenden Kapitalver-kehrs und, damit einhergehend, zu einer zunehmenden *Deregulierung* der nationalen Finanzmärkte. Der ebenfalls seit dieser Zeit zunehmende Einsatz elektronischer Medien erhöhte die *Informations- und Kommunikationsgeschwindigkeit* und reduzierte damit Re-aktionszeiten und Kosten für internationale Finanztransaktionen. Schließlich trug die ra-sche Entwicklung einer Vielzahl neuer Finanzinstrumente *(Finanzinnovationen)*, die zu-nächst eigentlich zur Abdeckung von Risiken entwickelt wurden, aber nun vor allem für kurzfristige Devisenspekulationsgeschäfte eingesetzt wurden, zu einem sprunghaften Wachstum der weltweiten Finanztransaktionen bei.

Die internationalen Kapitalströme begannen daher in immer größerem Umfang dort-hin zu fließen, wo die größten Renditen bei überschaubaren Risiken zu erwarten waren. Die dadurch entstehende intensive Vernetzung der nationalen Finanzmärkte behinderte aber auch eine effiziente Wahrnehmung von *Kontroll- und Aufsichtsaufgaben* durch na-tionale Aufsichtsbehörden. Gleichzeitig nahm mit der *Reaktionsverbundenheit der*

---

[3]Vgl. hierzu Koch (2022) Abschn. 6.3.

Märkte auch deren *Krisenanfälligkeit* zu, da durch die gestiegene Kapitalmobilität und die großen gehandelten Volumina die geld- und währungspolitischen Handlungsspielräume der Nationalstaaten abnahmen und damit ebenfalls deren Möglichkeiten, wirtschaftlichen Schieflagen mit dem Einsatz finanz- und wirtschaftspolitischer Instrumente zu begegnen. Dies gilt insbesondere, aber nicht nur, für kleinere bzw. wirtschaftsschwächere Staaten.

Dabei fließen die internationalen Kapitalströme keineswegs gleichmäßig. Vielmehr konzentriert sich das internationale Anlagekapital auf die großen Industriestaaten, die den größten Teil des internationalen Kapitals absorbieren, sowie die wachsende Gruppe der *Emerging Markets*. Auf diese Weise gehen die Privatkapitalströme an vielen Entwicklungsländern vorbei oder werden bei der Erwartung von Krisen oder vermeintlichen Krisen zum Teil extrem schnell von dort abgezogen (vgl. Abschn. 5.4 und Kap. 11).

6.3.1 Euromärkte

Schon in den späten 1950er-Jahren entstanden in verhältnismäßig kurzer Zeit zunächst in Europa und später auch in Asien Finanzmärkte, auf denen in größerem Umfang Finanztransaktionen in US$ stattfanden. Diese internationalen Finanzmärkte, auf denen formal mit Währungen außerhalb ihrer nationalen Geltungsbereiche als gesetzliche Zahlungsmittel gehandelt wurde, wurden als *Euromärkte* bezeichnet. Ein Euromarktgeschäft liegt also beispielsweise dann vor, wenn ein singapurianisches Unternehmen bei einer Bank in Luxemburg eine Anleihe in britischen Pfund Sterling emittiert oder wenn ein koreanisches Unternehmen bei einer Bank in Hongkong einen Kredit in US$ aufnimmt. Es muss sich dabei also keineswegs um europäische Akteure oder um eine europäische Währung handeln und auch der Ort der Transaktion muss keineswegs in Europa liegen.[4]

Euromärkte 1
Der Begriff Euromarkt verdankt seine Herkunft der Tatsache, dass in den 1950er-Jahren damit begonnen wurde, Geschäfte in US$ zunehmend in größerem Umfang außerhalb der USA, vor allem in London zu tätigen, so dass dort der erste sog. *Euro-Dollarmarkt* entstand. Da die USA 1956 die Depositen einiger am Suez-Konflikt beteiligten Staaten in den USA einfroren, befürchteten insbesondere osteuropäische Staaten ähnliche Maßnahmen und transferierten ihre Dollar-Guthaben nach London und Paris. 1958 wurden Depositen und Kreditgeschäfte, zunächst in US$, in London und Paris zugelassen und von nationalen Regelungen befreit. In den nächsten Jahren ließen dann die wachsenden US-amerikanischen Leistungsbilanzdefizite, die später dann auch zur Zerstörung der Grundlagen des BWS führten (vgl. Abschn. 4.4), die US$-Guthaben in Europa weiter anwachsen. Da die Banken in den USA zudem vergleichsweise niedrige Zinsen für US$-Guthaben und US$-Kredite für Ausländer zu überhöhten Zinsen anboten, nahmen aus rein ökonomischen Erwägungen US$-Transaktionen in Europa immer mehr zu.

---

[4]Vgl. hierzu und zum Folgenden Maennig/Heppke (1995), Gerhardt (1984).

Die Liberalisierung des internationalen Kapitalverkehrs und die Einführung der *Konvertibilität* in den wichtigsten Staaten Westeuropas bis 1958 führten auch dazu, dass Euromarktgeschäfte zunehmend auf anderen Finanzplätzen inner- und außerhalb Europas abgewickelt wurden. Die meisten dieser Finanzplätze wiesen besonders geeignete Rahmenbedingungen für Fremdwährungsgeschäfte auf, wie *niedrige Kosten* und vergleichsweise *geringe administrative Beschränkungen*. Niedrigere Kosten fielen vor allem auch dadurch an, dass viele dieser Finanzplätze keine Mindestreserven kannten, Banken also nicht gezwungen waren, einen bestimmten Prozentsatz ihres Portfolios, i. d. R. zinslos, bei ihrer Zentralbank zu deponieren. Das Bankgeschäft wurde zudem weniger durch hohe Zinsen oder Devisenkontrollen eingeschränkt, sondern durch eine liberalere Bankengesetzgebung gefördert. In Europa etablierte sich neben den traditionellen Finanzzentren *London* und *Paris* in den 1970er-Jahren *Luxemburg* als drittes wichtiges Euromarktzentrum. London konnte durch die Entwicklung des Euromarktes die sinkende Bedeutung des Pfund Sterling, der früheren Reservewährung, kompensieren und ist bis heute das wichtigste Finanzzentrum Europas.

Luxemburg profitierte in den 1970er-Jahren vor allem von hohen deutschen Mindestreservesätzen, die das Kreditgeschäft in Deutschland erheblich verteuerten. Die Variation der Mindestreservesätze galt zu jener Zeit als wichtiges geldpolitisches Steuerungsinstrument der Zentralbanken. Anfang der 1970er-Jahre lagen sie in der Spitze bei fast 14 % und später häufig noch über 8 %. Da Luxemburg keine Mindestreserven forderte, hatten die von diesem Bankplatz aus operierenden Finanzinstitute erhebliche Wettbewerbsvorteile, die aber mit dem Absinken der deutschen Mindestreservesätze auf etwa 2 % tendenziell an Bedeutung verloren. Außerhalb Europas spielen die „*Asiendollarmärkte*" Hongkong und Singapur für Ostasien, Bahrain für die arabische Region und die Cayman Islands, die Bahamas und Panama für den amerikanischen Raum wichtige Rollen. Diese *Offshore Financial Centers* (OFCs) zeichneten sich durch besonders günstige Standorteigenschaften, wie geringe oder keine Steuern sowie praktisch keine Regulierung oder Finanzaufsicht, aus. Ein wichtiger Auslöser für die wachsende Bedeutung der Euromärkte und OFCs waren auch die beiden Ölpreiskrisen zu Beginn und gegen Ende der 1970er-Jahre. Im Rahmen des *Recycling der Petro-Dollars* spielten insbesondere die preisgünstig in den OFCs agierenden internationalen Banken eine wichtige Rolle als Transmissionsriemen zwischen den Handelsbilanzüberschüssen der ölexportierenden und den Handelsbilanzdefiziten der ölimportierenden Länder.[5]

Euromärkte 2
Euromarktgeschäfte können nach verschiedenen Kriterien differenziert werden. Bezogen auf die jeweilige Währung unterscheidet man beispielsweise Euro-Yen- oder Euro-Dollar-Geschäfte. Eine weitere Unterscheidung in Eurogeld-, Eurokapital- und Eurokreditmarkt trägt der Tatsache Rech-

---

[5] S. a. Abschn. 5.1 und 6.4.

nung, dass auf dem Euromarkt unterschiedliche Arten von Transaktionen getätigt werden. Der Euromarkt umfasste in der Anfangszeit zunächst ausschließlich kurzfristige *Eurogeldmarkt-Geschäfte* zwischen Banken, und auch heute entfällt auf das Interbankengeschäft noch die überwiegende Anzahl von Eurogeldmarkttransaktionen. Es handelt sich hierbei i. d. R. um Transaktionen mit hohen Beträgen zu standardisierten Konditionen, die dem Zahlungs- und Liquiditätsausgleich dienen und die Tages- und Termingelder sowie Geldmarktkredite mit Laufzeiten bis zu einem Jahr umfassen. Ab 1963 wurden neben den kurzfristigen Geldmarktgeschäften Euroanleihen emittiert und damit ein *Eurokapitalmarkt* geschaffen, auf dem festverzinsliche Wertpapiere außerhalb des Landes, auf dessen Währung sie lauten, gehandelt bzw. von Eurobanken oder Bankenkonsortien emittiert werden.

Zu Beginn der 1970er-Jahre begann sich ein **Eurokreditmarkt** zu entwickeln. Von besonderer Bedeutung waren hier mittel- bis langfristige Kredite in Größenordnungen von mehreren Milliarden D-Mark, die von Eurobankkonsortien in Form von *Roll-over-Krediten* – Kredite mit flexiblen Zinssätzen, die in Intervallen von drei bis sechs Monaten an das aktuelle Zinsniveau angepasst werden – an Großunternehmen oder Regierungen vergeben wurden. Aufgrund der Tendenz zur Verbriefung von Krediten *(securitization)* wuchsen die Marktsegmente Kapital- und Kreditmarkt inzwischen weitgehend zusammen. Seit Beginn der *Europäischen Währungsunion* (EWWU) gelten für alle Euro-Länder prinzipiell die gleichen durch die EZB gesetzten Finanzmarktbedingungen, so dass die meisten früheren Wettbewerbsvorteile entfielen und sich die quantitative Bedeutung der Euromärkte erheblich verringerte (vgl. Abschn. 9.3).

6.3.2 Liberalisierung des Kapitalverkehrs

Die internationalen Kapitalbewegungen können die geld- und finanzpolitische Autonomie einzelner Länder erheblich beeinträchtigen und die nationale Geld- und Währungspolitik unterlaufen. Wie mehrfach erwähnt, können hohe Kapitalab- und -zuflüsse die Bemühungen um wirtschaftliche Stabilität und Entwicklung unterminieren. Nationale Stabilitätsmaßnahmen greifen nur noch unzureichend, wenn geldpolitische Gegenmaßnahmen, wie eine geeignete Zinspolitik, etwa aus konjunkturpolitischer Sicht, nicht ergriffen werden können. Lange Zeit versuchten die meisten Staaten daher durch Kapitalverkehrsbeschränkungen ihre nationale Wirtschafts- und Währungspolitik zu unterstützen. Diese wurden meist durch mengenmäßige Beschränkungen der Kapitalbewegungen, durch nach staatlichen Prioritäten festgelegte unterschiedliche Wechselkurse *(gespaltene Wechselkurse)* oder durch die Erhebung von Steuern auf grenzüberschreitende Finanztransaktionen realisiert.[6] Spätestens seit dem Zusammenbruch des BWS nahmen die Anreize durch grenzüberschreitende Finanztransfers Devisen- und Zinsgewinne zu erzielen zu, so dass nationale Kapitalverkehrskontrollen (illegalerweise) umgangen und

---

[6]Vgl. hierzu und zum Folgenden Mathieson/Rojas-Suarez (1992) sowie Abschn. 5.3.

damit deren Wirksamkeit ausgehöhlt wurde. Die über längere Zeit zum Teil extrem hohen
Inflationsraten in vielen (Entwicklungs-)Ländern förderten zudem die Bereitschaft, Anlagen in Ländern mit hoher Preisniveaustabilität (meist Industrieländer) zu tätigen.

Da die Wirksamkeit von Kapitalverkehrskontrollen nur schwer und nur unter Inkaufnahme erheblicher Kosten gesteigert werden konnte, entschlossen sich viele Regierungen,
im Zuge der *Globalisierung* und einer generellen *Liberalisierung* ihrer Wirtschafts- und
Außenhandelspolitik auch ihre Kapitalmärkte zu liberalisieren. Dadurch sollte der Zufluss
von internationalem Anlagekapital gesteigert und durch den zunehmenden Wettbewerb
mit ausländischen Anbietern die Effizienz des inländischen Finanzmarktes und der einheimischen Wirtschaft erhöht werden, während gleichzeitig der Zugang von Staat und
Privatwirtschaft zu den internationalen Finanzmärkten erleichtert wurde.

6.3.3 Deregulierung der Finanzmärkte

Diese Entwicklungen verschärften den Wettbewerb zwischen den nationalen Finanzmärkten, die sich nun auch gegenüber den überregional ausgerichteten Euromärkten und
den OFCs behaupten mussten. Dies verschärfte allgemein weiter den Zwang, administrative Kontrollen abzubauen und die nationalen Finanzmärkte zu deregulieren.

Regulierungen haben i. d. R. die Form von Gesetzen und Verordnungen und beinhalten Ver- und Gebote
sowie Kontroll- und Aufsichtsrechte staatlicher Organe. Wichtigste Ziele von Regulierungen sind die Verhinderung von Marktergebnissen, die durch unfaire, nicht marktkonforme Geschäftspraktiken erzielt werden. Sie sollen damit Menschen und Umwelt vor negativen Auswirkungen und Begleiterscheinungen des
Marktes schützen. Zudem sollen sie auch für den Staat Mittel zur Erfüllung seiner Aufgaben bereitstellen.
Beispiele finden sich im gesamten Wirtschaftsrecht sowie in wirtschaftsrelevanten Rechtsregeln im
Steuer-, Gewerbe-, Vertrags-, Wettbewerbs- und Bankrecht.

Im Laufe der Zeit war aber in vielen Wirtschaftsbereichen eine Tendenz zur Über-
regulierung entstanden, die den Wirtschaftsverkehr durch umständliche zeitintensive Ge-
nehmigungsprozeduren behinderte, erhöhte Kosten für die Unternehmen mit sich brachte,
Behördenwillkür förderte und zu Verkrustungen und Überbürokratisierung führte. Die mit
der Regulierung angestrebten Effekte verkehrten sich in ihr Gegenteil: Das Schutzniveau
verbesserte sich nicht in der gewünschten Weise, Leistungsanreize wurden beseitigt, Innovationen begannen zurückzugehen, Kosten stiegen, während Produktivität und Effizienz
nachzulassen begannen und die ausländische Konkurrenz Wettbewerbsvorteile erzielte.
Mit unterschiedlicher Intensität und unterschiedlichem Erfolg wurde daher in vielen Ländern versucht, durch *Deregulierungsmaßnahmen* die bestehenden Verkrustungen zu beseitigen, Märkte zu öffnen, die Unternehmen von Kosten und bürokratischen Schranken
zu entlasten, kreative wirtschaftliche Aktivität zu fördern und die nationalen Märkte international konkurrenzfähiger zu machen.

Neben der Beseitigung oder Reduzierung von Kapitalverkehrskontrollen war daher die
konsequente Durchsetzung von Deregulierungsmaßnahmen auf den Finanzmärkten

wesentliche Ursache für die Globalisierung der Finanzmärkte: Mindestreserven wurden in vielen Ländern entweder ganz abgeschafft oder die Sätze wurden verringert. Steuerliche Belastungen von Finanztransaktionen wurden reduziert. Widerstände gegen neue Finanzprodukte, wie beispielsweise Finanzderivate (vgl. Abschn. 6.3.5), wurden abgebaut und die Finanzmarktaufsicht wurde gelockert.

6.3.4   Informations- und Kommunikationstechnologie

Anlagerelevante Informationen sind inzwischen unmittelbar nach ihrem Entstehen in den elektronischen Datennetzen verfügbar. Elektronische Informationsdienste stellen Kurse von Wertpapieren, Waren und Devisen, Marktübersichten, Analysen und Kommentare in Echtzeit zur Verfügung. Die Daten werden analysiert, bewertet und von Börsen- und Kapitalmarktexperten der Banken, von institutionellen Anlegern und Vermögensverwaltern oder Privatanlegern in Anlageentscheidungen umgesetzt und u.a. über spezielle Terminbörsen, wie die *EUREX* oder die *Chicago Mercantile Exchange* abgewickelt.

EUREX
Die European Exchange (EUREX) ist die weltweit größte elektronische Terminbörse für Finanzderivate, die 1998 aus dem Zusammenschluss der *Deutschen Terminbörse* DTB und der *Schweizer Terminbörse* SOFFEX (*Swiss Options and Financial Futures Exchange*) hervorging. Die Handels- und Clearing-Plattform bietet standardisierte Optionen und Future-Kontrakte an, also Geldmarkt-, Kapitalmarkt-, Aktien- und Indexprodukte (s. u.). Die Eurex umfasst die Eurex-Börsen *Eurex Clearing*, die ECNs (*Electronic Communication Networks*), *Eurex Bonds* und *Eurex Repo* sowie die *International Securities Exchange* (ISE), eine Options- und Aktienbörse mit vollelektronischen Plattformen (vgl. *Ausgewählte Links*: EUREX).

Die hohe Informations- und Kommunikationsgeschwindigkeit macht die Märkte transparent und erlaubt extrem hohe Reaktionsgeschwindigkeiten bei niedrigen Transaktionskosten. Der inzwischen globale Finanzmarkt lässt jedoch die Gewinnmöglichkeiten pro Einheit sinken, so dass eine permanente Tendenz zur Ausweitung des Volumens der Einzeltransaktionen besteht. Die folgende Kurzreportage von 1992 (!) gibt einen kleinen Blick in die Zeit vor der Nutzung der jetzigen Informations- und Kommunikationsmöglichkeiten.

▶ **Rund um die Uhr bewegen die Händler etwa eine Billion Dollar rund um den Globus** In den 1950er-Jahren vollzog sich das Geschäft unter völlig anderen Bedingungen. „Eine meiner ersten Aufgaben war es, morgens um 7.45 Uhr die Verbindungen nach London und Paris anzumelden", erinnert sich ein Pionier. Direktwählverkehr gab es nicht. Eine Gesprächsanmeldung in die USA dauerte eine halbe Stunde. Besonders umschwärmt war daher das „Fräulein vom Amt". So manche Packung Pralinen blieb da auf der Post liegen, um schneller eine Leitung ins Ausland zu erhalten. Die Ausstattung im Handel war spartanisch: Bleistift, Schreibblock, Telefon, Telex und ein Rechengerät. „Man musste sich geistig und körperlich voll einsetzten", erzählt ein Händler. Der Stress konnte hoch sein: „Es macht einen innerlich mürbe, wenn die besten Preise nicht ausgenutzt werden konnten, weil die Verbindung zum richtigen Zeitpunkt fehlte". Heute lassen sich Verluste sofort begrenzen, früher dauerte das schon mal zehn Minuten – eine kleine Ewigkeit, die so manches Magengeschwür anregte. Das Geschäft vollzog sich vor allem in Europa und war zunächst fast ausschließlich an den Außenhandel gekoppelt. Erst in den 1970er-Jahren kamen die Asiaten hinzu und es entwickelte sich der Handel „rund um die Uhr – rund um die Welt" … Immer stärker entdeckten die Banken, dass sich mit Devisenspekulation Geld verdienen lässt. Über mehrere Pfund-Krisen und Aufwertungen der D-Mark hinweg war der Zusammenbruch des Systems fester Wechselkurse Anfang der 1970er-Jahre der zweite Einschnitt … Mit dem Einzug der Computer und der elektronischen Handelssysteme machte der Markt Anfang der 1980er-Jahre einen weiteren Niveausprung. War in den 1970er-Jahren noch das Einfühlungsvermögen in den Telefonpartner entscheidend, so ist es in den 1990er-Jahren das Gefühl für den Bildschirm. Per Knopfdruck läuft ein Großteil der Geschäfte über die Elektronik ab. Ausgeklügelte Diagramme und Kurven, die Charts, geben Kauf- und Verkaufssignale. Händler müssen die künftige Richtung im Markt erahnen …

Quelle: *Handelsblatt* vom 31.12.1992

6.3.5 Finanzinnovationen

Die Liberalisierung und Deregulierung der Finanzmärkte förderte auch die Entwicklung neuer und zunehmend spezialisierter Finanzinstrumente *(Finanzinnovationen)*, die einerseits die Kosten und Risiken für die Marktteilnehmer senken sollten, aber auch neue Spekulationsmöglichkeiten eröffneten. Diese werden entweder als standardisierte börsennotierte Produkte gehandelt oder außerbörslich im freien Verkehr als OTC-Produkte *(OTC = over the counter)*. Zu diesen neueren Finanzinstrumenten zählen beispielsweise:

* *Geldmarktfonds* legen Einlagen in kurzfristigen Geldmarktpapieren an,
* *Depositenzertifikate* sind handelbare „Quittungen" für bei Banken deponierte Wertpapiere,
* *Floating Rate Notes (Floater)* sind Anleihen mit einer sich periodisch anpassenden Verzinsung,
* *Null-Kupon-Anleihen (Zero-Bonds)* werden als Anleihen ohne Zinskupon, also abgezinst, ausgegeben, wobei die Zinszahlungen am Ende der Laufzeit zusammen mit der Tilgung anfallen sowie
* eine immer weiter anwachsende Anzahl verschiedener derivativer Finanzinstrumente *(Finanzderivate)*.

Finanzderivate sind ein Sammelbegriff für Finanzinnovationen, deren Wert von der Wertentwicklung eines anderen Finanzprodukts, des Basiswerts *(underlying) abgeleitet (derived)* ist. Die Basis-Finanzprodukte können reale Produkte, wie Devisen, Wertpapiere, Edelmetalle, Rohstoffe oder Zinssätze, sein oder abstrakte Produkte wie Aktienindizes oder wiederum Finanzderivate. Damit können die Chancen oder Risiken des Basiswerts selbstständig gehandelt werden, ohne dass der Besitzer des Finanzderivats den Basiswert selbst besitzt. Seit Beginn der 1990er-Jahre rückten Finanzderivate in das Zentrum des öffentlichen Interesses. Zum einen wegen der Vielfalt dieser Instrumente und wegen des sprunghaften Anstiegs des Handelsvolumens, zum anderen wegen der das bislang übliche Maß übersteigenden Gewinn- und Verlustmöglichkeiten, die diese Instrumente für alle Beteiligten beinhalten. Der weltweite Derivatemarkt begann sich erst ab den 1990er-Jahren zu entwickeln. Nach einem kleineren Rückschlag während der Finanzkrise 2007/08 ist er inzwischen wieder auf über 600 Bio. US$ angeschwollen – und damit auf mehr als das Sechsfache des weltweit erwirtschafteten BIPs.[7]

Finanzderivate werden sowohl zur Absicherung von Risiken *(hedging), etwa* bei der Wechselkurs- oder Zinsentwicklung oder der Kursentwicklung von Aktien, als auch zu Spekulationszwecken eingesetzt. So werden aus *spekulativen* Überlegungen gezielt Risiken übernommen, da wegen des Hebeleffekts *(leverage effect)* mit Derivaten erheblich höhere Gewinne als mit den zugrunde liegenden Basis-Finanzprodukten erzielt werden können. Schließlich können durch das gleichzeitige Tätigen zweier gegenläufiger Geschäfte *Arbitragegewinne* erzielt werden. Finanzderivate können sowohl einseitig als auch zweiseitig verpflichtend sein. *Unbedingte Kontrakte*, i. d. R. Futures, verpflichten beide Vertragspartner, den Vertrag zu erfüllen, also zu kaufen oder zu verkaufen. *Bedingte Kontrakte*, wie Optionen, räumen dagegen einem Vertragspartner ein Wahlrecht, eine Option, ein. Weiter lassen sich Finanzderivate danach unterscheiden, ob sie standardisiert und damit an Börsen handelbar sind oder ob sie individuell zwischen zwei Vertragspartnern vereinbart werden (OTC-Kontrakte). Während bei börslichen Termingeschäften die *Börse* die Transaktion vermittelt, treten die Vertragspartner bei außerbörslichen Termingeschäften entweder *direkt* miteinander in Kontakt oder wickeln ihre Transaktion über eine *Clearingstelle* ab. Abb. 6.4 gibt einen Überblick über verschiedene Derivatarten, auf die im Folgenden kurz eingegangen werden soll.

Unter einer **Option** *(warrant)* versteht man ein verbrieftes, standardisiertes Finanzprodukt, mit dem der Käufer das Recht erhält, ein originäres (Finanz-)Produkt, wie beispielsweise Aktien, Anleihen, Devisen oder auch Waren, zu einem späteren Zeitpunkt zu einen bestimmten Preis zu kaufen. Der Kauf der Option berechtigt ihn lediglich, er verpflichtet ihn jedoch nicht die Option auch auszuüben. Für dieses Recht zahlt er an den Verkäufer der Option, den Stillhalter, eine *Optionsprämie*, so dass sich sein Risiko auf den möglichen Verlust dieser Prämie beschränkt. Der Verkäufer ist dagegen verpflichtet die Option einzulösen. Er geht also das Risiko ein, dem Käufer bei Ausübung seines Rechts den Basiswert zu einem für ihn möglicherweise ungünstigen Preis liefern zu müssen. Seine Gewinnmöglichkeit ist damit auf den Erhalt der Prämie beschränkt, wenn der Käufer sein Recht nicht ausübt. Optionen können, außer für spekulative Zwecke, als Ver-

---

[7]Nominal- und Marktwerte der offenen Kontrakte bei marktführenden Banken, vgl. Deutsche Bundesbank (2023).

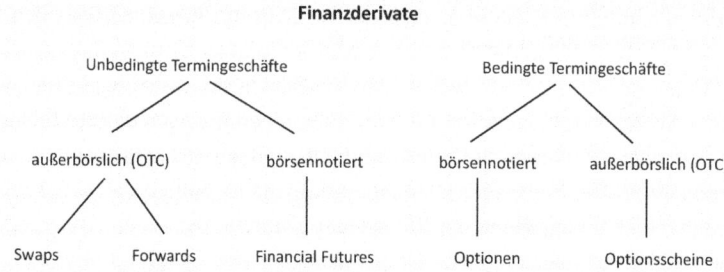

Underlying: u. a. Devisen, Zinsen, Aktien, Indizes, Commodities (Rohstoffe), Anleihen, Terminkontrakte

Abb. 6.4 Arten von Finanzderivaten

sicherung des eigenen Portfolios gegen Kursschwankungen eingesetzt werden, wobei die „Versicherungsprämie" an den Stillhalter gezahlt wird.

Beispiel

Der Käufer einer Aktienoption geht davon aus, dass sich der Kurs der Aktie, auf die sich die Option bezieht, positiv entwickeln wird. Die Kursentwicklung der Option verläuft nun parallel aber überproportional zur Kursentwicklung der Aktie. Steigt beispielsweise der Kurs der Aktie von 100 auf 110, also um 10 %, wird die beim Ausgangskurswert der Aktie für beispielsweise 10 € erworbene Option, die Aktie zu einem Kurs von 110 zu erwerben, auf 20 € also um 100 % steigen. Erreicht der Aktienkurs im Optionszeitraum dagegen nicht den Kurs von 110, wird das Papier wertlos. Während des Optionszeitraums wird die Option als eigenständiges, hoch spekulatives Wertpapier gehandelt. ◄

Während Optionen standardisiert an der Börse gehandelt werden, werden *Optionsscheine* direkt von Emittenten, etwa von spezialisierten Brokern, ausgegeben und außerbörslich (OTC) gehandelt.

Termingeschäfte erfüllten immer schon einen wichtigen Zweck: Durch einen frühzeitig geschlossenen, aber erst in der Zukunft zu erfüllenden Vertrag können sich sowohl Käufer als auch Verkäufer gegen Preisschwankungen absichern. Im Gegensatz zu den Optionen sind **Futures** jedoch immer *unbedingte* Verträge und damit für beide Vertragspartner verbindlich. Hierbei handelt es sich um Kontrakte, die sich ebenfalls auf Waren oder auf Finanzprodukte beziehen können; unter *Financial Futures* versteht man börsengehandelte Finanzterminkontrakte. Bei Futures verpflichten sich beide Handelspartner, eine festgelegte Menge des Basiswerts zu einem bestimmten Preis und zu einem festgelegten standardisierten Zeitpunkt abzunehmen bzw. zu liefern. Während die Konditionen des Vertrags also schon zum Zeitpunkt des Vertrags festgelegt werden, findet die Vertragserfüllung erst zu einem späteren Datum statt. Die standardisierten Futures haben den Vorteil, dass Käufer und Verkäufer Verkaufs-(*Short-*)bzw. Kauf-(*Long-*)Positionen durch entsprechende

Gegengeschäfte ausgleichen und so ihr Risiko, allerdings auch ihre Gewinnmöglichkeiten, reduzieren können.

Bei *Forward Rate Agreements* (FRA), kurz: **Forwards** handelt es sich um Termingeschäfte, bei denen die Vertragsdetails, wie Zinssatz, Währung, Nominalbetrag und Referenzperiode, zwischen den Parteien individuell ausgehandelt werden. Bei einem Forward besteht im Regelfall ein beiderseitiges Sicherheitsinteresse, das Spekulationsmotiv spielt kaum eine Rolle.

Swaps sind individuelle zukunftsgerichtete Transaktionen, bei denen Zahlungsströme mit unterschiedlichen Konditionen getauscht werden. Auch bei dem Einsatz von Swaps haben die Vertragspartner unterschiedliche Interessen oder schätzen das Risiko bzw. die zukünftige Entwicklung unterschiedlich ein. Swaps sind verbindlich, beinhalten also für beide Vertragspartner Verpflichtungen. Man unterscheidet *Währungs- oder Devisenswaps* und *Zinsswaps*.

Devisen und Zinsswaps

Wurde eine Kreditverpflichtung in einer anderen Währung eingegangen, etwa weil die Konditionen in dieser Währung günstiger erschienen, kann der Kreditnehmer entweder auf einen gleichbleibenden oder sinkenden Wechselkurs der Fremdwährung hoffen oder seine Verpflichtung durch einen *Devisenswap* in eine andere Währung tauschen. Andererseits können durch Devisenswaps auch langfristige Devisentermingeschäfte durch einen Tausch in andere Währungen abgesichert werden. Bei *Zinsswaps* tauschen die Vertragspartner Kreditkontrakte mit unterschiedlich gestalteten Zinsverpflichtungen, etwa mit variablen und festen Zinsen für eine bestimmte Restlaufzeit. Hintergrund dieser Transaktion könnte sein, dass ein Kreditnehmer, der variable Zinsen zu zahlen hat, mit steigenden Zinsen rechnet und kein Zinsrisiko eingehen möchte, während sein Swap-Partner auf sinkende Zinsen spekuliert und aus diesem Grund seinen Festzinsvertrag in einen Vertrag mit variablen Zinsen tauschen möchte. Die Berechnung der Zinszahlungen bezieht sich auf einen bestimmten Kapitalbetrag, für den beide Partner Zinszahlungsverpflichtungen eingehen, während sie gleichzeitig einen Zinszahlungsanspruch erwerben.

Zertifikate sind Schuldverschreibungen, die von Banken ausgegeben (emittiert) werden. Auch hierbei wetten Investoren auf die Wertentwicklung eines bestimmten Basiswerts, also etwa einer Aktie, eines Aktienindex oder eines Rohstoffs.

Junk Bonds, Hochrisiko- oder auch „Ramschanleihen", eine Finanzinnovation des amerikanischen Wertpapiermarktes, sind Anleihen *(bonds)* von Unternehmen, die sich in wirtschaftlichen Schwierigkeiten befinden und deshalb üblicherweise eine niedrige Bewertung *(rating)* durch Kreditbewertungsagenturen erhalten. Von Junk Bonds spricht man etwa ab der *Moody's-Bewertung* BBB-. Das mit der niedrigen Bonität verbundene höhere Anlegerrisiko wird durch eine höhere Verzinsung kompensiert, damit sind Junk Bonds i. d. R. gleichzeitig auch Hochertragsanleihen *(high yield bonds)*. Junk Bonds entwickelten sich in den 1980er- und 1990er-Jahren in den USA zu einem der wichtigsten Finanzierungsinstrumente für die in dieser Zeit erheblich gestiegene Anzahl weitgehend fremdfinanzierter Firmenaufkäufe *(Leveraged Buy-outs,* LBOs). Diese vergrößerten das Geschäftsvolumen der Sparte *Mergers & Acquisitions* (M&A), der amerikanischen *Investment Banks,* die sich mit dem Erwerb von Unternehmen und Unternehmensteilen befasst, gewaltig. So stieg allein zwischen 1978 und 1983 der Gesamtumfang der LBOs in den USA von 11 auf 182 Mrd. US$. Als allerdings wichtige Junk-Bond-Emittenten 1990 ihre Zinsen nicht mehr bedienen konnten, brach der Markt in kurzer Zeit zusammen: Die Kurse der im Umlauf befindlichen Anleihen sanken dramatisch und die Neuemissionen gingen von 32 Mrd. US$ 1989 auf 2 Mrd. US$ 1990 zurück.

Bei allen Derivaten ist es im Grunde ohne Bedeutung, auf welche Entwicklung die *Wette* zielt, sobald am Markt Partner vorhanden sind, die bereit sind, die Wette anzunehmen. Typisch für Derivate ist es, dass mit einem vergleichsweise niedrigen Kapitaleinsatz an der Preisentwicklung des Basiswertes überproportional partizipiert werden kann. Dieser *leverage effect* macht das Geschäft mit Derivaten außerordentlich spekulativ. So spekulieren beispielsweise Index-Optionen auf die (positive oder negative) Entwicklung etwa eines Aktienindex. Eine Call-Option wird mit steigendem Index wertvoller, während sie mit sinkendem Index im schlimmsten Fall wertlos wird („die Wette ist verloren").

Grundlage für spekulative Finanztransaktionen sind i. d. R. Kauf- und Verkaufsdaten der Vergangenheit, die mit Hilfe quantitativ-statistischer Kursauswertungen zu *Trading Rules*, mathematisch kalkulierbaren Mustern, führen und wiederum die Basis für Prognosen über Kursbewegungen bilden. Allerdings gibt es keine Garantie, dass diese Prognosen auch eintreffen. Im Zusammenspiel mit nicht funktionierenden internen Kontrollsystemen, werden Risiken nicht erkannt oder können verdeckt werden und zu spektakulären Verlusten einzelner Unternehmen führen mit zum Teil dramatischen Folgen für die internationalen Finanzmärkte.

Barings Bank

Ein Beispiel ist der Zusammenbruch der britischen *Barings Bank*, die nicht mehr in der Lage war ihre eingegangenen Verpflichtungen zu erfüllen. Dies führte im Februar 1995 zu deutlichen Erschütterungen der internationalen Finanzmärkte mit Auswirkungen auf den Devisenkurs des britischen Pfund Sterling sowie der internationalen Aktienkurse. Durch den Handel mit Finanzderivaten hatte die *Barings Bank* in extrem kurzer Zeit Verluste in Höhe von umgerechnet fast einer Mrd. Euro akkumuliert. Der bei der *Barings Bank* Filiale in Singapur angestellte Investmentbanker *Nick Leeson* hatte in Singapur und Osaka über 20.000 Terminkontrakte auf den japanischen Börsenindex *Nikkei* (*Nikkei-Futures*) im Werte von umgerechnet 130.000 bis 150.000 € pro Stück gekauft, die er überwiegend über Kredite finanziert hatte. Er ging dabei Leer-Positionen ein, in der Erwartung, dass die Aktienkurse in Tokio und damit auch der Wert der Kontrakte steigen würden und er diese dann vor ihrem Auslaufen mit Gewinn verkaufen könne. Da die Kurse aber entgegen seinen Erwartungen fielen, ging diese Rechnung nicht auf. *Leeson* musste stattdessen die Differenz zwischen seinem Kontraktpreis und dem tatsächlichen Preis am Markt ständig ausgleichen. Dabei fiel der Nikkei-Index innerhalb von zwei Monaten von etwa 19.600 um über 10 %. Für *Barings* verursachte jedes Prozent weniger im Nikkei-Index dabei Verluste von knapp 100 Mio. €.

Der Einsatz von Analyseverfahren mit computergestützten Ein- und Ausstiegssignalen, erleichtert in Verbindung mit den zunehmenden Handelsvolumina von *Finanzderivaten* und der tendenziell spekulationsorientierten Geschäftspolitik der *Hedgefonds* die Entstehung von Überreaktionen der Finanzmärkte. *Hedgefonds* gerieten mehrfach in die internationale Kritik, so beispielsweise 1998/99 als der US-amerikanische *Long-Term Capital Management* (LTCM) aufgrund von fehlgeschlagenen Spekulationen seinen finanziellen Verpflichtungen nicht nachkommen und erst durch öffentliche Kredite seine Zahlungsfähigkeit wiederhergestellt werden konnte. Unter *hedging* werden zwar – wie erwähnt – vor allem Transaktionen zur Absicherung von Zins- und Kursschwankungen verstanden, tatsächlich tätigen *Hedgefonds* jedoch i. d. R. hochspekulative Anlagen, die zu einem großen Teil kreditfinanziert sind. Während hierdurch die Gewinnmöglichkeiten steigen, erhöht sich auch das Risiko überproportional. Auf Grund ihrer Anlagestrategie, der Höhe der eingesetzten Mittel und der Tatsache, dass diese Fonds häufig unkontrolliert von OFCs aus operieren, stellen sie grundsätzlich eine potenzielle Risikoquelle für das Weltfinanzsystem dar.

6.4   *Exkurs*: Offshore Finanzzentren (OFCs)

Offshore Financial Centers (OFCs) sind Länder oder Territorien mit einer speziellen Gesetzgebung und geringer Finanzmarktregulierung, wie niedrigen Steuern und einer zu vernachlässigenden Finanzmarktaufsicht. Sie werden daher häufig von Unternehmen und Privatpersonen genutzt, um ihre Vermögenswerte zu verwalten mit dem Ziel Steuern zu vermeiden, ihre Vermögensverhältnisse zu verschleiern, etwa durch die Gründung von Briefkastenfirmen, oder gegebenenfalls auch um illegal erworbene Gelder „zu waschen". In vielen Fällen handelt es sich hier tatsächlich um Inseln und Insel-Staaten, wie die britischen Kanalinseln *Guernsey* und *Jersey*, die britische *Isle of Man*, die karibischen *British Virgin Islands*, die *Bermudas* oder die *Cayman Islands*. Etwa 30 unabhängige Staaten, Überseegebiete oder, wie die Kanalinseln, britischer Kronbesitz gelten als OFCs oder Steueroasen. Viele international tätige Banken sind in OFCs aktiv, u. a. die *Deutsche Bank* (Cayman Islands), die britische *Barclays Bank* (Isle of Man und Jersey), die *Royal Bank of Canada* (Bahamas) oder die französische *BNP Paribas* (Jersey und Guernsey).

OFCs haben häufig die Einhaltung des Bankgeheimnisses zum Geschäftsprinzip erhoben und gewähren Finanzinvestoren weitgehende Steuerfreiheit und Anonymität. In vielen Fällen ist der Finanzdienstleistungssektor auch das mit Abstand dominierende oder sogar alleinige Geschäftsmodell dieser Staaten und damit auch die wichtigste Finanzquelle. Seit den 1980er-Jahren spielen OFCs als „Steueroasen" eine immer wichtigere Rolle in der globalen Wirtschaft und spätestens seit den 1990er-Jahren wurden sie zu wichtigen Zentren für grenzüberschreitende Finanztransaktionen und globale Vermögensverwaltung. OFCs spielen auch eine zentrale Rolle bei *illegalen* Finanztransaktionen, da sie es Kriminellen leicht machen, Geld zu waschen und Steuern zu hinterziehen. Seitdem 2012 Daten von insgesamt 130.000 Nutznießern von OFC anonym dem *Internationalen Konsortium für investigative Journalisten* (ICIJ) in Washington übergeben wurden, wird diesem Thema verstärkte Beachtung geschenkt: In einer ebenfalls 2012 erschienenen Studie der britischen NGO *Tax Justice Network* wurde geschätzt, dass in den Steueroasen 21 bis 32 Bio. US$ geparkt werden. Abgesehen von der Problematik der Geldwäsche von kriminellen Handlungen sollen den Staaten hierdurch Einkommensteuern von bis zu 280 Mrd. US$ entgangen sein (Brinkmann et al. 2013). Allein für Deutschland wurden die durch Steueroasen verursachten Verluste an Unternehmenssteuereinnahmen 2017 auf etwa ein Drittel an den gesamten Unternehmenssteuereinahmen geschätzt (vgl. *Ausgewählte Links*: OFCs).

OFCs und organisiertes Verbrechen
In den letzten Jahren wurden Steueroasen und deren Nutznießer vor allem durch Leaks und Recherchen investigativer Journalistennetzwerke immer häufiger publik[8] und führten zu einer Vielzahl von Prozessen, Politikerrücktritten, aber auch zu Steuerzuflüssen für die benachteiligten Länder. Die europäische Polizeibehörde *Europol* geht davon aus, dass durch das organisierte Verbrechen inzwischen ein paralleles illegales Finanzsystem aufgebaut wurde, durch das kriminell erworbene Gelder unerkannt und unbeaufsichtigt über Ländergrenzen hinweg verschoben werden, um es dann u. a. für illegale Zwecke, wie etwa Korruptionszahlungen, zu verwenden.[9] Es wird geschätzt, dass 98 % der kriminell erworbenen Beträge innerhalb der kriminellen Strukturen verbleiben. Abgesehen von den dramatischen Steuerausfällen, sie wurden allein für die EU 2016 auf 46 Mrd. € geschätzt, können damit praktisch alle Wirtschaftszweige infiziert werden.

Tatsächlich begünstigen aber auch diverse Industrieländer wegen der mangelnden Transparenz ihrer Finanzsysteme und der mangelhaften Bereitschaft Informationen auszutauschen illegale Finanztransaktionen und die Verschleierung krimineller und korrupter Aktivitäten. Der *Schattenfinanzindex* des *Tax Justice Networks* (FSI) zeigt ein „Negativ-Ranking" der Länder im Hinblick auf den „Grad der Geheimhaltung", gewichtet mit der Bedeutung des Landes in Bezug auf den Umfang ihres globalen Handels mit Finanzdienstleistungen. Danach sind die USA, die Schweiz und Singapur die Länder mit dem höchsten Grad der Geheimhaltung. Aber auch typische OFCs, wie die Britischen Jungfern-Inseln, Guernsey und die Cayman Islands finden sich in diesem Ranking weit oben. Der GFCI 32 vom September 2022 (vgl. Abschn. 6.1) zeigt das nach verschiedenen Kriterien bewertete internationale Ranking der Finanzzentren, vgl. Abb. 6.5.

Schattenfinanzindex
Der FSI (*Financial Secrecy Indicator*) ist ein Ranking der Länder im Hinblick auf den „Grad der Geheimhaltung" gewichtet mit der Bedeutung des Landes in Bezug auf den „Umfang ihres globalen Handels mit Finanzdienstleistungen". Der *Grad der Geheimhaltung* fasst qualitative Daten zusammen (Gesetze, Vorschriften, internationale Zusammenarbeit beim Informationsaustausch etc.). Die Länder mit den höchsten Geheimhaltungsgraden sind undurchsichtiger in ihren Operationen, weniger am Informationsaustausch mit anderen nationalen Behörden interessiert und halten sich weniger an internationale Normen zur Bekämpfung der Geldwäsche. Mangelnde Transparenz und fehlende Bereitschaft zu einem wirksamen Informationsaustausch machen ein Land oder Territorium zu einem attraktiven Ort für illegale Finanztransaktionen, indem sie Geldwäsche und die Verschleierung krimineller und korrupter Aktivitäten begünstigen. Der *Umfang der Finanzdienstleistungen* ermittelt den globalen Anteil der Länder an globalen Finanzdienstleistungen. Die Länder mit dem größten Umfang spielen auch die größte Rolle auf dem globalen Markt für Finanzdienstleistungen.

---

[8] Dies geschah vor allem unter den Bezeichnungen: *Offshore Leaks, LuxLeaks, SwissLeaks, Panama Papers, Paradise Papers, FinCen Files, Daphne Project, Bahama Leaks, Pandora Papers* und *Suisse Secrets*; s. a. *Ausgewählte Links*: Steueroasen http://www.steueroptimierung.eu/steueroasen-steuer-paradiese-ausland/.
[9] Vgl. Europol (2021), Wischmeyer (2021), Koch (2022).

Rang	Land/ Territorium	FSI 2022	Ranking GFCI 32 (2022)
1	USA	1951	1 (New York)
2	Schweiz	1167	20 (Genf)
3	Singapur	1167	3
4	Hongkong	927	4
5	Luxemburg	804	21
6	Japan	765	16 (Tokyo)
7	Deutschland	681	18 (Frankfurt)
8	Vereinigte Arabische Emirate (VAR)	648	17 (Dubai)
9	Britische Jungferninseln	621	91
10	Guernsey	610	71
11	China	578	8 (Beijing)
12	Niederlande	556	19 (Amsterdam)
13	Großbritannien	547	2 (London)
14	Cayman Islands	516	67
15	Zypern	510	76

Abb. 6.5 Steueroasen und Schattenfinanzindex. (Quellen: *Ausgewählte Links*: Schattenfinanzindex; *Ausgewählte Links*: Global Financial Centres Index (GFCI))

In der **EU** und in **Deutschland** wurden in den letzten Jahren verschiedene Maßnahmen ergriffen, um die Bedeutung von Offshore-Finanzplätzen (OFCs) zu reduzieren und Geldwäsche zu erschweren. Hierbei handelt es sich u. a. um folgende rechtliche Vorgaben:

- 2021 erließ die EU bereits die sechste *Anti-Geldwäsche-Richtlinie*, die strengere Vorschriften für Finanzinstitute und andere Unternehmen enthält und die Grundlage für die 2023 geplante Einrichtung einer neuen europäischen Geldwäschebehörde AMLA (*Anti Money Laundering Agency*) legt, die 2024 ihre Arbeit aufnehmen soll.
- In Deutschland wurde 2022 bereits das zweite *Sanktionsdurchsetzungsgesetz* (SDG II) erlassen, aufgrund dessen seit April 2023 Immobilien grundsätzlich nicht mehr gegen Bargeld ge- oder verkauft werden dürfen, um geldwäscherelevante Transaktionen für diesen Bereich zu erschweren. Ferner wurden in Deutschland und anderen EU-Staaten durch ein *Transparenzregister- und Finanzinformationsgesetz* Regeln zum Austausch von Unternehmensdaten erlassen, um Schlupflöcher für Geldwäsche und Terrorismusfinanzierung zu schließen. 2022 entschied der EuGH allerdings, dass der öffentliche

Zugang zu den Transparenzregistern nicht im Einklang mit dem Schutz personen-bezogener Daten stehe. Daraufhin erschwerten die meisten Länder privaten Interessenten, auch Journalisten, den Zugang zu den Transparenzregistern erheblich, zudem werden, etwa in Deutschland, Firmeneigentümer informiert, dass über sie recherchiert wird.

Obwohl bereits 2017 in Deutschland eine *Anti-Geldwäschestelle* (FIU) eingerichtet wurde, die allerdings nur einen Bruchteil von eingereichten Verdachtsmeldungen bearbeitete und daher offensichtlich wenig erfolgreich agierte, werden die deutschen Bemühungen Geldwäsche zu bekämpfen von der *Financial Action Task Force* (FATF) immer noch als zu wenig effektiv bewertet. Es ist daher geplant zur Bekämpfung von Finanzkriminalität eine neue Bundesoberbehörde einzurichten.[10]

- Um die Steuertransparenz zu verbessern, verabschiedete die EU 2016 auf der Grundlage eines OECD-Entwurfs die *Richtlinie über den automatischen Informationsaustausch* (AIA). Diese hat das Ziel die Steuerehrlichkeit zu erhöhen, indem Finanzinformationen von ausländischen Steuerzahlern an deren Heimatländer gemeldet werden.

Beispiel Schweiz

Allerdings hat beispielsweise die Schweiz ein solches Abkommen nur mit etwa 100 Ländern geschlossen, mit etwa 90 Ländern nicht. Bei letzteren handelt es sich vielfach um Steueroasen oder um ärmere Entwicklungsländer. Für Kriminelle in diesen Ländern stellt die Schweiz so sichere Aufbewahrungs- und Transaktionsmöglichkeiten für illegal erworbene Gelder bereit. Damit werden Steuerflucht, Kleptokratie, Korruption und Geldwäsche begünstigt.[11] ◄

- Die OECD, die UN, die FATF und die EU veröffentlichen regelmäßig „*Schwarze Listen*" für Steueroasen. EU-Kriterien für die Aufnahme in die Liste sind u. a. mangelnde Transparenz in Steuerfragen, unfaire Steuerpraktiken und fehlende Zusammenarbeit bei der Bekämpfung von Steuerhinterziehung. Die Aufnahme in die Liste kann u. a. die Einschränkung des Zugangs zu EU-Finanzierungen zur Folge haben.

In den letzten Jahren haben sich nun etliche OFCs aufgrund des internationalen Drucks und um der Aufnahme in die schwarzen Listen zu entgehen bemüht ihr Image zu verbessern. Sie sind dabei internationale Standards umzusetzen und Maßnahmen zur Verhinderung von Geldwäsche und Terrorismusfinanzierung zu ergreifen.

---

[10]Vgl. BMF (2022), *Ausgewählte Links*: Finanzkriminalität, *Ausgewählte Links*: FATF.
[11]Vgl. *Ausgewählte Links*: Suisse Secrets.

Literatur Kap. 6[12]

Bank für Internationalen Zahlungsausgleich (BIZ) (1998), Basel

Bank für Internationalen Zahlungsausgleich (2004) Quartalsbericht, Dezember 2004, Basel

Bank für Internationalen Zahlungsausgleich (2022/1) Triennial Central Bank Survey. OTC foreign exchange turnover in April 2022, 27 October 2022. https://www.bis.org/statistics/rpfx22_fx.pdf

Bank für Internationalen Zahlungsausgleich (2022/2) Triennial Surveys. https://www.bis.org/stats_triennial_surveys/index.htm

Bank für Internationalen Zahlungsausgleich (2022/3) BIS Quarterly Review, December 2022

BMF (2022) Monatsbericht, October 2022. https://www.bundesfinanzministerium.de/Monatsberichte/2022/10/Inhalte/Kapitel-3-Analysen/3-1-deutschlandpruefung-fatf-teil-5.html

Brinkmann, B. et al. (2013). So funktionieren Steueroasen; in: SZ vom 05.04.2013. www.sueddeutsche.de/wirtschaft/offshore-leaks-so-funktionieren-steueroasen-1.1640744.

Brinkmann, B. et al. (2023) Bankenstatistiken, Januar 2023. OTC-Derivatestatistik der BIZ. https://www.bundesbank.de/resource/blob/903650/9d0aceec18f72c3e4740f5f157d00cf7/mL/2023-01-24-14-57-08-bankenstatistiken-data.pdf

Europol (2021). Shadow Money. The International Networks of Illicit Finance, Update December 2021. https://www.europol.europa.eu/publication-events/publications/shadow-money-international-networks-of-illicit-finance

Gerhardt, W. (1984) Der Euro-DM-Markt, Hamburg

HB (2018) JP Morgan ist größter Devisenhändler – Deutsche Bank fällt zurück; in: Handelsblatt vom 31.05.2018. https://www.handelsblatt.com/finanzen/maerkte/devisen-rohstoffe/devisen-jp-morgan-ist-groesster-devisenhaendler-deutsche-bank-faellt-zurueck/22628384.html

Koch, E. (2022) Globalisierung – Wirtschaft und Politik, 3. Aufl., Wiesbaden

Maennig, W./Heppke, K. (1995) Dritte Stufe der Europäischen Währungsunion – Das Ende der Euromärkte; in: WISU Heft 8/9/1995

Mathieson, D./Rojas-Suarez, L. (1992) Liberalisierung des Kapitalverkehrs; in: Finanzierung und Entwicklung Dezember 1992

Wischmeyer, N. (2021). EU unterschätzt Geldwäsche; in: SZ vom 09.12.2021.

Ausgewählte Links

EUREX: https://www.boerse-frankfurt.de/wissen/lexikon/eurex

FATF: https://www.fatf-gafi.org/en/the-fatf.html

ICE Futures: https://www.theice.com/futures-europe

Financial Secrecy Index FSI des Tax Justice Networks (2022): https://fsi.taxjustice.net/

Finanzkriminalität: https://exxeta.com/blog/finanzkriminalitaet-deutschland

Global Financial Centres Index (GFCI): https://www.longfinance.net/media/documents/GFCI_32_Report_2022.09.22_v1.0_.pdf: https://www.longfinance.net/programmes/financial-centre-futures/global-financial-centres-index/gfci-32-explore-the-data/gfci-32-rank/

OFCs: https://de.statista.com/statistik/daten/studie/781320/umfrage/anteil-der-verluste-durch-steueroasen-an-den-steuereinnahmen-ausgewaehlter-laender/

---

[12] Letzter Zugriff auf die im Literaturverzeichnis genannten Internetquellen und die Links jeweils 05/2023.

Schattenfinanzindex: (Financial Secrecy Index FSI des Tax Justice Networks, 2022) https://fsi.tax-justice.net/

Steueroasen: http://www.steueroptimierung.eu/steueroasen-steuerparadiese-ausland/

Suisse Secrets: https://www.sueddeutsche.de/wirtschaft/suisse-secrets-credit-suisse-bank-korruption-1.5532753

7.1 Ansätze einer Neuregulierung: Basel I und II

Während der Asienkrise 1997/1998[1] wurde deutlich, dass der private Finanzsektor zu einem großen Teil die Mitverantwortung für die Entstehung der Finanzkrisen trug. Zugleich wurden private Investoren und Anleger durch die Bereitschaft internationaler Institutionen und öffentlicher Instanzen, wie IWF, Weltbank und Industriestaaten, den betroffenen Ländern in großem Umfang Finanzmittel zur Verfügung zu stellen, in hohem Maße entlastet *(bail out)*. Trotz der vorherrschenden Auffassung und auch Notwendigkeit Deregulierungsmaßnahmen umzusetzen, gab es daher schon in den 1980er-Jahren Ansätze, den privaten Finanzsektor (wieder) stärker zu regulieren und ihm eine aktive Rolle bei der Krisenbewältigung zuzuweisen *(private sector involvement)*. Die allgemeine Liberalisierung hatte die Finanzinstitute dazu verleitet, eine Anlage- und Kreditpolitik zu betreiben, die durch ein unzureichendes Vorsorge- und Risikomanagement gekennzeichnet war. Hinzu kam ein eher sorgloses Anlegerverhalten *(moral hazard)*, das Anleger Risiken bewusst eingehen ließ in der begründeten Erwartung, diese werden „von anderen" getragen. Dies war besonders bei *systemrelevanten Banken* (SFIs) der Fall. Das *moral hazard*-Verhalten nahm in den 1990er-Jahren zu und trug zu den erheblich gestiegenen kurzfristigen Kapitalzuflüssen in die vielfach nur scheinbar stabilen *emerging markets* bei.

Bereits 1974 wurde von den Zentralbankpräsidenten der G10 der *Baseler Ausschuss für Bankenaufsicht* (*Basel Committee on Banking Supervision*, BCBS) mit Sitz in der BIZ in Basel gegründet, mit heute 28 Mitgliedern. Ziel des BCBS ist die Verbesserung der Regulierung und Beaufsichtigung von international tätigen Banken und ihrer Praktiken durch die Setzung von globalen Standards für die Bankenaufsicht (vgl. *Ausgewählte Links*: BCBS).

---

[1] Vgl. Abschn. 5.4 sowie 12.4.

1975 verständigten sich die 10 Mitgliedstaaten im Rahmen des *„Basler Konkordats"* auf eine gegenseitige Informationspflicht bei Währungs- und Liquiditätsproblemen. Eine frühe zentrale Forderung des BCBS war die Einführung *einheitlicher Eigenkapitalanforderungen* für die Kreditinstitute, aber erst 1988 wurden durch den BCBS im Rahmen des sog. *Basler Akkords* neben einer Harmonisierung der rechtlichen Grundlagen der Bankenaufsicht international abgestimmte Eigenkapitalnormen vorgeschlagen (**Basel I**), die anschließend in über 100 Ländern umgesetzt wurden.

Durch *Basel I* wurde festgelegt, dass Banken Kreditgeschäfte mit 8 % Eigenkapital unterlegen mussten, wobei die Kredite, nach ihrem Risiko gewichtet in insgesamt fünf Risikokategorien eingeteilt wurden. Dies sollte die Banken stärker gegen Risiken absichern und gleichzeitig die internationalen Wettbewerbsbedingungen tendenziell vereinheitlichen. Das System wurde allerdings als zu starr kritisiert. Der BCBS legte daher 1999 einen Vorschlag für eine Neufassung des *Basler Akkords* vor, der nach der Berücksichtigung von Reaktionen von Banken und Bankenaufsichtsbehörden nochmals überarbeitet und 2001 verabschiedet wurde. Er trat 2007 als **„Basel II"** in Kraft und ersetzte *Basel I* (s. a. Deutsche Bundesbank 2001). *Basel II* machte die Anforderungen an das Eigenkapital der Banken stärker von ökonomischen Risiken abhängig und legte fest, dass zusätzlich neue Risiken im Rahmen des Risikomanagements der Finanzinstitute berücksichtigt werden sollten. Das Abkommen hatte drei Säulen:

- In der *ersten Säule* wurde die Eigenkapitalunterlegung von Kreditrisiken modifiziert und die Bonität der Schuldner stärker berücksichtigt. Die bisher erfassten Kategorien, Kredit- und Marktrisiko, wurden um ein „operationelles Risiko", die Gefahr von Verlusten infolge kaum kalkulierbarer Ereignisse, ergänzt.
  Kritisiert wurden die neuen Anforderungen vor allem wegen der schwierigen Einhaltung und Überprüfbarkeit des Systems. Es wurde argumentiert, dass die internationalen Finanzmärkte durch diesen Ansatz eher anfälliger als sicherer würden, eine Annahme, die durch die Finanzkrise 2007/2008 eindrucksvoll bestätigt wurde.
- Durch die *zweite Säule* sollte das Risikomanagement der Banken durch die Bankenaufsicht überprüft werden (*supervisory review process*). Insbesondere sollten Qualität und Einhaltung der verwendeten bankinternen Verfahren zur Einschätzung der Risiken kontrolliert und verbessert werden.
  Die Möglichkeiten der Bankenaufsichtsbehörden, die verschiedenen internen Ratingsysteme angemessen beurteilen und kontrollieren zu können, wurden von Kritikern als zu gering eingeschätzt. Dies vor allem wegen deren unzureichender personeller und sachlicher Ausstattung und der Ermessensspielräume bei der Beurteilung von Risikostruktur und Qualität der internen Kontrollsysteme. Auch diese Kritik wurde durch die Finanzkrise 2007/2008 bestätigt.
- Als *dritte Säule* war eine Erweiterung der Offenlegungspflichten für Banken in Bezug auf die Anwendung der Eigenkapitalvorschriften, der Eigenkapitalstruktur selbst sowie der eingegangenen Risiken vorgesehen.

Basel II war ein Fortschritt. Zentraler *Kritikpunkt* war jedoch, dass angenommen wurde, dass die Banken vermutlich jenes Verfahren der Risikoeinschätzung wählen würden, das das eigene Risiko am niedrigsten bewerten würde. Zum zweiten würden gleichgerichtete Reaktionen der Banken bei steigendem Risiko vermutlich die Instabilität der Finanzmärkte erhöhen.

7.2 Die internationale Finanzkrise 2007/2008

Der Finanzkrise 2007/2008 ging die sog. *Dotcom-Krise* voraus, mit der im Jahre 2000 die „New Economy" endete. Die New Economy entstand vor allem durch den ab Mitte der 1990er-Jahre sich bildenden Hype um neue erfolgversprechende Internet-orientierte Technologie-Firmen und Startups. Die Börsenhausse endete mit dem Platzen der Spekulationsblase im März 2000: An der Börse hoch bewertete Unternehmen konnten die in sie gesetzten Gewinnerwartungen nicht erfüllen, zudem gab es Fälle, in denen berichtete Umsätze gar nicht getätigt worden waren, so dass nach ersten Insolvenzmeldungen die Aktienkurse fielen. Nach zunächst moderaten Verlusten wurde immer mehr Kapital aus dem Markt abgezogen bis schließlich Anleger in Panik ihre Aktien um jeden Preis verkauften, um Verluste in Grenzen zu halten. Viele Unternehmen wurden insolvent oder aufgekauft, während andere sich wieder auf ihre Kerngeschäfte konzentrierten und ihr Geschäftsmodell anpassten. Die Finanzinvestoren wurden daraufhin vorsichtiger und kritischer bei der Bewertung von Geschäftsmodellen und Finanzierungsplänen.

Nach dem Platzen der Dotcom-Blase kam es ab 2003 zu einer längeren konjunkturellen Boomphase, die gestützt wurde durch niedrige Zinsen der US-Zentralbank sowie nur geringe Inflationsraten. Schon seit Ende der 1990er-Jahre unterstützte die US-Regierung den Kauf von Eigenheimen u. a. dadurch, dass die Gewährung von Hypothekenkrediten auch für einkommensschwache Käufer erleichtert wurde. Da die Dotcom-Krise die Anfälligkeit von Aktienspekulationen offengelegt hatte, wurde nun zunehmend Geld in Immobilien angelegt. Die Immobilienpreise stiegen und das Zinsniveau blieb zunächst niedrig. Daher gewährten Banken auch Käufern mit geringer Bonität und ohne Eigenkapital („*Subprime-Segment*") Hypothekenkredite bis zu 100 %, später sogar bis zu 125 %, des Kaufpreises. Offensichtlich erwarteten die Banken, dass die im Preis laufend steigende Immobilie als Sicherheit ausreichen würde. Eine Kontrolle der Kreditwürdigkeit der Schuldner fand daher auch nicht mehr statt. In dem Zeitraum 2000 bis 2007 stieg die Anzahl der *Subprime-Kredite* sowie der zweitschwächsten Kategorie, der *Alt-A Hypothekenkredite*, von insgesamt rund 4 % auf 25 % aller Hypothekenkredite, die inzwischen ein Gesamtvolumen von 6 Bio. US\$ erreicht hatten.[2]

---

[2] Vgl. zu den Daten zur Darstellung der Subprime-Krise: Sinn (2009), Fendel/Frenkel (2009) sowie *Ausgewählte Links*: Finanzkrise.

Beispiel

Auf *loanweb.com* wurden 2007 Hypotheken mit folgenden Slogans angeboten:

- Get A Home Loan And Buy A New Car
- Need More Cash Use Your Home
- Consolidate Your Credit Card Debt
- Borrow Up To 125 % Of Your Home's Value
- No Initial Credit Check ◄

Die Banken refinanzierten die Hypothekenkredite über die Ausgabe von neuartigen Wertpapieren, in denen die Kreditschulden von vielen Hypothekenschuldnern gebündelt wurden. Für die Abwicklung gründeten sie „Zweckgesellschaften", *Special Purpose Vehicles* (SPVs), eine Form der Schattenbanken.[3] Die Hypothekenkredite wurden gebündelt und verbrieft und auf dem internationalen Finanzmarkt an interessierte Anleger als Hypothekenanleihen (*Collateralized Debt Obligations*, CDOs) verkauft. Dies geschah in verschiedenen Tranchen mit unterschiedlichen Risiken. Es wurden Senior-, Mezzanine- und Junior-Tranchen angeboten, deren Risiko gestaffelt war, wobei Junior-Tranchen das größte Kreditausfallrisiko aufwiesen. Das prinzipielle Problem der CDOs war, dass die meisten Käufer die Risiken, die wiederum von den individuellen Fähigkeiten der Schuldner ihre Hypothekenschulden bedienen zu können sowie der realen Wertentwicklung der Sicherheiten abhingen, durch die Bündelung und Tranchierung nicht nachvollziehen konnten.

Dies wurde dadurch begünstigt, dass Rating-Agenturen, wie *Moodys* oder *Standards & Poor's*, die im Auftrag der Banken handelten, die Risiken nur unzureichend berücksichtigten. Insbesondere bezogen sie das Systemrisiko nicht mit ein und bewerteten die Bonität der CDOs zu häufig mit *Triple A* (AAA), also mit „sehr gut". Die Anleger, meist internationale Finanzinstitute, wie Landesbanken, Pensionsfonds oder Investmentfonds, betrachteten daher CDOs auch als attraktive Anlagemöglichkeit mit gutem Rendite-Risiko-Profil. Vielfach wurden die CDOs dann den Kunden der großen Institute, wie Sparkassen und kleineren Banken, als sichere Anlage empfohlen und weiterverkauft. Auf diese Weise verzehnfachte sich das weltweite Volumen an ausstehenden CDOs von 2000 bis 2008 auf etwa 2,8 Bio. US$.[4]

Die *Subprimekrise* begann mit einer Anhebung der Zinsen durch die US-Zentralbank (*Federal Reserve*). Aufgrund der nun gestiegenen Hypothekenzinsen konnte eine zunehmende Anzahl von Kreditnehmern – vor allem des Sub-Prime Segments – ihre i. d. R. variabel verzinslichen Hypothekenkredite nicht mehr bedienen. Viele Neu-Eigenheimbesitzer mussten daraufhin ihre Immobilie verkaufen, so dass ab 2005 die Immobilienpreise und damit auch der Wert der Sicherheiten für die bestehenden Hypothekenkredite sanken.[5]

---

[3] Vgl. Abschn. 6.8 und 7.3.
[4] Vgl. Sinn (2009), Abb. 6.3 und die dort genannten Quellen.
[5] Vgl. Sinn (2009), Abb. 2.8.

2007 platzte die Immobilienblase. Die Kreditausfallraten stiegen weiter, die Sicherheiten verloren an Wert und mussten von Banken wertberichtigt werden. Da nun auch
die Ratings der CDOs schlechter wurden, fanden diese kaum noch Käufer. Die Verluste
der Banken stiegen. Eine zunehmende Anzahl von Finanzinstituten, wie *Bear Stearns*,
Lehmann Brothers, *AIG*, *Fannie Mae*, *Deutsche Industriebank* (IKB) oder *Hypo Real
Estate* (HRE) bekamen massive Liquiditätsprobleme, vor allem auch aufgrund zunehmender Refinanzierungsprobleme: Banken waren nicht mehr bereit anderen Banken
übliche Geldmarkt-Kredite zu gewähren, der *Interbankenmarkt* brach praktisch zusammen. Die *Subprimekrise* entwickelte sich zu einer *internationalen Finanzkrise*. Banken und andere Immobilienfinanzierer mussten durch staatliche Garantien und Kredite
gestützt werden oder wurden vom Staat übernommen, einzelne große Investmentbanken,
wie *Lehman Brothers*, gingen insolvent. Insbesondere kamen *die* Finanzinstitute in
Schwierigkeiten, die in großem Umfang CDOs gekauft hatten, da diese aufgrund des
Wertverfalls nun in großem Umfang abgeschrieben werden mussten. Dies führte zu
einer allgemeinen *Vertrauenskrise* gegenüber Finanzinstituten, Haushalte fürchteten um
die Sicherheit ihrer Bankeinlagen, und es bestand die Gefahr von *bank runs*.

Die Finanzkrise wurde durch eine weitere *Finanzinnovation* verstärkt: Mit *Credit Default
Swaps* (CDS) können sich Kreditgeber gegen das Ausfallrisiko von Krediten eines bestimmten
Kreditnehmers *versichern*. Der Preis des CDS wird i. d. R. als Prozentsatz des Nennwerts des
Kredits berechnet und richtet sich nach dem Kreditrisiko und der Laufzeit des Kredits: Je höher
das Risiko eingeschätzt wird, desto teurer ist der CDS. Da mit CDS auch auf das Risiko von
Kreditausfällen spekuliert werden kann, werden sie auch als *Finanzderivate* auf den Finanz-
märkten gehandelt. Der CDS-Markt in den USA explodierte allein von 2004 bis 2007 von etwa
5 auf über 60 Bio. US$.[6]

Beispiel AIG

Ein wichtiger Marktteilnehmer war der größte US-Versicherer und eine der größten
Versicherungsgesellschaften weltweit, die *American International Group* (AIG).

AIG war in den Jahren vor der Krise in großem Umfang in das CDS-Geschäft ein-
gestiegen, allerdings offensichtlich ohne die Risiken angemessen bewertet zu haben
und über genügend Eigenkapital zu verfügen, um bei tatsächlichen Kreditausfällen
die Ansprüche der „Versicherungsnehmer" ausgleichen zu können. Zusätzlich hatte
AIG auch in CDOs investiert, deren Wert rapide abnahm. AIG geriet daher in massive
finanzielle Schwierigkeiten und wies allein im letzten Quartal 2008 einen Verlust von
über 60 Mrd. US$ aus. Die Fed unterstützte AIG daher mit einem Kredit in Höhe von
85 Mrd. US$; zudem übernahm die US-Regierung 80 % der Anteile von AIG, die erst
2012 wieder verkauft wurden. ◄

---

[6]Vgl. ISDA (International Swaps and Derivate Association), zit. bei Sinn (2009), Abb. 8.7.

Beispiel CDS

Ein Finanzinvestor (A) sucht eine attraktive Anlage. Er kauft von Unternehmen (B) eine fünfjährige Anleihe im Wert von 100 Mio. US$, die ihm aufgrund des relativ schlechten Ratings von (B) mit 10 % hohe Zinsen p.a. einbringen soll. Ein eher spekulationsorientierter Risikoinvestor, der Hedgefonds (C), kauft bei dem Versicherer (D) ein CDS für diese Anleihe gegen eine jährlich zu leistende Prämie. Da er von einer sich verschlechternden Bonität des Unternehmens (B) ausgeht, spekuliert er auf eine Wertsteigerung des CDS aufgrund der zunehmenden Wahrscheinlichkeit einer *Zahlungsunfähigkeit* des Schuldners. CDS wurden tatsächlich sehr schnell zu beliebten Spekulationspapieren, rund 80 % wurden von Risikoinvestoren gekauft. ◄

Im September 2008 kam es zu einem *Börsencrash* (mit einem vom IWF geschätzten weltweiten Wertpapierverlust von 12 Bio. US$), im weiteren Verlauf zu einem weltweiten Nachfrage- und Produktionsrückgang, hoher Arbeitslosigkeit, sinkendem Konsum und Unternehmensinsolvenzen, u. a. durch sinkende Kreditvergaben von Banken. Während der weltweiten Rezession 2009 sank allein in dem Euro-Währungsgebiet (kurz: Eurozone) das BIP um 4 %.

Mit einer Reihe *politischer Maßnahmen* wurde versucht, die negativen Folgen zu begrenzen und den Finanzsektor zu stabilisieren: wie etwa der Bereitstellung von praktisch unbegrenzter Liquidität für Finanzinstitute durch die Zentralbanken, einer Senkung der Leitzinsen, Garantien für Spareinlagen über Einlagensicherungsfonds, Mobilisierung von Beteiligungskapital für Problembanken und der befristeten Verstaatlichung einzelner Banken, einem temporären Verbot für Leerverkäufe von Aktien sowie verschiedenen Finanzmarktstabilisierungsgesetzen. Hinzu kamen Konjunkturprogramme, wie Abwrackprämien und dadurch bedingt eine allgemein steigende Staatsverschuldung (vgl. Abb. 7.1).

Beispiel USA

Im Oktober 2008 stellt die US-Regierung 700 Mrd. US$ und die europäischen Regierungen 1 Bio. € zur Rettung des Finanzsektors bereit. China beschließt ein Konjunkturprogramm von knapp 600 Mrd. US$ für zwei Jahre. Im November 2008 beginnt die Fed ein Programm zum Aufkauf von Anleihen (sog. *Quantitative Easing*) im Umfang von 800 Mrd. US$, das nur vier Monate später um eine weitere Bio US$ ausgeweitet wird. Im Februar 2009 verabschiedet die neue US-Regierung unter *Barak Obama* ein Konjunkturpaket im Umfang von knapp 800 Mrd. US$ und im April 2009 beschließen die G20 Staaten weitere Maßnahmen von über 1 Bio. US$ zur Bekämpfung der Krise. ◄

In Deutschland wurde ein *Banken-Rettungspaket* verabschiedet. Hierfür wurde im Oktober 2008 von der *Bundesanstalt für Finanzmarktstabilisierung* (FMSA) der *Sonderfonds Finanzmarktstabilisierung* (SoFFin) zur Stützung von illiquiden Banken ins Leben gerufen. *SoFFin* konnte Aktien, Anleihen oder Wertpapiere von Finanzinstituten erwerben sowie Garantien für Schulden ausgeben. Dafür mussten die unterstützten Banken Auflagen hinsichtlich Eigenkapital, Risikomanagement und Transparenz erfüllen. Insgesamt konnte *SoFFin* Bürgschaften und Garantien von bis zu 400 Mrd. € und für Re-

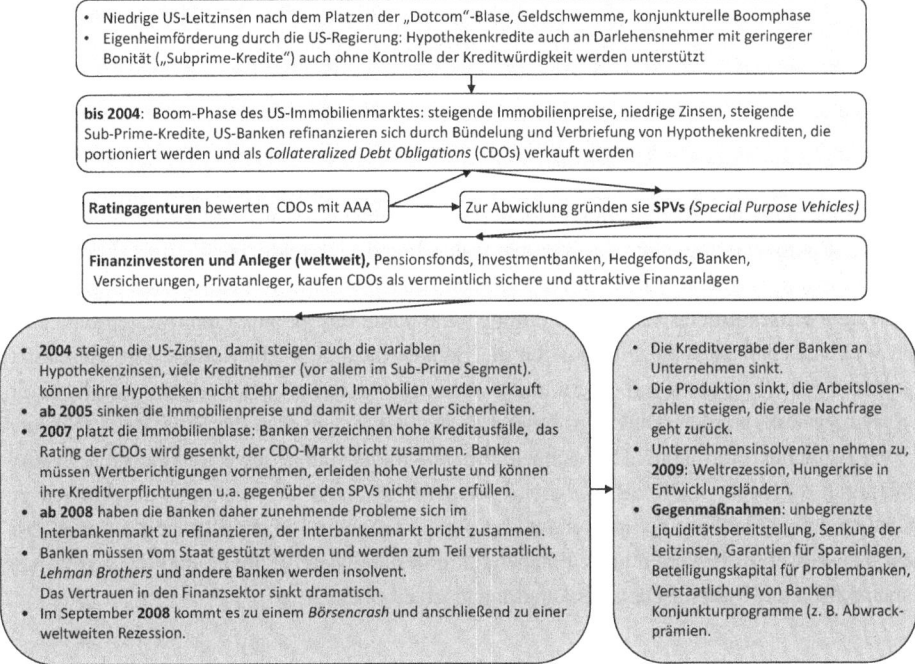

- Niedrige US-Leitzinsen nach dem Platzen der „Dotcom"-Blase, Geldschwemme, konjunkturelle Boomphase
- Eigenheimförderung durch die US-Regierung: Hypothekenkredite auch an Darlehensnehmer mit geringerer Bonität („Subprime-Kredite") auch ohne Kontrolle der Kreditwürdigkeit werden unterstützt

bis 2004: Boom-Phase des US-Immobilienmarktes: steigende Immobilienpreise, niedrige Zinsen, steigende Sub-Prime-Kredite, US-Banken refinanzieren sich durch Bündelung und Verbriefung von Hypothekenkrediten, die portioniert werden und als *Collateralized Debt Obligations* (CDOs) verkauft werden

Ratingagenturen bewerten CDOs mit AAA   Zur Abwicklung gründen sie **SPVs** *(Special Purpose Vehicles)*

Finanzinvestoren und Anleger (weltweit), Pensionsfonds, Investmentbanken, Hedgefonds, Banken, Versicherungen, Privatanleger, kaufen CDOs als vermeintlich sichere und attraktive Finanzanlagen

- **2004** steigen die US-Zinsen, damit steigen auch die variablen Hypothekenzinsen, viele Kreditnehmer (vor allem im Sub-Prime Segment). können ihre Hypotheken nicht mehr bedienen, Immobilien werden verkauft
- **ab 2005** sinken die Immobilienpreise und damit der Wert der Sicherheiten.
- **2007** platzt die Immobilienblase: Banken verzeichnen hohe Kreditausfälle, das Rating der CDOs wird gesenkt, der CDO-Markt bricht zusammen. Banken müssen Wertberichtigungen vornehmen, erleiden hohe Verluste und können ihre Kreditverpflichtungen u.a. gegenüber den SPVs nicht mehr erfüllen.
- **ab 2008** haben die Banken daher zunehmende Probleme sich im Interbankenmarkt zu refinanzieren, der Interbankenmarkt bricht zusammen.
- Banken müssen vom Staat gestützt werden und werden zum Teil verstaatlicht, *Lehman Brothers* und andere Banken werden insolvent. Das Vertrauen in den Finanzsektor sinkt dramatisch.
- Im September **2008** kommt es zu einem *Börsencrash* und anschließend zu einer weltweiten Rezession.

- Die Kreditvergabe der Banken an Unternehmen sinkt.
- Die Produktion sinkt, die Arbeitslosenzahlen steigen, die reale Nachfrage geht zurück.
- Unternehmensinsolvenzen nehmen zu, **2009**: Weltrezession, Hungerkrise in Entwicklungsländern.
- **Gegenmaßnahmen**: unbegrenzte Liquiditätsbereitstellung, Senkung der Leitzinsen, Garantien für Spareinlagen, Beteiligungskapital für Problembanken, Verstaatlichung von Banken Konjunkturprogramme (z. B. Abwrackprämien.

Abb. 7.1 Die Subprimekrise 2007/2008

kapitalisierungen von Banken, u. a. für Beteiligungen an der *Bayerischen Landesbank*, der *Hypo Real Estate* und der *Commerzbank*, von bis zu 80 Mrd. € bereitstellen. In der Hochphase der Finanzkrise hatte SoFFin 168 Mrd. € an Garantien und Kapitalisierungsmaßnahmen in Höhe von 30 Mrd. € übernommen. Bis Ende 2017 wurden alle Garantieverpflichtungen beendet und dabei sogar Einnahmen in Höhe von über 2 Mrd. € erzielt, auch durch die Kapitalisierungsmaßnahmen entstanden dem Bund keine Verluste. 2018 wurde SoFFin in die *Deutsche Finanzagentur* integriert (vgl. *Ausgewählte Links*: Finanzagentur).

Zudem wurde es den Banken durch das 2009 in Kraft getretene *Gesetz zur Fortentwicklung der Finanzmarktstabilisierung* ermöglicht, notleidende Kredite in dezentrale *Bad Banks* auszulagern. Bad Banks können von einer Bank als „Abwicklungs-Finanzinstitut" gegründet werden, auf das sie notleidende Kredite und Papiere übertragen kann, um eine akute Insolvenz abzuwenden bzw. ihre Bonität und ihr reguläres Bankgeschäft nicht (weiter) zu gefährden (vgl. Deutsche Bundesbank 2009). 2011 wurde mit dem *Bankenrestrukturierungsgesetz* die Einrichtung eines Fonds beschlossen, der von den Banken finanziert wird und zur Finanzierung der Abwicklung von in Schwierigkeiten geratenen Banken verwendet werden soll. Zusätzlich wurde für Bankeninsolvenzen ein spezieller Abwicklungsmechanismus eingerichtet, um eine geordnete Abwicklung der Bank zu ermöglichen, ohne dabei auf Steuergelder zurückgreifen zu müssen (vgl. Deutsche Bundesbank 2011/2). Schließlich wurden Gehälter für Vorstände in staatlich gestützten Banken begrenzt und die Verjährungsfrist für die Haftung von Vorständen und Aufsichtsräten von 5 auf 10 Jahre verlängert.

2009 begann im fließenden Übergang von der internationalen Finanzkrise und ganz wesentlich durch diese mitverursacht die **Eurokrise** (vgl. hierzu Abschn. 10.1).

Diese verkürzte Zusammenfassung der schwersten weltweiten Finanzkrise seit der Weltwirtschaftskrise 1929 zeigt vor allem drei Dinge deutlich: Den Mangel an impliziten und expliziten „Sicherheitsvorkehrungen" für den Finanzsektor, die katastrophalen Auswirkungen von Finanzkrisen auf die Realwirtschaft sowie die enormen „Reparaturkosten" einschließlich der gesellschaftlichen Rechtfertigung dieser Aufwendungen. Es war überdeutlich geworden, dass die Rahmenbedingungen der internationalen Finanzarchitektur nicht ausreichend waren und verbessert werden mussten. Um die Widerstandsfähigkeit des Finanzsektors gegen finanzielle und wirtschaftliche Schocks zu erhöhen und damit das globale Finanzsystem und auch die Weltwirtschaft zu schützen, mussten die Banken dazu gebracht werden, ihre Geschäftspraktiken grundlegend zu verbessern und gleichzeitig die Rolle von Aufsichts- und Kontrollorganen gestärkt werden. Dies wird besonders deutlich, wenn man die Rolle der CDOs und CDSs betrachtet. Tatsächlich bezeichnete *Warren Buffet*, einer der erfolgreichsten Finanzinvestoren weltweit, CDS als *„financial weapons of mass destruction"*, als Massenvernichtungsmittel, da diese komplexen und besonders riskanten Finanzinstrumente, deren Risiken nur schwer zu bewerten sind, Finanzmärkte destabilisieren können und das Risiko von Finanzkrisen und systemischen Risiken dramatisch erhöhen.

7.3   *Exkurs*: Schattenbanken

Als *Schattenbanken* werden *Nicht-Banken-Finanzintermediäre* (*non bank financial intermediaries, NBFI*) bezeichnet, die bankähnliche Aufgaben übernehmen, aber keine Banklizenz besitzen und damit auch nicht der Bankenaufsicht unterstehen. Beispiele sind Investmentfonds, Vermögensverwalter, Kreditfonds, Hedgefonds, Zweckgesellschaften, Private-Equity-Firmen und Geldmarktfonds.[7] NBFIs sind immer noch weitgehend unreguliert. Der Unterschied zu Banken besteht vor allem darin, dass sie kein Buchgeld schaffen können und sich auch kein Geld bei Zentralbanken leihen können.

Schattenbanken sammeln Gelder von Anlegern ein und investieren sie in verschiedene Arten von Anlagen, müssen dafür aber nicht unbedingt Eigenkapital als Verlustpuffer vorhalten. Sie können daher größere Risiken eingehen und entsprechend schneller in finanzielle Schwierigkeiten geraten. 2019 verwalteten Schattenbanken knapp die Hälfte des globalen Finanzvermögens und damit erheblich mehr als die Geschäftsbanken. Die drei größten Vermögensverwalter, *BlackRock*, *Vanguard* und *State Street*, kontrollierten 2022 zusammen über 75 % des US-Marktes mit börsengehandelten Fonds, ETFs (*Exchange Traded Funds*), wobei *BlackRock* allein fast 9 Bio. US$ verwaltet (vgl. Finanzwende 2021).

---

[7]Vgl. zu diesem Abschnitt: u. a. Finanzwende (2021) und (2022), Ganter (2023) sowie: *Ausgewählte Links*: Schattenbanken.

Eine erste durch eine Schattenbank ausgelöste Finanzkrise durch Milliardenverluste des US-Hedgefonds *LTCM* konnte 1998 gerade noch vermieden werden (vgl. Abschn. 6.4). Nach der Subprime-Krise erteilte der G-20 Gipfel dem *Financial Stability Board* (FSB) 2010 den Auftrag, eine Studie zur Verstärkung und Verbesserung der Kontrolle des Schattenbanksektors zu erstellen. Dieser schlug 2013 u. a. eine verstärkte Informationverpflichtung und höhere Rücklagen der Bankinstitute für Geschäfte mit Schattenbanken vor. Zwar wurden in einigen Staaten und der EU bereits 2010 Aufsichts- und Informationsregeln für Schattenbanken verschärft, dies ist jedoch bei weitem nicht genug, um zukünftig durch Schattenbanken ausgelöste Finanzkrisen zu entschärfen.

Aufgrund ihrer Größe, Marktmacht und Rolle sind Schattenbanken für die internationalen Finanzmärkte systemrelevant und damit auch anfällig für Systemversagen. Die deutsche Bürgerbewegung *Finanzwende* fordert daher die Marktmacht insbesondere der Vermögensverwalter zu begrenzen und vor allem das Oligopol der *Big Three* zu brechen und bestehende Strukturen zu entflechten (vgl. Finanzwende 2021). Sie schlägt vor, Schattenbanken in Europa stärker zu regulieren und der Aufsicht der EZB zu unterstellen, intransparente Fonds vor ihrer Zulassung streng zu prüfen und bestimmte Fonds ganz zu verbieten und schließlich Interessenkonflikte und Insiderhandel zu verhindern. Ein durch die Fonds finanziertes Sicherheitsnetz sollte dafür sorgen, dass offene Fonds bei Liquiditätsproblemen darauf zurückgreifen können. Als Alternative wird schließlich vorgeschlagen Bürgerfonds nach schwedischem Vorbild einzuführen.

7.4 Kernelemente der neuen Finanzmarktregulierung

Allgemein zeigte die Finanzkrise und später auch die Staatsschuldenkrise in der EU die Notwendigkeit weiterer Regulierungen für die Finanzmärkte, von denen etliche dann später auch in den Basel III-Regelungen umgesetzt wurden:

- Banken müssen *transparenter* werden, um sie angemessen überwachen zu können.
- Vor allem müssen sie Risiken, wie etwa das Risikopotential von *Finanzinnovationen*, angemessen bewerten und hierzu ihr internes *Risikomanagement* verbessern, dass zudem auch problemlos extern kontrollierbar sein muss.
- Aufsichtsbehörden und Ratingagenturen müssen *Systemrisiken* und *Kettenreaktionen* viel stärker im Blick haben, um einschätzen zu können, was passieren kann, wenn *systemrelevante Banken* in Schwierigkeiten geraten und sich Ratings verschlechtern.
- Hierfür muss das *Eigenkapital* von Banken deutlich erhöht werden, damit sie Risiken besser begegnen können.
- Die *Haftungsmöglichkeiten* von Bankmanagern müssen verstärkt werden; zudem dürfen sich ihre *Bonussysteme* nicht mehr an kurzfristigen Gewinnen orientieren.
- Insiderhandel, *Geldwäsche* und Terrorismusfinanzierung müssen wirksam verhindert werden.
- Schließlich müssen Kompetenz und Durchgriffsmöglichkeiten der *Aufsichtsbehörden* gestärkt werden, um die Wahrscheinlichkeit zukünftiger Finanzkrisen mit ihren gravierenden Folgen für die internationalen Finanzmärkte sowie die Realwirtschaften zu reduzieren.

7.4.1   Basel III – Regelungen

Die unter Basel II beschlossenen Regulierungsmaßnahmen waren offensichtlich nicht in der Lage den Ausbruch und die Folgen der Finanzkrise 2007/08 zu verhindern. Das Tempo, mit dem Krisen entstehen und sich weiter verstärken und ausbreiten können, sowie die Rolle, die das Wachstum von nicht kontrollierten Finanzinnovationen dabei spielen, war so nicht erwartet worden und sollte sich zukünftig nicht mehr wiederholen. Es war offensichtlich, dass viele Banken weltweit zu hohe Risiken eingegangen waren und wegen ihres zu geringen Eigenkapitals die entstandenen Verluste nicht auffangen konnten. Unter anderem wurde deswegen schon früh gefordert die Zusammenarbeit zwischen den verschiedenen relevanten Institutionen zu verbessern (vgl. Weber 2009). Auf internationaler Ebene geschieht dies inzwischen, etwa zwischen dem *Ausschuss für das weltweite Finanzsystem (Committee on the Global Financial System,* CGFS) und dem *Forum für Finanzstabilität (Financial Stability Board, FSB)* sowie im Rahmen der gemeinsamen Frühwarnanalysen des IWF und des FSB. Auf europäischer Ebene kooperieren der *Bankenaufsichtsausschuss der europäischen Zentralbanken (Banking Supervision Committee,* BSC) und der *Ausschuss der europäischen Bankenaufseher (Committee of European Banking Supervisors,* CEBS). Zur Verbesserung des Erkennens von Systemrisiken auf makroökonomischer Ebene wurde 2010 das *European Systemic Risk Board* (ESRB) eingeführt. Noch während der Finanzkrise legte das *Financial Stability Forum* (FSF) einen Empfehlungskatalog für die Überprüfung und Verschärfung des Regulierungs- und Aufsichtsrahmens für das internationale Finanzsystem vor, die *Principles for Cross-border Cooperation on Crisis Management,* der später auch von den G20 übernommen wurde.

Forum für Finanzstabilität
Das *Financial Stability Forum* (FSF) wurde bereits 1999 gegründet. Es besteht aus Vertretern der Finanzministerien und der Zentralbanken der G7, Repräsentanten internationaler Finanzmarktregulierungs- und -aufsichtsgremien, wie dem *BCBS,* der *International Organization of Securities Commissions* (IOSCO) und der *Association of Insurance Supervisors* (IAIS) sowie aus Vertretern des IWF, der Weltbank und der OECD. Als eher präventiv wirkende Institution soll es Finanzmarktinformationen sammeln und auswerten sowie die Kooperation zwischen nationalen und internationalen Institutionen fördern, um Schwachstellen und Risiken des Weltfinanzsystems frühzeitig aufdecken und koordinierte Gegenmaßnahmen initiieren zu können.

Auf ihrem Gipfeltreffen im November 2008 machte die G20 eine Reihe von Vorschlägen für eine neue, globale Finanzarchitektur, die 2009 in einem Aktionsplan konkretisiert wurden. Insgesamt handelt es sich hierbei um einen Katalog von fast 50 Einzelmaßnahmen, durch die Finanzkrisen zukünftig vermieden werden sollten. U. a. waren dies neben einer Stärkung der Position des IWF

- die Forderung nach neuen globalen *Rechnungslegungsstandards* und der Harmonisierung und Überarbeitung der bestehenden Bilanzierungsregeln,
- eine stärkere *Reglementierung* von Hedgefonds und vor allem von bislang unregulierten Finanzprodukten wie beispielsweise Finanzderivaten,
- die Orientierung der *Bonussysteme* für Manager an mittelfristigen Zielen,

- eine bessere Überwachung der *Ratingagenturen*,
- den Schutz vor unfairem Wettbewerb durch *Steueroasen*,
- die Forderung nach internationalen Regeln für die Erhöhung und Verbesserung des *Eigenkapitals* von Banken sowie die Festlegung eines maximalen Verschuldungsgrades von Banken und die
- Forderung, dass *systemrelevante Banken* Strategien für die Abwicklung ihrer eigenen möglichen Insolvenz entwickeln.

Der entscheidende Vorstoß, in den viele Forderungen und Vorschläge von FSF und G20 integriert wurden, wurde dann im Dezember 2010 mit der Vorlage des **Basel III-Reformpakets** durch den *Basler Ausschuss für Bankenaufsicht* (BCBS) gemacht.[8] Basel III stellt die zentrale regulatorische Antwort auf die durch die Finanzkrise offengelegten Probleme dar. Die zentralen Elemente, wie strengere Eigenkapitalregelungen, einheitliche Liquiditätsstandards und eine maximale Verschuldungsquote (*Leverage Ratio*) waren hierin enthalten. Die wichtigsten Regelungen werden im Folgenden zusammengefasst dargestellt. Basel III unterscheidet „drei Säulen" sowie weitere Regelungen zur Liquidität und zu Anforderungen an systemrelevante Banken:

Eigenkapital
Die zentrale Regelung zur Risikoabsicherung besteht darin, ausreichende Eigenmittel vorzuhalten (*Kapitaladäquanzvorschrift*): Banken müssen jetzt permanent 7 % sog. *hartes Kernkapital* nachweisen. Dieses setzt sich zusammen aus dem

- Stammkapital der jeweiligen Bank sowie den einbehaltenen Gewinnen und ist damit die „qualitativ höchststehende" Kapitalkomponente einer Bank. Es muss mindestens 4,5 % betragen, wobei es nach dem Risiko der vergebenen Kredite und sonstiger Forderungen gewichtet wird.
- Hinzu kommt ein sog. „Kapitalerhaltungspolster", das ebenfalls aus risikogewichtetem hartem Kernkapital besteht, von noch einmal 2,5 %, so dass die gesamte Kernkapitalquote 7 % beträgt. Solange das Kapitalerhaltungspolster noch nicht vorhanden ist, sind die Banken verpflichtet Gewinne einzubehalten, um ihre Kapitalbasis zu stärken.
- Zusätzlich kann von der nationalen Bankenaufsicht ein weiterer antizyklischer Kapitalpuffer zwischen 0 % und 2,5 % hartem Kernkapital festgelegt werden, wenn diese der Auffassung ist, dass das Kreditportfolio unzulässig hohe Systemrisiken beinhaltet.

Risikoermittlung
Ein wichtiges Ziel der Überarbeitung von Basel III, der *Finalisierung*, war es, zu große Abweichungen bei der Berechnung der Kreditrisiken zwischen den Banken zu verhindern. Da verschiedene Vorgaben für die Berechnung der Kreditrisiken bisher von den Banken sehr unterschiedlich ausgelegt wurden, wurden diese vereinheitlicht. Zwar können die Banken neben einem vorgeschlagenen *Standardmodell* auch *interne Risikoermittlungsmodelle* nutzen, die Abweichung bei der Berechnung der zu unterlegenden Eigenkapitalquote darf aber im Vergleich mit der Ermittlung durch das *Standardmodell* höchstens 27,5 % be-

---

[8]Vgl. hierzu BIZ (2010) sowie Deutsche Bundesbank (2018) S. 77 ff.

tragen.[9] Das endgültige Basel III-Reformpaket, das inoffiziell auch als *Basel IV* bezeichnet wird, wurde daher erst im Dezember 2017 beschlossen.[10] Die Mitgliedsländer im BCBS sollen die neuen Regeln (bis auf wenige Ausnahmen) spätestens 2023 eingeführt haben. Allerdings wird häufig kritisiert, dass trotz der Erhöhung der Kapitalanforderungen die Eigenkapitalquote noch immer viel zu niedrig sei. Um das globale Finanzsystem wirklich sicher zu machen werden vereinzelt daher Eigenkapitalquoten von 20 % bis 30 % gefordert.

Over the Counter (OTC) – Transaktionen und Kreditverbriefung

Zentrale Probleme bei der Entstehung der Finanzkrise 2007/08 waren massive Qualitätsmängel bei dem Verbriefungsprozess von Problemkrediten sowie dem entsprechenden Risikomanagement der Finanzinstitute. Die äußerst riskanten außerbörslich gehandelten Finanzinnovationen CDOs und CDSs wurden unkontrolliert gehandelt und an Käufer abgegeben, die dieses Risiko nicht realistisch einschätzen konnten oder wollten. Diese falsche Einschätzung wurde unterstützt durch eine Unterbewertung des Risikos auch durch die hierfür zuständigen Ratingagenturen.

Für solche komplexen *Verbriefungen* wurden die Eigenkapitalanforderungen nun deutlich erhöht, während die *Ratingagenturen* derartige Konstrukte, insbesondere deren Risiken, zukünftig strenger prüfen müssen. Zusätzlich müssen bestimmte standardisierte Derivate über Börsen gehandelt werden und mit Hilfe zentraler Gegenparteien (*Central Counter Party*, CCP) abgewickelt werden (Clearingpflicht). Durch eine *Clearingstelle* wird das Risiko für die Parteien reduziert: Sie gleicht Kauf- und Verkaufsaufträge ab, sorgt für die korrekte Abwicklung der Transaktionen und ist verantwortlich für den entsprechenden Geldfluss sowie die Verrechnung von Verbindlichkeiten und Forderungen. Dafür müssen die Vertragspartner üblicherweise Sicherheitsleistungen und gegebenenfalls Nachschüsse hinterlegen. Zudem führt die Clearingstelle ein Transaktionsregister, das eine Identifikation von Transaktionsproblemen und Fehlerquellen ermöglicht. In den USA wurde dies durch den *Dodd-Frank-Act* umgesetzt. In der EU wurde bereits 2012 bei der *European Securities and Markets Authority* (ESMA) ein anschließend mehrfach aktualisiertes öffentliches Register über die Clearingpflicht bei OTC-Derivaten eingeführt.[11]

Verschuldung

Neu eingeführt wurde eine maximale *Verschuldungsquote* (*leverage ratio*), die auch nicht in der Bilanz berücksichtigte Engagements erfasst. Danach soll die gesamte Bilanzsumme auf das 33,3-fache des gesamten Kernkapitals begrenzt sein.

Bankenaufsicht und Risikomanagement

Die vernetzten internationalen Finanzmärkte wurden in der Finanzkrise durch Zusammenbrüche einzelner Banken und daraus resultierende *Kettenreaktionen* bei kumulierten Finanz-

---

[9] Vgl. Deutsche Bundesbank (2018) S. 92.

[10] Ein guter Überblick über die Entwicklung von Basel I bis Basel IV findet sich bei Mann/Watzek (2017).

[11] Vgl. *Ausgewählte Links*: Public Register for the Clearing Obligation under EMIR.

risiken (Überschuldung, Risikokredite, Kreditausfälle …) destabilisiert mit den beschriebenen Folgen für die Realwirtschaft. Ursachen solcher Kettenreaktionen sind hierbei u. a.

- zu geringe Information und Kenntnisse über systemische Risiken und risikobehaftete Finanztransaktionen, etwa über Großkredite oder eine multiple Verschuldung einzelner Schuldner,
- die sehr unterschiedliche Qualität der nationalen Finanzmarktaufsichten und eine zu geringe Vernetzung und Kooperation der nationalen Finanzaufsichtsbehörden sowie
- unterschiedliche Standards für Rechnungslegung, Kontrollen und Eingriffe, die koordinierte zielgerichtete Aktionen erschweren.

Die *zweite Säule* von Basel III stärkt daher die *Bankenaufsicht*. Während zuvor der Fokus eher auf den einzelnen Finanzinstituten lag, wurde dieser Ansatz nun von einem *systemorientierten* (*makroprudenziellen*) Ansatz abgelöst, der die Stabilität des Finanzsystems als Ganzes in den Mittelpunkt stellt. Die Bankenaufsicht soll von einer unabhängigen Institution wahrgenommen werden mit klarem Mandat und entsprechenden Befugnissen, die relevante aggregierte Kennzahlen nutzt und das gesamte Finanzsystem und damit das Systemrisiko betrachtet. Damit stehen insbesondere auch Verflechtungen der einzelnen Finanzinstitute untereinander, deren außerbilanzielle Positionen und Verbriefungsgeschäfte sowie das bankinterne Risikomanagement im Fokus. Überprüft wird dies u. a. durch regelmäßige *Stresstests*, die die Banken durchführen müssen und durch die sich ihre jeweiligen Voraussetzungen finanzielle Stresssituationen zu überstehen vergleichen lassen.

Liquidität

Die Finanzkrise hatte gezeigt, dass eine ausreichende Liquidität der Banken entscheidend für das reibungslose Funktionieren der Finanzmärkte ist. Es wurden daher zwei quantitative Mindeststandards eingeführt: Eine *Mindestliquiditätsquote* (*Liquidity Coverage Ratio*, LCR) soll gewährleisten, dass Banken über genügend liquide Mittel verfügen, um Barabflüsse einen Monat lang kompensieren zu können. Hierbei wurden krisenverstärkende Faktoren berücksichtigt, die während der Finanzkrise aufgetreten sind, u. a. der teilweise Abzug von Einlagen, die Schwierigkeiten sich am Kapitalmarkt zu refinanzieren sowie zusätzliche Anforderungen an Sicherheiten, die als Folge von Bonitätsherabstufungen auftreten können. Zusätzlich verlangt die *strukturelle Liquiditätsquote* (*Net Stable Funding Ratio*, NSFR) von den Banken, dass sie zusätzlich zu kurzfristigen Finanzierungen auch über *langfristige* Finanzierungsquellen verfügen.

Systemrelevante Finanzinstitute (SFI)

Global *systemrelevante Finanzinstitute* (SFI) müssen ihre Fähigkeit, Verluste absorbieren zu können, über die Basel III-Regeln hinaus verstärken. SFI werden anhand von quantitativen und qualitativen Indikatoren identifiziert. Für sie gilt, dass das harte Kernkapital um 1 % bis 3,5 % erhöht werden muss und dass OTC-Derivatgeschäfte i. d. R. über zentrale Gegenparteien abgewickelt werden müssen. Zusätzlich müssen sie für Derivatgeschäfte, für Verbriefungen und außerbilanzielle Geschäfte sowie für Interbankengeschäfte ein höheres Eigenkapital vorhalten.

7.4.2   Bankenunion und Einlagensicherung in der Europäischen Union

Als Reaktion auf die Finanz- und vor allem die europäische Staatsschuldenkrise entstand die *Europäische Bankenunion*. Neben einheitlichen Regeln für alle Banken in der EU umfasst diese eine gemeinsame Bankenaufsicht und einen gemeinsamen Mechanismus für die Bankenabwicklung. Gleichzeitig setzte die EU damit Regelungen und Vorschläge von Basel III um. Die **Bankenunion** wurde 2014 als neues zentrales Element der *Europäischen Wirtschafts- und Währungsunion* (EWWU) geschaffen.[12] Sie soll vor allem gewährleisten, dass Banken künftigen Finanzkrisen besser standhalten können und für eine Abwicklung insolvenzgefährdeter Banken keine staatlichen Mittel aufgewandt werden müssen. Grundlage ist das *Einheitliche Regelwerk*, eine Reihe von gesetzlichen Regelungen, die für alle Mitgliedsstaaten in der EU gelten. Auch nicht dem Euro-Raum angehörende Mitgliedsstaaten können unter bestimmten Voraussetzungen der Bankenunion beitreten. Allgemeine Ziele des Regelwerks sind u. a. die Gewährleistung eines einheitlichen Verbraucherschutzniveaus und gleicher Wettbewerbsbedingungen für Banken. Dies beinhaltet gleiche Eigenkapitalanforderungen, die Sicherstellung eines besseren Einlagenschutzes sowie die Regulierung bzw. Vermeidung und Bewältigung von Bankinsolvenzen.

Auf der Grundlage der Vorschläge des BCBS wurden daher neue **Eigenkapitalanforderungen** für europäische Banken erlassen, um diese krisenfester zu machen. Sie gelten seit 2014. Inzwischen wurden einige Regeln überarbeitet, die seit 2022 zwischen dem Europäischen Rat und dem Europäischen Parlament abgestimmt werden und 2025 in Kraft treten sollen. Rechtliche Kernstücke sind die

- *Eigenkapitalverordnung* (*Capital Requirements Regulation,* CRR), die Anforderungen für Eigenkapital, Liquidität und Kreditrisiken von Wertpapierfirmen und Kreditinstituten enthält und im Wesentlichen die Basel III – Regelungen umsetzt sowie die
- *Eigenkapitalrichtlinie* (*Capital Requirements Directive,* CRD) mit Vorschriften über Kapitalpuffer, Vergütungen und Bonuszahlungen an Bankmitarbeiter, Bankbeaufsichtigung und Unternehmensführung.

Wichtig hierbei war u. a., dass die Banken nun auch Forderungen an Staaten i. d. R. mit Eigenkapital unterlegen müssen. Dies war zuvor nicht der Fall. Die Krise hat jedoch gezeigt, dass Anlagen in Staatsanleihen keineswegs risikolos sind. Allerdings sind die europäischen Eigenkapitalstandards niedriger als international empfohlen, so dass hieraus entstehende Probleme keineswegs ausgeschlossen sind.

Seit 2014 ist die *EZB-Bankenaufsicht* die zentrale **Aufsichtsbehörde** für die 125 Großbanken bzw. Bankengruppen in der Eurozone. Sie ist verantwortlich für die Überwachung und Regulierung der Banken und kann bei Bedarf Maßnahmen ergreifen, um Banken zu sanieren oder zu schließen. Allerdings muss sie wegen ihrer zu geringen Personalausstattung

---

[12] Vgl. *Ausgewählte Links*: Bankenunion. Vgl. zur EWWU Kap. 9.

hierfür in großem Umfang auf das Personal der nationalen Bankenaufsichtsbehörden zurückgreifen. Der einheitliche Aufsichtsmechanismus (*Single Supervisory Mechanism*, SSM) gewährleistet, dass die EZB-Bankenaufsicht und die nationalen Aufsichtsbehörden alle EU-Banken, also auch die etwa 3500 kleineren Finanzinstitute, die von den nationalen Bankenaufsichten kontrolliert werden, regelmäßig nach denselben Verfahrensregeln überprüfen, um die Stabilität des europäischen Finanzsektors zu gewährleisten.

Die nationalen **Einlagensicherungssysteme** wurden durch das europäische *Einlagenversicherungssystem* (*European Deposit Insurance Scheme*, EDIS) europaweit harmonisiert, so dass heute ein einheitlicher Einlegerschutz für Bankkunden in der gesamten EU besteht und sich das Risiko von *bank runs* bei einer drohenden oder vermeintlichen Insolvenz von Banken tendenziell verringert hat: In jedem Mitgliedstaat wurde dafür ein Einlagensicherungssystem aufgebaut, mit dem Einlagen von bis zu 100.000 € pro Person und Bank geschützt werden sollen, falls eine Bank insolvent wird und die Einlagen nicht mehr verfügbar sind. Die Finanzierung der Sicherungssysteme wird durch den Bankensektor gewährleistet, vor allem dadurch, dass alle Banken regelmäßig Beiträge für die nationalen Einlagensicherungsfonds leisten. Es war geplant, die nationalen Systeme bis 2024 in das einheitliche europäische System EDIS zu überführen. Dies wird aber wahrscheinlich zu dem geplanten Zeitpunkt noch nicht realisiert werden können, da hiergegen von mehreren Staaten, u. a. von Deutschland, Einwände erhoben werden.

Mit der europäischen *Bankenabwicklungsrichtlinie* (*Bank Recovery and Resolution Directive*, BRRD) wurde 2014 ein Instrumentarium zur **Sanierung und Abwicklung von Kreditinstituten** geschaffen. Ein einheitlicher Abwicklungsmechanismus (*Single Resolution Mechanism*, SRM) soll dafür sorgen, dass im Falle von Bankinsolvenzen eine einheitliche Abwicklung der Banken sichergestellt ist und Auswirkungen auf die Realwirtschaft und die öffentlichen Finanzen möglichst gering bleiben. Dies geschieht vor allem durch ein „*Bail-in*" Instrument, durch das vorrangig Eigentümer und Gläubiger an den Kosten der Abwicklung einer Bank beteiligt werden können. Ist dieses Instrument ausgeschöpft, wird auf den einheitlichen *Abwicklungsfonds* (*Single Resolution Fund*, SRF) zurückgegriffen, der durch Beiträge der Banken finanziert wird. Die Ausstattung wird sich auf etwa 55 Mrd. € belaufen, wobei die Beiträge der einzelnen Banken anteilig zur Gesamthöhe ihrer Verbindlichkeiten berechnet und an das Risikoprofil des jeweiligen Kreditinstituts angepasst werden. Allerdings wird das vereinbarte Volumen des Fonds allgemein als unzureichend angesehen.

In Deutschland wurde die *Bundesanstalt für Finanzmarktstabilisierung* (FMSA) (vgl. Abschn. 7.2) zur neuen *Nationalen Abwicklungsbehörde* (NAB), die 2018 in die *Bundesanstalt für Finanzdienstleistungsaufsicht* (BaFin) integriert wurde.[13] Die bestehenden Regelungen wurden 2022 durch den sog. *Beteiligungsketten-Ansatz* ergänzt, durch den die Abwicklungsfähigkeit von Banken weiter verbessert werden soll. Insbesondere werden hierdurch die Mindestanforderungen an die Eigenmittel sowie die Berücksichtigungsfähigkeit von Verbindlichkeiten der Banken präzisiert und die Strategien für eine Abwicklung von *systemrelevanten Banken* angeglichen (vgl. Abb. 7.2).

---

[13] Vgl. Deutsche Bundesbank (2014), BMF (2018).

Jahr	Ausgewählte Stationen der Internationalen Finanzpolitik II
2000	• **Dotcom-Krise** (März) Börsencrash der Technologie- und Internetaktien.
2001	• Das *Basel Committee on Banking Supervision* (BCBS) legt einen zweiten Entwurf für **Basel II** vor. • Das IASB (*International Accounting Standards Board*) erarbeitet neue **internationale Rechnungslegungsstandards**, die *International Financial Reporting Standards* (IFRS).
2007	• **Basel II** tritt in Kraft, nachdem 2004 die überarbeitete Fassung veröffentlicht wurde. Banken müssen nun ihre Kreditkonditionen und ihr Eigenkapital - auf der Grundlage leistungsfähiger Risiko- und Kapitalmanagementsysteme - an der Bonität ihrer Kunden orientieren. • **Internationale Finanzkrise (Subprimekrise)** 2007/2008
2008	• Das *Forum für Finanzmarktstabilität* (FSF) legt einen Empfehlungskatalog für die Überprüfung und **Verschärfung des Regulierungs- und Aufsichtsrahmens** für das internationale Finanzsystem vor, die *Principles for Cross-border Cooperation on Crisis Management*, der von der EU und später auch von den G20 übernommen werden. • Die G20 legen einen **Aktionsplan mit 50 Forderungen** zur Verbesserung der Finanzmarktstabilität vor. • Die EU stellt eine bis 2013 befristete *European Financial Stability Facility* (**EFSF**) für Euro-Staaten mit Finanzproblemen bereit.
2009	• **Beginn der Eurokrise** • Die G20 beschließen konkrete Schritte zur **Finanzmarktregulierung**. Bis Ende 2010 sollen auf der Grundlage von Vorschlägen des *Financial Stability Board* (FSB) internationale Regeln für die Erhöhung und Verbesserung des Eigenkapitals von Banken entwickelt werden.
2010	• Der BCBS veröffentlicht mit **Basel III** verschärfte Eigenkapitalrichtlinien für Banken, die in den Folgejahren ergänzt und überarbeitet werden. • Das *European Systemic Risk Board* (**ESRB**) wird gegründet.
2012	• Die *European Securities and Markets Authority* (ESMA) führt ein öffentliches Register über die **Clearingpflicht bei OTC-Derivaten** ein.
2014	• Die EU gründet die **Bankenunion**, wichtige Elemente sind die *EZB-Bankenaufsicht*, die *Eigenmittelrichtlinie*, die *Eigenkapitalverordnung* und die *Bankenabwicklungsrichtlinie*.
2016	• Die EU verabschiedet die **Richtlinie über den automatischen Informationsaustausch** (AIA).
2017	• Die *Group of Central Bank Governors and Heads of Supervision* (GHOS) beschließt im Dezember 2017 das finalisierte **Basel III**-Reformpaket.
2021	• Die EU erlässt bereits die 6. **Anti-Geldwäsche-Richtlinie**.
2023	• Geplant ist die vollständige Einführung der **Basel III** – Regelungen. • Die neue europäische Geldwäschebehörde **AMLA** (*Anti Money Laundering Agency*) wird eingerichtet.

Abb. 7.2 Ausgewählte Stationen der Internationalen Währungs- und Finanzpolitik II

7.5   Zusammenfassende Beurteilung

Eine abschließende Beurteilung der Umsetzung der ursprünglichen Basel III-Regelungen im EU-Kontext fällt zwiespältig aus. Einerseits wurden viele neue und sinnvolle Regelungen eingeführt, deren Wirksamkeit auch regelmäßig vom *Financial Stability Board* (FSB) evaluiert werden. Andererseits muss aber auch festgestellt werden, dass aufgrund der erfolgreichen Lobbyarbeit von Bankenverbänden und Bankenvertretern Regelungen verwässert wurden. Dies gilt zum Beispiel für die Nutzung von Modellen zur Berechnung der Risiken und für inzwischen beschlossene Ausnahmeregelungen. Als Folge davon fallen beispielsweise die Kapitalpuffer der Banken in vielen Fällen geringer aus, als dies zunächst vorgesehen war.[14] Wie neuere Entwicklungen zeigen, ist auch der von Basel III vorgesehene Eigenkapitalpuffer immer noch zu niedrig. Dieser müsste mindestens verdoppelt, wenn nicht gar verdreifacht werden, um die Gefahr von Banken- und Finanzkrisen zu reduzieren. Hinzu kommt, dass einige Banken ihre Bilanzrisiken, wie beispielsweise Derivatrisiken und Zinsänderungsrisiken, immer noch zu niedrig ausweisen oder auch bestimmte operationelle Risiken, wie kritische Situationen, in denen sich ihre Geschäftspartner befinden, gar nicht kennen.

In der EU wurde die Bankenunion bisher noch nicht vollständig umgesetzt. Die Einlagensicherung ist noch national organisiert und steht insgesamt auf zu schwachen Beinen. Interne Bankenrisiken könnten auch in der z. T. mangelnden fachlichen Qualifikation von Bankvorständen und Aufsichtsräten bestehen, wie der Chef der EZB-Bankenaufsicht vermutet. Erst in letzter Zeit beginnt die EZB-Bankenaufsicht ebenso wie die deutsche BaFin einzelne Banken u. a. wegen festgestellter „schwerer Verstöße" mit Strafzahlungen zu sanktionieren.[15] Allerdings wird auch 2023 die Bankenaufsicht als immer noch zu wenig effektiv und zu nachgiebig gegenüber zu beaufsichtigenden Banken bewertet. Vor allem wird kritisiert, dass die einzuhaltenden Regeln gegenüber den Großbanken zu wenig durchgesetzt werden.[16] Schließlich wurde mit der Lösung des Problems einer fehlenden Regulierung der Schattenbanken immer noch nicht begonnen, obwohl diese ein systemisches Risiko darstellen, vor dem u. a. sowohl die BIZ als auch die BaFin wiederholt warnen.

Zentrale Risiken bleiben im Finanzsektor also weiterhin bestehen:

- Eine zu geringe Eigenkapitalausstattung der Banken,
- die Tendenz das Investmentbanking und damit den Eigenhandel (wieder) auszuweiten und ihn zugleich unzureichend zu kontrollieren, u. a. wegen der damit verknüpften risikofördernden Bonussysteme für Bankmanager sowie

---

[14] Vgl. *Ausgewählte Links*: Finanzlobby. Dies wurde beispielsweise von der Deutschen Bundesbank zuletzt im Herbst 2022 festgestellt. Trotz Krisenwarnungen hätten die Banken ihre Kapitalpuffer gesenkt, sie wurden daher aufgefordert ihre Gewinnausschüttungen zu reduzieren, um ihre Rücklagen aufzustocken.

[15] Vgl. zur Kritik an der Umsetzung von Basel II in der EU die fortlaufende Berichterstattung von Schreiber/Zydra (2022/1), (2022/2), (2023/1) und (2023/2).

[16] Vgl. Europäischer Rechnungshof (2023).

- ein zu schwaches unabhängiges internes Risikomanagement.
- Hinzu kommt die Größe vieler Finanzinstitute, die „*too big to fail*" sind,
- zu schwache Aufsichtsorgane sowie
- der immer noch weitgehend unkontrollierte systemrelevante Schattenbanksektor (vgl. Abschn. 7.3).

Lösungsansätze könnten in der systematischen Entflechtung der zu großen system-relevanten Banken und Schattenbanken liegen, verknüpft mit einer weiter verbesserten Regulierung, dichter geknüpften Sicherheitsnetzen und kompetenten, schnell und adäquat reagierenden Aufsichtsbehörden. In jedem Fall sollte dadurch das Risiko von *bank runs* weiter reduziert und vermieden werden, dass letztlich wieder öffentliche Mittel für Bankenrettungen eingesetzt werden müssen. Der folgende Abschnitt zeigt deutlich, dass die Regulierungen des Finanzsektors ganz sicher noch nicht abgeschlossen sind.

7.6   Fallbeispiel: Bankenkrise 2023

Mitte März 2023 schlossen die US-Aufsichtsbehörden die *Silicon Valley Bank* (*SVB*) und beschlagnahmten Vermögenswerte von über 200 Mrd. US$ sowie Einlagen in Höhe von rund 175 Mrd. US$. Der Kurs der SVB Bank brach daraufhin um 80 % ein und in der Folge verloren die 150 größten Banken weltweit in wenigen Tagen zeitweise rund 450 Mrd. US$ an Börsenwert.

Besonders prekär an der SVB-Insolvenz ist, dass die Bank Hausbank von rund der Hälfte aller Tech-Start-ups in Kalifornien war, die vor allem durch *Venture Capital* (VC) finanziert wurden. Die Unternehmen hatten ihre Einlagen dort deponiert, so dass die SVB in den letz-ten drei Jahren ihre Bilanzsumme auf etwa 200 Mrd. US$ verdreifachen konnte. Da die Gel-der nur zu einem kleinen Teil als Kredite weitergereicht werden konnten, legte die SVB die Einlagen vor allem in lang laufenden festverzinslichen Anleihen, u. a. in Hypotheken-anleihen sowie in Staatsanleihen an. Aufgrund der Zinserhöhungen der *Federal Reserve,* fiel der Kurswert der Anleihen jedoch laufend. Gegen dieses Risiko hätte sich die SVB zwar ab-sichern können, hat dies aber offensichtlich deswegen wohl nicht gemacht, weil sie hierzu aufgrund ihrer Größe nicht verpflichtet war. Dieser Mangel des internen Risikomanagements wurde bekannt und es gab daher auch diverse Empfehlungen, vor allem von Venture Capital Gebern, Gelder von der Bank abzuziehen. Viele Tech-Start-ups, deren Einlagen meist weit über den durch die US-Einlagenversicherung abgedeckten 250.000 US$ lagen, taten dies daraufhin. Skandalös war in diesem Zusammenhang allerdings, dass das Management der SVB-Bank in den Tagen zuvor Insider-Geschäfte getätigt haben soll und einen großen Teil ihrer Aktien verkauft hatte, und so von dem Verfall des Aktienkurses nicht betroffen war.

Um ihren Liquiditätsbedarf zu decken verkaufte die Bank einen großen Teil ihrer An-leihen – aufgrund des gesunkenen Kurswert mit erheblichen Verlusten. Dies reichte jedoch nicht aus, die Bank benötigte einen Liquiditätszuschuss. Als bekannt wurde, dass der Re-finanzierungsbedarf nicht gedeckt werden konnte, kam es zu einem *bank run.* An nur einem Tag zogen die Kunden rund 42 Mrd. US$ ab. Daraufhin reagierte die kalifornische Aufsichtsbehörde und schloss das Finanzinstitut.

Die Kunden waren vor allem auch deswegen nervös, weil wenige Tage zuvor *Silvergate Capital*, die Muttergesellschaft der ebenfalls kalifornischen *Silvergate Bank*, erklärt hatte ihre Bank ebenfalls wegen Liquiditätsproblemen abzuwickeln. *Silvergate* hatte sich auf Kryptowährungsunternehmen und ihre Kunden spezialisiert. Aufgrund der Insolvenz der Kryptobörse *FTX* im November 2022 hatten viele Kunden massive Verluste erlitten und ihr Kapital von der Bank abgezogen. Auch hier hatte die Bank in festverzinsliche US-Staatsanleihen investiert, die sie mit Verlusten verkaufen musste, um den gestiegenen Liquiditätsbedarf zu decken – eine vergleichbare Situation.

Tatsächlich hatten viele Banken in den USA aufgrund der Zinserhöhungen einerseits und ihrer Anlagepolitik, gekoppelt mit einer mangelnden Absicherungspolitik andererseits, teils erhebliche Verluste erlitten. Insgesamt beliefen sich die nicht realisierten Wertverluste bei den Anleihebeständen der US-Banken laut dem US-Einlagensicherungsfonds FDIC (*Federal Deposit Insurance Corporation*) im Dezember 2022 auf 620 Mrd. US$ nach nur 8 Mrd. US$ ein Jahr zuvor.[17] Hinzu kommt, dass Unternehmen mit hohem Kreditbedarf durch die gestiegenen Zinsen erheblich belastet werden. Allerdings hätte diese Situation antizipiert werden können: Wenn Zentralbanken versuchen nach längeren – beruhigenden – Niedrigzinsperioden durch in kurzen Abständen erfolgende relativ starke Zinserhöhungen ihre Fehler der Vergangenheit zu korrigieren und steigende Inflationsraten zu bekämpfen, erleiden diejenigen, die frühzeitig in niedrig verzinslichen Staatsanleihen investiert waren, entsprechende Kursverluste während der Laufzeit dieser Anleihen. Wenn dann Kundeneinlagen in größerem Umfang abgezogen werden, um mit diesen höhere Renditen zu erzielen, sind Liquiditätsprobleme voraussehbar.

Um Kettenreaktionen zu vermeiden und Anleger und Kunden zu beruhigen griff nun doch wieder der Staat ein, indem er sich auf eine Ausnahme für systemische Risiken berief: Über den Einlagensicherungsfonds garantierte er, dass Bankkunden Zugriff auf ihre Einlagen hatten, auch wenn diese mehr als 250.000 US$ betrugen. Dafür stellte die Fed den Banken umfangreiche Liquidität zur Verfügung. Im Rahmen eines einjährigen Sonderprogramms akzeptierte sie hierfür Anleihen zum ursprünglichen Wert (Nennwert) als Sicherheiten – trotz des inzwischen gesunkenen Kurswerts – ein ungewöhnlicher Schritt, der zeigt, dass die US-Behörden die neuerliche Finanzkrise nicht leicht nahmen und diese sehr schnell beenden wollten. Eine schnelle Reaktion war vor allem auch deswegen notwendig, weil den Unternehmen, die ihre Einlagen noch nicht abgezogen hatten, vorübergehend praktisch keine Mittel u. a. für Gehaltszahlungen an ihre Mitarbeiter zur Verfügung gestanden hätten. Damit wären rund 100.000 Jobs gefährdet gewesen und auf die Banken-Pleite hätte ein Start-up-Crash folgen können. Es ist nun zu erwarten, dass die USA die bisher durch die Trump-Regierung abgeschwächten Regulierungen für kleinere Banken wieder verschärfen werden.

Wenige Tage später wurde eine andere Bank, die *Signature Bank* in New York, geschlossen. Eine weitere US-Regionalbank, die *First Republic*, wurde zunächst mit Krediten in

---

[17] Hier müssen allerdings die von den meisten Banken i. d. R. getätigten Sicherungsgeschäfte gegengerechnet werden, so dass die Netto-Wertverluste geringer ausfallen.

Höhe von 30 Mrd. US$ der US-Großbanken, also durch den Bankensektor selbst, gestützt und wenige Wochen später, im Mai 2023, von der US-Großbank *JP Morgan* übernommen. In der Folge waren auch weitere US-Regionalbanken *bank runs* und meist auch einem drastischen Verfall ihrer Aktienkurse ausgesetzt.

Die bereits seit Längerem mit erheblichen Schwierigkeiten kämpfende zweite Schweizer Großbank, die *Credit Suisse,* geriet im Zuge der US-Bankenkrise weiter unter Druck. Bankkunden zogen im vierten Quartal 2022 und im ersten Quartal 2023 insgesamt 170 Mrd. Schweizer Franken (sfr) ab. Diese Situation trat ein, trotz der Erkenntnis der *Schweizer Nationalbank* (SNB) bereits im September 2022, dass die Eigenkapitalquote der *Credit Suisse* die Kapitalanforderungen überträfen und der Zusicherung, dass die SNB als *lender of last resort* zusätzliche Liquidität bereitstellen würde (vgl. Bofinger 2023). Die verhältnismäßig hohe Kernkapitalquote von 14 % Ende 2022 und ein Kredit der SNB in Höhe von 50 Mrd. sfr im März 2023 reichten dann aber offensichtlich nicht aus, um den Vertrauensverlust, den die Bank inzwischen erlitten hatte, zu kompensieren, so dass diese im März 2023 von der nunmehr einzigen großen Schweizer Großbank, der *UBS,* auf Druck der Schweizer Regierung übernommen wurde. Zur Absicherung der Übernahme stellte der Schweizer Staat Liquidität und Ausfallgarantien von über 200 Mrd. sfr bereit.

Die *Credit Suisse* hatte aus der Finanzkrise 2008/09 offensichtlich keine adäquaten Schlussfolgerungen gezogen: Das auf dem Investmentbanking beruhende Geschäftsmodell wurde nicht geändert und das Eigengeschäft der Bank nicht reduziert. Managementversagen ging einher mit einem offensichtlich unzureichend funktionierenden internen Risikomanagement. Dies zeigte sich bei der Kooperation im Fondsbereich mit dem später insolventen britisch-australischen Finanzinstitut *Greensill Capital*, bei dem die Bank 2021 einen Verlust von 10 Mrd. sfr Verlust hinnehmen musste, sowie bei der Kooperation mit dem US-amerikanischen Hedgefonds *Archegos*, bei der nochmals ein Verlust in Höhe von 5 Mrd. sfr anfiel. Die internen Rückstellungen waren unzureichend, um die Einlagenverluste abzufedern, während gleichzeitig der Aktienkurs der Bank verfiel. Zudem wurden offensichtlich ungerechtfertigte und zu hohe Boni an die Bankmanager gezahlt.[18] Diese toxische Kombination traf auf eine zu zögerlich reagierende Schweizer Bankaufsicht, die zudem nur über unzureichenden Sanktionsmöglichkeiten verfügt.

Credit Default Swaps (CDS)

Die Krise der *Credit Suisse* lässt sich auch an der Entwicklung der – bereits bei der Finanzkrise 2007/08 diskutierten – Kreditversicherungen, der *Credit Default Swaps* (CDS), ablesen. Die CDS-Prämien für fünfjährige Anleihen der *Credit Suisse* stiegen zeitweise auf 574 Basispunkte, das bedeutet, dass für eine Anleihe im Volumen von einer Mio. Euro, rund 57.000 € als Versicherungsprämie bezahlt werden musste. Im Zuge der Credit Suisse-Krise stiegen auch die CDS-Prämien anderer Großbanken, wie der Deutschen Bank und der UBS, vorübergehend über die als kritische Grenze angesehenen 200 Basispunkte an.

---

[18] Nach Berechnungen des Schweizer *Tagesanzeiger* erhielten die Manager der *Credit Suisse* in den vergangenen 10 Jahren insgesamt 32 Mrd. Schweizer Franken als Boni, während die Bank im gleichen Zeitraum insgesamt 3,2 Mrd. Franken Verlust auswies, vgl. Rutishauser, Bösiger (2023).

Wie die UBS mit den durch die Übernahme gestiegenen Risiken umgeht, ob sie hierfür weitere Staatshilfen benötigt und ob das Bankenrisiko für die Schweiz – die Bilanzsumme der neuen UBS ist doppelt so hoch wie das Schweizer BIP – überhaupt noch tragbar ist, bleibt abzuwarten.

Literatur Kap. 7[19]

Bank für Internationalen Zahlungsausgleich (BIZ) (BIS) Jahresbericht, verschiedene Jahrgänge: 2009, 2012, 2015, 2018, Basel

Bank für Internationalen Zahlungsausgleich (BIZ) (2010) Basel III: Ein globaler Regulierungsrahmen für widerstandsfähigere Banken und Bankensysteme. https://www.bis.org/publ/bcbs189_de.pdf

BMF (2018) Monatsbericht, Juni 2018. https://www.bundesfinanzministerium.de/Monatsberichte/2018/06/Inhalte/Kapitel-3-Analysen/3-1-Neuordnung-Aufgaben-Finanzmarktstabilisierung.html

Bofinger, P. (2023) Löchrig wie ein Schweizer Käse; in: ipg Journal Wirtschaft und Ökologie vom 13.04.2023. https://www.ipg-journal.de/rubriken/wirtschaft-und-oekologie/artikel/loechrig-wie-ein-schweizer-kaese6637/?utm_campaign=de_40_20230414&utm_medium=email&utm_source=newsletter

Deutsche Bundesbank (2001) Die neue Basler-Eigenkapitalvereinbarung (Basel II); in: Monatsberichte, April 2001

Deutsche Bundesbank (2009) Zum „Bad Bank"-Modell der Bundesregierung. https://www.bundesbank.de/resource/blob/662924/62716f9555facd758d5090d6a75a07ac/mL/2009-05-bad-bank-modell-data.pdf

Deutsche Bundesbank (2011) Basel III – Leitfaden zu den neuen Kapital- und Liquiditätsregeln für Banken. https://www.bundesbank.de/resource/blob/651902/c3dd431c8a6f411588da5e9fae03506a/mL/basel3-leitfaden-data.pdf

Deutsche Bundesbank (2011/2) Grundzüge des Restrukturierungsgesetzes. Monatsbericht Juni 2011. https://www.bundesbank.de/resource/blob/693044/c2d7b0e42002510e442ca3d2700cee19/mL/2011-06-restrukturierungsgesetz-data.pdf

Deutsche Bundesbank (2014) Die neuen europäischen Regeln zur Sanierung und Abwicklung von Kreditinstituten; in: Monatsbericht Juni 2014, S. 31 ff

Deutsche Bundesbank (2018) Die Fertigstellung von Basel III; in: Monatsbericht, Januar 2018, S. 77–94

Deutsche Bundesbank (2023) Bankenstatistiken, Januar 2023. OTC-Derivatestatistik der BIZ

Europäischer Rechnungshof (2023) Sonderbericht: EU-Aufsicht über Kreditrisiken von Banken. https://www.eca.europa.eu/ECAPublications/SR-2023-12/SR-2023-12_DE.pdf

Fendel, R./Frenkel, M. (2009) Die Subprime-Krise 2007/08: Ursachen, Auswirkungen und Lehren; in: WiSt Heft 2, Februar 2009

Finanzwende (2021) Regulieren und Entflechten – Handlungsbedarf bei BlackRock und Co. vom 13.04.2021. https://www.finanzwende-recherche.de/unsere-themen/handlungsbedarf-bei-blackrock-und-co/

Finanzwende (2022) Banken und Schattenbanken; 17.02.2022. https://www.finanzwende-recherche.de/unsere-themen/banken-und-schattenbanken/

---

[19] Letzter Zugriff auf die im Literaturverzeichnis genannten Internetquellen und die *Ausgewählte Links* jeweils 05/2023.

Ganter, S. (2023) Schattengewächse außer Kontrolle; in: ipg Journal vom 12.01.2023. https://www.ipg-journal.de/rubriken/wirtschaft-und-oekologie/artikel/schattengewaechse-ausser-kontrolle-6437/

Haldner, T. (2013) Chronologie der Finanzkrise. https://www.fuw.ch/article/chronologie-der-finanzkrise

Mann, G/Watzek, H. (2017) Basel IV – Fortsetzung der Bankenregulierung; in: WISU 03/2017 S. 310 ff

Rutishauser, A., Bösiger, B. (2023) Wer führt die neue Schweizer Super-Bank? in: Tagesanzeiger vom 18.03.2023. https://www.tagesanzeiger.ch/wer-fuehrt-die-neue-schweizer-super-bank-728665012895

Schreiber, M./Zydra, M. (2016) Geister der Vergangenheit; in: SZ vom 08.11.2016

Schreiber, M./Zydra, M. (2022/1) Sieg für die Lobby; in: SZ vom 09.11.2022. (2022/2): Das ist eine fragile Situation; in: SZ vom 27.12.2022. (2023/1): Gut besucht; in: SZ vom 16.02.2023. (2023/2): Defizite in der Chefetage; in: SZ vom 20.02.2023

Sinn, H.-W. (2009) Kasino-Kapitalismus, Berlin

Weber, A. (2009) Globale Finanzkrise – Reaktionen und Lehren. Rede bei der 60. Jahresversammlung des ifo Instituts für Wirtschaftsforschung, 23. Juni 2009. https://www.bundesbank.de/resource/blob/688930/86a1cc040fc99a201eb5c4e57a74eb39/mL/2009-06-23-weber-globale-finanzkrise-reaktionen-und-lehren-download.pdf

Ausgewählte Links

Bankenunion: https://www.consilium.europa.eu/de/policies/banking-union/Regelungen in der Europäischen Union

BCBS: https://www.bis.org/bcbs/

Finanzagentur: https://www.deutsche-finanzagentur.de/

Finanzkrise: https://de.wikipedia.org/wiki/Weltfinanzkrise_2007-2008

Finanzlobby: https://www.finanzwende.de/themen/finanzlobbyismus/was-das-lobbyregister-ueber-die-finanzlobby-verraet/

Public Register for the Clearing Obligation under EMIR: https://www.esma.europa.eu/sites/default/files/library/public_register_for_the_clearing_obligation_under_emir.pdf

Schattenbanken: https://www.tagesgeldvergleich.net/veroeffentlichungen/gefahr-von-schatten-banken.html

Teil IV

Europäische Währungszusammenarbeit

Das Europäische Währungssystem (EWS)   8

8.1   Der Europäische Wechselkursverbund (EWKV)

Erste europäische Vereinbarungen zur Währungszusammenarbeit gab es schon wenige Jahre nach Beendigung des Zweiten Weltkriegs. 1950 wurde die *Europäische Zahlungs-union* (EZU) von den Mitgliedstaaten der OEEC (*Organization for European Economic Cooperation*) gegründet.

OEEC
Die OEEC wurde 1948 mit Sitz in Paris gegründet. Ihr Hauptziel war die Verteilung und sinnvolle Verwendung der amerikanischen Mittel des *European Recovery Program* (ERP), des nach dem US-Außenminister George C. Marshall benannten „*Marshall-Plans*". Im Rahmen dieses Programms flossen von 1948 bis 1952 17 europäischen Staaten rund 15 Mrd. US\$ zu; Westdeutschland erhielt hiervon knapp 10 %. Weitere Ziele der OEEC, der diese 17 Staaten angehörten, waren die Förderung des Wiederaufbaus der europäischen Wirtschaft und die Liberalisierung des Handels zwischen den Mitgliedstaaten.

Die EZU war eine multilaterale Abrechnungs- und Kreditagentur, die eine wichtige Clearingfunktion zur Verrechnung von Währungsguthaben und -defiziten der OEEC-Mitglieder untereinander wahrnehmen sollte. Darüber hinaus sollte die EZU durch die Gewährung von Devisenkrediten dazu beitragen, die Wechselkurse der Mitgliedsländer stabil zu halten. Abgewickelt wurden die Devisentransaktionen über *die Bank für Internationalen Zahlungsausgleich* (BIZ), die schon vor der Gründung der OEEC bei der Durchführung von multilateralen Verrechnungsabkommen mitgewirkt hatte. Nach der Herstellung der Konvertibilität der Währungen von 14 Mitgliedsstaaten wurde die EZU 1958 wieder aufgelöst. Ihre wesentlichen Funktionen wurden von dem 1955 geschlossenen *Europäischen Währungsabkommen* (EWA), das noch bis 1972 in Kraft blieb, übernommen. Im Rahmen des EWA wurden die Bandbreiten der europäischen Währungen gegenüber dem Dollar auf

E. Koch, *Internationale Wirtschaftsbeziehungen II*, https://doi.org/10.1007/978-3-658-43377-2_8

± 0,75 % reduziert, während die Wechselkurse zwischen den europäischen Währungen in einer Bandbreite von ± 1,5 % schwanken konnten.

Nach dem Auslaufen des Marshall-Plans beschlossen die OEEC-Staaten 1960 die Umwandlung ihrer Organisation in eine Interessenvertretung liberal-demokratisch orientierter Industrieländer, ebenfalls mit Sitz in Paris. Die *Organization for Economic Cooperation and Development* (OECD) hatte 20 Gründungsmitglieder: 18 europäische Länder sowie Kanada und die USA, später traten weitere europäische Länder sowie zusätzlich Japan, Australien, Neuseeland, Mexiko und Süd-Korea der OECD bei und erweiterten die Mitgliederzahl auf heute 38 Länder. Jüngste Mitglieder sind Lettland (2016), Litauen (2018), Kolumbien (2020) und Costa Rica (2021). Die Europäische Kommission nimmt an den regelmäßigen OECD Treffen teil, sie ist allerdings kein Mitglied und hat kein Stimmrecht. Die OECD wird vereinfachend und etwas irreführend auch als „Industrieländer-Club" bezeichnet. Ziel der OECD ist die Entwicklung der Weltwirtschaft, insbesondere aber die Förderung der wirtschaftlichen und sozialen Entwicklung ihrer Mitglieder sowie der Entwicklungsländer. Sie gehört mit ihren wirtschaftspolitischen Analysen, Empfehlungen und Veröffentlichungen zu den wichtigsten internationalen Organisationen (vgl. Abb. 8.1).

Anfang der 1970er-Jahre wurde in Europa versucht, dem Zerfall des Bretton Woods Systems durch eine gemeinsame koordinierte Währungspolitik zu begegnen, um eine grö-

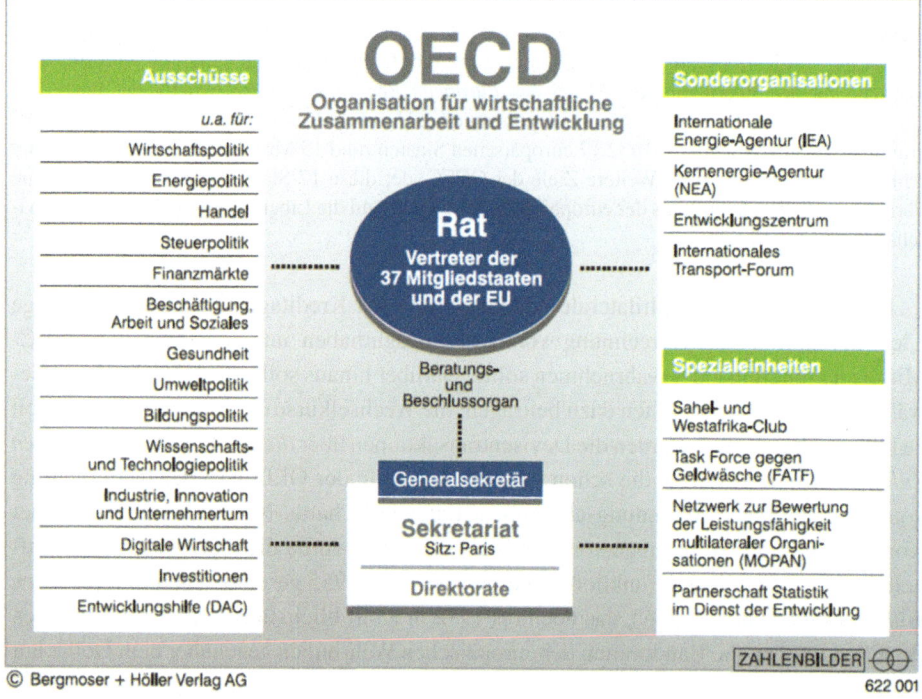

Abb. 8.1 Die OECD

ßere währungspolitische Autonomie gegenüber dem US$ zu gewinnen. Schon jetzt wurde die Bildung einer Währungsunion ins Auge gefasst und mit der Schaffung des **Europäischen Wechselkursverbundes** (EWKV) die erste Stufe realisiert. Die weiteren damals vorgesehenen Schritte wurden jedoch nicht mehr umgesetzt. Durch den EWKV, der im März 1972 vom Ministerrat der damaligen *Europäischen Gemeinschaft* (EG) vereinbart wurde, wurden die wichtigsten Prinzipien des festen Wechselkurssystems von Bretton Woods nun auf regionaler Ebene umgesetzt. So wurden zwischen den einzelnen EG-Währungen feste Wechselkurse festgelegt und eine Verringerung der bereits bestehenden Bandbreiten beschlossen: Die Wechselkurse der EG-Währungen untereinander hatten aufgrund des Ende des Jahres 1971 beschlossenen *Smithsonian Agreement* eine maximale Bandbreite von ± 4,5 %, diese wurde nun auf ± 2,25 % halbiert (vgl. Abschn. 4.2). Gleichzeitig wurde ein fester Wechselkurs der eigenen nationalen Währungen gegenüber dem US$ mit ebenfalls einer Bandbreite von ± 2,25 % beibehalten, während gegenüber allen anderen Währungen flexible Wechselkurse eingeführt wurden. Dieses System wird auch als *Blockfloating* bezeichnet.

Dem EWKV gehörten zunächst alle EG-Staaten einschließlich der damaligen Beitrittskandidaten Großbritannien und Dänemark an. Irland trat 1973 dem Verbund bei, während Großbritannien und Dänemark den Wechselkursverbund bereits 1972 – und Italien 1973 – wieder verließen. Das System wurde bildlich als **„Europäische Währungsschlange"** oder kurz als *Euro-Schlange* bezeichnet. Da bis zum März 1973 ein fester Leitkurs zum US$ beibehalten wurde, sprach man in dieser Zeit auch von der *„Schlange im Tunnel"*, weil die nur leicht untereinander schwankenden EG-Währungen, die Euro-Schlange, sich in einem „Tunnel" gegenüber dem mit größeren Bandbreiten schwankenden US$ befand.

Als im März 1973 das *Bretton-Woods-System* endgültig zusammenbrach und die meisten Länder zu flexiblen Wechselkursen übergingen, behielten die verbliebenen Mitgliedstaaten, Deutschland, Frankreich, die BeNeLux-Staaten, Dänemark, das Ende 1972 wieder beigetreten war, sowie Schweden und Norwegen als assoziierte Mitglieder den Wechselkursverbund bei und führten nun auch gegenüber dem US$ flexible Wechselkurse ein. 1973 wurde dann zusätzlich der **Europäische Fonds für währungspolitische Zusammenarbeit** (EFWZ) zur Verrechnung der für die Interventionen benötigten Zentralbankkredite ins Leben gerufen.

Nicht alle Mitglieder konnten die mit diesem System verbundenen Verpflichtungen zur Währungsstabilität auch tatsächlich erfüllen. Bis 1978 verließen Frankreich und die assoziierten Mitglieder Schweden und Norwegen die *Euro-Schlange,* so dass der Währungsblock 1978 auf fünf Mitglieder – die Bundesrepublik Deutschland, die BeNeLux-Staaten und Dänemark – zusammengeschmolzen war. Die Gründe für den Zerfall des Währungsverbunds waren im Wesentlichen die durch die schwierige Weltwirtschaftssituation verursachten heftigen Währungsschwankungen in jener Zeit: Nur wenige Länder waren noch in der Lage, ihre Währungen durch entsprechende Interventionen innerhalb der vereinbarten Bandbreite zu halten, so dass insgesamt neun Wechselkursanpassungen erforderlich wurden. Im März 1979 wurde der Verbund durch das **Europäische Währungssystem** (EWS) abgelöst.

Interventionsmechanismus

Bei dem Wechselkursverbund handelte es sich, wie auch später bei dem EWS, um ein *System fester Wechselkurse mit Bandbreiten*, die bei größeren Abweichungen von den Paritäten mit Zentralbank-interventionen verteidigt werden mussten. Die Interventionen bestanden in An- und Verkäufen von Devisen auf den internationalen Devisenmärkten durch die Zentralbanken der betroffenen Länder, in Deutschland war dies die *Deutsche Bundesbank*, um durch eine Beeinflussung der Angebots- und Nachfrageverhältnisse auf den Devisenmärkten den Wechselkurs wieder in die Bandbreite zurück-kehren zu lassen. Bewegten sich die Wechselkurse dagegen innerhalb der festgelegten Bandbreiten in der Nähe der bilateralen Leitkurse, waren keine Zentralbankinterventionen notwendig. Die Finan-zierung der Interventionen mit Währungen der betroffenen Mitgliedsländer erfolgte zunächst durch die in diesen Ländern vorhandenen Währungsreserven und wurde in beiden Systemen ergänzt durch die unbegrenzte Bereitstellung von Devisenkrediten *(Swapkredite)* durch andere Zentralbanken, die zu einem späteren Zeitpunkt vollständig zurückgezahlt werden mussten.

8.2   Die Entwicklung des EWS

Mit dem Europäischen Wechselkursverbund wurden wichtige Erfahrungen gesammelt: Für etwa die Hälfte des EG-Binnenhandels wurden *stabile, kalkulierbare Währungsver-hältnisse* geschaffen, so dass außenwirtschaftliche Unsicherheitsfaktoren zwischen den Partnerstaaten verringert werden konnten. Auch wenn häufig Auf- und Abwertungen not-wendig wurden, so waren die Mitgliedsländer doch immer bemüht, die Bandbreiten durch eine bessere *Koordinierung ihrer Wirtschafts- und Währungspolitik* einzuhalten. Wichtig war es hierfür, dass die Verrechnung der für die Interventionen benötigten Zentralbank-kredite über den *Europäischen Fonds für währungspolitische Zusammenarbeit* durchweg zufriedenstellend funktionierte.

Angesichts dieser Erfahrungen und der Vision zu einem späteren Zeitpunkt eine *Euro-päische Währungsunion* ins Leben zu rufen wurde vor allem in französisch-deutscher Ko-operation ab 1978 eine grundlegende Revision des Wechselkursverbundes eingeleitet. Das neue **Europäische Währungssystem (EWS)** trat im März 1979 rückwirkend zum Januar 1979 in Kraft. Mitglieder des EWS wurden die sechs Gründerstaaten der *Europäischen Wirtschaftsgemeinschaft* (EWG) Frankreich, Deutschland, Italien und die BeNeLux-Staaten sowie Dänemark, Irland und Spanien. Großbritannien (Beitritt 1990) und Portugal (Beitritt 1992) wurden ebenso wie Spanien, und zuvor Italien, für eine Übergangszeit Sonderbedingungen eingeräumt: Die übliche Bandbreite von ± 2,25 % wurde für einige Währungen auf ± 6 % erweitert. Aufgrund von Währungsturbulenzen verließen Groß-britannien und Italien das EWS allerdings schon 1992 wieder. Im Juli 1993 wurde dann die Bandbreite auf ± 15 % erweitert. Hierdurch wurde zwar formal der Fortbestand des Währungssystems gesichert, tatsächlich konnten die Währungen nun aber innerhalb eines sehr großzügig bemessenen Rahmens frei floaten. 1996 trat Italien wieder und Finnland erstmals bei, so dass 1997 nur drei EU-Mitgliedsländer nicht EWS-Mitglieder waren: Griechenland, Schweden und Großbritannien.

In den Jahren bis 1992 war die D-Mark im EWS zur Ankerwährung geworden, an der sich die anderen Währungen ausrichteten. Damit konnte sich die Deutsche Bundesbank auf die Erreichung binnenwirtschaftlicher Preisstabilität konzentrieren, während die Geld- und Währungspolitik der anderen EWS-Länder auf Wechselkursstabilität gegenüber der D-Mark ausgerichtet war, um auf diese Weise Stabilität „importieren" zu können. Der dadurch bedingte Verzicht auf Wechselkursanpassungen, trotz unterschiedlicher wirtschaftlicher Entwicklungen der EWS-Mitgliedsländer, führte jedoch zu Spannungen, die im September 1992 zu z. T. erheblichen Kurskorrekturen innerhalb des EWS führten. Aufgrund massiver Verkäufe einzelner Währungen mussten einige Teilnehmerstaaten ihre Währungen in kurzer Folge abwerten. Dies war auch der Grund, warum Italien und Großbritannien, deren Währungen durch massive Währungsspekulationen unter besonders starken Abwertungsdruck geraten waren, das EWS verließen. Während das britische Pfund auch heute noch gegenüber dem Euro frei floatet, trat Italien Ende 1996 dem EWS wieder bei.

Black Wednesday

Am 16. September 1992, dem *Black Wednesday*, gewann der Investor *George Soros* eine „Wette" gegen die *Bank of England* und das britische Pfund. Trotz einer längeren schwachen Wirtschaftsentwicklung lehnte die britische Regierung eine Neu-Festsetzung der Leitkurse – und damit eine Abwertung des britischen Pfunds – ab. Das Pfund konnte daher nur innerhalb der Bandbreite des EWS schwanken und musste von der *Bank of England* massiv gestützt werden. *George Soros* und andere Großinvestoren erkannten diese schwierige Situation und gingen davon aus, dass diese Stützungsaktionen, die erhebliche Devisenverkäufe seitens der britischen Zentralbank und ein hohes Zinsniveau erforderten, nicht lange aufrechterhalten werden konnten. Sie spekulierten auf eine Pfund-Abwertung und darauf, dass Großbritannien aus dem EWS ausscheiden würde. Daher nahmen sie bei britischen Banken Kredite in Höhe von mehreren Mrd. Pfund auf und kauften damit D-Mark und französische Franc. Ihre Wette ging auf. Unter dem Druck der massiven Reaktionen der Märkte, musste Großbritannien trotz mehrerer Leitzinserhöhungen das EWS verlassen. Das Pfund wertete sofort massiv ab – gegenüber der D-Mark verlor es gleich am ersten Tag 15 %. Damit mussten die Währungsspekulanten entsprechend weniger D-Mark und Franc aufwenden, um die Pfund-Kredite zurück zu zahlen und verdienten durch diese Transaktionen angeblich mehr als eine Mrd. US$ (vgl. *Ausgewählte Links*: Black Wednesday).

Die **Ziele** des EWS entsprachen weitgehend denen des Wechselkursverbundes: Durch das EWS sollte die währungspolitische Zusammenarbeit der EG-Mitgliedstaaten verstärkt werden, um so eine *Zone der Währungsstabilität* in Europa zu schaffen und sich von den Schwankungen des Dollarkurses und den dadurch verursachten destabilisierenden Wirkungen abzuschotten. Hierdurch sollte der innergemeinschaftliche Handel gefördert und positive Wachstumseffekte ausgelöst werden. Ferner wurde erwartet, dass sich durch die enge währungspolitische Zusammenarbeit *wirtschaftspolitische Stabilität* leichter erreichen lassen würde und sich vor allem die bislang noch divergierenden nationalen wirtschaftspolitischen Ziele und Strategien einander annähern würden. Unter Berufung auf das EWS sollte es den Politikern zudem leichter fallen, auch unpopuläre politische Maßnahmen durchzusetzen. Zur Erreichung dieser Ziele enthielt das EWS im Wesentlichen folgende **Elemente**:

- Es wurde eine neue künstliche *Europäische Währungseinheit*, die *European Currency Unit* (ECU), geschaffen,

- ein *Interventionsmechanismus* mit einem Frühwarnsystem, dem *Abweichungsindikator*, und der Möglichkeit von Wechselkursanpassungen *(Realignments)* im gegenseitigen Einvernehmen wurde beschlossen, zudem wurde

- ein umfassendes *finanzielles Beistandssystem* für die Zentralbanken bei Devisenmarktinterventionen durch den EFWZ, dessen Aufgaben ab 1994 von dem neu gegründeten *Europäischen Währungsinstitut* (EWI) übernommen wurden, etabliert.

Damit war das frühere Wechselkurssystem, die Europäische Währungsschlange, reformiert und perfektioniert, aber nicht grundsätzlich geändert worden – mit Ausnahme der ECU, die eine wichtige Ergänzung im Hinblick auf die spätere gemeinsame Währung darstellte.

8.3   Die Europäische Währungseinheit (ECU)

Die ECU war seit März 1979 die Währungseinheit des Europäischen Währungssystems und wurde ab 1981 als Rechnungseinheit in allen Bereichen der Gemeinschaft verwendet. Sie löste die 1975 eingeführte *Europäische Rechnungseinheit* (ERE) ab, mit deren Wert und Zusammensetzung sie zum Zeitpunkt des Übergangs identisch war. Weitere mögliche Funktionen als Bezugsgröße für die Wechselkurse der EWS-Währungen oder als Reservemedium der Zentralbanken spielten in der Vergangenheit keine große Rolle. Die Bezeichnung ECU ist einerseits die Abkürzung für *European Currency Unit,* knüpft aber auch an den Namen einer im Mittelalter in Frankreich im Umlauf befindlichen Goldmünze, den *écu,* an.

Der Wert der ECU bestimmte sich aus dem Marktwert eines *Währungskorbs* der Mitgliedsländer, der sich aus absolut festgelegten Anteilen aller an der ECU teilnehmenden Währungen zusammensetzte (z. B.: 0,62 D-Mark, 0,08 Pfund Sterling etc.). Die Währungsanteile richteten sich nach der wirtschaftlichen Bedeutung des jeweiligen Landes, wobei u. a. der relative Anteil am EU-Sozialprodukt und am EU-Binnenhandel berücksichtigt wurde. Die Zusammensetzung des Währungskorbes wurde zweimal revidiert: 1984, als die griechische Drachme in den Korb aufgenommen wurde, und 1989, als die spanische und die portugiesische Währung hinzukamen, so dass dem ECU-Währungskorb ab 1989 alle Währungen der zwölf zu jenem Zeitpunkt beteiligten Staaten angehören.

Mit dem Inkrafttreten des *Vertrags über die Europäische Union* am 1. November 1993 wurde beschlossen, die Gewichte der Währungen nicht mehr periodisch zu überprüfen und die Zusammensetzung des Währungskorbes nicht mehr zu ändern. Die Währungen der drei am 1. Januar 1995 der EU beigetretenen Länder wurden deshalb nicht mehr in den ECU-Korb aufgenommen. Österreich und Finnland waren also EWS-Mitglieder, jedoch nicht an der Korb-Zusammensetzung beteiligt, während Schweden am EWS nicht teilnahm. Das Nicht-EU-Mitglied Norwegen hatte dagegen beschlossen seine Krone einseitig an die ECU zu binden. Großbritannien und Griechenland waren schließlich zwar an der Zusammensetzung der ECU beteiligt, nahmen aber nicht am EWS-Mechanismus teil.

Die **offizielle ECU** war Bezugspunkt für die bilateralen Leitkurse und Grundlage für den Saldenausgleich zwischen den Zentralbanken. Auch wurde der Gegenwert der nationalen Gold- und Devisenreserven, die zunächst beim EFWZ, später beim EWI und ab Ende 1998 bei der Europäischen Zentralbank (EZB) hinterlegt waren, den Mitgliedsländern in ECU gutgeschrieben. Die **private ECU** entwickelte sich zunächst nur zögernd zu einer internationalen Anlagewährung. Aber Anfang der 1990er-Jahre waren ECU-Anleihen nach US$ und D-Mark-Anleihen die drittwichtigste Emmissionswährung auf dem Euromarkt. Pro Jahr wurden auf ECU lautende Obligationen im Wert von etwa 10 Mrd. DM emittiert, was ungefähr 5 % des gesamten internationalen Emmissionsvolumens entsprach. Mit Beginn der Planung der *Europäischen Währungsunion* ging das Volumen an ECU-Emissionen jedoch zurück. In allen EU-Staaten konnten Konten in ECU unterhalten und Bankkredite in ECU vergeben werden. Abrechnungen im Außenhandel wurden dagegen selten in ECU vorgenommen und auch ECU-Sparkonten hatten nur eine geringe Bedeutung.

Als Anlagewährung war die ECU für deutsche Anleger insbesondere ab 1993 attraktiv, weil Anlagen in ECU etwas höher verzinst wurden als D-Mark-Anlagen und der mögliche Wertverlust aufgrund des hohen D-Mark-Anteils am Währungskorb gering erschien. Während der ECU-Leitkurs von 1979 bis 1987 noch von 2,51 DM auf 2,05 DM gesunken war, sank er in den nächsten 12 Jahren bis zur Beendigung des EWS zunächst zwar noch auf 1,91 DM, um dann bis zur Einführung des Euro wieder auf 1,98 DM anzusteigen (vgl. Deutsche Bundesbank 2005).

Der **Wert der ECU** in einer nationalen Währung, also z. B. der D-Mark, entsprach der Summe der Gegenwerte aller Korbbeträge in der jeweiligen nationalen Währung. Änderte sich der Tageskurs einer der Korb-Währungen, was innerhalb der Bandbreiten ständig geschah, änderte sich auch der in ECU ausgedrückte Kurs aller Währungen. Betrug also beispielsweise der Anteil des französischen Franc im ECU-Währungskorb 20 % und änderte sich der D-Mark-Franc-Kurs um 5 % – bei absoluter Konstanz aller anderen Währungsverhältnisse – so änderte sich der DM-ECU-Kurs um 5 % von 20 %, also um 1 %. Die Umrechnung der ECU-Werte in die EU-Währungen erfolgte börsentäglich. Hierzu teilten die Zentralbanken der Länder, deren Währungen an der Zusammensetzung der ECU beteiligt waren, zu einem bestimmten Zeitpunkt der EU-Kommission die Wechselkurse ihrer Währungen zum US$ mit. Unter Zugrundelegung dieser Kurse und der festgelegten Anteile der Mitgliedswährungen wurde zunächst der Gegenwert einer ECU in US$ berechnet und dann mit Hilfe des Dollarkurses in die jeweiligen Währungen umgerechnet.

8.4   Weitere Elemente des EWS

Im EWS wurden für alle Mitgliedswährungen **Leitkurse in ECU** festgelegt, aus denen sich die bilateralen Leitkurse errechnen ließen. Diese errechneten Leitkurse wurden dann üblicherweise in Form einer Matrix, dem sog. *Paritätengitter*, dargestellt. Entfernten sich die Wechselkurse erheblich von den bilateralen Leitkursen, waren die betreffenden Zentralbanken verpflichtet zu intervenieren. Blieben die Interventionen erfolglos, erfolgten Auf- bzw. Abwertungen. Wie erwähnt, wurden die früheren Bandbreiten von ± 2,25 %

ab 1993 auf ± 15 % erweitert. Lediglich zwischen der D-Mark und dem holländischen Gulden blieb es aufgrund einer bilateralen Vereinbarung bei der alten Bandbreite von ± 2,25 %. Interventionen erfolgten durch die Zentralbank des betroffenen Landes und auch durch die Zentralbanken der anderen Länder durch unbegrenzte Stützungskäufe der abwertungsbedrohten Währung, also der Währung, die sich gegenüber einer oder mehreren anderen Währungen in der Nähe des unteren Interventionspunktes befand.

Da bei den früheren festen Wechselkurssystemen die Interventionen formal erst bei Erreichung der Interventionspunkte begonnen werden mussten, wenn auch in der Praxis schon vorher interveniert wurde, bestand die Gefahr, dass die Interventionsbeträge sehr hoch und die erzwungenen Kursänderungen nicht schnell genug oder zu heftig vor sich gingen. Aus diesem Grund wurde für das EWS ein **Abweichungsindikator** als eine Art Frühwarnsystem eingeführt: Börsentäglich wurde die Abweichung der Kurse vom Leitkurs gemessen und als Prozentsatz der maximalen Abweichung vom Leitkurs (= ± 100 %) angegeben. Wich der Tageskurs um mehr als 75 % vom Leitkurs ab *(Abweichungsschwelle)*, mussten die Zentralbanken entweder intervenieren oder mit geldpolitischen Maßnahmen, i. d. R. Zinsänderungen, versuchen, die Wechselkurse zu stabilisieren. Allerdings spielte der Abweichungsindikator in der Praxis nie eine große Rolle, da die Zentralbanken zur Kursstützung meist schon frühzeitig intervenierten. Auf solche *intramarginalen Interventionen* innerhalb der Bandbreiten entfielen durchschnittlich 80 %, zeitweise sogar 100 % aller Interventionen im EWS. Effekt dieser frühzeitigen Interventionen war ein verhältnismäßig rasches Durchsetzen einer stabilitätsorientierten Wirtschaftspolitik in den inflations- und damit abwertungsgefährdeten Ländern (s. a. Hasse 1986).

> **Beispiel**
>
> Anfang 1997 löste eine Schwäche der D-Mark Devisenmarkt-Interventionen der anderen Zentralbanken aus, die den Kursanstieg ihrer Währungen bremsen wollten. Finnland, Schweden, Dänemark und Portugal kauften D-Mark, allerdings stieg der Wert ihrer Währungen weiter, während Norwegen wie auch Portugal ihre Leitzinsen senkten. ◀

Leitkursänderungen (Auf- und Abwertungen) infolge länger andauernder Ungleichgewichte, konnten im EWS nicht isoliert vorgenommen werden, sondern wurden zwischen den Mitgliedsländern abgestimmt. Solche abgestimmten Neufestlegungen der Leitkurse *(Realignment)* fanden insbesondere zu Anfang der 1980er- und Mitte der 1990er-Jahre statt. Insgesamt lassen sich *drei Perioden* unterscheiden:

*   Zwischen 1979 und 1987 kam es vor allem aufgrund unterschiedlicher Möglichkeiten der Mitgliedsländer auf externe Einflüsse, u. a. die zweite Ölpreiserhöhung und die Weltrezession Anfang der 1980er-Jahre, adäquat zu reagieren, zu insgesamt zwölf *Realignments*, bei denen die D-Mark gegenüber der ECU um insgesamt knapp 20 % aufgewertet wurde.

- Zwischen 1987 und 1992 fanden nur geringfügige Leitkursanpassungen einzelner Währungen statt, während
- zwischen 1992 und Ende 1998 wieder insgesamt acht *Realignments* stattfanden, bei denen die D-Mark gegenüber der ECU zunächst um rund 7 % aufgewertet und später um 2,5 % abgewertet wurde.

Um den Interventionsverpflichtungen auch bei nicht ausreichenden eigenen Devisenreserven nachkommen zu können, wurde ein dreistufiges **finanzielles Beistandssystem** mit einem Saldenausgleich der beteiligten Zentralbanken beim *EFWZ* geschaffen. Hierfür hinterlegten die nationalen Zentralbanken 20 % ihrer Gold- und Devisenreserven, der Gegenwert wurde ihnen in ECU gutgeschrieben. Währungsschulden beim EWI konnten maximal bis zur Hälfte hiermit beglichen werden, der restliche Betrag musste aus nationalen Währungsreserven bezahlt werden.

Interventionsbedarf

Für den *sehr kurzfristigen* Interventionsbedarf standen den Zentralbanken Kredite in unbegrenzter Höhe zur Verfügung, ab 1987 gemäß dem *Basel-Nyberg-Abkommen* auch für die nicht-obligatorischen intramarginalen Interventionen innerhalb der Bandbreiten. Diese mussten grundsätzlich 45 Tage nach Ende des Monats der Intervention zurückgezahlt werden. Darüber hinaus stand ein *kurzfristiges* Kreditvolumen von rund 35 Mrd. DM zur Verfügung, das innerhalb von drei Monaten zurückgezahlt werden musste, wobei der Rückzahlungstermin zweimal um je drei Monate verlängert werden konnte. Schließlich konnte der EU-Ministerrat *mittelfristig*, für eine Laufzeit von zwei bis fünf Jahren, weitere Kredite bis zu einer Höhe von rund 7 Mrd. DM gegen wirtschaftspolitische Auflagen gewähren. Eine weitere Ausdehnung der Kreditmöglichkeiten war prinzipiell möglich, wobei auf gemeinsame Währungsreserven in ECU zurückgegriffen werden konnte.

8.5 Beurteilung des EWS

Die ursprüngliche Idee, das EWS zwei Jahre nach seiner Gründung zu konsolidieren, um einen *Europäischen Währungsfonds* zu gruppieren und die ECU als vollwertige Reservewährung zu etablieren, wurde nicht, andere Ziele dagegen wurden zumindest teilweise realisiert. So entwickelte sich im Rahmen des EWS ein enges Geflecht von Konsultationen und Kooperationen, das eine Abstimmung der Währungspolitik der Mitgliedsländer erlaubte. Diese **Währungskooperation** führte in den ersten Jahren zwar nicht zu einer Stabilität der Wechselkurse, vielmehr wurden, wie gezeigt, beträchtliche Wechselkursanpassungen vorgenommen. Doch erfolgten diese graduell und – mit Ausnahme der Turbulenzen 1992/93 – unter Vermeidung heftiger Wechselkursschwankungen, wie sie im Verhältnis zu anderen Währungen üblich waren. Insgesamt waren die kurzfristigen Schwankungen der Wechselkurse zwischen den europäischen Währungen seit Beginn des EWS tatsächlich viermal geringer als diejenigen zwischen den großen frei floatenden Währungen.

Die Tatsache, dass zwischen 1987 und 1992 kein Realignment erfolgte, zeigt die **stabilisierende Funktion** des EWS. Dies ist unter anderem der Tatsache zu verdanken, dass sich das System nicht wie geplant an der ECU, sondern primär an der wertstabilsten Währung, der D-Mark, orientierte. Andererseits zeigten die Erschütterungen des EWS in den Jahren 1992/93, dass wirtschaftliche Anpassungsleistungen zwischen den Schwach- und den Starkwährungsländern unbedingte Voraussetzungen für dauerhafte Stabilität sind. Unterschiedliche Wirtschaftspolitiken lassen sich allenfalls vorübergehend durch ein Festhalten an künstlichen Währungsrelationen, die die wirtschaftlichen Realitäten nicht mehr wiedergeben, kaschieren.

Das durch die stabilitätsorientierte Geldpolitik der Deutschen Bundesbank induzierte hohe inländische Zinsniveau belastete die sich an der D-Mark orientierenden europäischen Volkswirtschaften aber in hohem Maße, da es ihnen nun nicht möglich war, ihre Zinsen zu senken, ohne gleichzeitig erhebliche Währungsabflüsse in höher rentable Währungen zu riskieren. Stützungsmaßnahmen der Zentralbanken wären quantitativ nicht in der Lage gewesen, die spekulativen Währungsabflüsse zu kompensieren. Andererseits hätte die Konjunktur- und Arbeitsmarktsituation in vielen Mitgliedsstaaten jedoch Zinssenkungen aus wirtschaftspolitischen Erwägungen angebracht erscheinen lassen.

Versuche angesichts dieser Situation eine autonome Wirtschaftspolitik durchzusetzen scheiterten. So versuchte beispielsweise Frankreich durch Zinssenkungen wirtschaftspolitischen Handlungsspielraum zurückzugewinnen und die eigene Volkswirtschaft wieder anzukurbeln. Dies hatte massive Devisenabflüsse aus den abwertungsverdächtigen Ländern zur Folge, die letztlich die drastische Vergrößerung der Bandbreiten Mitte der 1990er-Jahre erzwangen, wodurch die Spielregeln des „alten EWS" praktisch außer Kraft gesetzt wurden. Interessanterweise blieben aber die nun eigentlich erwarteten und möglich gewordenen größeren Währungsschwankungen aus, da die meisten Staaten den neuen Spielraum nationaler Geldpolitik kaum für Zinssenkungen und Abwertungen nutzten. Nach wie vor verfolgten praktisch alle Staaten eine Währungspolitik, die de facto die *Ankerfunktion* der D-Mark und die Geldpolitik der Bundesbank akzeptierte und dem Ziel der Wechselkursstabilität Priorität einräumte (vgl. Abb. 8.2).

Trotz der zu Beginn der 1990er-Jahre negativen Auswirkungen der „neuen" deutschen Wirtschaftspolitik nach der Vereinigung der beiden deutschen Staaten harmonisierten die EU-Partner ihre Wirtschafts-, Finanz- und Geldpolitik, es fand also eine gewisse *wirtschaftspolitische Konvergenz* statt. Verstärkt durch den *Vertrag über die Europäische Union*, der im November 1993 in Kraft trat, hatte die grundsätzliche Übereinstimmung in wirtschaftspolitischen Auffassungen, insbesondere bei der Beurteilung von Inflationsproblemen und konjunkturellen Entwicklungen, deutlich zugenommen: Die geldpolitischen Instrumente und ihr Einsatz wurden in weiten Bereichen einander angenähert, Leitzinsänderungen erfolgten ebenfalls weitgehend parallel und bei der Bekämpfung der Inflation wurden Instrumente und Strategien vereinheitlicht. Das Ergebnis dieser Vorbereitungen zur *Europäischen Währungsunion* waren nur noch geringe Abweichungen bei zwei wirtschaftlichen Kernindikatoren, den Kapitalmarktzinsen und den Inflationsraten. Weiterhin bestanden jedoch unterschiedliche Auffassungen in Bezug auf die Haushalts- und Fiskalpolitik. Neben der unterschiedlich hohen Arbeitslosigkeit in den Mitgliedsländern wich vor allem die Staatsverschuldung in einigen Ländern von der allgemein akzeptierten Zielgröße ab.

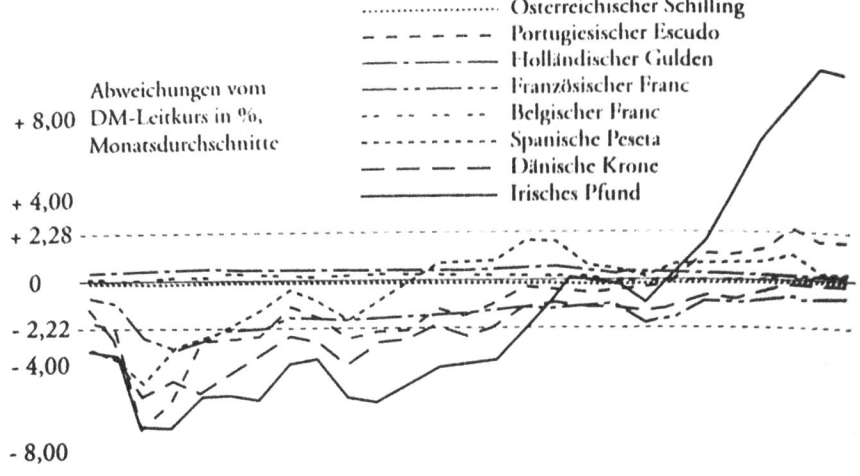

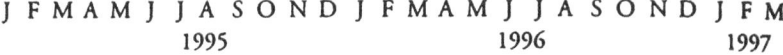

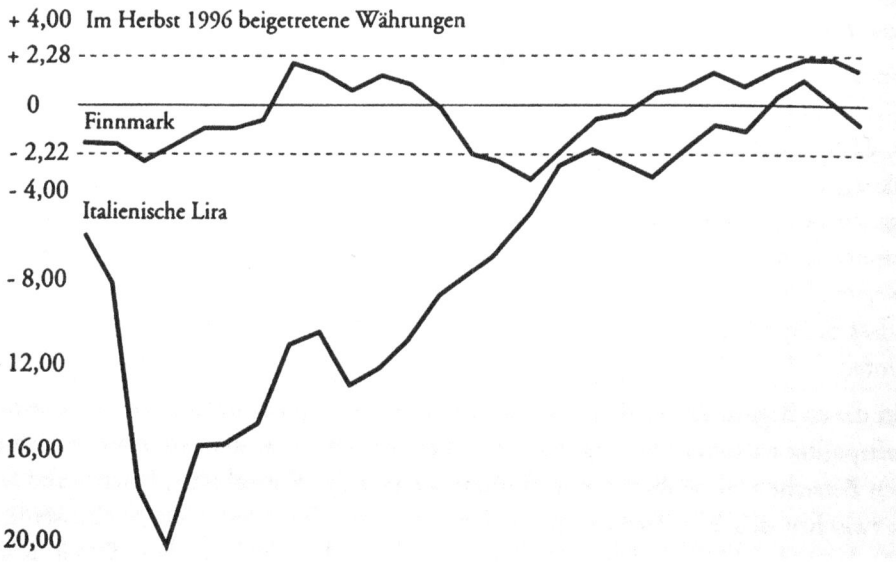

Abb. 8.2 Entwicklung der Wechselkurse im EWS

Literatur Kap. 8[1]

Blank, J.E., et al. (1998) Internationale ökonomische Integration – Von der Freihandelszone zur Wirtschafts- und Währungsunion. München

Deutsche Bundesbank (1994) Die zweite Stufe der Europäischen Währungsunion; in: Monatsberichte der Deutschen Bundesbank, Januar 1994

Deutsche Bundesbank (1996) Szenarium für den Übergang auf die einheitliche europäische Währung; in: Monatsberichte der Deutschen Bundesbank, Januar 1996

Deutsche Bundesbank (2005) Devisenkursstatistik, Juli 2005

Eichengreen, B. (1999) Vom Goldstandard zum Euro. Die Geschichte des internationalen Währungssystems. Berlin

Hasse, R. (1986) Ziele und Konflikte des Europäischen Währungssystems; in: WiSt Heft 4/1986

Ausgewählte Links

Black Wednesday: https://www.cash.ch/news/politik/black-wednesday-heute-vor-30-jahren-zwang-george-soros-die-bank-of-england-in-die-knie-und-verdiente-eine-milliarde-dollar-532323

---

[1] Letzter Zugriff auf die im Literaturverzeichnis genannten Internetquellen und die Links jeweils 05/2023.

Die Europäische Wirtschafts- und Währungsunion (EWWU)

Schon 1961 hatte die EG-Kommission in einem Aktionsprogramm hervorgehoben, dass der gemeinsame Markt durch eine Währungsunion vervollständigt werden müsse, konkrete Schritte wurden zu jenem Zeitpunkt allerdings noch nicht unternommen. Der zweite Anlauf erfolgte Ende der 1960er-Jahre. Auf der Gipfelkonferenz in *Den Haag* im Dezember 1969 beschlossen die Regierungs- und Staatschefs der EG-Staaten nach der Vollendung der Zollunion die Ausarbeitung eines entsprechenden Stufenplans. Die Grundlage für das weitere Vorgehen bildete der 1970 unter der Leitung des damaligen luxemburgischen Ministerpräsidenten *Pierre Werner* erstellte Bericht *(Werner-Plan)*, der 1971 mit einigen Korrekturen vom Ministerrat angenommen wurde. Er sah vor, die 1968 vollendete Zollunion innerhalb von zehn Jahren (!) in drei Stufen zu einer **Europäischen Wirtschafts- und Währungsunion (EWWU)** weiter zu entwickeln. Durch eine engere wirtschafts- und währungspolitische Kooperation wollte man vor allem die Wirtschaftspolitik der europäischen Staaten harmonisieren und damit eine Zone stabilen Geldwerts schaffen. Nach außen sollte dem Zerfall des internationalen Systems fester Wechselkurse durch die Bildung eines währungspolitischen Blocks begegnet werden, um durch eine koordinierte europäische Währungspolitik größere währungspolitische Autonomie gegenüber dem US$ zu gewinnen. Beide Versuche scheiterten sowohl an dem fehlenden politischen Willen als auch an der Fähigkeit der Länder ihre Wirtschafts- und Währungspolitik zu koordinieren.

Erst die deutlich sichtbaren Erfolge der europäischen Währungszusammenarbeit im EWS in Verbindung mit den erfolgreichen Bemühungen zur Herstellung des europäischen Binnenmarktes in den 1980er-Jahren und nicht zuletzt die Diskussion um den *Standort Europa* angesichts des zunehmenden internationalen Wettbewerbs förderten die

E. Koch, *Internationale Wirtschaftsbeziehungen II*,
https://doi.org/10.1007/978-3-658-43377-2_9

Bereitschaft, neue Mechanismen der wirtschafts- und währungspolitischen Zusammenarbeit zu entwickeln und die Gemeinschaft zu einer Wirtschafts- und Währungsunion weiter zu integrieren.

9.1   Liberalisierung des Kapitalverkehrs

Bis Ende der 1980er-Jahre bestanden in vielen Ländern *Kapitalverkehrsbeschränkungen*, um unkontrollierte Devisenab- und -zuflüsse zu verhindern. Im Zuge der Binnenmarktvorbereitungen wurden in den 1990er-Jahren die wichtigsten Beschränkungen zwischen den meisten EU-Mitgliedstaaten abgeschafft. Seit 1993 bildet die EU einen Binnenmarkt oder Gemeinsamen Markt und damit – gem. Art. 8a des EG-Vertrags – einen „Raum ohne Binnengrenzen, in dem der freie Verkehr von Waren, Personen, Dienstleistungen und Kapital … gewährleistet ist".

In einem Gemeinsamen Markt besteht vollständige Mobilität der Produktionsfaktoren und damit auch *Kapitalverkehrsfreiheit.* Devisenkontrollen und Einschränkungen für ausländische Investoren und Beschränkungen von Geldanlagen im Ausland wurden abgeschafft. Der Kapitalverkehr wurde liberalisiert: Kapital konnte nun, unbeeinflusst von Grenzen, in seine „*optimalen Verwendungszwecke*" fließen. Damit können Investitionen leichter in anderen Ländern getätigt werden, Risiken besser diversifiziert und Zinsdifferenzen gewinnbringend genutzt werden. Allen EU-Bürgern stand es nun frei, Kredite im Ausland aufzunehmen oder im Ausland Konten zu eröffnen und die hierfür notwendigen Kapitaltransaktionen vorzunehmen. Banken und Versicherungen können seitdem in allen EU-Ländern tätig sein. Eine Bank, die in einem Mitgliedsland zugelassen ist, kann ohne erneute Zulassung in allen anderen EU-Staaten über Filialen oder auch ohne eine eigene Niederlassung in anderen EU-Ländern Finanzdienstleistungen anbieten. Die ausländische Niederlassung wird der Aufsicht des Heimatlandes unterstellt.

Voraussetzung hierfür war eine Harmonisierung von Mindestanforderungen. Insbesondere wurde das Bankenaufsichtsrecht, etwa die Anerkennung von Kontrollen und Eigenkapitalvorschriften entsprechend den Basel I-Empfehlungen angeglichen. Die durch die erhöhte Kapitalmobilität laufend anwachsenden Kapitalbewegungen hatten in dem EWS-System fester Wechselkurse mit vereinbarten Interventionsverpflichtungen der Zentralbanken allerdings erhebliche Auswirkungen auf die Effektivität und Effizienz nationalstaatlicher Geldpolitik. Die einzelnen Staaten konnten diese nur sehr eingeschränkt einsetzen, um eigene Ziele in Bezug auf Währungspolitik und Anti-Inflationspolitik zu verfolgen. So war es beispielsweise kaum möglich, im Inland einen höheren Zinssatz zur Verhinderung von Preissteigerungen durchzusetzen, weil der dann zunehmende Kapitalzufluss aus dem Ausland die Geldmenge aufgebläht und inflationäre Wirkungen zur Folge gehabt hätte, während niedrigere Inlandszinsen möglicherweise zu einem unerwünschten Kapitalabfluss geführt hätten. Bei festen Wechselkursen und uneingeschränkter Kapitalmobilität können die beteiligten Länder also – wie mehrfach erwähnt – keine autonome Geld- und z. T. auch Finanzpolitik betreiben. Unveränderbar feste Wechselkurse lassen sich also unter diesen Gegebenheiten nur durch eine wirtschafts- und währungspolitische Zusammenarbeit erreichen.

9.2 Wirtschaftspolitische Kooperation

Eine *Währungsunion* ohne wirtschaftspolitische Annäherung *(Konvergenz)* ihrer einzelnen Volkswirtschaften ist also nicht vorstellbar. Umgekehrt ließe sich dagegen eine Wirtschaftsunion ohne Währungsunion ohne Probleme praktizieren. Ziel einer übereinstimmenden Wirtschaftspolitik muss es sein, die festen Währungsverhältnisse durch die Herstellung der Konvergenz nicht zu gefährden. Die eingesetzten Instrumente müssen erhebliche, längerfristige Schwankungen der Nachfrage nach der eigenen Währung verhindern, da Paritätsänderungen als Ausgleichsventil und Anpassungsmechanismus für wirtschaftliche Ungleichgewichte nicht mehr zur Verfügung stehen.

Beispiel

Nehmen wir an, zwei Länder, A und B, vereinbaren eine Währungsunion mit einem festen Wechselkurs von 1:1. Während A-Land in den nächsten Jahren eine Wirtschaftspolitik betreibt, die im Inland zu stabilen Preisen führt, hat die Wirtschaftspolitik von B-Land Preissteigerungsraten von 10 % p.a. zur Folge. Schon nach einem Jahr haben sich die internationalen Preise der B-Land-Waren damit um 10 % gegenüber A-Land-Waren erhöht. B-Land wird in Exportschwierigkeiten geraten und zudem wahrscheinlich mehr billigere A-Land-Waren importieren. Dies wird in B-Land Produktions- und Beschäftigungsprobleme sowie entsprechend restriktive wirtschaftspolitische Maßnahmen zur Folge haben. ◄

Zentrales Element der nationalen Politiken muss daher die Verhinderung von inflationären Entwicklungen sein. Wichtige Voraussetzung hierfür ist eine solide Haushaltspolitik, die eine Überbeanspruchung des nationalen Kapitalmarkts und eine Aufblähung der Geldmenge vermeidet. Umgekehrt lässt sich daraus schließen, dass eine autonome Wirtschaftspolitik, insbesondere für kleinere Länder, unter diesen Vorzeichen praktisch unmöglich wird. Auch historisch waren Freihandel, freier Kapitalverkehr, feste Wechselkurse und autonome Wirtschaftspolitik zusammen nicht möglich. So wurde beispielsweise während der Periode des sog. *Goldstandards*, zwischen 1876 und 1913, durch den *Goldautomatismus* die währungspolitische Unabhängigkeit zugunsten der Stabilität aufgegeben.

Als Zielvorstellungen für eine koordinierte gemeinsame Wirtschaftspolitik formulierte der *Europäische Rat* bereits 1990 eine offene marktwirtschaftliche Ordnung, die Preisniveaustabilität und Wachstum, Beschäftigung und Umweltschutz miteinander vereint und auf ausgewogene Finanz- und Haushaltsverhältnisse sowie auf wirtschaftlichen und sozialen Zusammenhalt ausgerichtet ist. Konkretisiert wurden die wirtschaftspolitischen Ziele im *Vertrag über die Europäische Union* (Vertrag von Maastricht) 1991 durch die Festlegung von fünf *Konvergenzkriterien* (s. u.), deren Erreichen Voraussetzung für den Beitritt zur EWWU war. Während das Preis- und Zinsniveau sowie die Währungsstabilität vorwiegend Ergebnis der Politik der Zentralbanken sind, liegt die Finanzpolitik und damit auch die öffentliche Verschuldung überwiegend im direkten Verantwortungsbereich der Gebietskörperschaften: Bund, Länder und Gemeinden.

Konvergenzkriterien für den Beitritt zur EWWU

Einheitliche Preissteigerungsraten
Steigt in einem Land das Preisniveau schneller als in anderen Ländern, müsste es seine Währung abwerten, um seine internationale Wettbewerbsfähigkeit zu erhalten. Da in einer Währungsunion diese Möglichkeit entfällt, müssen sich die Inflationsraten einander angleichen: *Die Preissteigerungsrate durfte im letzten Jahr vor der Überprüfung durchschnittlich höchstens 1,5 % über der durchschnittlichen Rate der drei preisniveaustabilsten EU-Länder liegen* (März 1997: Schwellenwert 3,1 %).

Einheitliches Zinsniveau
In einer Währungsunion entfällt für Kapitalanleger das Währungsrisiko. Unterschiedliche Zinssätze in den Mitgliedsstaaten würden zu einem Kapitalabfluss in das Land mit der höchsten Rendite und bei dem Land mit niedrigeren Zinsen notgedrungen zu einem Zinsanstieg führen. Um diese Situation zu vermeiden, sollen sich die langfristigen nationalen Zinssätze, gemessen an der Umlaufrendite langfristiger öffentlicher Anleihen, einander angleichen: *Der durchschnittliche Kapitalmarktzinssatz, durfte daher im letzten Jahr vor der Überprüfung nicht mehr als 2 % über dem Durchschnittszinssatz der drei Länder mit der niedrigsten Inflationsrate liegen* (März 1997: Schwellenwert 7,9 %).

Stabile Wechselkurse
Ein wichtiger Nachweis für Konvergenz ist die Stabilität des Außenwerts der eigenen Währung. *Die nationale Währung soll sich daher mindestens zwei Jahre vor dem Eintritt in die Währungsunion ohne größere Schwankungen gegenüber den anderen Währungen behauptet haben und sich innerhalb der festgelegten Bandbreiten bewegt haben.* Während der erste Teil der Bedingung gegen Ende der Vorbereitungszeit auf die EWWU nach wie vor relevant war, war der Bezug auf die Bandbreiten angesichts deren Ausdehnung auf ± 15 % kaum noch von Bedeutung. Es war daher Konsens, diese Bedingung auf die zuvor geltende Bandbreite von ± 2,25 % zu beziehen.

Geringe Haushaltsdefizite und niedrige öffentliche Verschuldung
Zur Erzwingung einer soliden Finanzpolitik und zur Verhinderung einer zu großen Belastung der Kapitalmärkte sollte das *Haushaltsdefizit im letzten Jahr vor der Überprüfung 3 % des Bruttoinlandsprodukts (BIP) nicht überschreiten und die gesamte, kumulierte öffentliche Verschuldung nicht mehr als 60 % des BIP betragen.* Hierbei reichte es in der Praxis jedoch schon aus, wenn ein Staat sich den Referenzwerten *näherte.*

Ein grundsätzliches Problem einer Währungsunion kann auch durch das Einhalten der Konvergenzkriterien nicht gelöst werden: Diese erlauben zwar Aussagen über die aktuelle Wirtschaftspolitik, jedoch nicht darüber, ob die EWWU-Mitglieder aufgrund unterschiedlicher Wirtschaftsstrukturen und Wettbewerbsfähigkeit Probleme haben (werden) die Kriterien auch dauerhaft zu erreichen. Ist dies jedoch nicht der Fall, sind Schwierigkeiten vorprogrammiert. In der EWWU führten diese Leistungsdifferenzen nicht nur zu sehr unterschiedlichen Ergebnissen in Bezug auf die Konvergenzkriterien selbst, sondern auch zu einer problematischen Ungleichheit der Leistungsbilanzsalden und in der Folge zu erheblichen Kapitaltransfers zwischen den Mitgliedsländern. [1]

Zu den Konvergenzkriterien selbst kann Folgendes kritisch angemerkt werden:

- Da *Preisstabilität* und *Zinsniveau* nur relativ festgelegt wurden, hätten hier auch konvergente aber unerwünscht hohe Niveaus der Kriterien akzeptiert werden müssen. Tatsächlich erfolgte die Annäherung zum Zeitpunkt des Übergangs zur EWWU jedoch auf relativ niedrigem Niveau.
- Die Begrenzung des *Schuldenstands* auf 60 % war eher willkürlich und vor allem durch die zum Zeitpunkt der Festlegung der Kriterien im Jahre 1990 als erreichbar angesehene Schuldenhöhe erklärbar.
- Das ebenfalls willkürlich erscheinende maximale jährliche *Haushaltsdefizit* von 3 % wurde durch folgende Formel ermittelt: Erwartete nominale Wachstumsrate des Bruttoinlandsprodukts, hier wurde von 5 % p. a. ausgegangen, minus 2 % (vgl. Deutsche Bundesbank 1997). Durch diese Begrenzung sollte die staatliche Verschuldung in als akzeptabel angesehenen Grenzen gehalten werden. Da das nominale Wachstum der EU-Länder in den 1990er-Jahren im Durchschnitt unter 5 % lag, hätte nun eigentlich auch das akzeptierbare Haushaltsdefizit abgesenkt werden müssen, worauf aber aus nahe liegenden Gründen verzichtet wurde. Die Feststellung des Haushaltsdefizits erfolgte im Übrigen auch ohne die Berücksichtigung von Zahlungen an die EU und Leistungen der EU an die Mitgliedstaaten. So betrug beispielsweise der Nettoeffekt der EU-Umverteilung für Deutschland und die Niederlande − 0,5 % vom BIP, für Frankreich und Italien lag er bei 0 %, während er für Irland und Griechenland hohe + 4,2 % betrug. Die Tatsache, dass die Angaben der Mitgliedsländer nur unzureichend kontrolliert wurden, gab einigen Mitgliedsländern zudem die Möglichkeit, die Kriterien durch „kreative Buchführung" und kurz wirkende Einzelmaßnahmen zu erreichen. Im Übrigen war es dem Europäischen Rat möglich, eine positive Empfehlung auszusprechen, wenn Tendenzen zur Erreichung der Kriterien erkennbar waren, auch wenn die Kriterien zum Stichtag objektiv verfehlt wurden. Damit waren Aufweichungstendenzen vorprogrammiert, so dass beispielsweise Belgien (Schuldenstand 1998: 120 %) und Italien (117 %) als EWWU-Mitglieder akzeptiert wurden. Einen Überblick über den Stand der beiden wichtigsten Konvergenzkriterien 2022 gibt Abb. 9.1.

---

[1] Vgl. zum Thema Leistungsbilanzen Kap. 1 und zum Stand der aktuellen Konvergenzkriterien European Commission (2022).

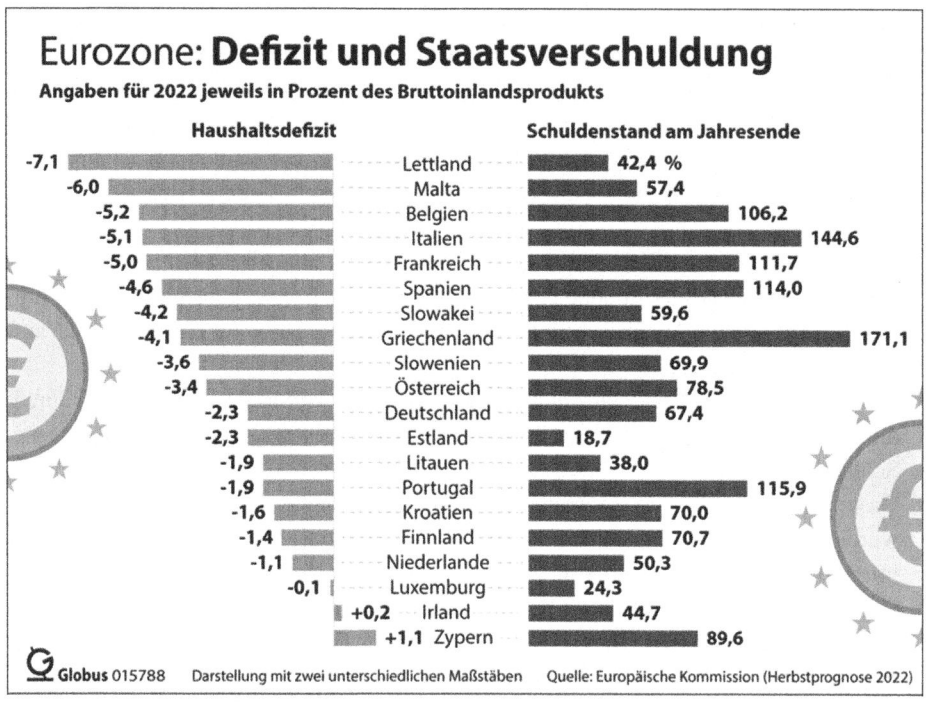

Eurozone: Defizit und Staatsverschuldung

Angaben für 2022 jeweils in Prozent des Bruttoinlandsprodukts

Haushaltsdefizit		Schuldenstand am Jahresende
-7,1	Lettland	42,4 %
-6,0	Malta	57,4
-5,2	Belgien	106,2
-5,1	Italien	144,6
-5,0	Frankreich	111,7
-4,6	Spanien	114,0
-4,2	Slowakei	59,6
-4,1	Griechenland	171,1
-3,6	Slowenien	69,9
-3,4	Österreich	78,5
-2,3	Deutschland	67,4
-2,3	Estland	18,7
-1,9	Litauen	38,0
-1,9	Portugal	115,9
-1,6	Kroatien	70,0
-1,4	Finnland	70,7
-1,1	Niederlande	50,3
-0,1	Luxemburg	24,3
+0,2	Irland	44,7
+1,1	Zypern	89,6

Globus 015788   Darstellung mit zwei unterschiedlichen Maßstäben   Quelle: Europäische Kommission (Herbstprognose 2022)

Abb. 9.1 Konvergenzkriterien 2022

9.3 Die Entwicklung der Europäischen Wirtschafts- und Währungsunion

In der Vorbereitungsphase der EWWU wurden zwei unterschiedliche Konzeptionen vertreten: Die „*Monetaristen*" wollten die Entwicklung zu einer Währungsunion durch eine monetäre Integration, eine schrittweise Verringerung der Bandbreiten der Wechselkurse erreichen. Es wurde erwartet, dass mit dieser Strategie ökonomische Anpassungszwänge auf die Mitglieder ausgeübt würden, deren wirtschaftliche Indikatoren und wirtschafts-politische Instrumente noch erheblich von denen der wirtschaftlich stärker konvergierenden Länder abwichen. Die „*Ökonomisten*" trauten dem Wechselkursmechanismus keine derartige integrative Kraft zu und forderten wirtschaftspolitische Konvergenz als Voraussetzung für eine Währungsunion. Die Entscheidung zur Gründung einer Währungsunion sollte dann die vorangegangene Anpassung der Volkswirtschaften abschließen. Diese auch als *Krönungstheorie* bezeichnete Auffassung wurde insbesondere auch von der Deutschen Bundesbank vertreten. Im Nachhinein zeigt sich, dass das EWS die von den *Monetaristen* erwartete integrative Kraft bis zu einem gewissen Grade auch ausübte. Der Quasi-Zusammenbruch des EWS 1992 machte jedoch deutlich, dass die EU-Volkswirtschaften noch erhebliche Systemunterschiede aufwiesen, die auch bis zur Gründung der Währungsunion noch nicht abgebaut waren und bis heute zu wirtschaftspolitischen Problemen führen.

9.3.1   Die Anfänge

Die erste Stufe

Im Juni 1988 ernannte der Europäische Rat eine Arbeitsgruppe unter dem Vorsitz des damaligen Präsidenten der EG-Kommission *Jacques Delors*, die die Aufgabe hatte, konkrete Schritte zur Verwirklichung der EWWU vorzuschlagen. Im Dezember 1990 legte die Kommission einen Vertragsentwurf zur Bildung der EWWU vor, in dem insbesondere die Entwicklungsschritte und die Beitrittsvoraussetzungen festgelegt wurden. Eine Präzisierung und Festlegung erfolgte im *Vertrag über die Europäische Union (Vertrag von* Maastricht), der im November 1993 in Kraft trat.

Die Liberalisierung des Kapitalverkehrs war schon in den 1980er-Jahren weiter verbessert worden, so dass für eine Kerngruppe, bestehend aus Deutschland, Frankreich, Italien, den BeNeLux-Ländern und Dänemark, schon im Juli 1990 ein gemeinsamer Kapitalmarkt existierte. Mit Beginn der „*ersten Stufe*" der Entwicklung der EWWU, die ohne Vertragsänderungen möglich war und im Juli 1990 begann, sollte die schrittweise vollständige Liberalisierung des Kapitalverkehrs zwischen allen Mitgliedsländern realisiert werden. Ferner wurde die Zusammenarbeit zwischen den Zentralbanken verstärkt und die Stellung der nationalen Zentralbanken verbessert. Insbesondere sollte ihre Unabhängigkeit festgeschrieben und gestärkt und das Verbot der Finanzierung der öffentlichen Haushalte durch die Zentralbanken in allen Staaten umgesetzt werden. Schließlich wurde auch damit begonnen, die Voraussetzungen für wirtschaftspolitische Konvergenz zu verbessern und die verschiedenen wirtschaftspolitischen Systeme, Verfahren und Instrumente einander anzugleichen.

Die zweite Stufe

Die *zweite Stufe* begann im Januar 1994 und endete im Dezember 1998. Im Mittelpunkt der Aktivitäten in dieser Phase standen sowohl die vorbereitenden Tätigkeiten des *Europäischen Währungsinstituts* (EWI) als auch die Anstrengungen der Mitgliedsländer, die wirtschaftspolitischen Konvergenzkriterien zu erfüllen. Gleichzeitig bemühten sich die Mitgliedsländer, die Vollendung des Binnenmarktes und ihre Beteiligung am EWS ohne Sonderkonditionen sicherzustellen.

Das EWI wurde als Vorläufer einer späteren *Europäischen Zentralbank* (EZB) am 01.01.1994 mit Sitz in Frankfurt/Main gegründet. Seine zentrale Aufgabe war die organisatorische und praktische Vorbereitung der Währungsunion. Hierzu gehörten u. a. die Vereinheitlichung von Statistiken und Arbeitsmethoden der beteiligten Zentralbanken, die Entwicklung der Instrumente einer einheitlichen Geld- und Währungspolitik, praktische Fragen der Währungsumstellung, wie Stückelung, Gestaltung und Herstellung der neuen europäischen Einheitswährung und vor allem der Aufbau einer voll funktionsfähigen Europäischen Zentralbank. Ferner wirkte es mit bei der Schaffung eines leistungsfähigen Zahlungssystems der Zentralbanken *(Target)*, mit dem die nationalen Systeme auf europäischer Ebene verbunden wurden. Die Verantwortung für die Geld- und Währungspolitik verblieb in dieser Stufe noch bei den nationalen Zentralbanken und wurde erst mit Beginn der dritten Stufe auf die EZB übertragen. Schließlich übernahm das EWI die Aufgaben des EFWZ. Das Entscheidungsgremium des EWI war ein EWI-Rat, der aus dem Präsidenten und den Chefs der nationalen Zentralbanken bestand.

In der zweiten Phase sollten auch die Bandbreiten der Wechselkurse weiter verringert und Leitkursänderungen nur noch in Ausnahmefällen zugelassen werden. Aufgrund der Währungsturbulenzen gegen Ende der ersten Phase konnte dieses Vorhaben jedoch nicht umgesetzt werden, allerdings setzten sich in der Praxis dennoch engere reale Bandbreiten durch. Es war deutlich erkennbar, dass sich die EU-Staaten jetzt verstärkt bemühten, ihre Wirtschaftspolitik auf eine Erfüllung der *Konvergenzkriterien* auszurichten, um schon in der Anfangsphase der EWWU mit dabei zu sein.

In dieser Phase wurde der Aufbau von EZB und ESZB, dem *Europäischen System der Zentralbanken*, das aus den nationalen Zentralbanken aller EU-Mitgliedsländer und der *Europäischen Zentralbank* (EZB) selbst besteht, geplant und etabliert. Ferner wurde über das zukünftige geldpolitische Instrumentarium der EZB entschieden und der Umrechnungskurs für die nationalen Währungen in *Euro* festgelegt, um einen Einfluss von Währungsschwankungen auf den Eurokurs bis zum Zeitpunkt des Beginns der EWWU auszuschließen. Die vereinbarte Umstellung von ECU zu Euro im Verhältnis 1:1 war allerdings umstritten, da auch die Währungen der Nicht-Teilnehmerstaaten die Kursrelationen beeinflussen.

Für den Beginn der dritten Phase waren zunächst zwei alternative Zeitpunkte, 1997 und 1999, vorgesehen. Wegen der geringen Anzahl der zum ersten Zeitpunkt beitrittsberechtigten Mitglieder verständigte man sich 1995 auf den späteren Termin, zu dem die EWWU auf jeden Fall beginnen sollte. Auf der Grundlage eines im März 1998 von der EU-Kommission vorgelegten Berichts über die Wirtschaftsdaten der EU-Mitgliedsländer von 1997 entschied der Europäische Rat wie geplant im Mai 1998 über die zukünftigen Mitgliedsländer. Von besonderer Bedeutung war dabei die Einschätzung, ob die potenziellen Mitglieder eine *dauerhafte Konvergenz* erreichen würden.

9.3.2   Die dritte Stufe

Die dritte Stufe begann mit der unwiderruflichen Festlegung der Währungsparitäten zum 1. Januar 1999. Anschließend erfolgte die schrittweise Ablösung der europäischen Währungen durch die europäische Gemeinschaftswährung, den Euro. Dieser wurde zunächst im Wesentlichen nur für Transaktionen zwischen Banken und Zentralbanken im Rahmen des ESZB genutzt, aber auch die öffentliche Hand begann nun Anleihen in Euro zu emittieren. Mit der Ausgabe von Euro-Bargeld ab Januar 2002 löste der Euro die nationalen

Währungen der Euro-Länder als gesetzliches Zahlungsmittel ab. Die Kompetenz für die Geld- und Währungspolitik war schon ab 1999 von den nationalen Zentralbanken der Mitgliedsländer auf die EZB übergegangen, die nun auch für die Emittierung des Euro zuständig war und die Kontrolle über die Währungsreserven erhielt.

Im Vertrag von Maastricht hatten sich alle Mitgliedsländer verpflichtet, der EWWU beizutreten, wenn sie die Konvergenzkriterien erfüllen. Lediglich Großbritannien und Dänemark hielten sich die Möglichkeit eines Sonderwegs offen. Großbritannien trat dem Euro-Währungsgebiet bis zu seinem Austritt aus der EU 2020 nicht bei, Dänemark ist bis heute kein Euro-Land. Bulgarien, Tschechien, Ungarn, Polen, Rumänien und auch Schweden sind weitere EU-Mitgliedsländer, die – bis auf Schweden – aus Konvergenzgründen den Euro noch nicht als nationale Währung übernommen haben. Damit gehörten 2023 20 der 27 EU-Mitgliedsstaaten der Eurozone an.

Die Balkanstaaten Kosovo und Montenegro haben den Euro ohne vertragliche Abkommen mit der EU als offizielles Zahlungsmittel eingeführt. Dieselbe Entscheidung traf Andorra. Anders als die EWWU-Mitglieder müssen sich Montenegro, der Kosovo und Andorra ihre Euro-Bestände allerdings gegen Devisen, Gold oder Wertpapiere am Kapitalmarkt kaufen. Landeswährung ist der Euro auch in San Marino, dem Vatikan sowie Monaco. Im Zuge der Währungsunion wurde der Euro gesetzliches Zahlungsmittel in den vier französischen Übersee-Departments Französisch-Guyana, Guadeloupe, Martinique und Réunion, die zum französischen Staatsgebiet gehören. Unter den französischen Territorialgebieten nutzen zudem noch die französischen Überseegebiete Mayotte und St.-Pierre-et-Miquelon den Euro als offizielle Währung, ebenso wie die beiden nordafrikanischen Enklaven Spaniens, Ceuta und Melilla, sowie die zu Portugal gehörenden Inseln bzw. Inselgruppen Madeira und die Azoren. Das Privileg, eigenes Euro-Geld auszugeben, haben außerhalb der EWWU jedoch nur drei Staaten: Der Vatikan, Monaco und San Marino dürfen eigene Münzen prägen. Einige Drittstaaten mit eigener Währung haben diese in einem festen Verhältnis an den Euro gekoppelt, wie Bosnien & Herzegowina (*Konvertible Mark*), Kapverden (*Kap-Verde-Escudo*), Sao Tomé & Principe (*Dobra*).

CFA

Hinzu kommen insgesamt 14 afrikanische Länder, die Staaten der *Zentralafrikanischen Wirtschafts- und Währungsunion* (CEMAC) (Kamerun, Gabun, Republik Kongo, Zentralafrikanische Republik, Tschad und Äquatorialguinea) sowie die Staaten der *Westafrikanischen Wirtschafts- und Währungsunion* (UEMOA) (Benin, Burkina Faso, Elfenbeinküste, Guinea-Bissau, Mali, Niger, Senegal und Togo) mit dem westafrikanischen und dem zentralafrikanischen CFA-Franc.[2] Beide Währungen waren zunächst an den französischen Franc gekoppelt und sind seit 2002 fest an den Euro gebunden. Neben dem festen Wechselkurs des CFA-Franc gegenüber dem Euro, erlaubt das CFA-System einen freien Geld- und Kapitaltransfer zwischen den CFA-Ländern und dem Euro-Raum. Zudem ist der CFA-Franc unbegrenzt konvertierbar, allerdings müssen die afrikanischen

---

[2] CFA-Franc: Franc de la Coopération financière en Afrique centrale (Franc der finanziellen Zusammenarbeit in Zentralafrika).

Zentralbanken dafür die Hälfte ihrer Währungsreserven auf einem Sonderkonto des französischen Finanzministeriums deponieren. Seit 2020 gilt dies nur noch für den zentralafrikanischen CFA. Das CFA-System wird häufig kritisiert. Abgesehen davon, dass die Währung zu einem postkolonialen Symbol geworden ist, verringert die tendenzielle Überbewertung des CFA die Exportmöglichkeiten der CFA-Länder und begünstigt EU-Importe. Damit werden eigene Entwicklungsmöglichkeiten verringert und die Versorgung der reichen Oberschicht in den Ländern mit europäischen Waren begünstigt (vgl. Pigeaud und Ndongo, 2022).

9.4   Die Entwicklung des Euro

Seit Januar 1999 wird der Euro international gehandelt, zunächst mit einem Wechselkurs von 1,17 US$.[3] Bereits im Dezember 1999 fiel der Wechselkurs auf einen US$, um im Oktober 2000 sein vorläufiges Rekordtief von 0,82 US$ zu erreichen. Nach der reibungslosen Einführung des Euro-Bargeldes 2002 stieg der Wechselkurs wieder über einen US$ und erreicht 2008 vor der Finanzkrise mit 1,60 US$ sein vorläufiges Rekordhoch. Die internationale Finanzkrise und die nachfolgende Eurokrise führten zu einem Vertrauensverlust, so dass der Euro 2010 mit 1,19 US$ nur noch knapp über seinem Einstiegskurs 1999 lag. Anschließend stieg der Wechselkurs 2014 wieder bis auf 1,40 US$, um nach einer die Märkte überraschenden Zinssenkung der EZB wieder auf 1,21 US$ abzurutschen. Die Entscheidung Großbritanniens die EU zu verlassen (*Brexit*) sowie steigende US-Zinsen ließen den Wechselkurs 2017 bis auf 1,03 US$ absinken. Kurz darauf löste die Ankündigung der EZB Anleihekäufe zu prüfen einen Euro-Aufschwung aus, so dass der Wechselkurs 2018 wieder auf 1,28 US$ stieg. Die Corona Pandemie und ihre Auswirkungen auf die Wirtschaft vieler Euro-Länder bei gleichzeitiger relativer Stärke der US-Wirtschaft mit einem höheren Zinsniveau stärkte den US$ und schwächte das Vertrauen in den Euro, so dass viele Anleger wieder verstärkt in den US$ investierten. Der Wechselkurs rutschte daraufhin kurzzeitig unter einen US$ und lag 2022 sogar bei 0,96 US$, um sich dann Ende 2022 und 2023 wieder in dem Bereich 1,05 bis 1,10 US$ zu stabilisieren (vgl. Abb. 9.2).

Die internationale Bedeutung des Euro übertrifft zwar die gemeinsame Bedeutung seiner Vorgängerwährungen, ohne allerdings bislang die dominierende Rolle des US$ entscheidend zu beeinträchtigen. Heute ist der Euro die zweitwichtigste Weltwährung. Weltweit haben 20 Länder den Euro eingeführt und ca. 60 Länder und Gebiete haben ihre Währung direkt oder indirekt an den Euro gekoppelt. Auf den Euro entfallen ca. 38 % des internationalen Zahlungsverkehrs im SWIFT System und knapp 21 % der internationalen

---

[3] Der Wechselkurs gibt den Außenwert der eigenen Währung an, also den in ausländischen Währungseinheiten ausgedrückten Gegenwert für eine feste Menge einheimischer Währungseinheiten wieder, vgl. Abschn. 3.2.

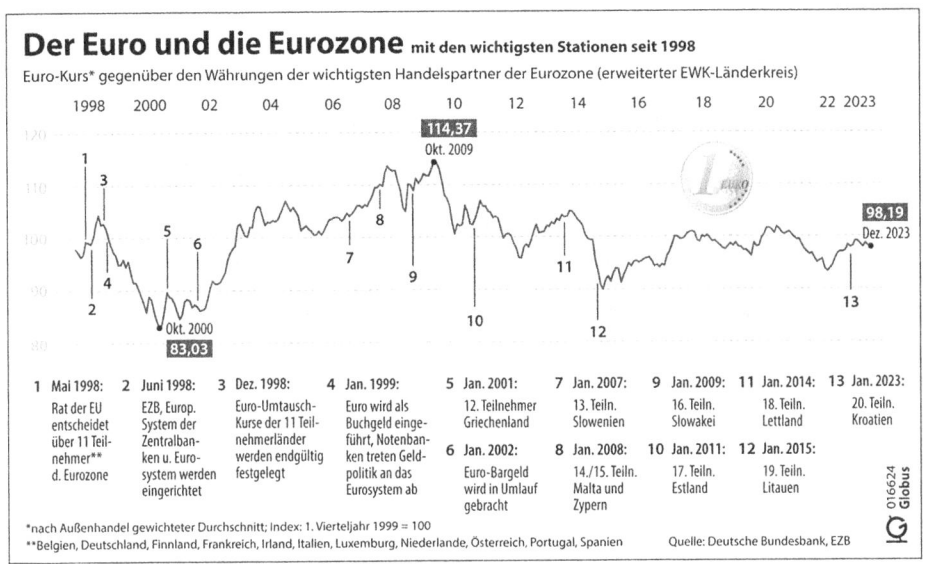

Abb. 9.2 Entwicklung des Euro-Wechselkurses

Währungsreserven. Dies liegt auch daran, dass die EU für ca. 80 Länder der größte Handelspartner ist. Der Anteil des Euro an den internationalen Anleiheemissionen lag 2022 bei 24 % und bei ausstehenden internationalen Krediten bei knapp 18 %. Allerdings ist in den letzten Jahren die Bedeutung des Euro bei internationalen Devisentransaktionen von etwa 19 % (2010) auf derzeit knapp 16 % gesunken. Der Anteil des US\$ als globale Reservewährung ging in den letzten Jahren zurück, blieb in anderen Verwendungen stabil und nahm bei den internationalen Anleiheemission zu.[4]

Exkurs: Der Europäische Wechselkursmechanismus (WKM II)

Mit Beginn der EWWU endete auch das Europäische Währungssystem EWS. Da jedoch nicht alle EU-Mitglieder von Anfang an Mitglied der Währungsunion wurden, wurde zwischen dem Euro und einigen Nicht-Euro-Währungen in der EU ein neues Währungssystem, der *Europäische Wechselkursmechanismus II (WKM II)*, auch als EWS II bezeichnet, vereinbart. Während der Mitgliedschaft im WKM II sollten sich die Wechselkurse der (noch) Nicht-Euro-Länder gegenüber dem Euro stabilisieren und das Konvergenzkriterium der Wechselkursstabilität erfüllen. Da sich die am WKM II teilnehmenden Länder zu einer stabilitäts- und konvergenzorientierten Wirtschaftspolitik verpflichteten, wurde der spätere EWWU-Beitritt für sie erleichtert. Teilnehmer am WKM II ist nach

---

[4]Vgl. Europäische Zentralbank (2022), Europäischer Rat (2023) sowie Abschn. 6.1.

wie vor Dänemark, das seine Krone eng mit einer Bandbreite von ± 2,25 % an den Euro gekoppelt hat und somit die Option für einen jederzeitigen EWWU-Beitritt besitzt. Für alle anderen WKM II Mitglieder, dies waren zeitweise mehr als sieben neue EU-Mitgliedsländer, gilt die alte Bandbreite von ± 15 %. 2023 war neben Dänemark nur noch Bulgarien WKM II-Mitglied, nachdem Kroatien 2023 den Euro einführte.

Interventionen zur Stabilisierung der Kurse werden im WKM II vorwiegend intramarginal durch die nationalen Zentralbanken durchgeführt. Spätestens bei Erreichen der Interventionspunkte sind jedoch sowohl die nationale Zentralbank wie auch die EZB *verpflichtet* mit Interventionen ein Verlassen der Bandbreite zu verhindern. Hierfür stehen „sehr kurzfristige Finanzierungsfazilitäten" zur Verfügung. Leitkursanpassungen sind möglich und können auch von der EZB vorgeschlagen werden. Sie sollten rechtzeitig erfolgen, um Interventionen und Kursverzerrungen zu reduzieren.

9.5   Der Stabilitäts- und Wachstumspakt (SWP)

Die Einhaltung der Konvergenzkriterien (s. o.) war keineswegs nur die „Eintrittskarte" für die EWWU, vielmehr müssen sie auch dauerhaft eingehalten werden, um die Eurozone als „Stabilitätsgemeinschaft" lebensfähig zu erhalten. In vielen Mitgliedsländern der EWWU und auch bei den im Zuge der Erweiterung neu aufgenommenen Ländern erfolgte die Angleichung der Konvergenzkriterien erstaunlich schnell. Um dies durchzusetzen schlossen die EU-Staaten vor allem auf Drängen Deutschlands im Juni 1997 einen *Stabilitäts- und Wachstumspakt* (SWP) als Grundlage für die Koordinierung und Überwachung der nationalen Finanzpolitiken in der EU mit dem Ziel die Stabilität der Eurozone und das Vertrauen in den Euro zu stärken. Sollte ein Mitgliedsland die Referenzziele (s. o.) nicht erreichen, waren Sanktionen vorgesehen. Allerdings wurden diese kaum umgesetzt. In den ersten Jahren der EWWU schien der SWP auf die Mitgliedstaaten durchaus eine disziplinierende Wirkung auszuüben. Infolge wirtschaftlicher Probleme waren aber bald mehrere Länder, unter anderem auch Deutschland, nicht in der Lage, insbesondere das Haushaltsdefizitkriterium von maximal − 3 % einzuhalten. Der EU-Ministerrat beschloss daher 2005 eine Reform des SWP, die eine flexiblere, auf die wirtschaftliche Situation der einzelnen Länder zugeschnittene Umsetzung der Referenzziele ermöglichte, gleichzeitig aber auch zu einer Aufweichung der Anforderungen führte.

Die wichtigste Reform trat 2011 nach der *Europäischen Schuldenkrise* in Kraft (vgl. Abschn. 10.1 und BMF 2022). Anstatt den Fokus wie bisher auf ein maximales Haushaltsdefizit von 3 % des BIP zu legen, wurde das mittelfristige Ziel eines im Grundsatz strukturell ausgeglichenen Haushalts als Zielwert in den Vordergrund gestellt. Länder, deren Schuldenstand über 60 % liegt, sind verpflichtet, die Differenz regelmäßig um einen festgelegten Prozentsatz zu verringern. Für beide Fälle gibt es nun ein abgestuftes und weitgehend automatisiertes Sanktionsverfahren. Nach verschiedenen negativen Erfahrungen in der Vergangenheit sollte auch die Täuschung beim Erstellen von Defizit- und Schuldenstatistiken hart sanktioniert werden. Alle Mitgliedstaaten müssen zudem jährliche Stabilitäts- bzw. Konvergenzprogramme vorlegen, die darlegen, wie sie mittelfristig einen strukturell ausgeglichenen oder nahezu ausgeglichenen Haushalt zu erreichen oder zu sichern beabsichtigen. Im Fall einer erheblichen Abweichung von einer soliden Haushaltspolitik kann der Rat Abhilfe- oder Korrekturmaßnahmen empfehlen und Fristen setzen. Ergreift der betroffene Mitgliedstaat keine wirksamen Maßnahmen können Sanktionen verhängt werden (vgl. EU-Parlament 2022).

Zur Absicherung dieser Reformmaßnahmen trat 2013 ein ergänzender zwischenstaatlicher Vertrag in Kraft, der *Vertrag über Stabilität, Koordinierung und Steuerung in der EWWU*, kurz: *Fiskalpakt*. Dieser Vertrag verpflichtet die Mitgliedstaaten einheitliche und dauerhaft verbindliche Haushaltsregeln, insbesondere eine Schuldenbremse, in ihre nationalen Rechtsordnungen aufzunehmen. Damit ergänzt der Fiskalpakt den SWP. Er verpflichtet die Staaten, ihr jährliches *strukturelles* Haushaltsdefizit auf maximal 1 % des BIP zu begrenzen. Nur bei einem schweren Konjunkturrückgang oder einem außergewöhnlichen externen Ereignis ist eine Ausnahme erlaubt. Unter dem strukturellen Haushaltsdefizit wird das Haushaltsdefizit abzüglich konjktureller Effekte und einmaliger Maßnahmen verstanden. Zusätzlich wurden die Staaten verpflichtet einen *Korrekturmechanismus* einzuführen, der bei erheblichen Abweichungen von dem Schwellenwert eingreift und zu einer Wieder-Einhaltung des Ziels führen soll. Die Umsetzung soll ein unabhängiger nationaler *Fiskalrat* überwachen. Verstoßen die Staaten gegen wichtige Regelungen, kann ein Verfahren vor dem Europäischen Gerichtshof eingeleitet werden (vgl. *Ausgewählte Links*: Fiskalvertrag).

Da nach wie vor die mangelnde Flexibilität des SWP sowie Probleme bei der Durchsetzung von Sanktionen kritisiert werden, schlug die EU-Kommission 2023 eine weitere Reform des SWP vor. Danach bleiben die bisherigen Kriterien als Ziele bestehen. Werden diese nicht erreicht, soll mit dem betreffenden Land ein mehrjähriger individueller *Abbaupfad* für die bestehenden Schulden vereinbart werden, der auf der Bewertung der jeweiligen „*Schuldentragfähigkeit*" des betreffenden Landes basiert. Dieser Plan soll auch nationale Reform- und Investitionsziele berücksichtigen. Die Einhaltung der vereinbarten Zwischenziele werden überwacht. Falls diese nicht erreicht werden, können zwar Änderungen der Vereinbarungen verhandelt werden, prinzipiell sollen aber finanzielle Sanktionen erfolgen und konsequenter durchgesetzt werden.

Allerdings ist abzusehen, dass auch diese Reformen kaum zu einer fundamentalen Verbesserung der Verschuldungssituation der „Hochschuldenländer" führen werden, solange nicht alle Länder die Prinzipien einer stabilitätsorientierten Wirtschaftspolitik als selbstverständlich akzeptieren und umsetzen. Dies ist in der derzeitigen Situation, in der Finanz- und Haushaltspolitik nach wie vor in der Souveränität der Nationalstaaten liegen, und damit eine „Wirtschaftsunion" nur in Ansätzen besteht, schwer vorstellbar. Abb. 9.3 zeigt die wichtigsten Schritte der Entwicklung der EWWU im Überblick.

Zeittafel: Entwicklung der EWWU

1948   Gründung der *Organization for European Economic Cooperation* (OEEC) mit dem Ziel die Verteilung und sinnvolle Verwendung der amerikanischen Mittel des *European Recovery Program* (ERP) (*Marshall-Plan*) zu organisieren (bis 1960).

1950   Gründung der *Europäischen Zahlungsunion* (EZU) von den OEEC-Mitgliedern als multilaterale Abrechnungs- und Kreditagentur sowie zur Gewährung von Devisenkrediten (bis 1958).

1955   Das *Europäische Währungsabkommen* (EWA) übernimmt wesentliche Funktionen der EZU. Die Bandbreiten der europäischen Währungen gegenüber dem US$ werden auf ±0,75 % reduziert, während die Wechselkurse zwischen den europäischen Währungen in einer Bandbreite von ±1,5 % schwanken konnten (bis 1972).

1960   Die OEEC-Staaten beschließen ihre Organisation in die *Organization for Economic Cooperation and Development* (OECD) umzuwandeln.

1961   Die EG-Kommission schlägt vor, den Gemeinsamen Markt durch eine Währungsunion zu vervollständigen.

1969   Die Staats- und Regierungschefs der EU beschließen nach der Vollendung der Zollunion die Ausarbeitung eines Stufenplans zur Errichtung einer *Europäischen Wirtschafts- und Währungsunion* (EWWU).

1970   Eine Arbeitsgruppe unter der Leitung des luxemburgischen Ministerpräsidenten *Pierre Werner* erstellt im Auftrag des Ministerrats einen Plan zur Errichtung einer EWWU *(Werner-Plan)*, der die Weiterentwicklung der Gemeinschaft zu einer EWWU innerhalb von 10 Jahren in drei Stufen vorsieht.

1971   Der Ministerrat beschließt den *Werner-Plan* anzunehmen. Der Plan wird jedoch nicht umgesetzt.

1972   Während der Krise des Bretton-Woods-Systems beschließt der Ministerrat der Europäischen Gemeinschaft (EG) die Einführung der ersten Stufe des *Europäischen Wechselkursverbundes* (EWKV) (*„Europäische Währungsschlange“, „Euro-Schlange“*). Die Mitgliedsländer verengen die Bandbreiten ihrer Währungen zueinander und behalten die Bandbreite gegenüber dem US$ bei (*„Schlange im Tunnel“*).

1973   Nach der Freigabe des Dollarkurses lassen die Mitgliedsländer des EWKS ihre Währungen gegenüber dem US-Dollar floaten.
       Der *Europäische Fonds für währungspolitische Zusammenarbeit* (EFWZ) wird zur Verrechnung der für die Interventionen benötigten Zentralbankkredite eingerichtet.

1975   Die *Europäische Rechnungseinheit* (ERE) wird eingeführt.

1979   Der Europäische Rat beschließt das In-Kraft-Treten des *Europäischen Währungssystems* (EWS). Mit Wirkung vom 01.01.1979 wird damit der Wechselkursverbund EFKV durch das EWS - mit den Elementen *European Currency Unit* (ECU), *Interventionsmechanismus, Frühwarnsystem (Abweichungsindikator), Realignments* im gegenseitigen Einvernehmen und dem umfassenden *finanziellen Beistandssystem* durch den EFWZ - abgelöst.

1981   Die ECU, seit 1979 die Währungseinheit des EWS, wird Rechnungseinheit in allen Bereichen der EG und löst die ERE ab.

1986   Acht Mitgliedstaaten der EG unterzeichnen die *Einheitliche Europäische Akte* (EEA), durch die der Weg für die weitere politische Integration geebnet und das Ziel eine EWWU zu gründen festgeschrieben wird.

1988   Der Ministerrat beschließt eine Richtlinie zur vollständigen Liberalisierung des Kapitalverkehrs bis zum Juli 1990 und eine Verordnung zur Einführung eines einheitlichen Systems Mitgliedsländern bei Zahlungsbilanzproblemen beizustehen. Ferner beauftragt er eine Arbeitsgruppe unter dem Vorsitz von Kommissionspräsident *Jacques Delors* Vorschläge zur Realisierung einer EWWU zu prüfen.

Abb. 9.3   Zeittafel: Entwicklung der EWWU

1989	Der *Delors-Plan*, der die Errichtung einer EWWU in drei Stufen vorsieht, wird vorgelegt. Auf dem EG-Gipfel in Madrid beschließt der *Europäische Rat* die Einsetzung einer Regierungskonferenz über die EWWU auf der Grundlage des *Delors-Plans*.
1990	Die erste Stufe der Währungsunion beginnt. Bestehende Beschränkungen im Geld- und Zahlungsverkehr zwischen den EG-Staaten werden aufgehoben und ein gemeinsamer Kapitalmarkt in zunächst acht Mitgliedsstaaten realisiert. Der Europäische Rat beschließt den Beginn der zweiten Stufe der EWWU für Januar 1994.
1991	Der Europäische Rat beschließt in Maastricht den *Vertrag über die Europäische Union* (*Vertrag von Maastricht*), der als Kernstück die Errichtung einer EWWU und die Errichtung zweier weiterer Säulen, der *Gemeinsamen Außen- und Sicherheitspolitik* (GASP) und eine engere Zusammenarbeit in der *Innen- und Rechtspolitik*, vorsieht.
1992	*Black Wednesday* – Spekulation auf eine Pfund-Abwertung und das Ausscheiden Großbritanniens aus dem EWS: Unter dem Druck der Märkte musste Großbritannien das Pfund abwerten und das EWS verlassen.
1993	Der *Vertrag über die Europäische Union (Vertrag von Maastricht)*, der auf dem *Delors-Plan* aufbaut und in dem die Schritte zur EWWU festgelegt werden, wird von den nationalen Parlamenten ratifiziert und tritt am 1. November 1993 in Kraft. Die EG wird in *Europäische Union* (EU) umbenannt. Die EU ist nun ein *Gemeinsamer Markt*, in dem u.a. Kapitalverkehrsfreiheit gewährleistet ist. Die erhöhte Kapitalmobilität schränkt allerdings die Effektivität und Effizienz nationalstaatlicher Geldpolitik und damit die Verfolgung nationaler geld- und währungspolitischer Ziele ein.
1994	Januar: Die zweite Stufe der Währungsunion beginnt. Die Zentralbanken werden unabhängig, die Finanzierung von Staatsdefiziten durch die Zentralbanken ist nicht mehr erlaubt. Die EU-Kommission überwacht die Wirtschaftspolitik der Mitgliedstaaten. Das *Europäische Währungsinstitut* (EWI) mit Sitz in Frankfurt/Main übernimmt die Aufgaben des EFWZ und bereitet die EWWU organisatorisch vor.
1995	Der Europäische Rat beschließt den Namen der künftigen europäischen Währung: *Euro* und gibt den Endtermin für die Währungsumstellung bekannt.
1996	Die im Maastrichter Vertrag vorgesehene Regierungskonferenz zur Revision der Vereinbarungen (Maastricht II) beginnt. Der Europäische Rat vereinbart den *Stabilitäts- und Wachstumspakt* (SWP) zur Überwachung der nationalen Finanzpolitiken in der EU mit dem Ziel die Stabilität der Eurozone und das Vertrauen in den Euro zu stärken und die Konvergenzkriterien durchzusetzen. Die neuen Euro-Banknoten werden vorgestellt.
1997	Der präzisierte SWP wird verabschiedet, außerdem wird der Ausbau der *Gemeinsamen Außen- und Sicherheitspolitik* (GASP) und eine stärkere Kooperation in der Innen- und Rechtspolitik vereinbart.
1998	Die EU-Kommission und das EWI empfehlen 11 Länder als Mitglieder der zukünftigen EWWU. Griechenland erfüllt die Kriterien nicht, Großbritannien, Schweden und Dänemark hatten beschlossen der EWWU vorerst nicht beizutreten. Der Europäische Rat beschließt den Start der EWWU zum 01.01.1999. Der künftige EZB-Präsident, der Vize-Präsident und die vier weiteren Mitglieder des Direktoriums der EZB werden ernannt. Die derzeit im EWS geltenden Wechselkurse werden für die Berechnung der Euro-Kurse verwendet. Beispiel: 1 Euro hat den Wert von 1,95583 DM. Das *Europäische System der Zentralbanken* (EZBS) und die *Europäische Zentralbank* (EZB) mit Sitz in Frankfurt/Main werden errichtet und nehmen am 1. Juli ihre Arbeit auf.

Abb. 9.3 (Fortsetzung)

1999	Am 1. Januar beginnt die EWWU (dritte Stufe). Die Wechselkurse der Währungen der teilnehmenden Länder untereinander und gegenüber dem Euro werden unwiderruflich festgelegt. Der Euro tritt als Einheitswährung an die Stelle der nationalen Währungen, kann aber zunächst nur von Unternehmen und Privatpersonen im bargeldlosen Zahlungsverkehr genutzt werden. Das ESZB und die Bankensysteme wickeln ihre Devisentransaktionen in Euro ab; Wertpapiere der öffentlichen Hand werden in Euro emittiert. Die EZB ist für eine einheitliche Geld- und Währungspolitik für den Euro-Währungsraum *(Eurozone)* zuständig.
2002	Januar: Das Euro-Bargeld wird eingeführt. Die nationalen Währungen in den Euro-Ländern werden von dem Euro als nun alleinigem gesetzlichen Zahlungsmittel abgelöst. Die D-Mark kann jedoch unbefristet und unentgeltlich bei den Landeszentralbanken in Euro umgetauscht werden.
2004/2005	Estland, Lettland, Slowenien, Malta, Zypern und die Slowakei treten dem Wechselkursmechanismus II (WKM II) bei

Abb. 9.3   (Fortsetzung)

9.6   Folgen der währungspolitischen Integration

Die währungspolitische Integration der EU hatte immer Befürworter und Gegner. In den meisten europäischen Ländern hatte die Bevölkerung zu Anfang erhebliche Bedenken gegenüber der Abschaffung der ihr vertrauten nationalen Währung. Im Folgenden werden daher einige der erwarteten und inzwischen auch eingetretenen Vor- und Nachteile kurz zusammengefasst (vgl. hierzu auch Ehmer et al. 2017).

Vorteile: Die gemeinsame Währung führte zu einer weiteren Intensivierung des Warenaustausches zwischen den Ländern der Eurozone. Zwar wickelten die EU-Länder schon zuvor einen großen Teil ihres Außenhandels mit anderen EU-Ländern ab, durch die gemeinsame Währung intensivierte sich jedoch der Warenaustausch und damit die internationale Arbeitsteilung in der Eurozone weiter. Hierdurch steigen tendenziell die *Produktivität* und somit auch *Wachstums-* und *Beschäftigungsmöglichkeiten* in den einzelnen Ländern. Der Euro ermöglichte *Kostensenkungen*, schon allein dadurch, dass die Kosten für den Währungsumtausch entfielen, ebenso wie Informationskosten für die Wechselkurskontrolle, Kurssicherungskosten und administrative Kosten, die mit Währungstransaktionen zwangsläufig entstehen. Da Banken und Zentralbanken weniger Devisenreserven vorhalten müssen, sind ihre Bereitstellungskosten geringer, so dass auch administrative und Transaktionskosten bei den Banken und Zentralbanken ebenso wie mögliche Verluste durch Wechselkursschwankungen sinken.

Die bessere Vergleichbarkeit von Preisen in den Ländern der Eurozone führt zu höherer *Preistransparenz*, so dass Preisunterschiede tendenziell abgebaut wurden und sich auch dadurch die Handelsbeziehungen weiter intensivierten. Zudem verbesserte die höhere Planungssicherheit Investitionsentscheidungen der Unternehmen und reduzierte *Kapitalanlagerisiken* in Ländern der Eurozone. Auch der Euro verhinderte jedoch nicht die internationale Finanzspekulation und damit *Wechselkursschwankungen* gegenüber den anderen großen Währungen, insbesondere gegenüber dem US$. Für die meisten Länder bedeutete dies allerdings i. d. R. keine größeren Belastungen als vor der EWWU, höhere Importpreise aus Nicht-Euro-Ländern führten nicht zu der anfangs befürchteten *importierten Inflation* und damit zu höheren Produktionskosten.

Die **Nachteile** wurden allerdings schon frühzeitig darin gesehen, dass sich bestehende wirtschaftliche *Strukturprobleme* tendenziell verstärken würden. Transfers, etwa im Rahmen der europäischen Strukturpolitik, reichten nicht aus, um diese entscheidend zu reduzieren. Länder, in denen die Nominallöhne relativ stärker stiegen als in den anderen Mitgliedsländern, die vergleichsweise hohe Inflationsraten aufwiesen oder die allgemein nur unzureichend für den nun intensiveren Wettbewerb mit anderen Mitgliedsländern vorbereitet waren, konnten nun keine geld- und währungspolitischen Instrumente, wie Zins- oder Wechselkurspolitik, einsetzen. Anders formuliert, konnten Fortschritte bei der Entwicklung der Produktivität und der Lohnstückkosten in anderen Ländern nun nicht mehr durch eine Abwertung der eigenen Währung kompensiert werden. Die Folgen zeigten sich während der internationalen Finanzkrise 2007/2008, bei der sich anschließenden Eurokrise bis 2013 und später während der Corona-Pandemie 2020/2022 sowie der durch den russischen Angriffskrieg auf die Ukraine ausgelösten Energiepreiskrise 2022/2023.

Diese externen Schocks führten zusammen mit nicht bewältigten wirtschaftlichen Anpassungsproblemen in einigen Ländern – insbesondere der zu geringen Wettbewerbsverbesserung – dazu, dass diese Staaten ihre Konvergenzkriterien nicht dauerhaft einhielten: Der für diese Zwecke konzipierte Stabilitäts- und Wachstumspakt erwies sich als zu schwach, um deren Einhaltung zu erzwingen.

Literatur Kap. 9[5]

BMF (2022) Bundesministerium der Finanzen vom 20.04.2022. https://www.bundesfinanzministerium.de/Web/DE/Themen/Europa/Stabilisierung-Euroraum/Stabilitaets-und-Wachstumspakt/stabilitaets-und-wachstumspakt.html

Deutsche Bundesbank (1994) Die zweite Stufe der Europäischen Wirtschafts- und Währungsunion; in: Monatsbericht Januar 1994, S. 25–44

Deutsche Bundesbank (1997) Monatsbericht, März 1997

Deutsche Bundesbank (1999) Der Beginn der Wirtschafts- und Währungsunion am 1. Januar 1999; in: Monatsbericht Januar 1999, S. 19–32

Ehmer, P. et al. (2017) Was hat uns die EU gebracht? – eine Bilanz aus 60 Jahren europäischer Integration, KfW Research, Nr. 163, 14. März 2017. https://www.kfw.de/PDF/Download-Center/Konzernthemen/Research/PDF-Dokumente-Fokus-Volkswirtschaft/Fokus-2017/Fokus-Nr.-163-Maerz-2017-Was-hat-uns-die-EU-gebracht.pdf

---

[5]Letzter Zugriff auf die im Literaturverzeichnis genannten Internetquellen und die Links jeweils 06/2023.

Europäischer Rat (2023) Die internationale Rolle des Euro. https://www.consilium.europa.eu/de/policies/international-role-euro/

Europäische Zentralbank (2022) The international role of the euro, June 2022. https://www.ecb.europa.eu/pub/ire/html/ecb.ire202206%7E6f3ddeab26.en.html

European Commission (2022) Convergence Report 2022. https://economy-finance.ec.europa.eu/system/files/2022-06/ip179_en.pdf

EU-Parlament (2022) Der EU-Rahmen für die Fiskalpolitik (09.2022). https://www.europarl.europa.eu/factsheets/de/sheet/89/der-eu-rahmen-fur-die-fiskalpolitik

Läufer, T. (Bearb.) (1996) Europäische Union – Europäische Gemeinschaft. Die Vertragstexte von Maastricht; Bonn

Pigeaud, F., Ndongo, S. (2022) Der CFA-Franc Afrikas letzte Kolonialwährung; in: Aus Politik und Zeitgeschichte. https://www.bpb.de/shop/zeitschriften/apuz/geldpolitik-2022/507738/der-cfa-franc/

Ausgewählte Links

Finanzmarktkrise/Eurokrise: http://www.tagesschau.de/wirtschaft/chronologiefinanzmarktkrise100.html, https://de.wikipedia.org/wiki/Eurokrise;

Fiskalvertrag: https://www.bundesfinanzministerium.de/Web/DE/Themen/Europa/Stabilisierung-Euroraum/Fiskalvertrag/fiskalvertrag.html

Die Eurokrise und die Europäische Zentralbank

Die Eurokrise begann unmittelbar im Anschluss an die *Subprimekrise* (vgl. Abschn. 7.2) mit der Erklärung Griechenlands im Oktober 2009, das Budgetdefizit sei doppelt so hoch, wie von der vorherigen Regierung kommuniziert und würde rund 12 % des BIP betragen, tatsächlich lag die Verschuldung eher bei 20 %. Die neuen Daten führten dazu, dass die internationalen Ratingagenturen die Bonität Griechenlands sehr schnell herabstuften, so dass die Zinsen stiegen und Griechenland sich nicht mehr zu vertretbaren Bedingungen refinanzieren konnte. So stieg beispielsweise der Zinssatz für 10-jährige griechische Staatsanleihen zwischen 2010 und 2011 von 8 % auf 25 %. Vor diesem Problem standen im weiteren Verlauf der Krise auch andere Staaten, deren Refinanzierungskosten drastisch anstiegen, so dass ihnen aufgrund ihrer hohen Staatsverschuldung Zahlungsunfähigkeit drohte.

10.1 Die Eurokrise 2009/2013

Zusammengefasst war die Eurokrise eine massive Verschuldungskrise einer kleinen Anzahl von Euroländern, im Folgenden als „Krisenländer" bezeichnet. Schwierigkeiten bei der Tilgung und Refinanzierung der staatlichen Kredite führten zu weiteren Problemen sowohl bei den kreditgewährenden Banken, bei der konjunkturellen Entwicklung und vor allem auch hinsichtlich der Stabilität der gesamten Eurozone. Die direkten Ursachen lagen zum Teil in den hohen Belastungen der Staatshaushalte durch die Stützung von Banken während der vorangegangenen internationalen Finanzkrise, zum Teil in den nationalen Stützungsprogrammen für die Realwirtschaft als Folge sich anschließender Rezessionen. Die dahinter liegende Ursache war aber vor allem die unzureichende Wirtschaftspolitik

E. Koch, *Internationale Wirtschaftsbeziehungen II*,
https://doi.org/10.1007/978-3-658-43377-2_10

und die zu geringe Wettbewerbsfähigkeit der Krisenländer. In kurzer Zeit legte die Euro-krise politische Schwächen und Versäumnisse in den jeweiligen Ländern bloß, führte in allen Krisenländern zu erheblichen realwirtschaftlichen Folgen, wie sinkendes Wirt-schaftswachstum und zum Teil langfristige Beschäftigungsprobleme, und stellte den Euro und die europäische Währungspolitik vor ernsthafte Probleme.

Durch die einheitliche Währung in der Eurozone hatten die Mitgliedsländer keine Möglichkeit mehr, ihre zu geringe Wettbewerbsfähigkeit durch die Abwertung einer natio-nalen Währung zu kompensieren. Zudem hatten sie es in der Vergangenheit versäumt, sich durch einen stabilen Haushalt und verbesserte Wirtschaftsstrukturen den gestiegenen Herausforderungen einer Wirtschafts- und Währungsunion anzupassen. Um ein Aus-einanderbrechen der Eurozone zu vermeiden, mussten daher schnelle Rettungsmaßnahmen erfolgen. Diese bestanden vor allem in einer umfangreichen finanziellen Unterstützung und zeitgleichen reformpolitischen Maßnahmen der Krisenländer. Allerdings beinhalteten alle Reformprogramme strenge Sparauflagen, insbesondere Haushaltskürzungen und Steuer-erhöhungen, die erhebliche soziale und wirtschaftliche Folgeprobleme für die Länder mit sich brachten – in allen Ländern stiegen die Arbeitslosenquoten und damit auch die Armut. Dies wiederum führte auch zu politischen Problemen innerhalb der Eurozone: Die auf eine stabile Wirtschaftspolitik drängenden Länder waren politischen Anfeindungen der eher in-stabilen Krisenländer ausgesetzt. Hierbei handelte es sich neben Griechenland um Irland, Italien, Portugal und Spanien, nach den Anfangsbuchstaben auch als *GIIPS-Länder* be-zeichnet. Hinzu kam zu einem späteren Zeitpunkt mit etwas anders gelagerten Problemen und Problemursachen noch Zypern, eines der kleinsten Länder der Eurozone mit knapp einer Million Einwohner. Die Eurokrise begann, wie erwähnt, 2009 und war 2013 weit-gehend, aber keineswegs vollständig, überwunden. Im Folgenden wird die wirtschaftliche Situation der Krisenländer zum Zeitpunkt der Eurokrise kurz beleuchtet.[1] Einen Überblick über die wesentlichen Indikatoren *Staatsverschuldung* und *Haushaltsdefizite* in den Krisen-ländern während des Zeitraums der Eurokrise, jeweils in Bezug zum BIP, geben die Abb. 10.1 und 10.2. Zur Erinnerung: Die Referenzwerte für das Haushaltsdefizit und die Staatsverschuldung betragen 3 % bzw. 60 %.

- In *Griechenland* lag das Haushaltsdefizit zwischen 2005 und 2014 zwischen 6 % und 15 % des BIP, während die Staatsverschuldung (in Bezug auf das BIP) im gleichen Zeitraum von 108 % auf über 180 % stieg, bei einem Leistungsbilanzdefizit von fast 15 % des BIP. Steuerflucht und Korruption verschärften die Probleme.[2] Bereits Anfang 2010 stand Griechenland mit einem Staatsschuldenvolumen von rund 300 Mrd. € vor der Insolvenz.

- *Italien* hatte ein relativ moderates Haushaltsdefizit, das um 4 % schwankte. Anderer-seits wies Italien schon zu Beginn der EWWU eine hohe Staatsverschuldung von 109 % auf, die zwischen 2005 und 2014 weiter auf 135 % anstieg. Dies lag vor allem

---

[1]Vgl. u. a Sachverständigenrat (2012/1) und (2012/2); s. a. *Ausgewählte Links*: Finanzkrise/Eurokrise.

[2]Quelle der Daten zu den 5 Ländern, siehe https://de.statista.com/.

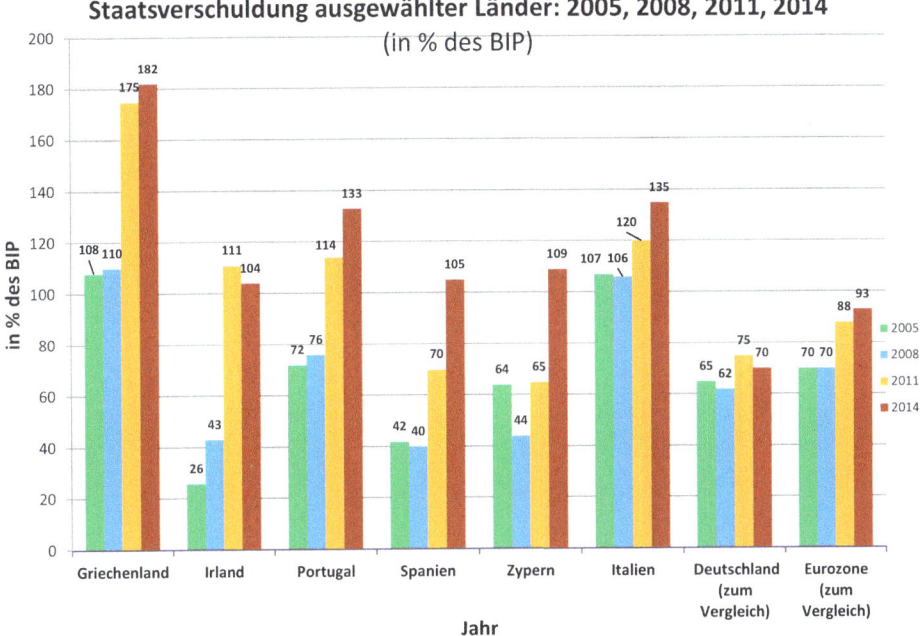

Abb. 10.1 Staatsverschuldung ausgewählter Euro-Länder (**in % des BIP**). (Quelle: https://de.statista.com/)

daran, dass die Zinsen für italienische Staatsanleihen stark anstiegen und das Land mehr Geld ausgeben musste, um seine Schulden zu bedienen. Einsparungen in anderen Bereichen sowie Steuererhöhungen kompensierten die höheren Zinsausgaben jedoch, so dass das Haushaltsdefizit nicht noch höher ausfiel. Die Wirtschaft Italiens befand sich bereits während der vorausgegangenen Finanzkrise in einer Rezession. Schwierigkeiten bei der Umsetzung von wachstumsfördernden Wirtschaftsreformen verhindern nach wie vor eine Reduzierung der hohen Schuldenbelastung, die auch 2022 noch 147 % betrug.

- *Irland* erfüllte die Konvergenzkriterien, hatte aber wie Spanien ab 2008 mit dem Platzen einer Immobilienblase zu kämpfen. Die privaten Haushalte waren hoch verschuldet und der Bau- und Immobiliensektor überdimensioniert. Dies führte zu einer Bankenkrise und in den Hauptkrisenjahren 2009 bis 2011 infolge von Konjunkturprogrammen und Bankenstützungsaktionen zu Haushaltsdefiziten von 14 % bis zu unglaublichen 32 %. Dies hatte einen raschen Anstieg der Staatsverschuldung von 26 % (2005) auf 104 % (2014) zur Folge.

- Auch *Spanien* erfüllte die Konvergenzkriterien bis 2008, wies aber eine hohe Verschuldung der privaten Haushalte auf, die vor allem durch private Immobilienkredite verursacht war. Auch hier platzte die Immobilienblase im Jahre 2008. Dies führte ebenfalls zu hohen Kreditausfällen bei den spanischen Banken und einer nachfolgenden

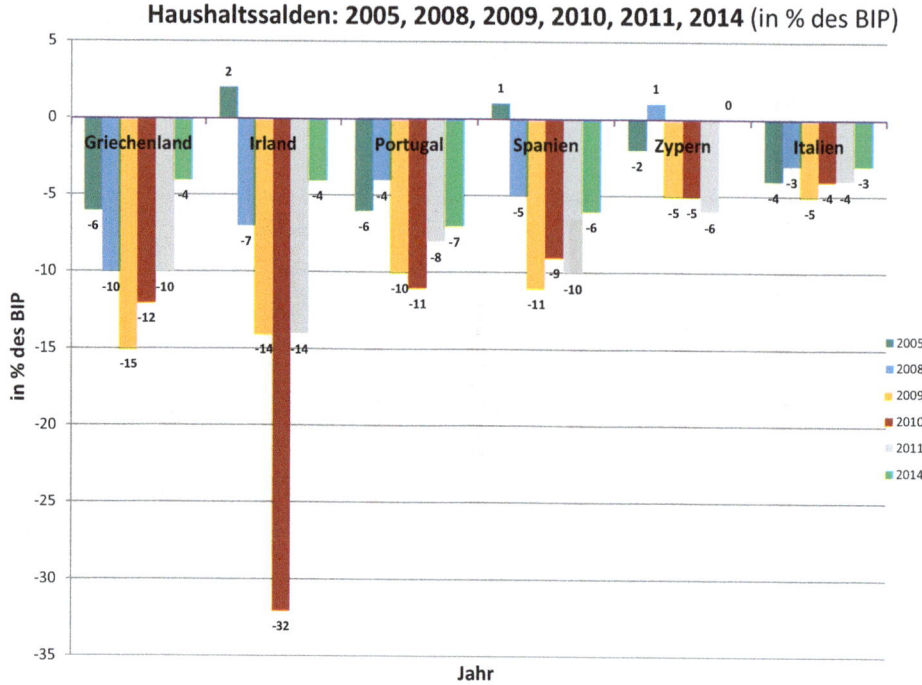

Abb. 10.2 **Haushaltssalden ausgewählter Euro-Länder (in % des BIP).** (Quelle: https://de.statista.com/)

Rezession mit hohen Arbeitslosenzahlen. Nachdem die Staatsverschuldung bis 2009 immer unter 50 %, geblieben war, stieg diese auch als Folge der notwendig gewordenen Konjunkturprogramme (das Haushaltsdefizit betrug in den Hauptkrisenjahren etwa 10 %) bis 2014 sprunghaft auf 105 % an, um in den darauf folgenden Jahren nie unter 100 % zu sinken.

- *Portugals* Wirtschaft war zum Zeitpunkt der Eurokrise durch eine hohe Verschuldung der privaten Haushalte, ein hohes Leistungsbilanzdefizit und eine vergleichsweise niedrige Arbeitsproduktivität gekennzeichnet. Das Haushaltsdefizit stieg in den Hauptkrisenjahren bis auf 11 % an, so dass sich die Staatsverschuldung zwischen 2005 und 2014 von 72 % auf 133 % verdoppelte.

- Die Krise in *Zypern* 2013 war vorwiegend eine Bankenkrise. Das Bankensystem war überdimensioniert: das Einlagenvolumen überstieg das BIP und die Vermögenswerte der Banken betrugen ein Mehrfaches des BIP, wovon wiederum ein sehr großer Teil auf Einlagen russischer Staatsangehöriger entfiel. Zyprische Banken waren zudem in erheblichem Umfang in Immobiliengeschäfte in Griechenland verwickelt. Eine geplatzte Immobilienblase, Bankenstützungsaktionen sowie Konjunkturprogramme zur Bekämpfung einer schweren Rezession ließen die Staatsverschuldung zwischen 2011 und

2014 von 65 % auf 109 % steigen. Da die staatlichen Kredite zur Bankenstützung nicht als Kosten im Haushalt erfasst wurden und Zypern zudem seine Haushaltsdisziplin verbessern und die Staatsausgaben reduzieren konnte, stiegen die Haushaltsdefizite nur auf rund 5 % an, obwohl die höheren Zinsausgaben eigentlich zu einer größeren Belastung für den Haushalt hätten führen können.

Abb. 10.1 zeigt die Entwicklung der Staatsverschuldung in den Krisenländern sowie in Deutschland und der Eurozone.

Der Höhepunkt der Eurokrise lag in den Jahren 2010 und 2011. In diesem Zeitraum stiegen in allen Krisenländern die Haushaltsdefizite, in Spanien, Griechenland und Irland auf 10 %, 11 % und 14 %, in Italien Zypern und Portugal auf 4 %, 6 % und 8 %, wobei sich in Irland, Spanien und Portugal die Defizite in diesen drei Jahren verdoppelten (vgl. hierzu Abb. 10.2).

Um den Zerfall des Euro-Währungsgebiets durch den möglichen Austritt einzelner Länder, wie etwa Griechenland („*Grexit*") oder etwa die Aufspaltung des Euroraums in einen Nord- und einen Süd-Euro zu verhindern, legte die EU in Zusammenarbeit mit dem IWF ab April 2010 *Rettungsprogramme* auf. Durch diese Programme wurden den Ländern umfangreiche Finanzmittel zur Verfügung gestellt, die an wirtschaftliche Reformauflagen geknüpft waren, um die Länder in die Lage zu versetzen ihre Zahlungsprobleme in den Griff zu bekommen. Zugleich wurden für die in den jeweiligen Staatspapieren engagierten Banken für den Fall von Zahlungsausfällen erhebliche Garantien bereitgestellt sowie Maßnahmen zur wechselseitigen Kontrolle der Haushalts- und Wirtschaftspolitik der EU-Staaten ergriffen. So wurde bereits 2011 der *Stabilitäts- und Wachstumspakt* angepasst (vgl. Abschn. 9.4) und eine Vorabkontrolle der nationalen Haushaltsentwürfe durch die EU-Kommission und den EU-Ministerrat ermöglicht, zudem verpflichteten sich die Euro-Staaten 2012 zu einer strengeren Haushaltsdisziplin. Dem Ziel der Reduzierung der Zahlungsprobleme diente auch die Politik der EZB die Zinsen im Euroraum mit verschiedenen Instrumenten niedrig zu halten.

Bereits im Mai 2010 einigten sich die EU-Finanzminister zusammen mit dem IWF auf eine *Europäische Finanzstabilisierungsfazilität* (EFSF), auch als „*Euro-Rettungsschirm*" bezeichnet, unter dem den Krisenländern Kredite und Bürgschaften zur Verfügung gestellt wurden, um eine Zahlungsunfähigkeit abzuwenden. Die EFSF hatte zunächst ein Gesamtvolumen von rund 700 Mrd. €, das später auf 1,2 Bio. € aufgestockt wurde, wovon rund ein Drittel für Kredite, die restlichen zwei Drittel für Bürgschaften zur Verfügung gestellt werden konnten.

Ab Oktober 2012 wurde der Rettungsschirm durch eine dauerhafte Maßnahme, den *Europäischen Stabilitätsmechanismus* (ESM), ersetzt, der die langfristige Zahlungsfähigkeit der Euroländer sicherstellen soll. Hierfür stellt er Finanzhilfen für in Zahlungsschwierigkeiten geratene Euro-Länder – gegen strenge Reformauflagen – zur Verfügung. Der ESM ist mit etwas über 700 Mrd. € ausgestattet, von denen rund 80 Mrd. € von den Mitgliedsländern eingezahlt wurden. Weitere Mittel können über den Kapitalmarkt finanziert werden, für die die Euro-Mitgliedsländer Garantien bereitstellen. Finanzhilfen kön-

Der Europäische Stabilitätsmechanismus (ESM) mit Sitz in Luxemburg gewährt Finanzhilfen an Euroländer, die in finanzielle Schwierigkeiten geraten sind.
Er verfügt über ein Stammkapital in Höhe von 700 Mrd Euro, von dem 80 Mrd Euro eingezahlt wurden und 620 Mrd Euro bei den Mitgliedsländern nach einem bestimmten Schlüssel abgerufen werden können.

Ablauf des Verfahrens

Ein Euroland befindet sich in finanziellen Schwierigkeiten und beantragt beim ESM finanzielle Unterstützung. Der Antrag enthält eine detaillierte Beschreibung der Finanzprobleme und der benötigten Unterstützung.

Der ESM prüft
- ob durch die finanzielle Schieflage die Finanzstabilität der gesamten Eurozone gefährdet ist
- wie die „Schuldentragfähigkeit" des Landes beschaffen ist und
- welcher Finanzierungsbedarf besteht.

Der ESM und das betreffende Mitgliedsland führen Programmverhandlungen; es wird ein Programm ausgearbeitet und vereinbart, das den Umfang der Finanzhilfen sowie ein makroökonomisches Anpassungsprogramm enthält.

Nach Genehmigung des Finanzhilfeprogramms durch den ESM und den Mitgliedstaat wird das Abkommen unterzeichnet und das Finanzhilfeprogramm freigegeben, wobei die Finanzierung in Form von Krediten oder Garantien erfolgen kann.

Der ESM überwacht die Umsetzung des Programms und die Fortschritte bei der Verbesserung der Finanzsituation des betroffenen Mitgliedstaates. Wenn diese eingehalten worden sind, werden weitere Tranchen freigegeben. Verstößt das Land gegen die vereinbarten Bedingungen, kann der ESM Sanktionen und auch eine Einstellung der Finanzierung beschließen.

Abb. 10.3   Das ESM-Verfahren

nen erst nach einer Prüfung der Voraussetzungen vergeben werden und nachdem der aus den Finanzministern der Euro-Staaten bestehende Gouverneursrat zugestimmt hat. Die Kredite werden mit einem Zinsaufschlag von 2 % über den Refinanzierungskosten vergeben. Ebenso wie unter dem EFSF werden auch diese Kredite an Reformbedingungen geknüpft, die geeignet sein sollen sowohl die internationale Wettbewerbsfähigkeit der Länder wie auch eine solide Haushaltspolitik zu erreichen. Die Umsetzung der Reformen wird überwacht und die Auszahlung der Kredittranchen an die Erreichung von vereinbarten wirtschaftspolitischen Indikatoren geknüpft, vgl. Abb. 10.3. ESM-Mittel erhielten bisher insgesamt fünf Länder: Griechenland, Portugal, Irland, Spanien und Zypern.

Beispiele

- Im Mai 2010 erhielt *Griechenland* ein erstes Rettungspaket in Höhe von 45 Mrd. €, das später auf 110 Mrd. € und in zwei weiteren Rettungsaktionen auf insgesamt 322 Mrd. € erhöht wurde. Hiervon entfielen auf den IWF 32 Mrd. € und auf den ESM 290 Mrd. €. Allerdings wurden hiervon nur etwa 10 % an Griechenland direkt vergeben, während der mit Abstand größte Teil als Bürgschaften für europäische Banken bereitgestellt wurde. Hinzu kamen diverse Umschuldungsprogramme, durch die Konditionen und Fristen geändert wurden. 2022 zahlte Griechenland die letzten Schulden an den IWF zurück, während die EU-Kredite erst bis 2070 zurückgezahlt werden müssen.

- Im November 2010 wurde *Irland* mit einem Rettungspaket von 85 Mrd. € gestützt, war aber in der Lage, nach drei Jahren den Rettungsschirm zu verlassen.
- Im April 2011 wurde *Portugal* mit weiteren 78 Mrd. € unterstützt. Durch ein rigoroses Spar- und Austeritätsprogramm war Portugal im Anschluss daran in der Lage seine Wirtschaft wieder zu konsolidieren, wobei die EZB diesen Kurs durch Aufkäufe portugiesischer Staatsanleihen (s.u.) unterstützte. 2014 konnte das Land den Rettungsschirm wieder verlassen.
- Ab 2012 erhielt *Spanien* EU Kredite von bis zu 100 Mrd. € als Refinanzierungshilfen für die Banken unter der Voraussetzung, dass diese ihre Aktionäre an den Verlusten beteiligten und ihre „faulen" Kredite an eine Bad Bank überführten. Von dem Hilfsprogramm musste Spanien allerdings nur 40 Mrd. in Anspruch nehmen und konnte bereits 2013 den Rettungsschirm wieder verlassen.
- Bereits ab 2012 stützte die EZB das *zyprische Bankensystem* im Rahmen der *Emergency Liquidity Assistance* (ELA) mit mehreren Milliarden Euro. Um einen Staatsbankrott abzuwenden, wurde 2013 ein Hilfsprogramm mit einem Gesamtvolumen von 10 Mrd. € (ESM: 9 Mrd., IWF: 1 Mrd.) in Anspruch genommen, unter der Bedingung den Bankensektor zu restrukturieren und den Staatshaushalt zu konsolidieren. Erstmals wurden auch Bankkunden zur Sanierung der Banken herangezogen, indem bei Einlagen über 100.000 € eine Abgabe von 10 % erhoben wurde.
- *Italien* beschloss ab 2010 mehrere Maßnahmenpakete, die u. a. Einsparungen und eine Mehrwertsteuererhöhung enthielten, um die Neuverschuldung zu senken, und wurde dabei ab 2011 von der EZB und der EU-Kommission bei der Umsetzung unterstützt. Ein finanzielles Rettungsprogramm wurde nicht in Anspruch genommen. Die Austeritätsmaßnahmen führten u. a. zu einem Rekord an Unternehmensinsolvenzen und einer Senkung der Durchschnittseinkommen. Allerdings gelang eine Reduzierung der Staatsverschuldung bislang noch nicht. ◄

Im November 2020 einigten sich die Mitgliedstaaten der Eurozone auf eine Reform des ESM-Vertrags. Seit 2022 dient der ESM nun vor allem als letzte Absicherung des einheitlichen *Abwicklungsfonds* (*Single Resolution Fund*, SRF) im Rahmen der Bankenunion (vgl. Abschn. 7.4.2). Wenn die Mittel des Abwicklungsfonds verbraucht sind, kann auf eine Kreditlinie des ESM zurückgegriffen werden.

Die EZB unterstützte die Reformanstrengungen der Länder, indem sie einerseits die Leitzinsen niedrig hielt. Dadurch sollten den hoch verschuldeten Ländern die Finanzierung ihrer Schulden und die Stabilisierung ihrer Haushalte erleichtert werden. Hierzu diente dann aber vor allem auch das *Securities Markets Programme* (SMP), mit dem die EZB ab Mai 2010 begann bereits emittierte private und staatliche Anleihen der Krisenländer auf dem Sekundärmarkt aufzukaufen (*Quantitative Easing*). Dadurch wurden die Krisenstaaten unterstützt und das Vertrauen der Finanzmärkte in die Bonität der Staatsanleihen und die Rückzahlungsfähigkeit der Länder gestärkt. Die dem Markt durch Aufkäufe zugeflossene Liquidität wurde durch gegenläufige Zentralbankaktionen *sterilisiert* (neutralisiert), um mögliche Inflationseffekte zu vermeiden. Das SMP wurde im September 2012 durch das *Outright Monetary*

Transactions (OMT) Programm ersetzt. Dieses ermöglichte der EZB in unbegrenztem Umfang Staatsanleihen am Sekundärmarkt aufzukaufen, wenn die betreffenden Staaten EFSF- oder ESM-Kredite in Anspruch nahmen.

Ebenfalls ab 2010 lockerte die EZB die Bonitätserfordernisse für EZB-Kredite für griechische, irische, portugiesische und zyprische Staatsanleihen schrittweise. Ab Ende 2011 stellte sie dann europäischen Banken innerhalb von drei Monaten im Rahmen einer *Longer Term Refinancing Operation* (LTRO) Liquiditätskredite in einer Gesamthöhe von über 1 Bio. € zur Verfügung. Trotzdem sah sich EZB-Präsident *Mario Draghi* im Juli 2012 angesichts einer nach wie vor bestehenden Vertrauenskrise gezwungen die Märkte zu beruhigen mit seinem berühmt gewordenen Satz: „Within our mandate, the ECB is ready to do whatever it takes to preserve the Euro. And believe me, it will be enough."

Mit Ausnahme von Griechenland war die Maßnahmenkombination aus finanzieller EU-Unterstützung und nationalen Spar- bzw. Reformprogrammen relativ schnell erfolgreich, so dass Ende 2013 die Eurozone die längste, eineinhalb Jahre dauernde, Rezession seit Einführung des Euro weitgehend überwunden hatte und auch die Weltwirtschaft ab 2014 wieder größere Wachstumsraten aufwies. Die schnelle Erholung war allerdings bald beendet, ab Ende 2014 brach der Konjunkturaufschwung wieder zusammen und im weiteren Verlauf traten neue Probleme auf, ausgelöst durch den Brexit, die Argentinienkrise und die Politik des neuen US-Präsidenten Donald Trump („*America first*"). Später begannen die Corona-Pandemie, der Angriffskrieg Russlands gegen die Ukraine und das schwieriger werdende Verhältnis zu China die Weltwirtschaft nachhaltig zu beeinflussen.

10.2 Die Europäische Zentralbank

10.2.1 Funktion und Aufgaben

Seit dem 1. Januar 1999 ist die *Europäische Zentralbank* (EZB) mit Sitz in Frankfurt/Main für die Durchführung der Geldpolitik im Euro-Währungsgebiet (Eurozone) verantwortlich. Die Eurozone entstand, als die geldpolitische Zuständigkeit der nationalen Zentralbanken (NZBs) von seinerzeit elf EU-Mitgliedstaaten 1999 auf die EZB übertragen wurde. 2023 gehörten der Eurozone, die wiederum Teil der EWWU ist, wie erwähnt, 20 Staaten an. Für die Geldpolitik der 7 EWWU-Staaten, die (noch) ihre eigene Währung haben, sind deren nationale Zentralbanken verantwortlich.

Die EZB ist Teil des *Europäischen Systems der Zentralbanken* (ESZB), das aus der EZB selbst und den NZBs *aller* EU-Mitgliedsländer besteht, unabhängig davon, ob sie den Euro eingeführt haben oder nicht. Hiervon zu unterscheiden ist das *Eurosystem*, das wiederum Teil des ESZB ist und die EZB sowie die NZBs derjenigen Länder umfasst, die den Euro als Währung eingeführt haben. Rechtliche Grundlagen für die gemeinsame Geldpolitik sind der EU-Vertrag, die EZB-Satzung und ESZB-Satzung. Bis zu dem Zeitpunkt, an dem alle EU-Mitgliedsländer den Euro eingeführt haben, übernimmt das *Eurosystem* (mit seiner geringeren Anzahl von NZBs) die Aufgaben des ESZB (vgl. Abb. 10.4).

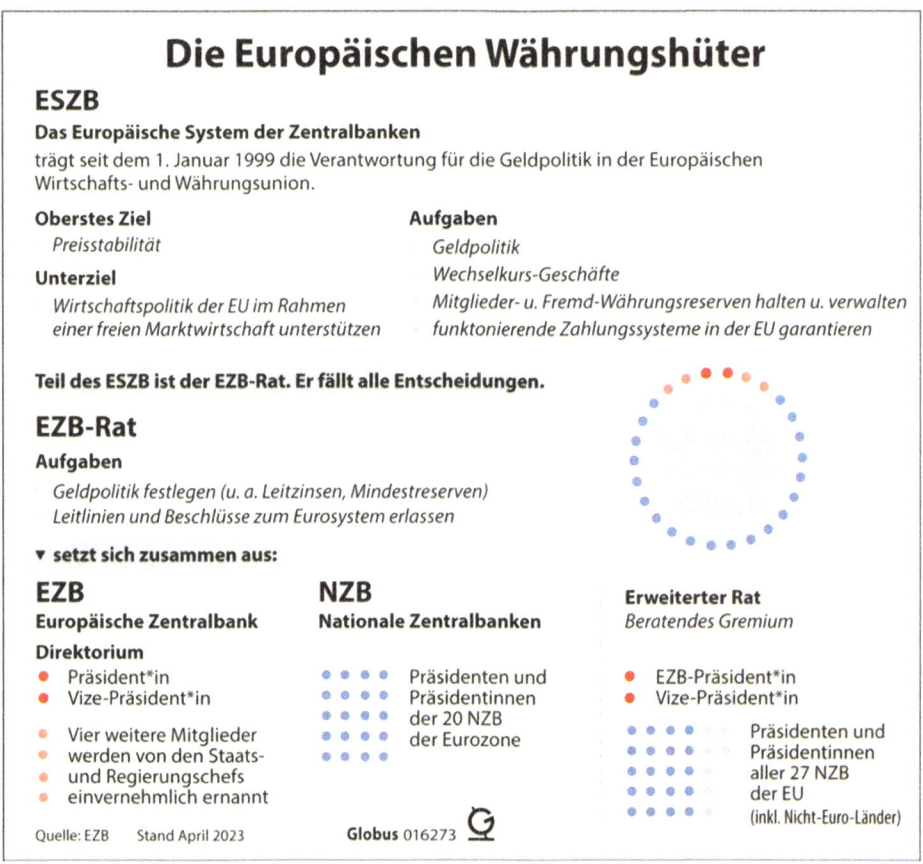

Abb. 10.4 EZB und ESZB. (Quelle: EZB)

Das vorrangige Ziel der EZB ist es *Preisstabilität*, also die Sicherung des Geldwerts des Euro, in der Eurozone zu gewährleisten. Soweit dies ohne Beeinträchtigung dieses Ziels möglich ist, unterstützt sie dabei die allgemeine Wirtschaftspolitik in der EU, wobei sie davon ausgeht, dass Preisstabilität eine wesentliche Voraussetzung für Wirtschaftswachstum und Beschäftigungssicherung ist.[3] Als Mittel steht ihr hierfür die *Geldpolitik* zur Verfügung, durch die sie ihre Ziele zu erreichen versucht. Die EZB ist *weisungsunabhängig*. Sie entscheidet autonom über geldpolitische Maßnahmen und darf neben der Erhaltung der Preisstabilität zu keinen anderen wirtschafts- und sozialpolitischen Zielen verpflichtet werden: Bei der Wahrnehmung ihrer Aufgaben darf „weder die Europäische Zentralbank noch eine

---

[3]Vgl. Artikel 127 des EU-Vertrags (Vertrag über die Arbeitsweise der Europäischen Union).

nationale Zentralbank noch ein Mitglied ihrer Beschlussorgane Weisungen von Organen, Einrichtungen oder sonstigen Stellen der Union, Regierungen der Mitgliedstaaten oder anderen Stellen einholen oder entgegennehmen" *(institutionelle Unabhängigkeit).*[4] Zudem hat die EZB noch weitere Aufgaben: Sie tätigt Devisengeschäfte, etwa um den Wechselkurs des Euro zu beeinflussen, verwaltet die offiziellen Währungsreserven der Mitgliedstaaten und fördert das reibungslose Funktionieren der Zahlungssysteme. Zudem hat sie spezielle Aufgaben bei der Bankenaufsicht (s.o.) und erhebt regelmäßig Statistiken.

Damit ist gewährleistet, dass eine stabilitätsorientierte EZB-Politik nicht durch Entscheidungen anderer Organe konterkariert wird. Insbesondere wird der EZB kein Wechselkursziel des Euro vorgegeben, für dessen Erreichen sie Instrumente einsetzen müsste, deren Wirkungen dem stabilitätspolitischen Ziel entgegenlaufen könnten. Die EZB kann die allgemeine Wirtschaftspolitik der Gemeinschaft – insbesondere die Beschäftigungspolitik – daher nur dann unterstützen, wenn das Preisstabilitätsziel nicht verletzt wird. Ferner darf sie öffentlichen Institutionen keine Kredite gewähren oder direkt von diesen Schuldtitel erwerben. Ob mit der Politik der EZB, während der Eurokrise Staatsanleihen im großen Stil aufzukaufen, nicht gegen dieses Verbot verstoßen wurde, ist daher äußerst umstritten.

Die Leitung der EZB liegt beim EZB-Rat *(Rat der Europäischen Zentralbank),* dem das sechsköpfige *Direktorium* der EZB, einschließlich ihres/r Präsidenten/in und des Vizepräsidenten, sowie die Zentralbankpräsidenten der Mitglieder der Eurozone angehören. Die *personelle Unabhängigkeit* wird dadurch hergestellt, dass Präsident und Vizepräsident – beide werden vom Europäischen Rat nach Anhörung des Ministerrats und des Europäischen Parlaments ernannt – sowie die übrigen vier Direktoriumsmitglieder nur für eine einmalige Amtszeit von acht Jahren ernannt werden, um so eine politische Beeinflussbarkeit möglichst auszuschließen. Der EZB-Rat ist das wichtigste Beschlussorgan, er verfügt über 21 Stimmen, die wie folgt verteilt sind: Das Direktorium hat 6 dauerhafte Stimmrechte, zusätzlich entfallen auf die fünf größten Mitgliedsländer 4 Stimmrechte, die rotierend vergeben werden und auf die übrigen Länder 11 Stimmrechte, die ebenfalls rotieren. Die Zentralbankpräsidenten der EU-Staaten, die den Euro (noch) nicht eingeführt haben, formen den Erweiterten Rat mit beratender Funktion für den EZB-Rat (vgl. Abb. 10.4).

Weitere EZB-Gremien

sind der ECOFIN-Rat, dem die Wirtschafts- und Finanzminister aller Mitgliedstaaten angehören, und die informelle Euro-Gruppe, die aus den Finanzministern der EWWU-Länder besteht. Der ECOFIN-Rat tagt üblicherweise monatlich. Er koordiniert die Wirtschaftspolitik der Mitgliedstaaten, fördert die wirtschaftliche Konvergenz und überwacht ihre Haushaltspolitik. Zudem stellt er den Jahreshaushaltsplan der EU auf und kümmert sich um rechtliche und praktische Aspekte des Euro. Die Euro-Gruppe berät vor allem wirtschaftspolitische Probleme der Mitgliedsländer und bereitet die G7-Treffen vor. Sie bildete sich auf besonderes Drängen Frankreichs, das einen „Stabilitätsrat" als Gegengewicht zur EZB forderte, da der EZB nach französischem Vorbild und aus französischer Sicht nicht die alleinige Verantwortung für die Geldpolitik überlassen werden sollte.

---

[4]Vgl. Artikel 130.

10.2.2 Die Geldpolitik der EZB

Durch eine geeignete Geldpolitik versucht die EZB das Ziel der Preisstabilität in der Eurozone zu erreichen und gleichzeitig – falls möglich – die übergeordneten wirtschaftspolitischen Ziele in der Eurozone positiv zu beeinflussen. Im Zusammenhang mit einer geänderten geldpolitischen Strategie gab die EZB im Juli 2021 bekannt, dass Preisstabilität bei einer mittelfristig stabilen Preissteigerungsrate von 2 % erreicht sei. Diese wird als symmetrisches Ziel angestrebt, negative wie positive Abweichungen oder gar eine Deflation, eine Inflationsrate unter 0 %, sind also nicht zielkonform. Die Preisstabilität wird an dem *Harmonisierten Verbraucherpreisindex* (HVPI) der gesamten Eurozone gemessen. Der HVPI misst die Kaufkraft der Konsumenten der Eurozone anhand eines repräsentativen Warenkorbes, der jährlich angepasst und monatlich veröffentlicht wird. Die nationalen Angaben der einzelnen Länder werden „unter Berücksichtigung bestimmter Harmonisierungen" aggregiert.[5]

Neben der *Finanzpolitik* (vorwiegend Steuer- und Staatsausgabenpolitik), für die die nationalen Regierungen und Parlamente zuständig sind, ist eine gut gestaltete *Geldpolitik* die wichtigste Voraussetzung für eine effektive Konjunktur- und Stabilitätspolitik. Mit ihren geldpolitischen Instrumenten steuert die EZB im Wesentlichen die Geld- und Kreditversorgung der Wirtschaft. So hat sie etwa die Möglichkeit die verfügbare Geldmenge der Geschäftsbanken der Eurozone und damit deren Liquidität zu erhöhen (*expansive Geldpolitik*): Steigt die verfügbare Geldmenge, werden diese ihr Kreditangebot bei tendenziell sinkenden Zinsen erhöhen. Die dadurch steigenden Investitions- und Konsumausgaben werden das Volkseinkommen erhöhen, aber möglicherweise auch zu Preiserhöhungen führen. Steigt die Inflationsrate dagegen über das angestrebte Niveau, wird sie umgekehrt versuchen die verfügbare Geldmenge zu senken (*kontraktive Geldpolitik*), so dass die Kreditvergabe der Banken auf Grund gestiegener Zinsen zurückgehen wird. Die internationale Finanzkrise 2007/08 veranlasste die EZB den Zusammenhang zwischen dem realen Wirtschaftssystem und dem Finanzsystem und damit auch die Umsetzung der geldpolitischen Maßnahmen durch das Finanzsystem, also durch die Banken, stärker zu berücksichtigen. Das frühere Zwei-Säulen-Konzept wurde daher durch einen integrierten Analyserahmen ersetzt, in dem die *realwirtschaftliche* Analyse und die *monetäre und finanzielle* Analyse nicht mehr getrennt, sondern deren Verflechtungen explizit berücksichtigt werden.

Das Zwei-Säulen-Konzept
Die Strategie der EZB-Geldpolitik basierte lange auf zwei Säulen: In der *ersten Säule* wurde eine breite Palette von Wirtschaftsindikatoren, wie die Entwicklung der Löhne, die Entwicklungen an den Wertpapiermärkten, Preis- und Kostenindizes etc. analysiert, aus denen sich Anhaltspunkte für kurz- bis mittelfristige Inflationsrisiken ableiten ließen. In der *zweiten Säule* schloss sich dann eine Analyse zentraler monetärer Indikatoren an, wie die Entwicklung der Geldmenge und der Kreditvergabe, aus der sich Anzeichen für mittel- bis langfristige Inflationsrisiken ableiten ließen. Mit diesem Ansatz wurde berücksichtigt, dass Inflation auf mittel- bis langfristige Sicht zwar ein monetäres Phänomen ist, das aber kurz- bis mittelfristig durch andere realwirtschaftliche Einflüsse, wie Lohnentwicklungen oder wirtschaftspolitische Entscheidungen überlagert sein kann (vgl. Fendel und Frenkel 2004).

---

[5] Vgl. ausführlich zu dieser Thematik: Deutsche Bundesbank (2021).

Die geldpolitischen Entscheidungenm des EZB-Rats werden vom Direktorium ausgeführt, das auch ermächtigt ist, den NZBs Weisungen zu erteilen. Die NZBs werden
dabei im Zuge der Subsidiarität so weit wie möglich in die Umsetzung der zentralen Geldpolitik einbezogen. Geldpolitik ist zwar sehr wirksam, allerdings wirkt sie nur indirekt
und nicht kurzfristig. Ihr wirtschaftspolitisches Ziel, die Preisstabilität, erreicht sie nur
über einen mehrstufigen *Transmissionsprozess*, dessen Wirksamkeit von dem Erreichen
von Zwischenzielen abhängig ist.

Letztlich ist Preisstabilität Folge eines ausgeglichenen Verhältnisses von Angebot und
Nachfrage auf den volkswirtschaftlichen Gütermärkten. Dieses wird wiederum maßgeblich von der Nachfrage und dem Angebot an Krediten auf dem Kapitalmarkt beeinflusst,
dessen wichtigste Variable die mittel- bis langfristigen Zinssätze sind. Vereinfacht ausgedrückt verläuft die *geldpolitische Steuerungskette* folgendermaßen: Der Einsatz eines
geldpolitischen Instruments beeinflusst *monetäre Zwischenziele*, vor allem die *Geldmenge*, die *kurzfristigen Zinssätze und* die *Liquidität* der *Banken*. Hierauf reagieren
voraussichtlich weitere *monetäre Indikatoren*, wie die Kurse der Wertpapiere, vor allem
aber das nachgefragte Kreditvolumen, die wiederum eine Änderung *realer Größen*, wie
die Nachfrage nach Investitions- und Konsumgütern bzw. deren Angebot herbeiführen, so
dass schließlich das *wirtschaftspolitische Ziel*, die Preissteigerungsrate, in der gewünschten
Richtung beeinflusst wird und Preisstabilität erreicht wird. Durch diesen indirekten und
meist nur mittelfristig wirkenden Ansatz der Geldpolitik werden also lediglich wichtige
Voraussetzungen für eine Änderung der übrigen Größen geschaffen, eine tatsächliche Änderung der Zwischenziele und damit auch des wirtschaftspolitischen Ziels in dem gewünschten Umfang ist jedoch nicht zwingend (vgl. Abb. 10.5).[6]

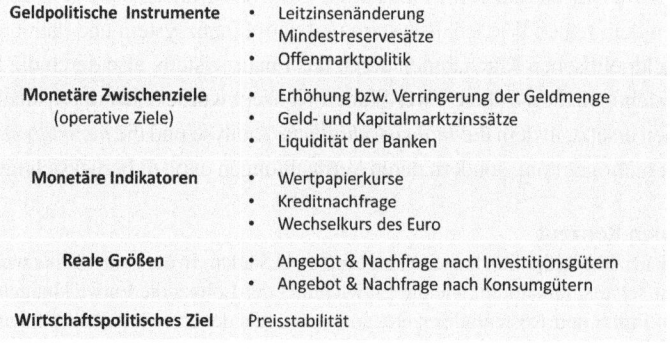

Abb. 10.5 Geldpolitische Steuerungskette

---

[6]Die Wirkungsweise von geldpolitischen Maßnahmen, einschließlich des geldpolitischen Trans-
missionsprozesses, wird immer wieder, gerade auch von den Akteuren der Geldpolitik selbst, kritisch hinterfragt und führt immer wieder zu Neujustierungen der Instrumente, vgl. Deutsche Bundesbank (2023).

Grundsätzlich stehen der EZB für die Geldpolitik die in der ESZB-Satzung festgelegten geldpolitischen Steuerungsinstrumente zur Verfügung.

Zinspolitik

Das primäre geldpolitische Instrument bleibt die Festlegung der *Leitzinsen*, zu denen sich die Banken Geld von der EZB leihen bzw. überschüssiges Geld anlegen können. Banken können sich also bei der EZB kurz- und auch längerfristig *refinanzieren*. Dafür werden wöchentlich Kredite mit einer Laufzeit von sieben Tagen angeboten (Hauptrefinanzierungsgeschäfte). Dieser Hauptrefinanzierungssatz ist einer der *Leitzinssätze*. Die Banken müssen hierfür ausreichende notenbankfähige Sicherheiten in Form bestimmter Wertpapiere oder Kreditforderungen hinterlegen (s.u.). Durch ihre Zinspolitik kann die EZB damit Einfluss auf die Bedingungen nehmen, zu denen Geld und Kredit angeboten und nachgefragt werden.

Ständige Fazilitäten dienen als *Spitzenrefinanzierungsfazilität* der sehr kurzfristigen Überbrückung von Liquiditätsengpässen und werden wegen der Laufzeit von nur einem Geschäftstag auch als „Übernachtliquidität" bezeichnet. Die *Einlagenfazilität* bietet Banken die Möglichkeit überschüssige Liquidität anzulegen. Der Zinssatz für kurzfristige Kredite auf dem Geldmarkt orientiert sich an dem Zinssatz, der sich bei den im Tenderverfahren abgewickelten Offenmarktgeschäften herausbildet (s.u.). Faktisch bewegt er sich dabei in einem Kanal, dessen Untergrenze durch den Zinssatz für die Einlagenfazilität und dessen Obergrenze durch den Zinssatz für die Spitzenrefinanzierungsfazilität gebildet wird. Alle drei Zinssätze haben damit den Charakter und die Funktion von *Leitzinssätzen* (vgl. Abb. 10.6).

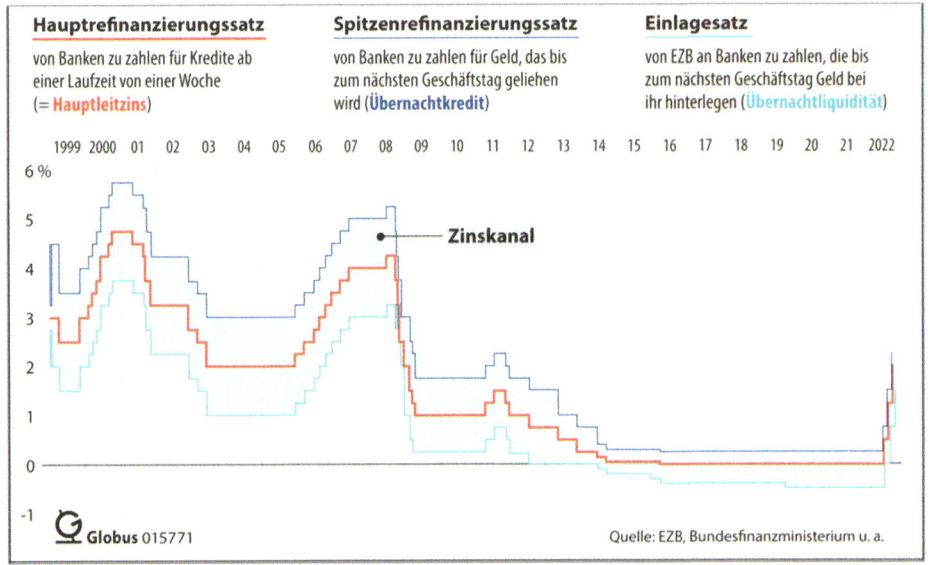

Abb. 10.6 Die EZB-Leitzinsen

Mindestreservepolitik

Die EZB verlangt von den Banken die Hinterlegung von *Mindestreserven* auf den Konten der nationalen Zentralbanken, deren Höhe von verschiedenen Faktoren abhängt, wie der Größe der Bank, dem Volumen ihrer Einlagen und dem vergebenen Kreditvolumen. Die Mindestreservepflicht einer Bank wird für jeweils sechs Wochen festgelegt. Innerhalb dieser Periode muss das Mindestreserve-Soll (derzeit 1 %) im Durchschnitt erfüllt sein. Durch die Erfüllung der Verpflichtung zur zinslosen Hinterlegung der Mindestreserve verringert sich die Liquidität der Banken, so dass sich ihr Kreditangebot verknappt und sie tendenziell ihre Kreditzinsen erhöhen wird. Im Prinzip handelt es sich hierbei um ein wirksames, allerdings auch „systemfremdes" Instrument, das einer unkontrollierten Ausweitung der Kredite vorbeugen kann. Während die Mindestreserven als geldpolitisches Steuerungsinstrument früher eine große Rolle spielten, ist dies heute kaum noch der Fall. Allerdings wird derzeit in der EZB überlegt, höhere Mindestreserven als flankierende Maßnahme zur Inflationsbekämpfung wieder verstärkt einzusetzen.

Offenmarktpolitik

Indem die EZB börsengängige Wertpapiere auf den Finanzmärkten über Geschäftsbanken kauft oder verkauft, können auch die längerfristigen Marktzinssätze beeinflusst werden, die sich ihrerseits wieder auf die Zinssätze der Banken für Kredite und Einlagen auswirken. Durch den Ankauf von Staats- oder privaten Anleihen, bringt die EZB neues Geld in Umlauf. Dadurch steigt die Geldmenge, die Zinsen bleiben niedrig, so dass die Konjunktur angekurbelt wird, aber gleichzeitig auch Preissteigerungstendenzen ausgelöst werden können. Im Mittelpunkt der Offenmarktgeschäfte stehen meist kurzfristige Pensions- oder Repo-Geschäfte *(Repurchase Agreement)*, bei denen die EZB den Geschäftsbanken Kredite gegen Wertpapiere zur Verfügung stellt. Die Banken verkaufen der EZB Wertpapiere als Sicherheit und verpflichten sich gleichzeitig in einer Rückkaufsvereinbarung die Papiere am Ende der Laufzeit zurückzukaufen *(Wertpapierpensionsgeschäfte)*. Die wichtigste Variante sind die *Hauptrefinanzierungsgeschäfte*, bei denen die EZB den Banken wöchentlich Kredite über eine kurze Laufzeit, etwa eine Woche, anbietet und die Konditionen, insbesondere Zinssatz und Volumen, der aktuellen Marktlage anpassen kann. Hierdurch kann sie die Bankenliquidität und die kurzfristigen Zinsen wirksam beeinflussen und durch Änderungen der Konditionen gleichzeitig eine wichtige Signalfunktion für die Finanzmärkte ausüben.

Zins- und Mengentender

Die Durchführung der Offenmarktgeschäfte erfolgt in einem Ausschreibungsverfahren als *Zinstendergeschäft* oder als *Mengentendergeschäft*. Bei einem *Zinstender* kündigt die EZB an, dass sie ein bestimmtes Kreditvolumen platzieren möchte und gibt einen Mindestbietungssatz bekannt. Nachdem die an dem Tenderverfahren teilnehmenden Banken das von ihnen gewünschte Kreditvolumen und einen Zinssatz genannt haben, teilt die EZB das angekündigte Volumen zu den individuellen von den Banken gebotenen Zinssätzen zu. Bei einem *Mengentender* setzt die EZB dagegen den Zinssatz fest und die Kreditinstitute benennen dann das Volumen, das sie zu diesem Zinssatz aufnehmen möchten.

Neben *Devisenswaps* und der Emission von *Schuldverschreibungen* bietet die EZB in monatlichem Abstand auch *längerfristige Refinanzierungsgeschäfte* mit dreimonatiger Laufzeit an, bei denen Liquidität zu den geltenden Marktkonditionen zur Verfügung gestellt wird. Während der internationalen Finanzkrise und der Eurokrise wurden die Laufzeiten teilweise auf bis zu 36 Monate ausgedehnt.

Wertpapierankaufprogramme
Von 2009 bis September 2022 führte die EZB mehrere Programme zum Ankauf bestimmter Wertpapiere zu geldpolitischen Zwecken durch (*Asset Purchase Programmes*). Diese sollten den expansiven Impuls der Geldpolitik nahe der Zinsuntergrenze durch regelmäßige Wertpapierankäufe verstärken (*Quantitative Easing*). Der Ankauf von Vermögenswerten des privaten Sektors sowie von Staatsanleihen war eine Reaktion der EZB zunächst auf die internationale Finanzkrise und die Eurokrise sowie später auf die Corona-Krise, während derer die Anleihekäufe bis auf über 100 Mrd. € pro Monat ausgeweitet wurden. Erklärtes Ziel der verschiedenen Programme war es Preisstabilität zu gewährleisten und dabei gleichzeitig das Wirtschaftswachstum in der Eurozone zu fördern. Tatsächlich dienten die Programme in erster Linie dazu, die Zinsen niedrig zu halten, um den hochverschuldeten EU-Staaten ihre Rückzahlungsverpflichtungen und Neuverschuldungsnotwendigkeiten zu erleichtern. Insgesamt stieg das gesamte angekaufte Volumen an privaten und staatlichen Anleihen zwischen März 2015 und März 2023 von ca. 0,1 auf über 3,2 Bio. €. Nur in wenigen Monaten im Jahre 2019 erfolgten keine Nettoankäufe, so dass die das Gesamtvolumen in diesem Zeitraum leicht zurückging, um dann ab November 2019 wieder anzusteigen (vgl. *Ausgewählte Links*: EZB-Anleihenkaufprogramm).

10.3 Digitales Zentralbankgeld – Central Bank Digital Currency (CBDC)

Eine *Central Bank Digital Currency* (CBDC) ist eine digitale Währung, die von der Zentralbank eines Landes ausgegeben wird. Sie ist vergleichbar mit einer von einer privaten Organisation herausgegebenen Kryptowährung, allerdings mit dem entscheidenden Unterschied, dass ihr Wert von der Zentralbank festgelegt wird und der Währung des jeweiligen Landes bzw. Währungsraums und damit dem *Fiat-Geld* entspricht. Unter Fiat-Geld versteht man eine Währung, die nicht an reale Vermögenswerte, wie Edelmetalle, Rohstoffe oder andere Währungen, gebunden ist. Es ist „stoffwertloses" Geld, dessen Wert auf dem Vertrauen an die Zentralbank bzw. die Regierung des betreffenden Landes basiert. *Fiat* (lat.) bedeutet „es soll sein" bzw. „es soll geschehen". Fiat-Geld erlaubt eine Geldschöpfung in beliebiger Menge, kann allerdings zur Geldentwertung (Inflation) führen, wenn die Geldmenge stärker steigt als die Nachfrage nach Konsum- und Investitionsgütern und Dienstleistungen. Die Nachfrage wird von verschiedenen Faktoren beeinflusst, vor allem jedoch von den Erwartungen der Konsumenten und Unternehmer an die wirtschaftliche Entwicklung, wobei wiederum geopolitische Faktoren und Sicherheitsüberlegungen eine Rolle spielen.

Kryptowährungen

Der entscheidende Unterschied zwischen CBDCs und *Kryptowährungen* liegt darin, dass CBDCs staatlich reguliert sind und damit deutlich weniger volatil sein sollen als Kryptowährungen. 2008 wurde mit dem *Bitcoin* die erste Kryptowährung öffentlich gehandelt. Kryptowährungen werden privat herausgegeben und sind für jedermann ohne Identitätschecks zugänglich. Jede Transaktion wird dezentral und mehrheitlich im Hinblick auf ihre Richtigkeit bewertet, sie ist für alle Beteiligten nachvollziehbar und wird fälschungssicher gespeichert. Im Gegensatz zu CBDCs ist ihr Wert von den (Spekulations-)Interessen der Anleger abhängig. Sie sind eher Vermögenswerte und Spekulationsobjekte und eignen sich wegen ihrer hohen Volatilität kaum als Zahlungsmittel. Eine gewisse Ausnahme stellt der Bitcoin dar, der selbst von der US-amerikanischen Wertpapieraufsichtsbehörde SEC nicht als Wertpapier eingestuft wird. Inzwischen existieren tausende Kryptowährungen, die mit sehr wenigen Ausnahmen auch nicht offiziell als Währungen anerkannt sind. Eine Ausnahme ist El Salvador, das im September 2021 *Bitcoin* offiziell als staatliche Zweitwährung neben dem US\$ anerkannt hat. Damit müssen Händler in El Salvador *Bitcoin* akzeptieren und auch Steuern können in *Bitcoin* bezahlt werden (vgl. Obermeyer 2023; Hütten 2022).

2023 planten bereits 114 Länder und Währungsräume CBDCs einzuführen oder haben bereits damit begonnen. Bereits 2021 begann die chinesische Zentralbank (*People's Bank of China*) mit der Erprobung und Umsetzung einer CBDC, indem sie zunächst Regierungsbeamten Teile ihres Gehalts in CBDC bezahlte. Zu den olympischen Winterspielen 2022 wurden digitale Brieftaschen als Smartphone-App (*Yuan Wallet*) in mehreren chinesischen Großstädten freigeschaltet, so dass Nutzer digitale Yuan (*e-Yuan*) für Zahlungen einsetzen können. Im Januar 2022 hatten sich bereits mehr als 200 Mio. Nutzer für den *e-Yuan* registriert.[7]

Auch die EZB plant einen digitalen Euro (*dEuro*) als elektronisches Zahlungsmittel einzuführen. Er soll das Euro Bargeld ergänzen, aber nicht ersetzen, und 1:1 in Banknoten umgetauscht werden können. Als Zentralbankgeld wird er von der EZB ausgegeben, die auch seinen Wert garantieren wird. Zahlungen sollen getätigt werden können, ohne dass Daten an Dritte weitergegeben werden können, es sei denn, diese Daten werden benötigt, um illegale Aktivitäten, wie etwa Geldwäsche, zu verhindern. Allerdings werden sich Nutzer beim ersten Zugriff auf ihre neue „virtuelle Geldbörse" vermutlich doch identifizieren müssen. Nach einer 2021 eingeleiteten Untersuchungsphase befindet sich der *dEuro* seit 2024 in einer dreijährigen Erprobungsphase. Der *dEuro* soll vor allem benutzerfreundlich, sicher, effizient und rechtskonform sein und genau wie der Euro als *Zahlungsmittel* genutzt werden können, so dass überall mit *dEuro* ebenso wie mit Euro-Bargeld gezahlt werden kann. Er soll allerdings nicht als Anlageform eingesetzt werden können. Daher werden Möglichkeiten geprüft, wie verhindert werden kann, dass große Mengen an *dEuro* als Anlage gehalten oder Bankguthaben abgezogen und in *dEuro* umgeschichtet werden (vgl. EZB 2023). Wahrscheinlich wird der *dEuro* über eine App gehandelt werden, die wiederum von Geschäftsbanken herausgegeben würde, so dass Banken Teil des digitalen Gesamtsystems bleiben würden (vgl. Weidmann 2022).

---

[7] Vgl. Hoppmann (2023), O'Neal (2018), Obermeyer (2023).

Ziel der Einführung von CBDCs ist es, Unternehmen und Verbrauchern sowohl Privatsphäre, also auch Übertragbarkeit, Komfort, Zugänglichkeit und finanzielle Sicherheit bieten zu können (vgl. zum folgenden Seth 2023). Dies soll dadurch erreicht werden, dass durch CBDC

- die Kosten für grenzüberschreitende Transaktionen reduziert werden,
- sich Risiken verringern, die mit der Verwendung von digitalen Währungen oder Kryptowährungen in ihrer derzeitigen Form verbunden sind,
- Haushalten, Verbrauchern und Unternehmen eine sichere Möglichkeiten geboten wird ihr Fiat-Geld in digitale Währungen zu tauschen,
- sich das Risiko vor allem für Privatkunden bei Bankinsolvenzen oder *bank runs* entscheidend verringert und
- der Markt für digitale Bezahlsysteme nicht großen nicht-europäischen Unternehmen, wie etwa MasterCard oder PayPal, überlassen werden soll.

Als Probleme können vor allem folgende Aspekte gesehen werden:

- Die Verantwortung der Zentralbank wird größer und umfangreicher. Dies kann bei fehlender Kontrolle der Institution auch Möglichkeiten für Manipulationen und Rechtsunsicherheiten mit sich bringen, insbesondere in Ländern mit schwachen Rechtssystemen und instabilen Regierungen. Dass die Zentralbanken dann auch in einer Konkurrenzsituation zu den Geschäftsbanken stehen, die sie andererseits auch überwachen soll, und deren Bedeutung möglicherweise sinkt, kann zu neuen Problemen führen.
- Der Schutz der Privatsphäre ist grundsätzlich wohl kaum zu gewährleisten. Zwar kann Finanzkriminalität, Geldwäsche, Terrorismusfinanzierung etc. wahrscheinlich reduziert werden, dies erfordert aber den Einsatz entsprechender (quantitativer und qualitativer) Kapazitäten auf Seiten der Finanzbehörden.
- Cybersecurity wird zu einem noch größeren Problem. Die Bemühungen zur Verhinderung von Cyberkriminalität müssten bei zentralen Systemen zur Verhinderung des Diebstahls von Vermögenswerten und Informationen drastisch zunehmen. Cybersecurity-Spezialisten der Zentralbanken würden in der kriminellen Szene auf große Nachfrage stoßen. Zudem sind zentral gesteuerte Systeme meist störanfälliger und weniger flexibel bei Störfällen oder Cyber-Attacken.
- Schließlich werden sich CBDCs vermutlich dann nicht durchsetzen, wenn sie nicht allgemein akzeptiert werden. Daher könnte es bei einem – teuren – Versuch bleiben.

Die Einführung von CBDCs in Ländern mit schlechter Finanzinfrastruktur hat durchaus Vorteile. In Ländern oder Regionen mit einem gut ausgebauten Geschäftsbankensystem sind sie jedoch nur eine Ergänzung zum Fiat-Geld, die als Alternative von der Bevölkerung erst akzeptiert werden müsste. Vorteile wären hier keineswegs deutlich sichtbar. In Ländern ohne eine gut funktionierende Bankenstruktur kann die Bevölkerung durch die direkte Verbindung zu ihrer Zentralbank dagegen evtl. leichter Zugang zu Finanzdienstleistungen erhalten (*Finanzinclusion*). Zudem bieten CBDCs kostengünstige Optionen für diejenigen, die alternative Geldtransfermethoden nutzen (müssen) – dies sind sehr häufig Arbeitsmigranten aus Entwicklungsländern, die Remittances in ihr Herkunftsland überweisen und häufig hohe Transaktionsgebühren für Überweisungen zahlen müssen.

Für die Eurozone lässt sich ein echter Zusatznutzen derzeit nur schwer erkennen: Die Preisstabilität des *dEuro* wird sich vom derzeitigen Euro nicht unterscheiden und ob Anonymität tatsächlich gewährleistet werden kann und soll ist zumindest fraglich. Allerdings könnten teilweise noch bestehende Beschränkungen bei digitalen Zahlungsvorgängen, etwa auf bestimmte Karten oder Mindestsummen, beseitigt werden und den digitalen Geldverkehr auf diese Weise „reibungsloser" gestalten.

Literatur Kap. 10[8]

Deutsche Bundesbank (2021) Die geldpolitische Strategie des Eurosystems; in: Monatsbericht, September 2021, S. 17 – 62

Deutsche Bundesbank (2023) Von der monetären Säule zur monetären und finanziellen Analyse; in: Monatsbericht der Deutschen Bundesbank, Januar 2023, S. 15 – 53

EZB (2023) Digitaler Euro. https://www.ecb.europa.eu/paym/digital_euro/html/index.de.html

Fendel, R./Frenkel, M. (2004) Die Europäische Zentralbank im Wandel; in: WISU Nr. 4/2004, S. 458 – 464

Finanzwende (2021) Regulieren und Entflechten – Handlungsbedarf bei BlackRock und Co. 13.04.2021. https://finanzwenderecherche.de/wpcontent/uploads/2021/04/Handlungsbedarf_bei_BlackRock_und_Co_Finanzwende_2021.pdf

Görgens, E. et al. (2013): Europäische Geldpolitik, 6. Aufl., Stuttgart

Hoppmann, D. (2023) Digitale Zentralbankwährungen 114 Staaten arbeiten an CBDC-Projekten. https://www.btc-echo.de/news/114-staaten-arbeiten-an-cbdc-projekten-157293/

Hütten, M. (2022) Kryptowährungen und ihre Bedeutung im Finanzsystem; in: Aus Politik und Zeitgeschichte, 29.04.2022. https://www.bpb.de/shop/zeitschriften/apuz/geldpolitik-2022/507737/kryptowaehrungen-und-ihre-bedeutung-im-finanzsystem/

Obermeyer, B. (2023) Central Bank Digital Currency. Was Sie über CBDC wissen müssen; in: Computerwoche vom 07.02.2023. https://www.computerwoche.de/a/was-sie-ueber-cdbc-wissen-muessen,3549753

O'Neal, S. (2018) Staatliche Digitalwährung: Länder die das Konzept anwenden, ablehnen und erforschen, 19.07.2018. https://de.cointelegraph.com/news/state-issued-digital-currencies-the-countries-which-adopted-rejected-or-researched-the-concept

Sachverständigenrat (2012/1) Verantwortung für Europa wahrnehmen. Jahresgutachten 2011/2012. https://www.sachverstaendigenratwirtschaft.de/fileadmin/dateiablage/download/gutachten/ga11_ges.pdf

Sachverständigenrat (2012/2) Nach dem EU-Gipfel: Zeit für langfristige Lösungen nutzen. Sondergutachten vom 5.12.2012. https://www.sachverstaendigenrat-wirtschaft.de/fileadmin/dateiablage/download/publikationen/sg2012.pdf

---

[8] Letzter Zugriff auf die im Literaturverzeichnis genannten Internetquellen und die Links jeweils 06/2023.

Seth, S. (2023) What Is a Central Bank Digital Currency (CBDC)? 18.04.2023. https://www.investopedia.com/terms/c/central-bank-digital-currency-cbdc.asp

https://t3n.de/news/cbdc-erklaerung-digitaler-euro-waehrung-1415720/

Weidmann, T. (2022) Alles, was du über CBDC und den digitalen Euro wissen musst; 11.07.2022. https://t3n.de/news/cbdc-erklaerung-digitaler-euro-waehrung-1415720/

Ausgewählte Links

EZB-Anleihekaufprogramm: https://de.statista.com/statistik/daten/studie/427660/umfrage/bestand-des-erweiterten-anleihekaufprogramms-der-ezb/; https://www.ecb.europa.eu/ecb/educational/explainers/tell-me-more/html/app.de.html

Auslandsverschuldung der Entwicklungsländer

Die Auslandsverschuldung der Entwicklungsländer in Fremdwährung begann in den 1970er-Jahren sprunghaft zuzunehmen und entwickelte sich Anfang der 1980er-Jahre zu einem Problem, als eine wachsende Anzahl hochverschuldeter Länder, vorwiegend – aber nicht nur – in Lateinamerika, nicht mehr in der Lage war, ihren Schuldendienstverpflichtungen vereinbarungsgemäß nachzukommen. Diese zunächst als *Schuldenkrise der Dritten Welt* und später als *Schuldenkrise Lateinamerikas* (vgl. Abschn. 5.4) bezeichnete kritische Situation konnte in den folgenden Jahren zwar entschärft werden, sie wurde jedoch nie vollständig behoben und stellt nach wie vor für viele Schuldnerländer ein erhebliches Problem dar.

Die steigenden Rohstoffpreise als Folge der Ölpreiskrise 1973 und 1979 trafen nicht nur die Industrieländer, sondern auch viele Entwicklungsländer, insbesondere die Öl importierenden Schwellenländer. Sie verschuldeten sich im Ausland vorwiegend in US\$, um ihre Leistungsbilanzdefizite zu finanzieren. Als der US\$-Wechselkurs stieg und zugleich die Zinsen für die Devisenkredite stiegen, akkumulierten sich die Auslandsschulden dieser Staaten, die nun kaum noch in der Lage waren, ihre Schulden zurückzuzahlen. Zwischen 1975 und 1983 vervierfachten sich die Auslandsschulden der lateinamerikanischen Staaten, insbesondere von Brasilien, Argentinien und Mexiko, auf etwa 50 % des BIP der gesamten Region während gleichzeitig der jährliche *Schuldendienst*, die fälligen Zins- und Tilgungsraten für die Auslandsschulden, laufend stieg.

Für die Allgemeinheit wurde die Krise evident, als Mexiko 1982 seine Devisenmärkte schloss und seine wichtigsten Gläubiger informierte, dass das Land seinen Schuldendienst, in Höhe von zu jenem Zeitpunkt etwa 10 Mrd. US\$, einstellen würde. Zwar hatten einzelne Länder schon zuvor Rückzahlungsprobleme – Polen hatte bereits 1981 und Argentinien im April 1982, als Folge des Falkland-Krieges, seinen Schuldendienst eingestellt – mit Mexiko war nun aber erstmals ein großes ölexportierendes Land betroffen.

E. Koch, *Internationale Wirtschaftsbeziehungen II*, https://doi.org/10.1007/978-3-658-43377-2_11

Der mexikanischen Entscheidung schlossen sich in rascher Folge weitere hochver-
schuldete Staaten an. Daraufhin reduzierten die meisten kommerziellen Banken ihre
Kreditvergabe an die lateinamerikanischen Staaten, so dass Kredite, die sonst üblicherweise verlängert wurden, sofort fällig wurden. Die nun einsetzende massive Kapitalabwanderung führte zu einer starken Abwertung der nationalen Währungen, so dass die
Zinsen und auch die Inflationsraten stark anstiegen, während die Pro-Kopf-Einkommen in
den betroffenen Ländern sanken.

11.1   Situation und Indikatoren der Auslandsverschuldung

Das öffentliche Interesse an dieser Problematik schwankt erheblich. Einerseits hat sich
derzeit, trotz einer insgesamt weiter ansteigenden durchschnittlichen Auslandsverschuldung der Entwicklungsländer, die Belastungssituation bei einigen hochverschuldeten Länder entspannt. Auch haben die Banken inzwischen Vorsorgemaßnahmen
getroffen und Rückstellungen gebildet bzw. die Risiken breiter gestreut, so dass diese besser kalkulierbar werden. Zudem wurden die internationale Zusammenarbeit und die
Krisenprävention intensiviert, so dass sich die Gefahr globaler Verschuldungskrisen von
Entwicklungsländern tendenziell verringert hat. Andererseits befindet sich auch 2023 eine
größere Anzahl hochverschuldeter Länder immer noch in einer kritischen Lage. Fremdwährungskredite bevorzugen private oder öffentliche Kreditnehmer immer dann, wenn der
Finanzierungsbedarf durch den inländischen Kapitalmarkt nicht gedeckt werden kann
oder wenn das Kreditangebot in Fremdwährung günstiger erscheint. Sie müssen sich aber
auch beispielsweise dann in fremder Währung verschulden, wenn Importe in Devisen bezahlt werden müssen und die eigenen – privaten oder öffentlichen – Devisenbestände hierfür nicht ausreichen. Auf nationaler Ebene müssen etwa Leistungsbilanzdefizite finanziert
werden, wenn dies aufgrund der eigenen Exportschwäche oder wegen eines entwicklungs-
bedingt großen Importbedarfs nicht auf andere Art und Weise möglich ist.

Fremdwährungskredite werden vom Schuldnerland in konvertiblen Währungen, meist
in US$ oder Euro, aufgenommen, entweder direkt bei privaten oder öffentlichen Bank-
instituten oder das Land emittiert Auslandsanleihen, beispielsweise in Euro, und bietet
diese internationalen Anlegern über internationale Banken an. Dies ist allerdings nur dann
möglich, wenn eine genügende Anzahl von Käufern dieser Anleihen gefunden werden
kann. In jedem Fall aber muss der Schuldendienst in konvertibler Währung geleistet werden, diese muss also in einem entsprechenden Umfang vorhanden sein. Die Verschuldung
in Fremdwährung muss also deutlich unterschieden werden von der Verschuldung in nationaler Währung, bei der die für den Schuldendienst benötigten Mittel in Abhängigkeit
von den gesetzlichen Rahmenbedingungen und meist unter Inkaufnahme inflationärer
Tendenzen prinzipiell von der eigenen Zentralbank bereitgestellt werden können.

Die Möglichkeiten, sich in eigener nationaler Währung im Ausland zu verschulden, sind
für die meisten Länder erheblich eingeschränkt. Sie sind nur dann gegeben, wenn die ausländischen Gläubiger der Auffassung sind, dass die gebotenen Zinsen das Währungsrisiko

kompensieren können. Für viele Entwicklungsländer ist eine Verschuldung in Fremdwährung daher gängige Praxis, dies gilt vor allem für Schwellenländer, für die diese
Finanzierungsform eine wichtige Voraussetzung für die Finanzierung ihrer „nachholenden
Entwicklung" darstellt. Insbesondere ab Mitte der 1970er-Jahre, also nach dem Zusammenbruch des Bretton-Woods-Systems, begann das Gesamtvolumen der Auslandsverschuldung
ungewöhnlich stark anzusteigen und betraf immer mehr Länder. Auch nach dem Ausbruch
der Lateinamerikakrise 1982, bei der die gesamte Auslandsverschuldung der Entwicklungsländer schon 800 Mrd. US$ überschritten hatte, stieg die Brutto-Auslandsverschuldung bis
Mitte der 1990er-Jahre zunächst weiter stark an und betrug 1996 bereits 2 Bio. US$. Die ver-
schiedenen internationalen Finanzkrisen führten dann, auch bedingt durch die gestiegene
Zurückhaltung der privaten Kreditgeber, zunächst zu einem langsameren Anstieg. 2010 betrugen die gesamten Schulden der Entwicklungsländer etwa 4,2 Bio. US$, um sich dann bis
2021 auf etwa 9 Bio. US$ (!) noch einmal zu verdoppeln.[1]

Können die Auslandsschulden ordnungsgemäß bedient werden, stellt auch eine an-
steigende Auslandsverschuldung meist kein großes Problem dar. Dies war aber bereits seit
Beginn der 1980er-Jahre in vielen Ländern nicht (mehr) gegeben. So hatten beispielsweise
bereits zwischen 1991 und 1995 etwa die Hälfte der Schuldnerländer, seinerzeit insgesamt
65 Länder mit einem kumulierten Schuldenvolumen von knapp 900 Mrd. US$, Probleme
mit der Rückzahlung ihrer Fremdwährungskredite.

Die absolute Höhe der Auslandsverschuldung eines Landes sagt jedoch nur wenig aus.
Die Zahlen werden erst dann aussagekräftig, wenn sie zu anderen ökonomischen Daten
der betreffenden Volkswirtschaft in Beziehung gesetzt werden. Durch diese *Indikatoren*
können Aussagen darüber gemacht werden, ob die Verschuldung für das Land gegebenenfalls zu hoch ist und möglicherweise Schuldendienstprobleme entstehen werden. Folgende Indikatoren sind hier besonders zu beachten:

- Das Verhältnis von *Auslandsschulden zum Bruttoinlandsprodukt* (BIP) weist auf die
  gesamtwirtschaftliche Belastung und Belastungsfähigkeit des Landes hin. Die kritische
  Grenze wird hier inzwischen bei >40 % gesehen (vgl. Abb. 11.1).[2]
- Das Verhältnis von *Auslandschulden zu den jährlichen Exporterlösen* (Güter und Dienstleistungen) wird als **Schuldenquote** bezeichnet und setzt die Auslandsverschuldung in
  Bezug zu der wichtigsten Quelle für Deviseneinnahmen, den Exporteinnahmen. Läge
  die Quote bei 100 %, so bedeutete dies, dass das betreffende Land theoretisch erst dann
  seine Schulden zurückbezahlt hätte, wenn es sämtliche Exporterlöse eines Jahres für die
  Schuldenrückzahlung verwendete, ohne irgendwelche Importe getätigt zu haben. Eine
  kritische Grenze wird hier bei einer Quote von über 150 % gesehen.

---

[1] World Bank (2005, 2022) S. 7. Die Daten basieren auf den Angaben von derzeit 121 Ländern, die
regelmäßig an die Weltbank im Rahmen ihres *Debt Reporting Systems* (DRS) berichten.

[2] Diese Werte basieren auf dem Konzept der Schuldentragfähigkeit. Mit *Schuldentragfähigkeitsanalysen* (DSA) wird überprüft, ob ein Land seine Schulden langfristig bedienen kann, ohne dass seine
wirtschaftliche Stabilität gefährdet wird.

Stufen der Überschuldung (jeweils in %)				
	Keine Gefahr	Erste Stufe	Zweite Stufe	Dritte Stufe
Auslandschulden/BIP	< 40	40–60	> 60–80	> 80
Auslandsschulden/ jährliche Exporteinnahmen (Schuldenquote)	< 150	150–225	> 225–300	> 300
Schuldendienst/ jährliche Exporteinnahmen (Schuldendienstquote)	< 15	15–22,5	> 22,5–30	> 30

Abb. 11.1 Stufen der Überschuldung. (Quelle: Misereor (2022) S. 19)

- Das Verhältnis von *Schuldendienst zu den jährlichen Exporterlösen,* die **Schulden-dienstquote,** gilt als wichtigster Indikator, da die für den Schuldendienst benötigten Mittel nicht mehr für i. d. R. dringend benötigte Importe zur Verfügung stehen. Als kritische Grenze wird eine Quote von über 15 % gesehen. Da allerdings die Mehr-zahl der Entwicklungsländer Handelsbilanzdefizite aufweist, können in diesen Fäl-len schon weitaus geringere Schuldendienstquoten zu ernsthaften Versorgungs-problemen im Land führen, wenn diese Finanzierungslücke nicht anderweitig aus-geglichen werden kann.
- Das Verhältnis zwischen der *Zinslast* (ohne Tilgung) und den *jährlichen Exporterlösen*, der **Zinsendienstquote,** ist vor allem deswegen von Bedeutung, weil Zinsen für Aus-landskredite üblicherweise nicht umgeschuldet und daher unbedingt gezahlt werden müssen, bevor Umschuldungsverhandlungen aufgenommen werden. Aus diesem Grund sehen IWF-Vereinbarungen meist auch einen Sonderkredit für aufgelaufene Zinszahlungen vor.

Vergleicht man die Situation der Entwicklungsländer insgesamt, also der *Low Income Countries* (LICs) und der *Middle Income Countries* (MICs) (vgl. Abschn. 1.6.2) so ver-schlechterte sich die Verschuldungssituation bis Anfang der 1990er-Jahre. Danach trat eine leichte Verbesserung ein. Zwischen 2010 und 2020 verschlechterten sich alle Indikatoren für diese Ländergruppe im Durchschnitt, was wiederum bedeutet, dass die Schulden-problematik für eine steigende Anzahl von Ländern zunehmend kritisch wurde (vgl. hierzu Abb. 11.2): So befinden sich nach UN-Untersuchungen derzeit 52 ärmere Länder in einer Schuldenfalle, der sie ohne externe Hilfe kaum entkommen können (vgl. UN 2023).

- Die Auslandschulden bezogen auf das BIP aller Entwicklungsländer stiegen von 22 % (2010) auf knapp 30 %. Klammert man China aus, lag dieser Indikator bereits über 40 % und erreichte damit (im Durchschnitt !) die erste Stufe der Überschuldung.
- Betrachtet man nur die LICs, lag dieser Indikator bereits über 50 % des BIP.

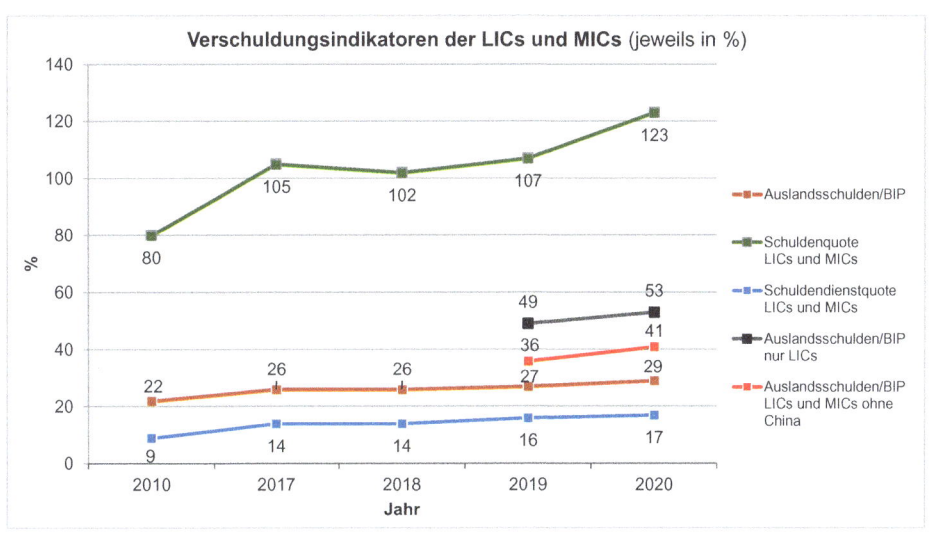

Abb. 11.2 **Entwicklung der Verschuldungsindikatoren.** (Quelle: World Bank (2022) S. 5, 29)

- Die *Schuldenquote*, also die Auslandsschulden bezogen auf die Exporterlöse, stieg um mehr als 50 % auf über 120 %, lag damit aber noch unterhalb der ersten kritischen Stufe,
- allerdings stieg die *Schuldendienstquote* deutlich auf inzwischen 17 % an und überschritt damit die erste kritische Schwelle.
- Die Bedeutung der *Zinsendienstquote* zeigt sich darin, dass nach UN-Untersuchungen 2023 gut 40 % der Weltbevölkerung, etwa 3,3 Mrd. Menschen, in Ländern leben, in denen die Zinszahlungen auf Kredite die Ausgaben für Gesundheit oder Bildung übersteigen.[3]

Betrachtet man nur eine Entwicklungsländergruppe, die afrikanischen Länder südlich der Sahara, stellt sich die Entwicklung der Indikatoren in der Dekade 2010 bis 2020 noch deutlich problematischer dar:

- Die Auslandsschulden bezogen auf das BIP verdoppelten sich auf 46 %.
- Die *Schuldenquote* verdreifachte sich auf 212 % und
- die *Schuldendienstquote* vervierfachte sich auf inzwischen 20 %.

Damit liegen alle drei Indikatoren bereits im kritischen Bereich (vgl. Abb. 11.3).

Die Anzahl der Länder, die bereits überschuldet waren bzw. deren Verschuldungssituation als sehr kritisch eingestuft wurde, verdreifachte sich nach Berechnungen der Weltbank von 21 Ländern (2013) auf 56 Länder (2022) (vgl. Abb. 11.4). Die Angaben beziehen sich allerdings nur auf Länder, für die im Rahmen der *Debt Service Suspension In-*

---

[3] Vgl. UN (2023).

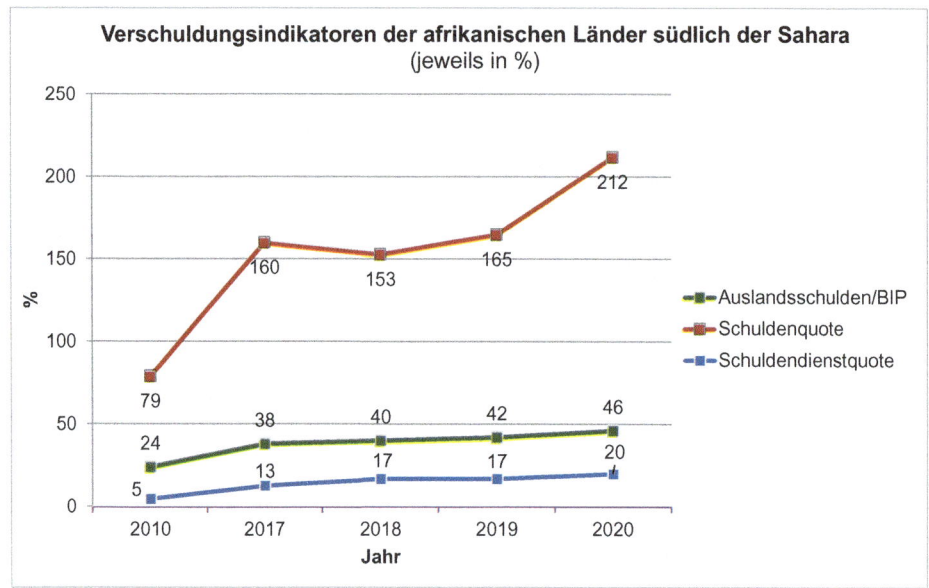

Abb. 11.3 Verschuldungsindikatoren in afrikanischen Ländern südlich der Sahara. (Quelle: World Bank (2022) S. 5, 29)

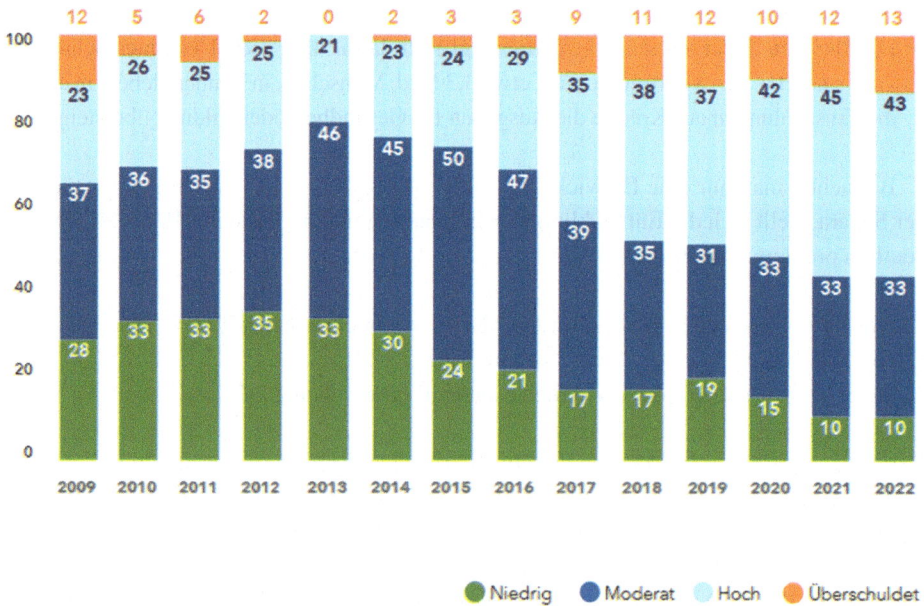

Abb. 11.4 Verschuldungssituation einzelner Länder. (Quelle: LIC-DAS-Datenbank, Stand 31.03.2022, IWF (2022) S. 19)

itiative (DSSI) *Schuldentragfähigkeitsanalysen* (Debt Sustainability Analysis, DSA) durchgeführt wurden (s. o.), die tatsächliche Anzahl dürfte daher noch höher liegen.[4] Die DSSI ist eine Initiative von IWF und Weltbank, durch die offizielle Gläubiger derzeit insgesamt 48 Ländern *Schuldenerleichterungen* gewähren, eine Maßnahme, die von weiteren 18 IWF-Mitgliedsländern und der EU, jedoch nicht von privaten Gläubigern, unterstützt wird. Dabei handelt es sich *nicht* um einen Schuldenerlass, sondern um ein *Schuldenmoratorium* – die ausgesetzten Zahlungen müssen nach dem Ablauf eines Zahlungsaufschubs innerhalb von sechs Jahren zurückgezahlt werden.

Für die Beurteilung der Verschuldung ist die **Gläubigerstruktur** von erheblicher Bedeutung. *Öffentliche Gläubiger,* wie IWF, Weltbank oder ausländische Regierungen vergeben Kredite vielfach zu konzessionären Bedingungen. Diese Kredite sind meist mit festen, niedrigen Zinssätzen, langer Laufzeit und tilgungsfreien Jahren *(grace period)* ausgestattete *soft loans,* so dass die Schuldendienstbelastung für solche Kredite, zumindest in der Anfangsphase, vergleichsweise niedrig ist. Handelt es sich dagegen um *private Gläubiger,* muss unterschieden werden, ob es sich um Kredite bei Geschäftsbanken oder um Anleihen handelt. Geschäftsbankenkredite werden zu marktüblichen Konditionen vergeben. Die Zinsen sind im Allgemeinen höher als bei öffentlichen Krediten und meist auch variabel, d. h. sie ändern sich mit dem allgemeinen Zinstrend, und die Laufzeiten, auch bei langfristigen Krediten, sind meist deutlich kürzer. Handelt es sich dagegen um Anleihen *(bonds),* so sind auch hier die Zinsen, je nach der Länderbewertung des betreffenden Landes *(rating)* höher, die Zinsen jedoch in der Regel nicht variabel.

Abb. 11.5 zeigt die Entwicklung der Gläubigerstruktur bei den Auslandsschulden der Entwicklungsländer. Private Schulden nahmen bis Mitte der 2010er-Jahre zu und liegen derzeit bei knapp der Hälfte aller Auslandschulden der LICs und MICs. Staatliche Schuld-

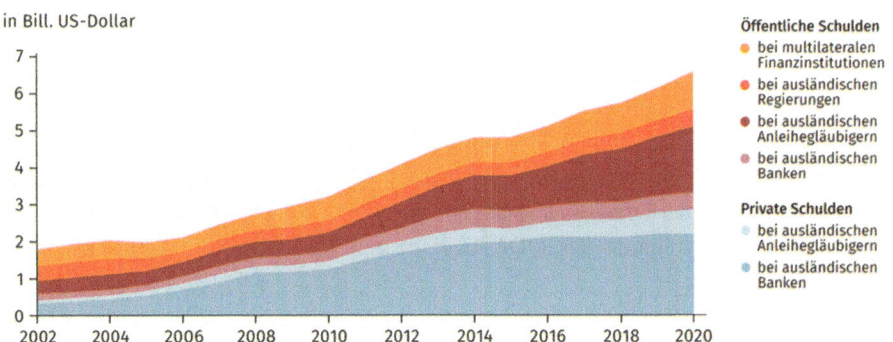

Abb. 11.5 **Gläubigerstruktur der Auslandschulden von Entwicklungsländern.** (Quelle: Misereor (2022) S. 13, Darstellung auf der Grundlage von Weltbankdaten)

---

[4]Misereor beziffert in dem Schuldenreport 2022 die Anzahl der kritisch verschuldeten Entwicklungs- und Schwellenländer bereits auf 135, wobei allerdings auch „leicht kritische" Länder mitgerechnet werden, vgl. Misereor (2022).

ner verschulden sich inzwischen überwiegend durch Anleihen und bei ausländischen Banken, also bei privaten Gläubigern. Damit nimmt die Abhängigkeit der Schuldnerländer von Krediten zu Marktkonditionen bzw. zu variablen Zinssätzen zu. Nur etwa ein Drittel der Gläubiger staatlicher Schulden sind ausländische Regierungen oder multilaterale Institutionen, wie etwa IWF und Weltbank, bei denen *soft loans* überwiegen. Insgesamt hat sich damit die Gefahr neuer Schuldenkrisen deutlich erhöht.

Außer durch Devisenkredite, also durch eine Verschuldung in Fremdwährung, erhält ein Land Devisen auch auf andere Weise, etwa durch eine Steigerung der Netto-Exporte, durch Direktinvestitionen ausländischer Investoren oder durch Portfolioinvestitionen ausländischer Kapitalanleger, also durch Aktien- und Anleihenkäufe. Viele Entwicklungsländer können zudem auf Mittel der internationalen Entwicklungszusammenarbeit (*Official Development Assistance*, ODA) sowie auf Überweisungen *(Remittances)* von im Ausland arbeitenden Arbeitskräften zurückgreifen. Für den Schuldendienst können vorübergehend auch vorhandene *Währungsreserven* genutzt werden. Dies kann aber immer nur eine Übergangslösung darstellen und spielt nur bei den wenigen Ländern, die über ausreichende Reserven verfügen, eine gewisse Rolle.

- Die größte Bedeutung für die Devisenzuflüsse in Entwicklungsländer haben die *Direktinvestitionen (FDI).* Allerdings schwanken diese sehr stark, da sich die Investoren von der internationalen wirtschaftlichen und politischen Lage beeinflussen lassen, zudem konzentrieren sich FDI nur auf sehr wenige Schwellenländer (vgl. Kap. 12). Berücksichtigt man China bei der Betrachtung der LICs und MICs nicht, so hat sich die Bedeutung der FDI als Devisenquelle seit Mitte der 2010er-Jahre deutlich verringert.
- *Remittances* von im Ausland arbeitenden Inländern haben für viele Entwicklungsländer eine immer größere Bedeutung. Mit einem jährlichen Volumen von derzeit (2023) fast 700 Mrd. US$ sind sie für sehr viele Länder inzwischen die größte Deviseneinnahmequelle.
- *Schenkungen (grants)* bestehen beispielsweise in Zuschüssen zum Staatshaushalt, dem Erlass von öffentlichen Schulden oder in *Technical Assistance* (TA), der Gewährung zusätzlicher nicht rückzahlbarer Leistungen direkt oder im Zusammenhang mit Entwicklungskrediten. Hierbei handelt es sich grundsätzlich um staatliche Leistungen, die unter dem Begriff der *Official Development Assistance* (ODA) zusammengefasst werden. Das Gesamtvolumen der ODA liegt derzeit bei knapp 200 Mrd. US$ (vgl. Abb. 11.6).

Reichen die auf diese Weise mobilisierbaren Devisen, einschließlich der erzielten Exporteinnahmen, nicht aus, so können die Auslandsverbindlichkeiten nur durch *neue Kreditaufnahmen* im Ausland finanziert werden. Werden diese von privaten ausländischen Kreditgebern bereitgestellt, kalkulieren diese Risikozuschläge ein, deren Höhe von ihrer speziellen Länderbewertung abhängt. In jedem Fall erhöht sich durch zusätzliche Kredite die Auslandsverschuldung weiter, so dass eine Schuldenspirale in Gang kommt, die letztlich zur Überschuldung bzw. Zahlungsunfähigkeit des betreffenden Landes führen kann. Vie-

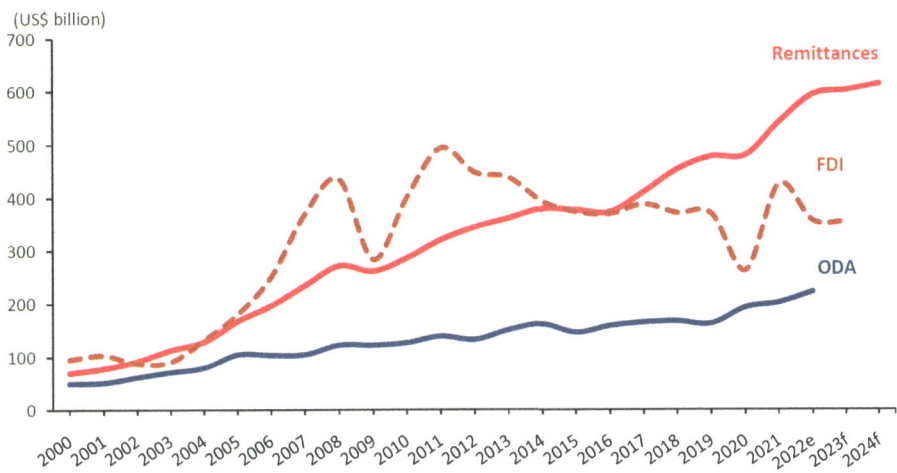

Sources: World Bank–KNOMAD staff; World Development Indicators; IMF Balance of Payments Statistics. Also see World Bank/KNOMAD (2016) for sources, methods, and challenges of collecting remittance data.
Note: FDI = foreign direct investment; ODA = official development assistance; e = estimate; f = forecast.

Abb. 11.6 Kapitalzuflüsse in Entwicklungsländer (ohne China) in Mrd US$. (Quelle: World Bank (2023))

len Ländern gelingt daher kein Abbau ihrer Nettoschulden. Auch wenn sich einzelne Indikatoren verbessern, führen multiple ökonomische Strukturprobleme bei vielen LICs und MICs dazu, dass eine nachhaltige Verbesserung bislang nicht eingetreten ist. Klassische wirtschafts- und entwicklungspolitische Maßnahmen allein ermöglichen keinen problemfreien Abbau der Schuldensituation, so dass neue Lösungsansätze gefunden werden müssen, auf die im Folgenden eingegangen wird.

11.2   Ursachen

Die meisten Schuldnerländer benötigen Devisenkredite zur *Zahlungsbilanzfinanzierung.* Sie müssen also Leistungsbilanzdefizite ausgleichen, die nicht nur temporär auftreten, sondern meist auch strukturell bedingt sind. Die Absatzmöglichkeiten für viele Exportprodukte sind begrenzt oder es besteht ein Angebotsüberschuss auf dem Weltmarkt mit der Tendenz zu niedrigen Exporterlösen. So verringerten sich bei vielen Entwicklungsländern die *Terms of Trade,* das Verhältnis zwischen Export- und Importpreisindex des jeweiligen Landes: Die Exportpreise sinken bei häufig steigenden Importpreisen, so dass sich die internationale Wettbewerbsposition des Landes verschlechtert. Folge ist, dass sich die Diskrepanz zwischen Exporteinnahmen und Importausgaben und damit ein bestehendes *Leistungsbilanzdefizit* vergrößert.[5] Hierbei darf auch die Rolle der Industriestaaten mit

---

[5] Vgl. Koch (2023), S. 233 ff.

ihren immer noch bestehenden Handelsrestriktionen nicht übersehen werden. Dies gilt sowohl für *nicht-tarifäre Handelshemmnisse*, wie etwa Einfuhrkontingente, oder für tarifäre Hindernisse, etwa Importzölle, als auch für Exportförderungsmaßnahmen der Industrieländer und die damit verbundene Diskriminierung von Drittländern.[6]

Die Corona Pandemie und der Angriffskrieg Russlands gegen die Ukraine haben die ohnehin schon **schwierige Ausgangslage** für viele Entwicklungs- und Schwellenländer 2022/23 noch weiter verschlechtert. Der starke Anstieg der Grundnahrungsmittel- und Energiepreise verursachte bei vielen dieser Länder einen weiteren Anstieg des Leistungsbilanzdefizits. Dies führte dazu, dass sich nach Angaben der Analysefirma *Standard Chartered* Staaten im südlichen Afrika und dem Nahen Osten allein in der ersten Hälfte des Jahres 2022 zusätzlich mit insgesamt 13 Mrd. US$ bei internationalen Banken verschuldeten. Fremdwährungsanleihen, eine zuvor häufig gewählte Alternative, hätten wohl keine Käufer gefunden (vgl. Abb. 11.5, vgl. Piper 2022).

Eine weitere Ursache sind *Haushaltsdefizite*, die durch mangelnde Ausgabendisziplin des Staates bzw. die zu geringe Bereitschaft oder Möglichkeit, ein adäquates Steuersystem durchzusetzen, ausgelöst werden. Versucht der Staat die Defizite durch Zentralbankkredite zu finanzieren, führt die damit verbundene Geldschöpfung zu steigender Inflation mit negativen Folgen für die Wirtschaft.

In vielen LICs konzentrieren Finanzinstitute ihre Aktivitäten auf das städtische und das internationale Bankgeschäft. Staatliche Regulierungen, wie etwa Höchstzinssätze für Kredite, senken zudem die Bereitschaft, sich stärker in dem kostenintensiven und mehr Flexibilität und Innovationsbereitschaft erfordernden Einlagengeschäft zu engagieren. Mangelnde Möglichkeiten für Kleinsparer Spareinlagen zu deponieren sowie hohe Transaktionskosten und niedrige Einlagenzinsen bei häufig hohen Inflationsraten bewirken, dass den inländischen Finanzmärkten zu wenig Kapital zur Verfügung gestellt wird. Zusätzlich unterminieren bürokratische Bankprozeduren, Korruptionsanfälligkeit und Mängel der staatlichen Bankenaufsicht das Vertrauen potenzieller Sparer in ihr lokales Bankensystem. Diese Bedingungen begannen sich zwar seit den 1990er-Jahren durch die neuen „Basel-Regeln" zu ändern und führten in etlichen Staaten auch zu steigendem Kapitalaufkommen, dies gilt jedoch keineswegs für alle Entwicklungsländer und insbesondere nicht für deren ländliche Regionen.

Aus diesen Gründen und angesichts der häufig unsicheren wirtschaftlichen und politischen Verhältnisse entziehen potente inländische Kapitalbesitzer ihr Kapital per *Kapitalflucht* dem inländischen Markt, um es im (sichereren) Ausland anzulegen. Nach verschiedenen Schätzungen dürfte der Umfang der Kapitalflucht (*illicit financial flows*) aus Entwicklungsländern zwischen 200 und über 800 Mrd. US$ pro Jahr betragen.[7] Ein besonderes Problem stellt hierbei die weit verbreitete *Korruption* dar: Staatliche Fremdwährungskredite wandern dabei zum Teil illegal in die Taschen von Vertretern des Staates, die dieses Geld wieder auf ausländischen Konten anlegen. Damit vergrößern sich die Auslandsschulden, während die abgezweigten Devisen zur Bedienung der Auslandsschulden fehlen.

---

[6] Vgl. Koch (2023) S. 135 ff.

[7] Vgl. u. a. Sundaram (2022), Verdad (2023), ifW (2020), OECD (2014); vgl. *Ausgewählte Links*: GFI.

Bei der *Kreditverwendung* berücksichtigen die öffentlichen Schuldner häufig nicht, dass die finanzierten Vorhaben zumindest indirekt dazu beitragen müssen, die für den Schuldendienst benötigten Devisen zu verdienen. Sie nutzen die im Ausland aufgenommenen und in Devisen zurückzubezahlenden Kredite häufig für inländische Belange, also etwa zur Sanierung defizitärer Staatsbetriebe, für die Subventionierung von Grundnahrungsmitteln, für wenig rentable und auch überdimensionierte Infrastruktur- und Energievorhaben (Kraftwerksbauten, Staudammprojekte, Flughäfen, Autobahnen), für Prestigeprojekte (Kulturpaläste, Opernhäuser), sog. *white elephants*, oder den Kauf von Rüstungsgütern. Viele dieser Projekte lösen, da die benötigten Güter und Technologien im Inland nicht erhältlich sind, einen weiteren Importsog aus, der zu einem zusätzlichen Abfluss von Devisen führt.

11.3 Lösungsansätze für Verschuldungsprobleme

Eine hohe Verschuldung führt schnell zu einer Wirtschaftskrise des betreffenden Landes. Skeptische private Gläubiger werden dann die betreffenden Staatsanleihen zu reduzierten Preisen verkaufen und keine neuen Kredite gewähren. Können die Regierungen ihren Verpflichtungen dann nicht nachkommen, werden sie von den Kapitalmärkten ausgeschlossen. Die Länder müssen daher versuchen ihre Schulden zu restrukturieren, politische Reformen durchzuführen und das Vertrauen in ihre Kreditwürdigkeit wiederherzustellen. Hierfür gibt es jedoch keinen allgemein anerkannten Mechanismus. Jede Lösung hängt von einer freiwilligen Vereinbarung zwischen dem Schuldnerstaat und seinen Gläubigern ab.

11.3.1 Umschuldungen

Während der Schuldenkrise Lateinamerikas 1982 bestand die Gefahr, dass die Banken, die sich in stärkerem Maße in den Problemländern engagiert hatten, illiquide werden würden und aufgrund der internationalen Finanzverflechtungen auch andere Banken massive Probleme haben würden. Um eine internationale Finanzkrise zu vermeiden, wurde daher versucht die Problemsituation schnell zu lösen. Ende 1982/Anfang 1983 stellten die *G10* in Kooperation mit der *Bank für Internationalen Zahlungsausgleich* (BIZ), (vgl. Abschn. 6.2) zunächst Liquiditätshilfen für einige besonders gefährdete Länder bereit, vor allem für jene, bei denen westliche Banken in besonderem Maße engagiert waren. Ab 1983 wurden die kurzfristig angelegten Überbrückungsaktionen abgelöst durch ein im Verlauf immer ausgefeilteres *internationales Schuldenmanagement* unter der Führung des IWF.

Grundidee dieser Strategie war, dass die Gläubiger sich bereit erklärten, die direkte Schuldienstbelastung durch *Umschuldungen* bestehender Zahlungsverpflichtungen zu verringern und den Ländern gleichzeitig Zugang zu neuen Finanzierungsmitteln zu verschaffen. Im Gegenzug verpflichteten sich diese zur Einhaltung wirtschaftspolitischer Auflagen (Konditionen), also von verbindlichen Vereinbarungen für die Gestaltung des makroökonomischen, finanzpolitischen und institutionellen Rahmens, dessen Formulierung im Regelfall der IWF übernahm (vgl. Abschn. 4.3.2 und 11.4). Private wie öffentliche Gläubiger machen ihre Bereitschaft zu Umschuldungen und neuen Krediten im Regelfall davon abhängig, ob eine Kreditvereinbarung zwischen dem IWF und dem Schuldnerland zustande kommt, die damit eine Art Kreditwürdigkeitsgarantie darstellt, erst dann beginnen Umschuldungsverhandlungen. Auf diese Weise geriet der IWF schon früh in eine *Schlüsselrolle*, obwohl IWF-Kredite i. d. R. nur einen sehr geringen einstelligen Anteil an der Gesamtverschuldung der Entwicklungsländer ausmachen.

Umschuldungen *(rescheduling* bzw. *restructuring)* sind Vereinbarungen zwischen Gläubiger und Schuldner, mit denen die Bedienung der Restschulden neu geregelt wird. Sie sind nach wie vor ein wesentliches Element der internationalen Schuldenstrategie. Gegenstand von Umschuldungsvereinbarungen kann die Behandlung der in Frage kommenden Zahlungsrückstände, die Verlängerung der Kreditlaufzeit oder die Gewährung einer zusätzlichen tilgungsfreien Zeit *(grace period)* sein. Öffentliche Kreditgeber gewähren bei Umschuldungen häufig auch eine Reduzierung der Kreditzinssätze, während private Gläubiger i. d. R. Zinsaufschläge und Bearbeitungsgebühren verlangen. Wurden in der Anfangszeit meist nur die Fälligkeiten des laufenden Jahres und der aufgelaufenen Rückstände umgeschuldet, wobei im Allgemeinen Laufzeiten von sechs bis neun Jahren bei einer *grace period* von zwei bis vier Jahren vereinbart wurden, vereinbarte man später auch Umschuldungen von Fälligkeiten mehrerer Jahre bei erheblich verlängerten Kreditlaufzeiten. Umschuldungen können auch mit der Gewährung neuer Kredite *(fresh money)* verbunden werden, um es den Schuldnern zu ermöglichen, den in den Umschuldungsverhandlungen vereinbarten Zahlungsverpflichtungen nachzukommen. Bei den IWF-Krediten handelt es sich überwiegend um Mittel, die im Rahmen der verschiedenen Fazilitäten bereitgestellt werden.[8]

Pariser Club und Londoner Club

Zahlungsprobleme staatlicher Schuldner werden im Rahmen des *Pariser Clubs* verhandelt, einer bereits seit 1956 bestehenden Vereinigung von derzeit 22 Gläubigerstaaten, die bei Zahlungsschwierigkeiten von Schuldnerländern gemeinsam koordinierte Lösungen zu finden versuchen. Behandelt werden bilaterale staatliche Forderungen gegenüber den Schuldnerländern. Inzwischen hat der Pariser Club mehr als 430 Umschuldungsabkommen mit einem Gesamtvolumen von knapp 600 Mrd. US$, mit ca. 90 Entwicklungsländern und Schwellenländern abgeschlossen *(Ausgewählte Links*: Pariser Club).

Die Interessengemeinschaft der privaten Gläubigerbanken wird als *Londoner Club* bezeichnet. Hier verhandeln Vertretungen der beteiligten Banken, sog. *Lenkungsausschüsse*, über Umschuldungen von privaten Krediten an öffentliche Schuldner. Bereits zwischen 1980 und 1995 wurden im Rahmen des Londoner Clubs mit 52 Ländern Umschuldungsverhandlungen über insgesamt 530 Mrd. US$ abgeschlossen. Wie Abb. 11.5 zeigt, hat sich das Volumen an Bankkrediten inzwischen deutlich reduziert und wurde durch Anleihen-Finanzierung abgelöst. Damit sinkt auch die Notwendigkeit, im Rahmen des *Londoner Clubs* Geschäftsbankenkredite umzuschulden.

---

[8] Vgl. Abschn. 4.3.2, insbes. Abb. 4.8.

11.3.2 Schuldenreduzierung

Viele Länder sind jedoch trotz Umschuldung nicht in der Lage, ihren Schuldendienstverpflichtungen nachzukommen, da ihre Schuldendienstquoten absolut zu hoch sind und der Umfang der ins Ausland abfließenden Mittel ihnen keine Möglichkeit für durchgreifende Reformen lässt. So verschlang in Mosambik in den 1980er-Jahren der Schuldendienst etwa 50 % des Staatshaushalts und war damit fünfmal so groß wie die Ausgaben für das Bildungs- oder das Gesundheitswesen. Es gab daher immer wieder Versuche einzelner Schuldnerländer, sich ihren Schuldendienstverpflichtungen durch einseitige *Schuldnerstreiks* bzw. eine partielle Aussetzung des Schuldendienstes, durch ein *Moratorium,* zu entziehen. Soweit dies auch Verpflichtungen an private Gläubiger betraf, waren diese Versuche, die vor allem von einigen lateinamerikanischen Ländern Mitte der 1980er-Jahre[9] praktiziert wurden, wenig erfolgreich. Neben der Tatsache, dass neue Kredite nach einer solchen einseitigen Aussetzung des Schuldendiensts nur zu ungleich höheren Konditionen zur Verfügung gestellt wurden, fielen auch weitere Zusatzkosten an.

Manche Länder sind auch heute nur dann in der Lage, ihren Schuldendienst zu leisten, wenn sie neue Kredite erhalten, die meist unmittelbar wieder an die Alt-Gläubiger zurückfließen. Da sich hierdurch lediglich die Verschuldung erhöht, werden *Umschuldungen* meist mit verschiedenen Formen einer *Schuldenreduzierung* kombiniert. Zwar scheint dies zunächst nur dann sinnvoll zu sein, wenn die Ursachen des Schuldenproblems beseitigt sind und eine Wiederholung der Entwicklung unwahrscheinlich ist, andererseits stellt aber eine hohe Schuldendienstbelastung selbst ein strukturelles Problem dar, das eine Verbesserung der Wirtschaftsstruktur verhindern kann. Schuldenreduzierungsmodelle können *Teilschuldenerlasse, Schuldentausch* oder eine *Kombination* beider Ansätze vorsehen, wobei diese Ansätze i. d. R. auch an die Durchführung von *Wirtschaftsreformen* gekoppelt sind. Eine Schuldenreduzierung durch öffentliche wie auch durch private Gläubiger stellt im Prinzip immer eine Schenkung dar, die vollständig oder zu einem großen Teil aus dem Steueraufkommen des Gläubigerlandes finanziert wird: Bei Schuldenerlassen öffentlicher Gläubiger geschieht dies direkt, meist aus Mitteln der Entwicklungszusammenarbeit (ODA), während bei einer Schuldenreduzierung privater Gläubiger nur der Teil des Betrages indirekt aus öffentlichen Mitteln finanziert wird, der infolge eines verringerten Gewinnausweises der Bank dem Staat an Steuereinnahmen entgeht.

Beispiele

Teilschuldenerlasse werden meist von öffentlichen, teilweise aber auch von privaten Gläubigern praktiziert. Ab 1988 gewährten öffentliche Gläubiger hochverschuldeten LICs , die sich bereit erklärten, ihre Strukturen zu reformieren, im Rahmen von Umschuldungsverhandlungen Teilschuldenerlässe auf laufende Fälligkeiten. Die diesen Vereinbarungen zugrunde liegenden Sonderbedingungen wurden laufend verbessert: 1988 durch die *Toronto-Konditionen*, 1992 durch die *Trinidad-Konditionen* und 1995

---

[9] Vgl. aber das Beispiel Argentinien in Abschn. 3.4.

durch die *Neapel-Konditionen*. Letztere sahen eine Reduzierung zwischen 50 % und 67 % der laufenden Forderungen auf der Basis des Gegenwartswertes vor, eine Regelung, von der 1995 und 1996 insgesamt 23 Länder profitierten, die so von aktuellen Zahlungsverpflichtungen entlastet wurden. Mit sechs dieser Länder wurde zudem die durch die *Neapel-Konditionen* erstmals mögliche Umschuldung des gesamten Schuldenbestandes vereinbart. Hinzu kamen bilaterale Schuldenreduzierungen. ◄

Ein Schuldenerlass wird auch derzeit immer wieder von verschiedenen Organisationen gefordert. In Deutschland wurde 2020 die Forderung nach einem generellen Schuldenerlass für den *globalen Süden* vom Bundestag zwar abgelehnt, allerdings sind im Bundeshaushalt Mittel für die Umwandlung von Schulden vorgesehen. So wurde beispielsweise 2022 beschlossen Ägypten, Tunesien, Honduras und Kamerun Schulden im Gesamtumfang von knapp 90 Mio. € zu erlassen.

HIPC-Initiative

Für besonders belastete *Highly Indebted Poor Countries (HIPC)*, die zudem bestimmte Kriterien erfüllten, starteten *IWF* und *Weltbank* mit den öffentlichen Gläubigern des *Pariser Clubs* bereits 1996 eine erneute Schuldenreduzierungsinitiative, die *HIPC-Initiative*. Diese umfasste neben bilateralen öffentlichen Krediten erstmals auch *multilaterale Kredite* und war für die Länder bestimmt, deren Verschuldung entweder als „nicht tragfähig" *(unsustainable)* oder als „möglicherweise nicht tragfähig" *(possibly stressed)* eingestuft wurden und die bereits sog. *Strukturanpassungsprogramme* durchgeführt hatten. Als Kriterien für eine nicht tragbare Verschuldung galt hier eine Schuldenquote zwischen 200–250 % und eine Schuldendienstquote von 20–25 % (vgl. auch Abb. 11.1). Ländern, die diese Voraussetzungen erfüllten, sollte vor allem die Rückzahlung konzessionärer IDA-Kredite (Weltbank-Kredite zu günstigsten Bedingungen) erlassen werden, wenn gleichzeitig die bilateralen öffentlichen Gläubiger auf bis zu 80 % ihrer Kreditforderungen verzichteten.

Da Ende der 1990er-Jahre die Verschuldungsproblematik der inzwischen 42 *HIPC-Länder* im südlichen Afrika, Lateinamerika und Südostasien nicht gelöst worden war, wurde 1999 die *Enhanced HIPC-Initiative* mit niedrigeren Eingangsschwellen verabschiedet. Zudem mussten die betreffenden Länder ein Programm zur Bewältigung ihrer Wirtschaftsprobleme erfolgreich durchlaufen haben, bevor ihnen nach frühestens drei Jahren bis zu 90 % der Schulden erlassen werden sollten. 2023 befinden sich 39 Länder auf der HIPC-Liste, davon 34 in Afrika. Die Voraussetzungen für die Aufnahme in die HIPC-Liste sind ähnlich wie bisher: So müssen diese Länder berechtigt sein, konzessionäre IDA-Kredite zu erhalten, sie können zudem ihre Auslandsschulden nicht durch traditionelle Schuldenerlassmechanismen reduzieren und müssen Wirtschaftsreformen und Armutsbekämpfungsmaßnahmen entsprechend einer vorgelegten Strategie (*Poverty Reduction Strategy Paper*, PRSP) durchführen.[10]

---

[10] PRSPs sollen in einem partizipativen Prozess in den jeweiligen Ländern entwickelt werden und Strategien für die Entwicklung der Wirtschaft und des Sozialsystems und damit wirtschaftspolitische, finanzielle und soziale Aspekte enthalten.

Der Sudan hat sich mittlerweile für die HIPC-Initiative qualifiziert und als 38. Land den „HIPC-Entscheidungspunkt" erreicht. Nach Erreichen eines weiteren Kriteriums, wird die Auslandsverschuldung um mehr als 50 Mrd. US$, über 90 % der gesamten Auslandsverschuldung, verringert. Durch die Normalisierung der Beziehungen mit der internationalen Gemeinschaft erhält das Land dann Zugang zu weiteren Finanzmitteln (vgl. IWF Jahresbericht 2022). Allerdings dürften sich die Voraussetzungen für eine reibungslose Durchführung der Schuldenreduzierungsmaßnahmen durch den 2023 begonnenen Bürgerkrieg wieder erheblich verschlechtert haben. ◀

Als Ergänzung zur HIPC-Initiative wurde 2005 die *Multilateral Debt Relief Initiative* (MDRI) eingeführt mit dem Ziel den hochverschuldeten ärmsten Ländern zusätzliche Schuldenentlastung zu gewähren. Diese sieht vor, dass die internationale Gemeinschaft die Schulden dieser Länder bei den multilateralen Entwicklungsbanken, dem IWF und der Afrikanischen Entwicklungsbank vollständig erlässt.

11.3.3 Schuldentausch

Umfangreiche Schuldenerleichterungen bei privaten Banken wurden durch eine 1989 auf Initiative des damaligen US-Finanzministers *Nicholas Brady* eingeleitete Strategie erreicht. Zentrales Anliegen des sog. *Brady-Plans* war es, Schuldnerländer, die zu Strukturanpassungsmaßnahmen bereit sind, durch eine Verringerung der Schuldenlast und des laufenden Schuldendienstes bei gleichzeitiger Gewährung neuer Kredite durch Geschäftsbanken zu unterstützen: Geschäftsbanken verpflichteten sich dabei notleidende Altkredite in neue langfristige Anleihen, sog. *Brady Bonds*, umzuwandeln. Der Brady-Plan stellte also Umschuldungsinstrumente bereit, sah neue Kredite und Schuldenreduzierungen vor und nutzte gleichzeitig das Instrument des *Schuldentausches (debt swap)*.

Bei einem Schuldentausch geht es also darum, bestehende Kreditverpflichtungen in Verbindlichkeiten umzuwandeln, von denen angenommen wird, dass die sich hieraus ergebenden Verpflichtungen für das Land leichter zu erfüllen sind. Bei einem Schulden-Schulden-Tausch *(debt-debt swap)* werden bestehende Altschulden in neue Schulden getauscht. So können etwa bestehende Bankkredite in Anleihen umgewandelt *(securitization)* und an risikobereite Investoren mit Abschlägen auf dem *Bond-Sekundärmarkt* zum tatsächlichen Gegenwartswert verkauft werden. Wie bei den *Brady Bonds* können aber auch alte Schuldtitel in neue Titel mit einem niedrigeren Wert, der aber durch Dritte garantiert wird, getauscht werden. Auf dem Sekundärmarkt für Schulden von Entwicklungsländern werden verbriefte Schulden dieser Länder zu ihrem jeweiligen Marktwert gehandelt. Dieser ist meist geringer als der Nominalwert, wobei sich in der Differenz das Risiko eines Forderungsausfalls ausdrückt. Geht man davon aus, dass die Schuldner die Zinszahlungen auf den Nominalwert der verbrieften Schulden, also auf 100 %, erbringen, so ergibt sich für den Neuerwerber der Bonds eine außerordentlich hohe Rendite, die den möglichen Ausfall der Tilgungsleistungen überkompensieren kann. Dies gilt allerdings nur dann, wenn der Schuldner die Zinsen tatsächlich zahlt. Das hohe Risiko verbunden mit hohen Renditen machen LDC-Bonds zu einer Variante der *Junk Bonds*.

Grundsätzlich können die Schuldnerländer auf dem Sekundärmarkt ihre Schulden zurückkaufen *(debt buy-back)*, wenn sie die hierfür notwendigen Devisen aufbringen, so dass sie in den Genuss eines *indirekten Schuldenerlasses* kommen. Da die Banken zu diesem Zweck kaum Kredite vergeben, weil sie dies gegenüber ihren Eigentümern und den Bankenaufsichtsbehörden kaum verantworten können, kommen für die Bereitstellung erforderlicher Kredite praktisch nur multilaterale oder öffentliche Gläubiger in Frage (vgl. World Bank 2015).

Ausstiegsanleihen *(exit bonds)* sind für kleinere Banken eine Möglichkeit, aus dem Kreditgeschäft mit den Schuldnerländern auszusteigen. Sie werden gegen die ursprünglichen Verpflichtungen, meist mit einem Abschlag, getauscht und verpflichten die Gläubiger bei neuen Umschuldungsverhandlungen dann nicht mehr zur Aufbringung neuer Kredite. Die Gläubiger können die *exit bonds* dann entweder verkaufen oder bis zum Laufzeitende behalten.

Bei einem Schulden-Eigenkapital-Tausch *(debt-equity swap)* erwerben private oder institutionelle Käufer Schuldtitel mit einem Abschlag auf den Nominalwert auf dem Sekundärmarkt. Diese bieten sie der Zentralbank des Schuldnerlandes zum Nominalwert an, mit dem Angebot, die Papiere gegen Kapitalbeteiligungen in dem betreffenden Land zu tauschen, etwa um Unternehmen zu kaufen oder Produktionsstätten aufzubauen. Dies ist verknüpft mit dem Angebot, die Verbindlichkeiten in Landeswährung zu begleichen. Aus diesen Transaktionen ziehen alle Beteiligten Vorteile:

- Der Erstgläubiger, im Allgemeinen eine Bank, kann seine Forderungen, die meist schon abgeschrieben sind, auf dem Markt verkaufen. Damit werden zwar Teilverluste realisiert, ein möglicher Totalverlust wird aber vermieden.
- Der Investor erwirbt die Schuldtitel auf dem Sekundärmarkt zum Marktpreis, erhält seine Forderungen aber von der betreffenden Zentralbank zum höheren Nominalwert (unter Abzug eines Umwandlungsabschlags) in Landeswährung, so dass er seine Investitionen mit einem niedrigeren Kapitaleinsatz finanzieren kann.
- Für das Schuldnerland verringert sich durch die Umwandlung in Landeswährung die Devisenschuld und damit der Schuldendienst. Durch die zusätzlichen Investitionen können zudem Beschäftigungs- und Wachstumseffekte ausgelöst werden, die möglicherweise zu neuen Exporteinnahmen führen.

Begrenzt wird der Schulden-Eigenkapital-Tausch durch die Investitionsbereitschaft von potenziellen neuen Gläubigern und durch die Bereitschaft der Zentralbank zum Schuldentausch, die durch die Gefahr einer Überfremdung der Wirtschaft und zusätzliche Inflationsgefahren gebremst werden kann.

Neben diesen „klassischen" Schuldentauschtypen wurden weitere Varianten entwickelt, die von ökologischen oder entwicklungspolitischen Vorstellungen geprägt sind. Der Gläubiger macht in diesen Fällen
seine Bereitschaft auf Devisenforderungen zu verzichten von der Bereitschaft des Schuldners abhängig,
entsprechende Mittel in Inlandswährung, in Form eines *Gegenwertfonds*, zur Durchführung von Projekten
zur Verfügung zu stellen. Üblicherweise werden diese Schuldentauschvarianten von öffentlichen Instanzen angeboten, z. T. kaufen aber auch engagierte Organisationen, wie etwa die Nicht-Regierungs-
organisation (NGO) *Worldwide Fund for Nature* (WWF), Sekundärmarktpapiere auf und bieten dem
Schuldnerland einen entsprechenden Schuldentausch an. Hierunter fallen auch Maßnahmen für den
Schutz und die Erhaltung der Umwelt *(debt-for-nature swaps)* oder Programme zur Bekämpfung von
Armut, wie die von UNICEF initiierten *Debt-for-Child-Development Swaps*.

11.3.4 Common Framework

2020 verabschiedeten die G20 gemeinsam mit dem *Pariser Club* ein neues Rahmenwerk
für eine effektive und nachhaltige Schuldenbehandlung, das *Common Framework for Debt
Treatments beyond the Debt Service Suspension Initiative*. Das *Common Framework* soll
Schuldennachlässe regeln und baut damit auf der schon zuvor angesprochenen *Debt Service Suspension Initiative* (DSSI) von IWF und Weltbank auf, die die Voraussetzungen für
ein *Schuldenmoratorium* regelt (vgl. Abschn. 11.1).

Das *Common Framework* sieht vor, dass Gläubigerstaaten aus der G20 und dem *Pariser Club* sowie private Kreditgeber einen Gläubigerausschuss bilden, der auf der Grundlage der bereits erwähnten *Schuldentragfähigkeitsanalyse* mit dem Schuldnerstaat die Bedingungen für ein *Memorandum of Understanding* (MoU) aushandelt. Dieses MoU bildet
dann die Grundlage für ein bilaterales Abkommen, mit dem für jedes Land maßgeschneiderte
Umschuldungen und Schuldenerlasse koordiniert und umgesetzt werden (vgl. Abb. 11.7).
Voraussetzung ist auch hier die Umsetzung eines IWF-Programms zur makroökonomischen Stabilisierung des Landes. Das neue Rahmenwerk wurde vor allem deswegen
notwendig, weil sich die Gläubigerstruktur in den letzten Jahren verändert hat: Nach den
multinationalen Entwicklungsbanken und dem Privatsektor ist inzwischen China für viele
Entwicklungsländer größter Kreditgeber (vgl. BMF 2023).

Allerdings wurden im Rahmen des Common Frameworks bis Anfang 2023 noch keine
bilateralen Abkommen vereinbart und demnach auch keine Schulden erlassen. Einige bereits zahlungsunfähige Staaten – wie Sri Lanka oder der Libanon – konnten aufgrund ihres
zu hohen Prokopfeinkommens nicht berücksichtigt werden. Andererseits lassen sich
offensichtlich auch die privaten Gläubiger – Investmentbanken, Fonds und Versicherungen – nicht wie vorgesehen einbinden (*Comparability of Treatment*-Prinzip), obwohl sie ja derzeit über 50 % aller Forderungen gegenüber den LICs und MICs halten.
Auch ist die vorgesehene verbindliche Gläubigerkoordination, u. a. mit China, das nach
Weltbankangaben immerhin 5 % der Forderungen hält, bislang nicht gewährleistet.[11]

---

[11] Vgl. zu den Angaben Deutscher Bundestag (2023) und die hier angegebenen Quellen.

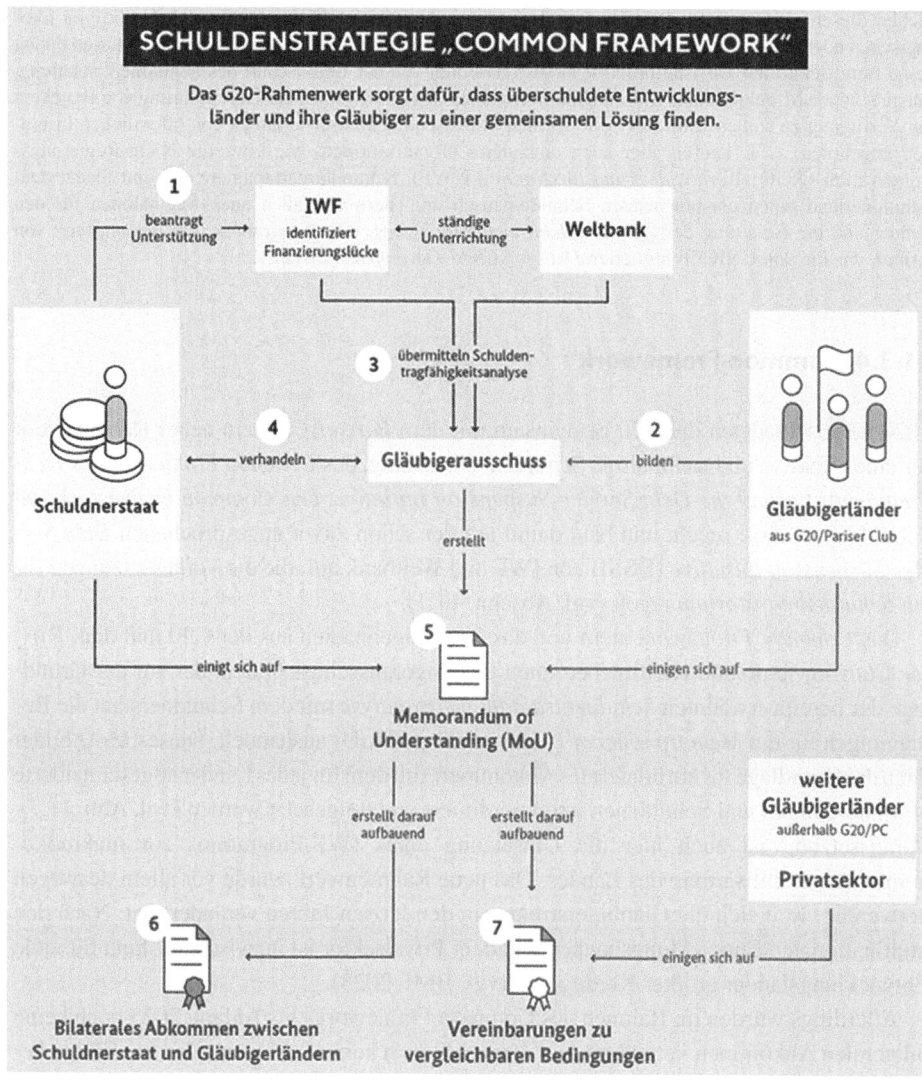

Abb. 11.7 Schuldenstrategie „Common Framework". (Quelle: Bundesministerium der Finanzen (BMF 2023))

11.4 Wirtschaftsreformen

Die vom IWF mit den vergebenen Krediten verknüpften Wirtschaftsreformprogramme (vgl. auch Abschn. 4.3) haben im Kern das Ziel den öffentlichen und privaten Bedarf an Devisen zu verringern und hierfür erforderliche Reformen einzuleiten. Zunächst konzentrierten sich die *Stabilisierungsprogramme* eher auf kurzfristige wirtschaftspolitische Maßnahmen. Die Einsicht, dass die finanziellen Ungleichgewichte der Schuldnerländer in den meisten Fällen aber keineswegs vorübergehende, kurzfristig zu behebende, sondern vielmehr strukturelle Ursachen hatten, veranlassten den IWF ab Mitte der 1980er-Jahre dazu, mit den Schuldnerländern längerfristig angelegte Reformprogramme, sog. *Strukturanpassungsprogramme (SAP), zu vereinbaren.*

Auch wenn die SAPs in vielen Fällen die unterschiedlichen strukturellen Voraussetzungen in den betroffenen Ländern noch zu wenig berücksichtigten, veranlassten sie doch immer mehr Schuldnerländer, sich ernsthaft mit strukturellen Reformen zu beschäftigen. Der Schwerpunkt lag dabei auf einer Anpassungsleistung der öffentlichen Haushalte und einer Änderung der Außenhandelsstrategie:

- Entsprechend dem neo-liberalen Konzept des *Washington Konsensus* (vgl. Abschn. 4.3.2) sollten die *Marktkräfte* gestärkt und die *Rolle des Staates eingeschränkt* werden: Den privaten Kräften sollte durch eine umfassende Deregulierung mehr Raum zur wirtschaftlichen Entfaltung gegeben und der Staatseinfluss u. a. durch die Privatisierung öffentlicher Unternehmen und Aufgaben verringert werden.
- Die *Konsolidierung der Staatsfinanzen* spielte eine wichtige Rolle. Eine solide Finanzpolitik sollte die Staatseinnahmen steigern, u. a. durch eine Änderung des Steuersystems, die Steuererhöhungen, die Abschaffung von Privilegien und eine Verbreiterung der Einzugsbasis umfassen musste. Zusätzlich sollten die Staatsausgaben gesenkt werden, u. a durch eine Reduzierung von Subventionen und eine Verschlankung der Verwaltungsstrukturen.
- Durch eine Verbesserung der *Leistungsbilanz* sollte der Devisenabfluss vor allem durch eine Diversifizierung der Exporte gestoppt werden. Voraussetzung dafür war eine Beseitigung *struktureller Schwächen*, insbesondere die Abhängigkeit vom Export weniger Rohstoffe, und der Ausbau der verarbeitenden Industrie sowie des Dienstleistungssektors, etwa des Tourismus- und Finanzsektors.
- Gleichzeitig sollten die *nationalen Finanzmärkte* durch Deregulierung und Inflationsbekämpfung effizienter werden. Hierbei geht es beispielsweise um eine Verringerung des Staatseinflusses, die Konsolidierung und Privatisierung von Staatsbanken, die Liberalisierung des Kapitalverkehrs und eine verstärkte Sparmobilisierung. Wichtig ist auch eine größere Unabhängigkeit der Zentralbanken, um eine Senkung der häufig hohen Inflationsraten durchzusetzen und eine Finanzierung des Staates „durch die Notenpresse" zu verhindern.

Die IWF-initiierten Strukturanpassungsprogramme wurden allerdings zunehmend kritisiert. U. a. spielten hierbei die folgenden Kritikpunkte eine wichtige Rolle:

- Zentral war das Argument, dass staatliche Ausgabenkürzungen und strukturelle Reformen zunächst meist erhebliche wirtschaftliche Nachteile vor allem für die ärmeren Bevölkerungsgruppen mit sich bringen. Ausgabenkürzungen beinhalteten meist auch eine Reduzierung der Ausgaben für Bildung, Gesundheit und soziale Sicherungsnetze sowie

von Lebensmittel- und Energiesubventionen, so dass soziale Ungleichheit weiter verschärft und die sozio-politische Stabilität des Landes bedroht wird.

- Neben den sozialen wurden auch ökologische und nachhaltige Aspekte zu wenig berücksichtigt. So können etwa die Privatisierung öffentlicher Dienstleistungen oder wirtschaftspolitische Liberalisierungsmaßnahmen negative Folgen für die Umwelt mit sich
  bringen.
- Zum Teil wurden die Programme als zu wenig langfristig orientiert gesehen und ein
  ganzheitlicherer struktureller Ansatz gefordert.
- Schließlich wurden viele Programme von den betroffenen Ländern als undemokratisch
  und von außen oktroyiert empfunden. Sie fühlten sich zu wenig eingebunden, vor allem
  wurde ein „One-Size-Fits-All"-Ansatz kritisiert, der die länderspezifischen Gegebenheiten zu wenig berücksichtigen würde. Dies galt vor allem bei den Programmen im
  Rahmen der Asienkrise.[12]

Beispiel Asienkrise

Die Asienkrise unterschied sich von früheren Währungs- und Finanzkrisen in einem
wesentlichen Punkt: Während zuvor Staaten als Kreditnehmer und -geber die wichtigste
Rolle gespielt hatten, war hier der private Sektor der wichtigste Akteur sowohl bei der
Nachfrage nach als auch bei der Bereitstellung von Devisen. Damit war der IWF-Ansatz,
der im Wesentlichen den Staat als Hauptakteur im Blick hatte, eher kontraproduktiv:
Niedrigere Staatsausgaben im Zusammenhang mit Zinserhöhungen und einer restriktiven Kreditvergabe der Banken führten auch für funktionsfähige Unternehmen durch sinkende Nachfrage und höhere Kosten zu erheblichen Problemen. Die dadurch ausgelöste
Konjunkturdämpfung verschlechterte die Möglichkeiten der Unternehmen, ihre Liquidität und Solvenz zu verbessern. Steigende Arbeitslosigkeit und steigende Preise verursachten zunehmende Armut, die die politisch-soziale Krise verschärfte. Geforderte
und durchgeführte Bankenschließungen unterminierten das Vertrauen der Bevölkerung
in das Finanzsystem und führten zu einem Abzug dringend benötigter Mittel.[13] ◀

Trotz der Tatsache, dass die Strukturanpassungsprogramme im Kern die wichtigsten
strukturellen Probleme im Blick hatten, waren viele Kritikpunkte durchaus berechtigt und
wurden in den Folgejahren auch aufgegriffen. Inzwischen werden sie nun als *Wirtschaftsreformprogramme* (*Economic Reform Programs*) oder *Instrumente zur Politikkoordinie-
rung* (*Policy Coordination Instruments*) bezeichnet, um den geänderten Charakter der Programme als Mittel zur ganzheitlichen Politikgestaltung zu unterstreichen.

Neuere IWF-Programme zeichnen sich durch eine Abfederung der sozialen Folgen von
Subventions- und Ausgabenkürzungen aus, etwa durch einen besseren Zugang zu Bildung

---

[12] Vgl. hierzu ausführlich Abschn. 12.3.
[13] Vgl. Abschn. 12.4.

und Gesundheitsversorgung, um die Voraussetzungen für eine soziale Akzeptanz von Reformen zu erhöhen. Zudem wurden Leitlinien für die Umweltprüfung von Programmen entwickelt, um diese umweltfreundlicher zu gestalten. Langfristige Aspekte werden stärker berücksichtigt und makroökonomische Stabilisierungsmaßnahmen weisen nun auch verstärkt sozial- und entwicklungspolitische Komponenten auf. Zudem werden bei der Programmausgestaltung die Länder stärker mit einbezogen, um deren spezifische Bedürfnisse noch stärker berücksichtigen zu können. Trotzdem bleiben die Kernforderungen vergleichbar, schließlich geht es nach wie vor um eine durchgreifende Verbesserung der wesentlichen ökonomisch-politischen Strukturen. Dies wird auch deutlich bei der Betrachtung der Schwerpunkte einiger Wirtschaftsreformprogramme der letzten Jahre:

(1) *Serbien* führte 2015 ein IWF-Programm durch, das Strukturreformen im Bereich der öffentlichen Finanzen, des Bankensektors, der Energiepolitik und des Arbeitsmarkts beinhaltete.[14]

(2) Mit *Ghana* wurden mehrere *Extended Credit Facility* (ECF) Programme implementiert (2015–2018 und 2019–2022), die Maßnahmen zur Haushaltskonsolidierung und zur Förderung des Privatsektors beinhalteten.

(3) Auch *Pakistan* setzte mehrere *Extended Fund Facility* (EFF) Programme um (2013–2016 und 2019–2022), die Maßnahmen zur Förderung des Wirtschaftswachstums, zur Verbesserung der Energieversorgung und zur Umsetzung struktureller Reformen im Finanzsektor beinhalteten.

(4) *Tansania* wurde durch das *Policy Support Instrument* (PSI) des IWF unterstützt (2013–2016 und 2016–2019), das eine Verbesserung der fiskalischen Rahmenbedingungen, die Förderung von Investitionen und die Stärkung des Finanzsektors in den Mittelpunkt stellte.

(5) Mit der *Ukraine* wurden *Stand-By-Arrangements* (SBAs) (2014–2015 und 2018–2020) vereinbart, die u. a. Maßnahmen zur Haushaltskonsolidierung, zur Stärkung des Bankensektors, zu Strukturreformen im Energiesektor, zur Verbesserung der Unternehmensführung und zur Exportförderung vorsahen.

(6) Das 2018 mit *Argentinien* vereinbarte Programm sah eine Reduzierung des Haushaltsdefizits, die Senkung der Inflation, die Flexibilisierung des Wechselkurses, die Stärkung des Finanzsektors sowie die Stärkung der sozialen Sicherungsnetze vor.

(7) Das 2016 mit *Ägypten* vereinbarte Programm hatte das Ziel, das Haushaltsdefizit zu reduzieren, die Währungsstabilität zu fördern und Strukturreformen zur Förderung des privaten Sektors und der wirtschaftlichen Diversifizierung umzusetzen. In diesem Rahmen sollten zwar die Energiepreise erhöht, Subventionen gekürzt und die Steuerverwaltung verbessert werden, gleichzeitig aber die soziale Absicherung für die ärmsten Bevölkerungsschichten verbessert und öffentliche Investitionen in Infrastruktur und Bildung erhöht werden.

---

[14] Zu den Programmtypen vgl. Abschn. 4.3.2 und Abb. 4.8.

Insgesamt ist eine Lösung der Verschuldungsproblematik durch die finanztechnischen und ökonomischen Maßnahmen noch nicht sichtbar, vielmehr ist derzeit eine erneute Schuldenkrise insbesondere der ärmeren Entwicklungsländer eher wahrscheinlich. Trotz der verschiedenartigen Lösungsansätze steigt die Verschuldung vieler Entwicklungsländer stetig weiter an (vgl. Abb. 11.4 und 11.5). Zumal China als relativ neuer Kreditgeber vor allem für zum Teil wenig rentable, dafür aber prestigeträchtige Infrastrukturprojekte in ärmeren Ländern die Verschuldung für viele Länder weiter in die Höhe treibt. Die meisten der chinesischen Kreditverträge schließen im Übrigen mit einer *„No-Paris-Club"*-Klausel eine Teilnahme an möglichen Umschuldungsvereinbarungen mit dem Pariser Club aus.[15] Vereinbarungen zu Wirtschaftsreformen sehen Verträge mit chinesischen Kreditgebern ebenfalls nicht vor.

Die Verarmung weiter Teile der Bevölkerung in den betreffenden Ländern verringerte sich nur unwesentlich – weltweit schwankt die geschätzte Anzahl in extremer Armut lebender Menschen seit 2015 um 700 Mio. (vgl. World Bank 2022b) – während die sozialen Disparitäten und die ökologischen Probleme in den meisten Ländern noch zunehmen. Neue Lösungsansätze erfordern in jedem Fall eine noch intensivere internationale Zusammenarbeit. Im Rahmen eines *politischen Dialogs* muss eine verstärkte Entwicklungsorientierung der politischen Eliten vereinbart und deren Steuerungsmotivation und -kompetenz gefördert werden. Demokratisierungs- und Dezentralisierungsprozesse und damit eine breite Partizipation und Mitverantwortung der verschiedenen gesellschaftlichen Gruppen und Organisationen, die über die Institutionalisierung von demokratischer Kontrolle abgesichert und durch die Gewährung von Pressefreiheit unterstützt werden müssen, können notwendige Wirtschaftsreformmaßnahmen auf eine breitere Basis stellen und diese besser legitimieren. Die Analyse der Entwicklungserfolge der asiatischen Länder zeigt, dass ein solcher Anpassungsprozess nur dann erfolgreich sein kann, wenn sowohl der politische Wille dafür vorhanden, als auch innenpolitische Stabilität gewährleistet sind. Stabilität ist damit ein Ziel an sich und Voraussetzung für die Erreichung entwicklungspolitischer Ziele.

Zusätzlich müssen weitere Faktoren berücksichtigt werden. So kann die Verschuldungsproblematik bei den hochverschuldeten armen Ländern nur dann entschärft werden, wenn der unmittelbare *Zwang zur Erwirtschaftung von Devisen eingeschränkt* wird. So kann es sinnvoll sein, in einigen Ländern verstärkt den Aufbau von Binnenmärkten oder von regionalen Binnenmärkten mit arbeitsintensiven und ökologisch verträglichen Produktionsstrukturen noch stärker zu fördern. Dies sollte durch den Aufbau von Fertigungskapazitäten auf der Basis einheimischer Rohstoffe und Fertigkeiten geschehen, um Entwicklungsfortschritte zu erzielen und Arbeits- und Verdienstmöglichkeiten im eigenen Land bzw. der jeweiligen Region zu schaffen. Dies würde auch die Aufgabe des *„urban bias"* beinhalten, der aus politischen Gründen erfolgten Bevorzugung der städtischen Bevölkerung, die zu einer Verstärkung der räumlichen Disparitäten mit negativen sozio-ökologischen Folgen geführt hat und weiter führt. In vielen Ländern bedeutet dies, dass diejenigen ländlichen

---

[15] Vgl. Gelpern et al. (2021); vgl. zu den Kreditbedingungen auch Fahrion et al. (2022).

Regionen stärker gefördert werden müssen, die Subsistenzproduktion oder Produktion für den einheimischen Markt betreiben. Notwendig ist auch eine Verbesserung der Entwicklungsvoraussetzungen von *Klein- und Mittelbetrieben* (KMU) und des *informellen Sektors*. Dies kann beispielsweise geschehen durch eine bessere Integration dieser Unternehmen in das bestehende Geld- und Kreditsystem, also durch einen verbesserten Zugang zu den Finanzmärkten und eine intensive technische Unterstützung.

Im Kern muss allerdings jede Strukturpolitik auch zu einer *Verbesserung der Erwirtschaftung von Devisen* beitragen. Die hierfür notwendige Analyse der Weltmarktbedingungen und der binnenwirtschaftlichen Folgen, der Angebots- und Nachfrageentwicklungen, der Preistendenzen, Qualitätsanfordernisse und Verbrauchstrends ist jedoch verbesserungswürdig. Der für zusätzliche Importe benötigte Devisenbedarf dürfte in vielen Fällen vor allem durch ausländische Investitionen in den Exportsektor erwirtschaftet werden. Hierbei muss aber verhindert werden, dass die Produktion von Exportgütern die Versorgung der Bevölkerung verschlechtert.

Literatur Kap. 11[16]

Ahmed, M., Summers, L. (1992) Zehn Jahre Schuldenkrise – eine Bilanz; in: Finanzierung und Entwicklung, September 1992

Allen, M., Nankani, G. (2004) Heavily Indebted Poor Countries (HIPC) Initiative: Status of Implementation. IMF Staff papers, Washington D.C.

Andrews, D. et al. (1999) Debt Relief for Low-Income Countries, the Enhanced HIPC. IMF Initiative Pamphlet Series No. 51, Washington, D.C.

Antwort der Bundesregierung auf die Kleine Anfrage der Abgeordneten Cornelia Möhring et al.: Maßnahmen zur Lösung der Schuldenkrise im Globalen Süden und zur Beteiligung privater Gläubiger an Schuldenerlassen. https://dserver.bundestag.de/btd/20/052/2005297.pdf

BFM (2023) Bundesfinanzministerium: Internationale Schuldenstrategie zur Entlastung hoch verschuldeter Länder. https://www.bundesfinanzministerium.de/Content/DE/Standardartikel/Themen/Internationales_Finanzmarkt/Schuldenstrategie/schuldenstrategie.html

Deutscher Bundestag (2023) Drucksache 20/5297, vom 20.02.2023

Fahrion, G. et al. (2022) Straße nach nirgendwo; in: Der Spiegel, vom 20.08.2022

Gelpern, A. et al. (2021) How China Lends, Kiel März 2021. https://www.ifw-kiel.de/publications/journal-article/2021/how-china-lends-a-rare-look-into-100-debt-contracts-with-foreign-government-16100/

IWF (2020) Der Einbruch internationaler Kapitalflüsse in Schwellenländer: Was sind die Folgen? in: Kieler Beiträge zur Wirtschaftspolitik, No. 26; Juni 2020

IMF (2005) Debt Relief Under the Heavily Indebted Poor Countries (HIPC) Initiative. A Factsheet – IMF December 2005. www.imf.org

IWF (2022) IWF Jahresbericht 2022, Washington D.C.

Koch, E. (2023) Internationale Wirtschaftsbeziehungen I. Internationaler Handel zwischen Freihandel und Protektionismus, 4. Aufl., Wiesbaden

Misereor (2022) Misereor Schuldenreport 2022

---

[16] Letzter Zugriff auf die im Literaturverzeichnis und den Links genannten Internetquellen jeweils 07/2023.

OECD (2014) Illicit Financial Flows from Developing Countries. https://www.oecd.org/dac/measuring-oecd-responses-to-illicit-financial-flows-from-developing-countries-9789264203501-en.htm

Piper, N. (2022) Schwellenländer: Angst vor einer Abwärtsspirale; in: SZ vom 23.08.2022. https://www.sueddeutsche.de/politik/schwellenlaender-wirtschaft-dramatisch-1.5643385

Sundaram, J.K. (2022) Auf den Spuren der Kapitalflucht aus Afrika; in: Afrika Info vom 12.05.2022. https://afrika.info/auf-den-spuren-der-kapitalflucht-aus-afrika/

UN (2023) A world of debt. A growing burden to global prosperity. UN Global Crisis Response Group. July 2023. https://news.un.org/pages/wp-content/uploads/2023/07/2023_07-A-WORLD-OF-DEBT-JULY_FINAL.pdf

Verdad, M. (2023) Kapitalflucht in Lateinamerika hat weiter zugenommen. https://amerika21.de/2023/06/264247/kapitalflucht-lateinamerika

World Bank (2005) Global Development Finance (GDF) 2005, Washington D.C.,

World Bank (2015) Bond BuyBacks and Exchanges. Background Note. May 2015. https://documents1.worldbank.org/curated/en/917241467993195291/pdf/104176-WP-PUBLIC-GIVE-BOBBIE-REPORT-NUMBER-gov-bonds-Bond-Buybacks-and-Exchanges.pdf

World Bank (2022): International Debt Report 2022, S. 7. https://openknowledge.worldbank.org/server/api/core/bitstreams/49da23a2-bcc9-5593-bc96-470cae6b3665/content

World Bank (2022b) World Development Report 2022, Washington D.C.

World Bank/KNOMAD (2023) Migration and Development No. 38, June 2023

Ausgewählte Links

GFI: https://gfintegrity.org/issue/illicit-financial-flows/

Pariser Club: https://www.bmwk.de/Redaktion/DE/Textsammlungen/Aussenwirtschaft/pariser-club.html

Internationale Investitionen (FDI) 12

Grenzüberschreitende Investitionen, also Direktinvestitionen oder *foreign direct invest-ments* (FDI), sind ein wichtiger Teil der internationalen Finanzbeziehungen. Transnationale Unternehmen treffen ihre Investitions- und Produktionsentscheidungen aufgrund inter-nationaler Standort- und Marktbedingungen, wobei nationale sowie sprachliche und kultu-relle Grenzen häufig keine ernsthaften Hinderungsfaktoren sind. Die weltweite Liberalisie-rung, die äußerst kostengünstigen Kommunikations- und Transportbedingungen, der Zu-gang zu Arbeitsmärkten mit niedrigen Kosten sowie die wachsende Kaufkraft und differenzierter werdenden Nachfragerstrukturen erfordern immer häufiger eine „Präsenz vor Ort", so dass sich die grenzüberschreitenden Investitionsströme seit Beginn der 1990er-Jahre enorm verstärkt haben. Diese Situation beginnt sich jedoch zu ändern.

12.1 Entwicklung von und Gründe für Direktinvestitionen

Mit Direktinvestitionen werden grenzüberschreitende Kapitalbewegungen bezeichnet, mit denen unmittelbar und dauerhaft auf die Geschäftstätigkeit des betreffenden Unter-nehmens im Ausland Einfluss genommen werden soll. Sie umfassen den Aufbau oder die Erweiterung von Produktions- und Vertriebseinrichtungen im Ausland durch Neu-gründungen, Gemeinschaftsunternehmen zusammen mit ausländischen Partnern (*joint ventures*), Fusionen oder Übernahmen ausländischer Unternehmen (*mergers and acquisi-tions, M&A*), den Erwerb von Kapitalbeteiligungen bzw. die Erhöhung des Beteiligungs-kapitals an ausländischen Unternehmen, einschließlich der Re-Investition von Gewinnen. Im Fall einer De-Investition wird das entsprechende Engagement verringert, es werden Unternehmen oder Unternehmensanteile verkauft, Kredite an die Muttergesellschaft ge-tilgt oder Gewinne nicht im Land re-investiert, sondern beispielsweise an die ausländische Muttergesellschaft ausgeschüttet.

E. Koch, *Internationale Wirtschaftsbeziehungen II*,
https://doi.org/10.1007/978-3-658-43377-2_12

Direktinvestitionen unterscheiden sich damit von kurzfristigen spekulationsorientierten Finanztransaktionen wie auch von längerfristigen renditeorientierten *Portfolioinvestitionen*, obwohl sich eine Abgrenzung nicht immer zweifelsfrei vornehmen lässt. Als Direktinvestitionen gelten Unternehmensbeteiligungen – auch an Tochterunternehmen des eigenen Konzerns – ab 10 % des Kapitals oder Stimmrechts.

Die weltweiten Direktinvestitionen stiegen zwischen 1973 und 1990 um 700 % von 25 Mrd. US$ p.a. auf zunächst 200 Mrd. US$ an. In den folgenden zehn Jahren wuchsen sie nochmals um 700 % auf etwa 1,4 Bio. US$ p.a. an. Auf diesem Niveau pendelten sich die FDI im Schnitt der nächsten 20 Jahre – mit wenigen Ausnahmen – ein. Dabei verzwanzigfachte sich der Bestand an Direktinvestitionen im Ausland innerhalb von 30 Jahren auf rund 44 Bio. US$, während sich die Summe aller weltweit produzierten Güter und Dienstleistungen im gleichen Zeitraum (nur) etwa verfünffachte (vgl. Abb. 12.1).

Die meisten Investitionen flossen in westliche Industrieländer und nach China und damit in die Länder, die gleichzeitig auch am meisten im Ausland investierten. Allerdings näherten sich die Volumina, die in die beiden Ländergruppen – Industrie- und Entwicklungsländer (einschl. China) – flossen in den letzten Jahren immer stärker einander an (vgl. Abb. 12.2). Der Blick auf Durchschnittszahlen verschleiert jedoch die Tatsache einer sehr unterschiedlichen Verteilung der privaten Kapitalzuflüsse in Entwicklungsländer: 2022 entfielen rund zwei Drittel der in Entwicklungsländer fließenden FDI in Höhe von 916 Mrd. US$ (*FDI inflows*) auf nur fünf Länder: China, Hongkong, Singapur, Brasilien und Indien und 95 % auf die Top 20 der Entwicklungsländer.[1] In die ärmsten Entwicklungsländer, die knapp 50 *least developed countries* (LLDCS), flossen dagegen 2022 mit 22 Mrd. US$ nur 0,02 % aller FDIs, ein Anteil, der sich in den letzten 30 Jahren immer weiter verringert hat.

Wichtigste **Empfängerländer** der insgesamt rund 1,3 Bio. US$ ausländischer Investitionen (*FDI inflows*) 2022 waren die USA, China, Singapur, Hongkong und Brasilien, in denen vor allem Investitionen im Energiesektor, im Informations- und Kommunikationstechnologiesektor (IKT) und im Finanzsektor getätigt wurden. Die wichtigsten Geberländer der 2022 vergebenen FDI von knapp 1,5 Bio. US$ (*FDI outflows*) waren die USA, Japan, China, Deutschland und Großbritannien. Insgesamt entfielen 2022 auf die 10 wich-

	1990	2000	2005–2007 (Durchschnitt p.a.)	2020	2022
FDI (empfangen)	0,2	1,4	1,4	1,0	1,3
FDI (Bestand)	2,2	6,1	14,6	42,0	44,3
Zum Vergleich: Weltsozialprodukt (GDP)	22,6	34,0	52,7	84,9	100,2

Abb. 12.1 Direktinvestitionen (FDI) weltweit (in Bio US$, alle Zahlen gerundet). (Quelle: UNCTAD WIR (2023) Fig I.18, S. 50)

---

[1]Vgl. UNCTAD (2023), eigene Berechnungen.

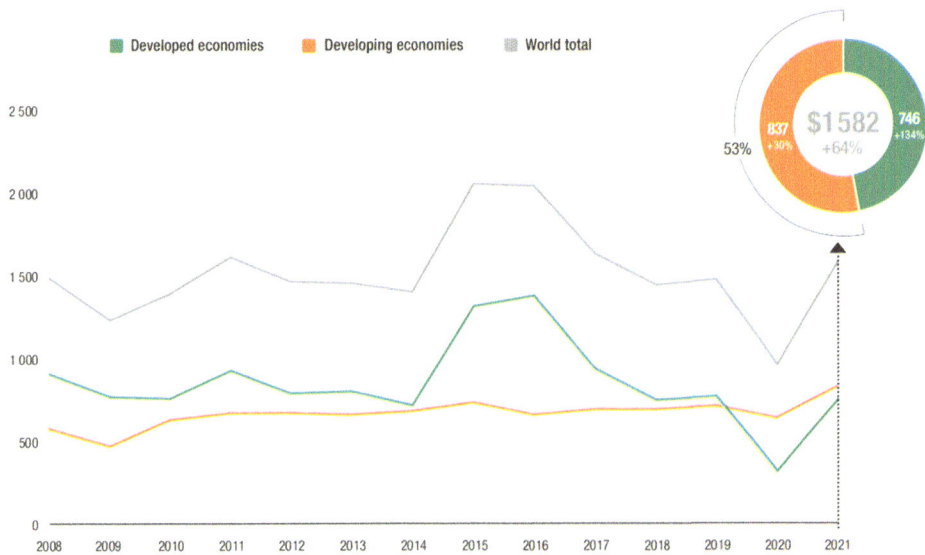

Abb. 12.2 FDI Empfängergruppen. (Quelle: UNCTAD WIR (2022) Fig I.1, S. 2)

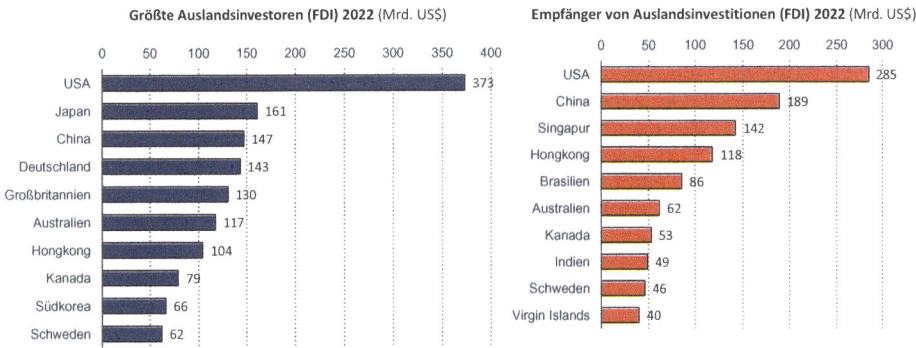

Abb. 12.3 FDI Geber und Empfängerländer 2022. (Quelle: UNCTAD 2023)

tigsten Geberländer 93 % aller Direktinvestitionen und auf die 10 wichtigsten Empfänger-länder 83 %. Das wiederum bedeutet, dass etwa 90 % aller Länder sowohl als Investoren als auch als Zielländer für ausländische Investitionen nur eine untergeordnete Rolle spie-len[2] (vgl. Abb. 12.3).

Direktinvestitionen werden aus verschiedenen **Motiven** getätigt. Bis Mitte der 1980er-Jahre waren die Sicherung der Rohstoffversorgung und der Bezug von Vorprodukten wesentliche Ursache für Auslandsinvestitionen. Bis Anfang der 2020er-Jahre dominierten andere Motive, vor allem der Ausbau und die *Sicherung ausländischer Absatzmärkte*

---

[2] Eigene Berechnungen auf der Grundlagen der Daten von UNCTAD (2023).

sowie die *Nutzung ausländischer Standortvorteile*. Das *erste Motiv* überwiegt dann, wenn auf den Exportmärkten Unterstützungsstrukturen aufgebaut werden, um Dienstleistungen wie Service, Vertrieb, Marketing oder Instandhaltung direkt vor Ort anbieten zu können, aber auch um Forschungs- und Entwicklungsaktivitäten konkret auf die neuen Märkte abstimmen zu können. Immer wichtiger wurde auch die Notwendigkeit in räumlicher Nähe zu Großkunden zu produzieren. Solche Groß- oder Schlüsselkunden können z. B. deutsche Unternehmen, wie etwa VW oder Siemens, sein, deren Zulieferindustrie gezwungen ist, ins Ausland zu folgen, oder ausländische Großabnehmer, mit denen häufige Abstimmungsgespräche erfolgen. Das *zweite Motiv* dominiert beim Aufbau von arbeitsintensiver Produktion im Ausland, wenn beispielsweise spezielle Mitarbeiterqualifikationen oder rechtliche Vorteile, wie etwa Zollfreiheit oder eine zu vernachlässigende Umweltgesetzgebung im Ausland genutzt werden. Ebenso können durch Investitionen im Ausland spezielle Außenhandelsrisiken, wie Wechselkursänderungen oder protektionistische Behinderungen (Marktzugangsbeschränkungen) umgangen werden (vgl. Abb. 12.4).

Erst seit wenigen Jahren, spätestens aber seit 2022 mit dem Beginn des russischen Angriffskriegs auf die Ukraine, spielen aufgrund der immer offensichtlicher gewordenen weltpolitischen Risiken geostrategische und sicherheitspolitische Überlegungen für grenzüberschreitende Investitionsentscheidungen eine zunehmend wichtigere Rolle. Allzu starke Abhängigkeiten von einzelnen Lieferanten und Ländern, Lieferkettenprobleme, neue nachhaltigkeitsorientierte Auflagen, wie das deutsche und das europäische Lieferkettengesetz, die Einhaltung von politisch motivierten Sanktionen, die zu einer Aufgabe von Produktionsstandorten führen, stellen investitionswillige Unternehmen vor neue Probleme, und veranlassen diese, die Risikosituation noch genauer als zuvor zu prüfen. Diese Entwicklungen führen dazu, dass die Vermeidung von ökonomischen Risiken und die Diversifizierung von grenzüberschreitenden Investitionsentscheidungen inzwischen ein viel stärkeres Gewicht

Gründe für Direktinvestitionen
von je 100 deutschen Industrieunternehmen nannten als Gründe

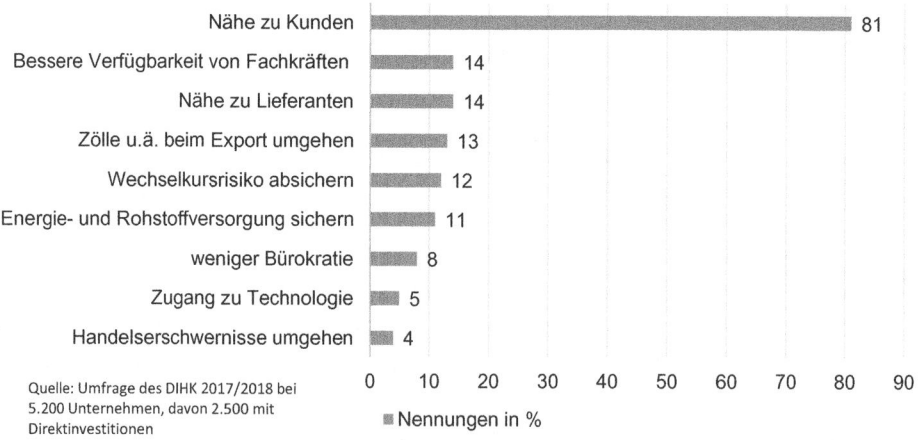

Quelle: Umfrage des DIHK 2017/2018 bei
5.200 Unternehmen, davon 2.500 mit
Direktinvestitionen

Abb. 12.4 Gründe für FDI. (Quelle: Umfrage des Deutscher Industrie- und Handelskammertags (DIHK) (2017/2018))

bekommen (*de-risking*) und *re-shoring, near-shoring* und *friend-shoring* eine immer größere Rolle bei der Begründung von Investitionsentscheidungen spielen.[3]

Re-shoring führt zu einer direkten Reduzierung von FDI durch eine „Rückholung" von Investitionen in die Heimatregion. Bei *near-shoring* findet die Verlagerung von Investitionen und damit Teilen der Produktion in Länder, die näher am Stammsitz bzw. an den Endkunden gelegen sind, statt. Aus dem Blickwinkel Deutschlands sind dies beispielsweise osteuropäische EU-Mitgliedsländer, bei denen auch weiterhin ausländische Standortvorteile genutzt werden können, während gleichzeitig Risiken, wie etwa Lieferkettenprobleme, abnehmen. *Friend-shoring* bedeutet eine explizite Entscheidung für „befreundete" und damit politisch weniger riskante Länder und wird häufig durch eine begünstigende Industriepolititik der Nehmer-Länder unterstützt. Beispiele hierfür Entscheidungen von Apple, Nike, Sony oder Puma Investitionen nicht in China, sondern in Indonesien, Thailand, Vietnam oder Indien zu tätigen.

Mit Direktinvestitionen vergrößern die *aufnehmenden Länder* ihren Kapitalstock, also ihre Ausstattung mit Produktionsgütern, sie erhalten (benötigte) Devisen sowie i. d. R. Zugang zu Innovationen und modernen Produktionsmethoden. Die häufig neuen Technologien verbessern die Produktionsmöglichkeiten, schaffen Arbeitsplätze und ermöglichen die Weiterentwicklung des Arbeitskräftepotenzials. Die dann im eigenen Land erzeugten Produkte können exportiert werden und ermöglichen zusätzliche Deviseneinnahmen. Gefahren von Direktinvestitionen für die aufnehmenden Ländern können entstehen, wenn eine Überfremdung einzelner Wirtschaftssektoren und die Möglichkeit der ökonomischen Abhängigkeit des Landes von ausländischen Investoren, etwa einzelner transnationaler Unternehmen, droht. Diese werden bei einer Änderung der politisch-ökonomischen Bedingungen im aufnehmenden Land, im Krisenfall oder bei Unternehmensproblemen, ihre Aktivitäten schnell reduzieren oder beenden, mit möglicherweise gravierenden Folgen für die betroffene Volkswirtschaft.

12.2   Deutsche FDI und FDI in Deutschland – Einige Daten

Deutsche Direktinvestitionen im Ausland

Die Bedeutung der deutschen Direktinvestitionen steigt laufend. In den 25 Jahren zwischen 1990 und 2015 versechsfachte sich der Bestand im Ausland auf 1,8 Bio. US$, um anschließend bis 2022 nur noch leicht anzusteigen. Die wachsende Bedeutung zeigt sich insbesondere in der Relation zum BIP. Während der Bestand 1990 noch bei rund 24 % des BIP lag, erreichte die Relation 2015 einen Höchststand mit 60 % des BIP. Seitdem ging die Bedeutung auf knapp 50 % zurück (vgl. Abb. 12.5).

Auch deutsche Unternehmen investieren am häufigsten in anderen Industrieländern. Damit sind die wichtigsten deutschen Exportmärkte auch die wichtigsten Empfänger deutscher FDI – neben den USA und China sind dies vor allem die europäischen Nachbarländer. Der größte Bestand findet sich mit großem Abstand in den USA, China und Luxemburg (vgl. Abb. 12.6). 2021 beschäftigten die 42.000 deutschen Unternehmen im Aus-

---

[3] Vgl. zu dem gesamten Absatz Abschn. 12.5.

Jahr	Bestand am Jahresende in Mrd. US$	Als Prozentsatz des BIP (in %)	BIP in Bio Euro
1990	309	24	1,3
2000	484	23	2,1
2010	1.365	53	2,6
2015	1.812	60	3,0
2020	1.977	58	3,4
2022	1.929	49	3,9

Abb. 12.5 Deutsche Direktinvestitionen im Ausland. (Quelle: UNCTAD: World Investment Report (WIR) div. Jahrgänge)

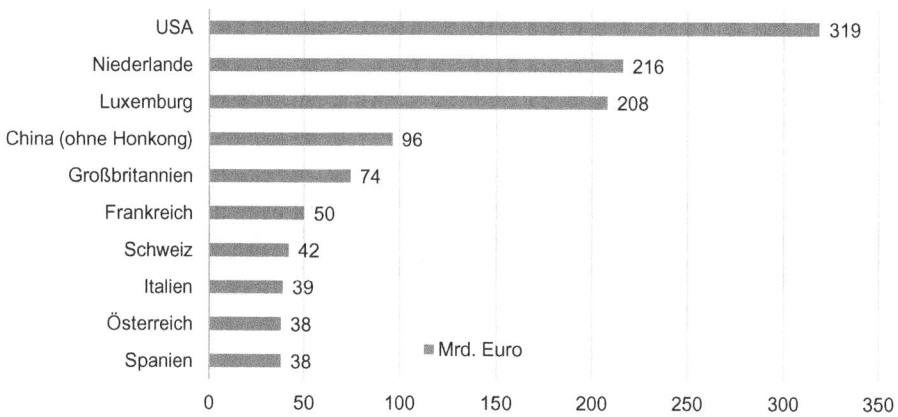

Abb. 12.6 Die 10 wichtigsten Empfängerländer deutscher FDI (Bestand Ende 2021). (Quelle: Deutsche Bundesbank (2023))

land bei einem Jahresumsatz von 3,3 Mrd. € knapp 8 Mio. ausländische und deutsche Arbeitnehmer.[4]

Ausländische Direktinvestitionen in Deutschland

Die Bedeutung Deutschlands als Zielregion von Auslandsinvestitionen verfünffachte sich in den 25 Jahren zwischen 1990 und 2015 auf 1,1 Bio. US$, anschließend ging der Bestand leicht zurück. Bezogen auf das BIP stieg der Bestand von 17 % (1990) auf 37 % (2015), sank aber seitdem wieder auf 28 % (vgl. Abb. 12.7).

---

[4]Vgl. Deutsche Bundesbank (2023), alle Zahlen gerundet. Bei den Angaben wurden die Unternehmen mit unmittelbarer und mittelbarer inländischer Kapitalbeteiligung addiert.

Jahr	Bestand am Jahresende in Mrd. US$	Als Prozentsatz des BIP (in %)	BIP in Bio Euro
1990	227	17	1,3
2000	471	22	2,1
2010	956	37	2,6
2015	1.121	37	3,0
2020	1.059	31	3,4
2022	1.088	28	3,9

Abb. 12.7 Ausländische FDI in Deutschland (Bestand). (Quelle: UNCTAD: World Investment Report (WIR) div. Jahrgänge)

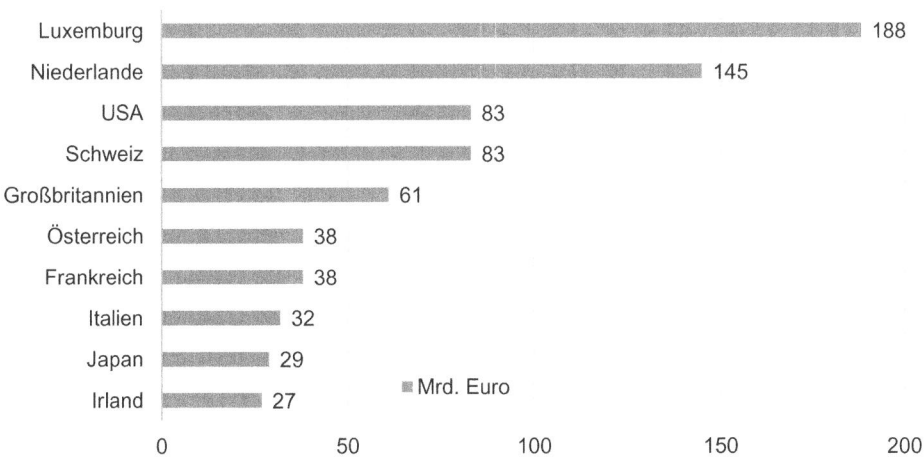

Ausländische FDI in Deutschland (in Mrd. Euro)

Abb. 12.8 Die 10 wichtigsten Auslandsinvestoren in Deutschland (Bestand Ende 2021). (Quelle: UNCTAD: World Investment Report (WIR) div. Jahrgänge)

Die mit weitem Abstand meisten ausländischen Investitionen in Deutschland kommen aus anderen Industrieländern. Die größten Investoren sind neben Luxemburg (188 Mrd. €) und den Niederlanden (145 Mrd. €), die USA und die Schweiz (jeweils 83 Mrd. €) sowie Großbritannien (61 Mrd. €). Hierbei handelt es sich jeweils um die Bestände Ende 2021 (vgl. Abb. 12.8).[5] 2021 erzielten die 17.500 ausländischen Unternehmen in Deutschland einen Jahresumsatz von 1,9 Mrd. € und beschäftigten 3,2 Mio. Arbeitnehmer in Deutschland.[6]

---

[5] Da die Bestandsdaten auch Geldströme etwa zwischen Einheiten desselben Eigentümers enthalten, sind sie allerdings tendenziell überzeichnet.

[6] Vgl. Deutsche Bundesbank (2023), alle Zahlen gerundet. Bei den Angaben wurden die Unternehmen mit unmittelbarer und mittelbarer inländischer Kapitalbeteiligung addiert.

Nach Zahlen der GTAI stiegen die FDI in Deutschland 2022 auf einen Rekordwert von 25,3 Mrd. €. Hierbei handelt es sich ausschließlich um neue Fabriken, Maschinen oder Flächen. Hinzu kommen nach Angaben des Wirtschaftsministeriums noch weitere geplante Projekte mit einem Volumen von mehr als 100 Mrd. € in den nächsten Jahren, die aktuell im Bau oder fest in der Planung sind.

12.3   Direktinvestitionen in Entwicklungsländer

Entwicklungsländer haben das generelle Problem, dass für den Aufbau und die Entwicklung des Landes, vor allem aber für die Entwicklung einer wettbewerbsfähigen Exportindustrie nicht genügend geeignete Produktionsfaktoren bereitstehen: Neben dem Mangel an qualifizierten Fachkräften, der Qualifikationen in den Schlüsselbereichen Management, Organisation und technisches Know-how einschließt, fehlt vielfach das geeignete Sachkapital, insbesondere in Form von Infrastruktureinrichtungen und Produktionsmitteln. Während eine zunehmende Anzahl von Schwellenländern durch einen Ausbau ihrer Bildungsinfrastruktur den Mangel an qualifizierten Arbeitskräften quantitativ und inzwischen auch qualitativ verringert hat, besteht nach wie vor ein Mangel an Sachkapital, der durch wachsende Investitionen von einheimischen und vor allem ausländischen Investoren beseitigt werden müsste. Aufgrund der Probleme, die vielen Ländern bei der Rückzahlung von Fremdwährungskrediten (vgl. Kap. 11) und durch die häufig wenig effizienten einheimischen Kapitalmärkte entstehen, kommt der Mobilisierung von ausländischem Kapital daher eine große Bedeutung für die Kapitalversorgung zu.

Beteiligungskapital kann ja in Form von *Direktinvestitionen* (FDI) oder *Portfolioinvestitionen* bereitgestellt werden. Die Attraktivität eines Landes für ausländische Investoren und Finanzanleger ist aber an ein gutes Investitionsklima mit liberalen Investitionsbedingungen sowie guten nationalen und regionalen Wachstumschancen und damit zu erwartenden hohen Gewinnen geknüpft. Eine wachsende aber immer noch sehr begrenzte Anzahl von Schwellenländern hat diese in den letzten Jahren geschaffen. Hierzu zählen weitgehende politische und soziale Stabilität, eine ausreichende Verkehrs- und Kommunikationsinfrastruktur, eine solide Währungs- und Finanzpolitik, ein vergleichsweise effizienter, liquider Kapitalmarkt mit verlässlichen Institutionen wie Banken, Wertpapierbörsen und Aufsichtsbehörden sowie zunehmende Rechtssicherheit, die zumindest eine sichere Abwicklung der Transaktionen sowie die Rückführung von Kapital und Gewinnen ermöglicht.

Liegen diese Voraussetzungen vor und werden die Anlagemöglichkeiten als gewinnträchtig eingeschätzt, erhöht sich die Attraktivität der lokalen Kapitalmärkte meist auch für einheimische Anleger, so dass Fluchtgelder repatriiert werden können, also im Ausland angelegtes Kapital wieder ins Inland transferiert wird, und im Ausland arbeitende Bürger motiviert werden, ihr Auslandseinkommen im Inland anzulegen. Eine besonders erfolgreiche Maßnahme zur Förderung von Direktinvestitionen war für viele Länder die Einrichtung von *Sonderwirtschaftszonen* (SWZ) (*special economic zones* oder auch *export processing zones*) in denen ausländische Unternehmer besonders vorteilhafte Produktionsbedingungen vorfinden. SWZ sind meist klar abgegrenzte geographische Gebiete mit für ausländischen Unternehmen geeigneter physischer Infrastruktur und attraktiven administrativen Regulierungen, wie reduzierten Importzöllen, Steuervergünstigungen und beschleunigten Genehmigungsprozessen. Im Gegenzug erwarten die Regierungen Direktinvestitionen, mit denen Arbeitsplätze geschaffen, neue Technologien eingeführt und Exporteinnahmen generiert werden. Während 1995 weltweit nur etwa 500 SWZ existierten, registrierte die UNCTAD 2002 bereits 3000 und 2019 knapp 5400 SWZ, von denen mehr als 1000 in den fünf Jahren zuvor gegründet worden waren. Zudem gab es 2019 Pläne für die Eröffnung weiterer 500 SWZ in den darauffolgenden Jahren.[7]

SWZ in China

Insbesondere in China waren und sind SWZ ein wichtiges Element der Wirtschaftspolitik – die Hälfte aller weltweit registrierten SWZ befindet sich heute in China. Chinesische SWZ haben ihren Ursprung in der *Reform- und Öffnungspolitik* der frühen 1980er-Jahre. Um mit marktwirtschaftlichen Reformen zu experimentieren, wurden SWZ zunächst in Guangdong (Shenzhen, Zhunai, Shantou), Fujian (Xiamen) und Hainan, später auch in anderen Regionen eingerichtet. Ab 1984 wurden weitere 14 Küstenstädte für ausländische Investoren geöffnet, mit ähnlichen Präferenzen wie in den SWZ und ab 1993 wurde mit der Einrichtung weiterer SWZ im Landesinneren begonnen. Die in den SWZ produzierten Produkte waren grundsätzlich für den Export bestimmt und durften nur ausnahmsweise auf dem Binnenmarkt verkauft werden. Den in den SWZ produzierenden Unternehmen wurden erhebliche Steuererleichterungen eingeräumt, zum Teil mussten gar keine Steuern entrichtet werden, und reinvestierte Gewinne blieben steuerfrei.[8]

Zu Beginn der 1990er-Jahre rückten *Schwellenländer* (*Newly Industrializing Economies*, NIEs) immer stärker in das Blickfeld international agierender Anleger, Länder, die die zentralen Funktionsbedingungen ihrer Kapitalmärkte verbesserten und eine wirkungsvolle exportorientierte Politik betrieben, die zu hohen Wirtschaftswachstumsraten führten. Mit der wirtschaftlichen Dynamik der Schwellenländer wuchs das Vertrauen in die Entwicklungsmöglichkeiten dieser Ländergruppe, so dass der Zustrom privater Gelder aus dem Ausland stark anzusteigen begann. Für diese Ländergruppe, die inzwischen eine erhebliche Rolle auf den internationalen Kapitalmärkten spielt, hat sich seit Mitte der 1990er-Jahre auch der Begriff *Emerging Markets* (EM) durchgesetzt. Diese Bezeichnung wurde 1986 von der IFC, der zur Weltbankgruppe gehörenden *International Finance Corporation* (vgl. Abschn. 4.5), zum ersten Mal für eine Gruppe von Entwicklungsländern verwendet, die vergleichsweise günstige Voraussetzungen für ausländische Direkt- und

---

[7]Vgl. UNCTAD (2019) S. 128 ff., UNCTAD (2021).

[8]Vgl. Koch (2023) Abschn. 7.3.5.

Finanzinvestitionen aufwiesen.[9] Während der Begriff *Schwellenländer* nun eher als ökonomisch-politische Kategorie genutzt wird, spielen die EM eher als anlage- und finanztechnische Kategorie eine Rolle.

Beide Begriffe sind jedoch nicht einheitlich definiert. Allgemein handelt es sich hierbei um die wirtschaftlich erfolgreicheren Entwicklungsländer, deren Barrieren für ausländische Kapitalanleger verhältnismäßig niedrig sind, die also Unternehmensbeteiligungen oder den Rücktransfer von Kapital und Gewinnen nicht oder kaum beschränken. Dies wird häufig begünstigt durch weitgehend konvertierbare Währungen ohne Devisenkontrollen, flexible Wechselkurse sowie ein vergleichsweise gut funktionierendes Rechtssystem. Aufgrund dieser immer noch recht allgemeinen Kriterien ist die Gruppe der EM aber nicht eindeutig abgrenzbar, die Anzahl der dieser Gruppe zugerechneten Länder reicht daher auch, je nach Quelle, von knapp 20 bis etwa 40 Länder. Abb. 12.9 zeigt die Länderauswahl des *MSCI Emerging Markets ETF*, die allerdings nicht fest ist, sondern sich auch ändern kann.

BRICS

Die BRICS-Staaten (Brasilien, Russland, Indien, China und Südafrika) sind eine Untergruppe der EM. Die Bezeichnung ist eine Erfindung des früheren Goldman-Sachs-Ökonomen *Jim O'Neill*, der damit 2001 vier ökonomisch besonders erfolgreiche und damit für Anleger interessante Länder (Südafrika trat der Gruppe erst 2010 bei) griffig zusammenfasste. In der Folge schlossen sich die Länder auch politisch stärker in Gipfeltreffen zusammen und gründeten, wie erwähnt, 2016 auch eine eigene Entwicklungsbank für Schwellenländer, die *New Development Bank* (NDB). 2023 beschlossen sie im Januar 2024 weitere sechs Schwellenländer (Saudi-Arabien, Iran, die Vereinigten Arabischen Emirate, Argentinien, Ägypten und Äthiopien) als gleichberechtigte Vollmitglieder aufzunehmen und sich in *BRICS plus* umzubenennen. Auf diese Weise soll ein gewisses Gegengewicht zu den Industrieländer dominierten G7 und G20 etabliert werden. Allerdings mangelt es bislang an einem konkreten Konzept und realistischen Zielen. Dies dürfte sich durch die Aufnahme der neuen Mitglieder vermutlich auch nicht so schnell ändern.

Die Entwicklung der Finanzmärkte in den EM machte diese nicht nur für ausländisches Kapital attraktiver, sondern auch für inländische Anleger, so dass sich das inländische Sparaufkommen tendenziell erhöhte. Wesentliche Elemente der Kapitalmarktentwicklung waren dabei die *Liberalisierung* des Kapitalverkehrs, der Wegfall hemmender Reglementierungen *(Deregulierung)* durch fördernde Rahmenbedingungen und die *Privatisierung* von Staatsunternehmen. Diese neue Politik schuf wichtige Voraussetzungen für die *Globalisierung*, die ab Mitte der 1980er-Jahre die Weltwirtschaft auf eine neue Basis stellte, vgl. Koch (2022).

---

[9] Die IFC, zu deren Aufgaben es gehört, Privatinvestitionen in Entwicklungsländern zu fördern, entwarf in den 1980er-Jahren Programme zur Verbesserung der Bedingungen für ausländische Kapitalanlagen in Entwicklungsländern, um eine Verringerung privater ausländischer Kapitalzuflüsse zu verhindern.

Brasilien	Katar	Ungarn	Südkorea
Chile	Kuwait	Vereinigte	Malaysia
Kolumbien	Polen	Arabische	Philippinen
Mexiko	Südafrika	Emirate	Taiwan
Peru	Saubi-Arabien	China	Thailand
Ägypten	Tschechien	Indien	
Griechenland	Türkei	Indonesien	

Abb. 12.9   Emerging Markets: Länder, deren wichtigste Unternehmen in dem MSCI Emerging Markets Fonds vertreten sind. (Quelle: MSCI.com)

Liberalisierung – Deregulierung – Privatisierung

Ab Mitte der 1980er-Jahre begannen viele Länder ihren Kapitalverkehr mit dem Ausland zu *liberalisieren*: Beschränkungen für Auslandsinvestitionen wurden reduziert, die Währungen wurden zunehmend konvertibel, um Kapitaltransfers zu erleichtern und Beschränkungen des Kapitalverkehrs wurden teilweise abgebaut. Im Zuge der *Deregulierung* der Finanzmärkte wurden Vorschriften gelockert, Märkte geöffnet, die Banken von Kosten entlastet, die Börseninfrastruktur verbessert und neue Finanzprodukte zugelassen. Zudem wurden rechtliche Rahmenbedingungen geschaffen, die den direkten Staatseinfluss durch Bank- und Börsengesetze sowie eine institutionelle Finanzmarktaufsicht ersetzten. Den Zentralbanken wurde ein größeres Maß an Autonomie eingeräumt, so dass diese durch eine adäquate Geldpolitik wirkungsvollere Inflationsbekämpfung betreiben konnten. Ab 1991 kam es zu einem *Privatisierungsschub*: In vielen Staaten wurden Staatsunternehmen, die sich als wenig effizient erwiesen hatten, an private Investoren verkauft. Durch die notwendigen Finanzierungen und Aktienemissionen wurden die Kapitalmarktaktivitäten ausgeweitet. Zudem begünstigte der Aufbau von *Exportindustrien* Industrialisierung und Wirtschaftswachstum und führte zu der Entstehung einkommensstärkerer Mittelschichten, die wiederum geeignete *Kapitalanlagemöglichkeiten* benötigen.

Der Zufluss von Auslandskapital erleichtert die inländischen Finanzierungsmöglichkeiten und kompensiert das möglicherweise zu geringe inländische Sparaufkommen, gleichzeitig wächst aber auch die Abhängigkeit von den ausländischen Anlegern und Investoren. Die Auswirkungen dieser Abhängigkeit hängen von der Fähigkeit des Landes ab, seine Wirtschaft mit den Anforderungen und Erwartungen des Weltmarkts in Einklang zu bringen. I. d. R. müssen sich die Länder an der vorherrschenden Geldpolitik der führenden Währungen, US$ und Euro, ausrichten. Eine nationale Konjunkturstimulierung etwa durch niedrigere Zinsen wird nicht erfolgreich sein, wenn das Welt-Zinsniveau höher ist: Die im Inland zu günstigen Konditionen aufgenommenen Kredite können im Ausland zu höheren Zinsen angelegt werden, während zu hohe Zinsen zu einer Abwanderung inländischer Kreditnehmer an ausländische Finanzmärkte mit niedrigeren Zinsen führen.

Ausländische Investoren, Anleger und Gläubiger sind grundsätzlich erheblichen Risiken ausgesetzt. Abgesehen von *Währungsrisiken*, also etwa einer Abwertung der Landeswährung, lassen sich weitere Risiken unterscheiden:

- *Politische Risiken* entstehen durch politische Instabilitäten, ungünstige oder fehlende politische und rechtliche Rahmenbedingungen, unzureichend funktionierende Rechtssysteme *("Rule of Law")* oder unerwartete staatliche Eingriffe in den Kapitalmarkt, so dass im Grenzfall sogar eine Enteignung des Vermögens möglich ist.
- *Unternehmensrisiken* treten in EM verstärkt auf, da Informationsverpflichtungen und Rechnungslegung häufig nur unzureichend geregelt sind und der Unternehmenserfolg durch Interessengruppen, politische Einflussnahme oder Korruption verfälscht werden kann.
- *Abwicklungsrisiken* entstehen durch Verzögerungen, die zu einer eventuellen Überschreitung von Zeitlimits bei Auftragserteilungen führen, durch die Möglichkeit von Zertifikatsfälschungen oder durch teure, unzuverlässige und unsichere Deponierungsmöglichkeiten von Wertpapieren. Im Zusammenhang mit einer häufig noch mangelhaften Kapitalmarktaufsicht können ausländische Anleger daher häufig nicht rasch genug reagieren, wenn bei Kursmanipulationen die rasche Abwicklung von Transaktionen und/oder der reibungslose Rücktransfer des Kapitals behindert wird.

Die vielfältigen Risiken bei Kapitalanlagen und Kreditbeziehungen in EM können nicht immer durch internationale Institutionen abgefedert werden. Die internationalen Finanzmärkte reagieren häufig verzögert, aber dann meist sehr heftig auf Negativinformationen aus EM. Schon – aus Sicht der Märkte – unrealistische Wahlversprechen, erst recht aber die Ergebnisse politischer Wahlen oder nicht akzeptiertes Verhalten von Politikern können die Märkte stark beeinflussen. Ein Beispiel für die Risiken von internationalen Investitionen in EM ist die Asienkrise 1997/1998, deren Ursachen und Auswirkungen im Folgenden zusammengefasst werden.[10]

---

[10] Eine kurze Beschreibung der Krise findet sich auch in Abschn. 5.4.

12.4   Fallstudie: Die Asienkrise – ein Beispiel für Schwellenländerkrisen

Ökonomische Ursachen

Wie bei den meisten anderen Entwicklungsländerkrisen handelte es sich auch bei der Asienkrise 1997/1998 um eine Währungs- und Finanzkrise, die in diesem Fall zunächst von einem und dann von weiteren Schwellenländern Südost- und Ostasiens ausging. Grundsätzlich wurde die Krise ausgelöst durch die Unvereinbarkeit von weitgehend liberalisierten nationalen Kapitalmärkten mit nationalen Finanzsystemen, die aber noch erhebliche strukturelle Schwächen aufwiesen sowie externen Einflüssen, wie den Auswirkungen internationaler Zinserhöhungen, einer Aufwertung des US$ und spekulativen Finanzzu- und -abflüssen, die schnell auf wirtschaftliche Probleme der Länder reagierten. Frühe Krisensignale, wie sich verschlechternde Leistungsbilanzen und eine Überhitzung der Immobilienmärkte wurden intern nicht mit adäquaten Mitteln im Ansatz bekämpft und extern zunächst ignoriert oder unterschätzt. Aufgrund struktureller Schwächen der Finanzmärkte war die Risikoüberprüfung der Finanzierungsobjekte häufig unzureichend, Ertragsaussichten wurden überschätzt, Überkapazitäten im Immobilien- und Produktionsbereich nicht erkannt oder blieben unberücksichtigt. Die sich daraus entwickelnde Überschuldung der Investoren führte bei den Banken zu einer steigenden Anzahl von *non-performing assets* und damit ebenfalls zu Liquiditäts- und Ertragsproblemen.

Die strukturellen Schwächen der nationalen Finanzmärkte hatten ein im internationalen Vergleich hohes Zinsniveau zur Folge. Zu Beginn der Asienkrise kosteten US$-Kredite zwischen 7 % und 8 %, während für Kredite in Inlandswährung zwischen 15 % und 30 % bezahlt werden mussten. Aus diesem Grunde wurden viele langfristige Vorhaben, wie Immobilien, deren Erträgnisse aber vorwiegend in heimischer Währung anfallen würden, durch Fremdwährungskredite finanziert, die entweder direkt durch die Investoren oder die finanzierenden Inlandsbanken aufgenommen wurden. Zudem blieben notwendige Fristenübereinstimmungen bei kreditfinanzierten Objekten unberücksichtigt: Auch langfristige Investitionen wurden zum Teil kurzfristig finanziert, Liquiditätsprobleme und mögliche Zinssteigerungen bei Prolongationen wurden damit unterschätzt. Die Auslandsbanken unterstützten diesen Trend, ohne die Risiken in geeigneter Weise zu gewichten.

Tatsächlich galten die von der Asienkrise erfassten Länder Thailand, Malaysia, Indonesien, die Philippinen und Südkorea Ende 1997 als überschuldet. Globalisierungsbedingt stiegen die Direkt- und Portfolioinvestitionen in diese Länder aufgrund von (kurzfristigen) Rentabilitätsüberlegungen trotzdem auch in dieser Zeit noch an *(overshooting)*: Insgesamt vervierfachte sich der Finanzstrom nach Asien in den 1990er-Jahren auf 110 Mrd. US$. Da die Länder gleichzeitig erklärten, ihre Währungen gegenüber dem US$ auch weiterhin stabil halten zu wollen, hielten die Investoren ein Währungsrisiko bei weiterhin als gut eingeschätzten Wirtschaftsaussichten für nicht gegeben. Dies führte dazu, dass Absicherungsmaßnahmen ausblieben und Risiken, wie mögliche Änderungen der externen Rahmenbedingungen, ausgeblendet wurden. Die Aufwertung des US$

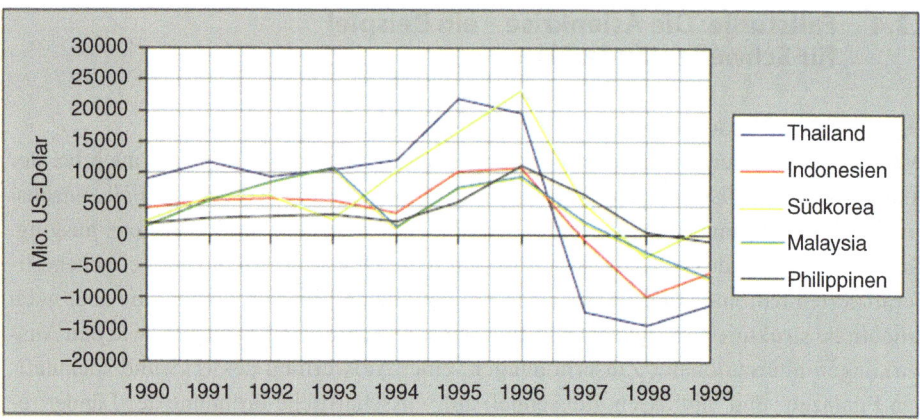

Abb. 12.10 **Nettokapitalimporte in die asiatischen Krisenstaaten.** (Quelle: IWF)

führte jedoch schon 1996 zu steigenden Exportpreisen und wirkte sich negativ auf die Wettbewerbsfähigkeit der Länder aus. Der neue Konkurrent, die Volksrepublik China, drängte mit Niedrigpreisen auf die Exportmärkte der späteren Krisenländer. Dies führte in diesen Ländern zu Exportrückgängen und steigenden Leistungsbilanzdefiziten – zwischen 3,3 % (Indonesien) und 7,9 % (Thailand) des BIP. Damit stieg auch die Nachfrage nach Devisen, die für die Kreditrückzahlung und für die Auszahlung der nun beunruhigten ausländischer Anleger benötigt wurden. In der Folge reagierten die Finanzinvestoren i. d. R. überstürzt und zogen ihr Kapital aus den Ländern ab. Die Umkehrung der Kapitalströme ab Ende 1996 zeigt die Grafik in Abb. 12.10.

Trotz fester Wechselkurse verstärkte sich daher der Abwertungsdruck auf die Währungen. Interventionen der Zentralbank reduzierten die meist eher geringen Währungsreserven, so dass die Länder letztlich dem Abwertungsdruck nachgeben mussten und schließlich doch die Parität zum US$ änderten oder ihre Währungen floaten ließen. Dadurch verteuerte sich die Bedienung der Fremdwährungskredite – die inländischen Unternehmen mussten hierfür erheblich mehr Inlandswährung aufbringen. Schon Mitte Dezember 1997 hatten die betroffenen Währungen zwischen 45 % und 50 % an Wert verloren und die Aktienindizes zwischen 30 % und 50 % nachgegeben.

Durch die Abwertung verringerte sich der Spielraum der Unternehmen für Investitionen, die Gesamtnachfrage sank: Bauten konnten nicht mehr fertig gestellt werden, die Immobilienpreise sanken und die Zahlungsmoral ging zurück, so dass die Problemkredite der Banken stiegen. Entlassungen nahmen zu, die Arbeitslosenquoten stiegen, die inländische Konsumnachfrage brach ein und das Wirtschaftswachstum ging zurück. Damit sanken die Gewinne und Insolvenzen sowie Verluste auf den Wertpapiermärkten nahmen zu. Die wirtschaftlichen und sozialen Folgen auf der Mikroebene führten in einigen Ländern zu sozialen Unruhen, häufig gefolgt von Regierungsumbildungen oder dem Sturz von Regierungen.

Politische Ursachen

Die rasche Liberalisierung führte in der Vorphase der Krise nicht zu angemessenen politisch-ökonomischen Strukturen. Es war übersehen worden, dass Deregulierung und Liberalisierung Vertrauen erzeugende politische und wirtschaftliche Rahmenbedingungen voraussetzen: Trennung von Staat und Wirtschaft, Demokratie und Rechtsstaatlichkeit, funktionierende (Aufsichts-) Institutionen und politisch verantwortlich handelnde Akteure *(good governance)*. Die betroffenen Schwellenländer wiesen hierbei Mitte der 1990er-Jahre viele Parallelen auf. Die politische Kultur wurde bestimmt durch die enge Verzahnung von Staat und Wirtschaft, das Zusammenspiel von Regierung, Finanzbürokratie, Banken und Wirtschaftstycoons schuf gegenseitige Abhängigkeiten. Die politisch-ökonomische Macht lag meist in den Händen einer kleinen Gruppe traditioneller und neuer Eliten von Militärs, Staatsbürokraten, Großunternehmern, einflussreicher Familienclans oder Parteigrößen. Das Modell der „Entwicklungsdiktatur" baute auf Dirigismus und Interventionismus, so dass Entscheidungsprozesse in Politik und Wirtschaft selten transparent waren. Gewaltenteilung und Rechtssicherheit waren unzureichend entwickelt und die Pressefreiheit häufig eingeschränkt.

Autoritäre Strukturen mit ihrer institutionalisierten Abneigung gegen Kritik neigen zu Verkrustungen und Interessenverflechtungen und verhindern im Zusammenspiel mit einem in Asien verbreiteten gesellschaftlichen Harmoniebedürfnis die zielgerechte Wahrnehmung von Kontroll- und Aufsichtsfunktionen. Damit erschweren sie die Ablösung fehlerhaft handelnder Akteure und die Ahndung von Verstößen gegen das Gemeinwohl, aber auch das Vordringen innovativer Ideen, so dass die Selbst-Reparaturfähigkeit des Systems bei nachlassender Wirtschaftsdynamik zurückgeht. Die politischen autoritären Strukturen waren zum Zeitpunkt der Asienkrise daher nicht mehr in der Lage, die Strukturprobleme zu lösen und wurden damit selbst zum Problem. Die wirtschaftlichen und auch die sozialen Erfolge dieses Systems waren jedoch zu Anfang so eindrucksvoll, dass diese Entwicklungen zu spät erkannt wurden, auch deswegen, weil man zuvor in der Lage gewesen war, die Wirtschaft in eine für viele Seiten lukrative Richtung zu steuern.

Der Vorrang des Eigen- bzw. Claninteresses wird in vielen asiatischen Gesellschaften kaum durch *common sense*-Traditionen, durch ein nicht finanziell motiviertes Leistungsethos oder eine Verpflichtung gegenüber der Allgemeinheit gebremst. Zwar werden Disziplin, Gehorsam, Ordnungsliebe, Familiensinn, Anerkennung von Autorität und das Primat der Gemeinschaft gern als *„Asiatische Werte"* apostrophiert, in Kombination mit den benannten politisch-ökonomischen Strukturen entwickelten sich aber letztlich doch Systeme, die mit dem Kürzel *CCN* charakterisiert wurden. CCN steht für *Cronism, Corruption, Nepotism* und kennzeichnet ein politisch-ökonomisches System, das auch als *Crony-Capitalism* (Günstlings- oder Vetternwirtschaft)[11] bezeichnet wird, auf Begünstigungen baut und Korruption und Kick-back-Zahlungen als zentrales Schmiermittel akzeptiert. Damit degenerierte die Wirtschaft in weiten Bereichen zu einem Instrument der Selbstprivilegierung für Staatseliten und ihre *Cronies*. Es fehlte allent-

---

[11] Vgl. *Ausgewählte Links*: Crony capitalism.

halben ein traditionelles oder neues Bewusstsein von Verantwortung für soziale und ökonomische Fehlentwicklungen. Die enge Verzahnung von Staat und Wirtschaft führte zu politischen Einflussnahmen auf Unternehmensentscheidungen und die personelle Besetzung des Managements. Sie begünstigte die Entstehung von Industriekonglomeraten und privilegierten Monopolen durch staatliche Produktions- und Investitionslenkung und förderte häufig unrentable Investitionen, auch noch nach dem Ende der wirtschaftlichen Aufbauphase.

Folgen und Lösungsansätze – einige Anmerkungen
Diese politischen Rahmenbedingungen galten auch für den Finanzsektor. In den meisten asiatischen Ländern war auch dieser gekennzeichnet von politischer Einflussnahme, mangelnder Effektivität der Aufsichtsfunktionen, starren internen hierarchischen Strukturen und einem Management, das interne Kontrollsysteme und Risikoanalysen zugunsten von Expansion und durch Nepotismus geprägte Klientenbeziehungen zurückstellte. So wurden Kredite vielfach ohne Prüfung nach politischen oder persönlichen Kriterien vergeben.

Unrealistische Renditeerwartungen, zu großzügige Kreditgewährung, nicht fristengemäße Finanzierung, eine zu sorglose Auslandsverschuldung ohne Risikoabsicherung sowie ein zu langes Festhalten an unrealistischen Wechselkursen sind die Grundlage für die Entstehung von Krisen mit nur schwer kontrollierbaren internationalen Reaktionen. Es fehlte damit offensichtlich ein der Entwicklung angepasster marktwirtschaftlich-demokratischer funktionsfähiger staatlicher Rahmen für die liberalisierten Finanzmärkte.

Durch die Reaktionsverbundenheit der Finanzmärkte können Problemsituationen einzelner Länder schnell zu Kettenreaktionen und Überreaktionen mit krisenhaften Zuspitzungen auf den nationalen und internationalen Finanzmärkten führen. Einzelne Bankenzusammenbrüche können zur Zahlungsunfähigkeit anderer Banken und damit zu Vertrauenseinbrüchen und einer zumindest partiellen Gefährdung des internationalen Finanzsystems führen. Die Folgen übertragen sich auf die Realwirtschaft und damit auf Unternehmen, Staaten und Arbeitnehmer. Eine längerfristige Zahlungsunfähigkeit einzelner Länder oder gar Regionen kann daher zu einem *Systemrisiko* für das eng vernetzte internationale Finanzsystem werden mit schwerwiegenden realen Folgen für die betroffenen Länder, für andere Schwellenländer, für einzelne Industrienationen und selbstverständlich auch die Investoren.

Es wurde deutlich, dass Deregulierungs- und Liberalisierungsmaßnahmen nur dann nachhaltig erfolgreich sein können und ein Land für ausländische Investoren attraktiv machen, wenn die betreffenden Länder angemessene Rahmenbedingungen schaffen und notwendige Spielregeln einhalten. Ein stabiles Finanzsystem erfordert daher neben einer ausgewogenen stabilitätsorientierten Haushalts- und Wirtschaftspolitik und einem verlässlichen stabilen makroökonomisch-rechtlich-politischen Umfeld ein konsolidiertes Bankensystem mit professionellen Managementstrukturen, die Beachtung in- und externer Kontrollstandards sowie einer leistungsfähigen Finanzmarktaufsicht und einer unabhängigen Zentralbank.

Da Rückschläge und Krisen nie auszuschließen sind, muss die wirtschaftliche Entwicklung sozial und regional ausgewogen erfolgen: Hierzu tragen eine gerechte Steuer- und Beschäftigungspolitik, eine sinnvolle Förderung von KMU und die Einführung sozialer Sicherungssysteme, die genügend Anreize für individuelle Leistung bieten, bei. Mindestens ebenso wichtig ist es jedoch, die Politiksysteme der Schwellenländer „wetterfest" zu machen. Demokratisierung, verbesserte Effizienz und Transparenz auf der Politikebene und eine klare Trennung von Staat, Aufsichtsbehörden und Privatwirtschaft sind Voraussetzungen für das Vertrauen von ausländischen Investoren und damit für einen steigenden Devisenzufluss.

12.5 Aktuelle Regelungen, Probleme und Entwicklungen

12.5.1 Internationale Investitionsschutzabkommen

Grenzüberschreitende Investitionen sollten schon frühzeitig durch internationale Investitionsabkommen, die die Sicherheit von Investitionen auf eine global verbindliche Ebene heben sollten, gefördert werden. Durch die bereits 1995 von der WTO verabschiedeten Abkommen *General Agreement on Trade in Services (GATS) und Trade Related Investment Measures (TRIMs)* gibt es erste supranationale Ansätze zum Schutz von Investitionen. Die Bemühungen der OECD ein *Multilaterales Investitionsabkommen* (MAI) für die OECD-Mitgliedsstaaten sowie einige Schwellenländer durchzusetzen scheiterten allerdings Ende der 1990er-Jahre und wurden auch nicht wieder aufgenommen.[12] Neben der OECD, der *Internationalen Arbeitsorganisation* ILO und der *UN-Handels- und Entwicklungskonferenz* UNCTAD, die Deklarationen und Regeln zum Schutz von Investoren und der Kontrolle von transnationalen Unternehmen veranlassten, befasst sich auch die zur Weltbank gehörende *Multilateral Investment Guarantee Agency* (MIGA) mit Investitionsabkommen.

Die 1988 gegründete *MIGA*, der 2023 182 Mitgliedsstaaten angehörten, berät vor allem die Regierungen von Entwicklungsländern bezüglich der Förderung von Auslandsinvestitionen in ihren jeweiligen Ländern, zu Maßnahmen zur Verbesserung des Investitionsklimas und dem Abschluss von Investitionsschutzabkommen. Vor allem aber versichert sie privatwirtschaftliche FDI in Entwicklungsländern für 15 bis 20 Jahre gegen nichtkommerzielle Risiken, wie Enteignung, Krieg, Unruhen und Vertragsbruch seitens des Empfängerlandes. Um Missbrauch vorzubeugen, wird immer nur ein Teil der Investitionssumme versichert.

Daneben existieren Investitionsschutzabkommen sowohl auf regionaler Ebene, etwa für die OECD Länder, die asiatische Regionalgemeinschaft *ASEAN* oder die südamerikanische Staatengruppe *Mercosur* sowie auf bilateraler Ebene. Von den über 3000 bilateralen Investitionsschutzabkommen (BIT), die den Investoren Rechtssicherheit gewährleisten und grenzüberschreitende Investitionen schützen sollen, sind derzeit noch mehr als 2300 in Kraft. Deutschland hat 140 BITs unterzeichnet, von denen noch 129

---

[12] Vgl. Hellmann (1998) S. 26 f.

wirksam sind (vgl. Bundschuh et al. 2019). Durch die Vielzahl der Abkommen ist aber der Umgang mit ausländischen Direktinvestoren von Land zu Land sehr unterschiedlich geregelt, die Situation ist intransparent und zudem diskriminieren die Abkommen Investoren aus Drittländern, mit denen kein Abkommen geschlossen wurde.

12.5.2 Lieferkettenprobleme

Die massiven Lieferkettenprobleme während der Corona-Pandemie 2020 bis 2022 zeigten deutlich, dass die Produktion in einzelnen Ländern, vor allem in China, und zudem die entsprechenden Logistikketten keineswegs immer reibungslos funktionierten und zu erheblichen Produktionsstörungen weltweit führten. Als Folge begannen viele Unternehmen ihre Globalisierungsstrategien zur re-organisieren und ihre Lieferketten zu verkürzen, besser zu kontrollieren und nachhaltiger zu gestalten: Kostengetriebene Auslandsinvestitionen wurden zum Teil bereits wieder von den *Off-shore-Destinationen*, sehr häufig in Asien, in den *re-, near- oder friend-shoring* Bereich, also in das eigene Land oder in näher gelegene Länder, etwa in die EU, zurückgeholt.

Für deutsche Unternehmen führt das (neue) *deutsche Lieferkettengesetz* bereits seit 2023 zu mehr Auflagen und neuer Verantwortung, auch für Subunternehmen und mit der von der EU-Kommission im Februar 2022 vorgelegten *Richtlinie zum Schutz der Umwelt-, Klima- und Menschenrechte* werden die Vorgaben sogar noch schärfer ausfallen und es sind auch deutlich mehr Unternehmen betroffen.[13] In jedem Fall werden viele Unternehmen stärker dazu verpflichtet, in ihrer Lieferkette auf menschenwürdige Arbeitsplätze und die Einhaltung von Umweltstandards zu achten und dafür höhere Sorgfaltspflichten wahrzunehmen und ihre Lieferanten genau zu überprüfen. Unter die EU-Richtlinie fallen nach Schätzungen der Europäischen Kommission rund 13.000 Unternehmen in der EU sowie weitere 4000 Unternehmen aus Drittstaaten, die auf dem europäischen Binnenmarkt tätig sind. Auch hierdurch wird es wahrscheinlich zu einer Verkürzung der *supply chains* durch *re-shoring* oder *near shoring* kommen. Dies wird unterstützt durch industriepolitische Maßnahmen der EU, die als eine Strategie zur Verringerung von Abhängigkeiten den Aufbau strategischer Allianzen in Schlüsselsektoren, u. a. durch die „*European Raw Materials Alliance*" fördert.[14]

Durch *re-shoring* versuchen Unternehmen die Kontrolle über einzelne Produktionsschritte zurückzugewinnen und ihre Reaktionsgeschwindigkeit auf Änderungen der Nachfragerwünsche u. a. durch die Reduzierung von Transportzeiten für Fertigprodukte zu erhöhen. Eine Variante besteht darin, unter Resilienz-Gesichtspunkten die Produktion und auch die Lieferketten auf verschiedene absatzstarke Regionen, etwa in Europa, zu konzentrieren, also die Produktion stärker zu *regionalisieren*. In die gleiche Richtung zielt auch der von der EU-Kommission im Februar 2022 vorgestellte *European Chips Act* (ECA), der durch ein industriepolitisches Fördervolumen von rund 43 Mrd. € den Anteil der europä-

---

[13] Vgl. *Ausgewählte Links*: Deutsches Lieferkettengesetz, EU Lieferketteninitiative.
[14] Vgl. Ausgewählte Links: ERMA.

ischen Produktion von Halbleitern von derzeit 10 % Weltmarktanteil auf 20 % in 2030 erhöhen (bei gleichzeitig erwarteter Verdoppelung des Weltmarkts) und damit die Abhängigkeit von Importen verringern möchte (vgl. *Ausgewählte Links*: ECA).

Der Trend zur Rückverlagerung wird verstärkt durch steigende Löhne in den früheren Niedriglohnländern, die eine dortige Produktion weniger rentabel machen. Dies ist allerdings keineswegs ein neues Phänomen. Die gestiegenen Arbeitskosten im Ausland können schon seit Längerem durch den hohen und weiter steigenden Automatisierungsgrad in europäischen Produktionsbetrieben zu einem großen Teil kompensiert werden.

12.5.3 Industriepolitik, Subventionen und „neuer Protektionismus"

Wie bereits gezeigt wurde, beinhalten grenzüberschreitende Investitionen (FDI) immer Risiken. Seit etwa Mitte der 2010er-Jahre hat sich das internationale Umfeld stark gewandelt, so dass Investoren nun noch stärker gezwungen sind *geopolitische* Überlegungen in ihre Investitionsstrategien mit einzubeziehen. Besonders auffällig ist der seit Beginn der 2020er-Jahre zunehmende „*neue Protektionismus*". Während sich der Protektionismus früherer Jahre vorwiegend auf den internationalen Handel bezog[15] steht bei dem neuen Protektionismus die *strategische Förderung des eigenen Standorts* im Vordergrund. Um für den eigenen Wirtschaftsstandort (wirtschaftliche) Vorteile zu erzielen, werden wettbewerbsbeeinträchtigende Instrumente der *Industriepolitik* eingesetzt.

Unter *Industriepolitik* fasst man üblicherweise Maßnahmen zur Förderung von Investitionen am heimischen Standort zusammen. Hierdurch sollen bestimmte wirtschaftspolitische *Ziele* durchgesetzt werden. Dies können klimapolitische, konjunktur- und beschäftigungspolitische oder bestimmte strategische Zukunftsziele sein. Wichtigste industriepolitische *Maßnahme* ist die Gewährung von **Subventionen** in unterschiedlichen Formen, mit denen bestimmten Zielgruppen Vorteile gewährt werden. Dies können direkte Beihilfen, Sonderabschreibungen für Investitionen, reduzierte Gewinnsteuern etwa über Steuergutschriften, eine (2023 in Deutschland diskutierte) Strompreissenkung oder vergünstigte Finanzierungskonditionen sein. Zusätzlich kann Industriepolitik auch die Verschlankung wichtiger Genehmigungsprozesse beinhalten und dadurch zeitraubende und kostenintensive administrative Prozeduren reduzieren. In Deutschland wurde dies 2023 unter dem Schlagwort „neues Deutschland-Tempo" intensiv diskutiert.

Beispiele

- Insgesamt plant Deutschland Halbleiterproduzenten in Deutschland ab 2023 mit rund 20 Mrd. € zu fördern. Angesichts wachsender geopolitischer Spannungen und eines harten globalen Wettbewerbs sollen so Lieferketten diversifiziert und die Ansiedlung von Zukunftstechnologien in Europa gefördert werden, wie dies u. a. auch in der 2023 vorgelegten deutschen *China-Strategie*[16] angekündigt wurde. 2023 wur-

---

[15] Vgl. Koch (2023) S. 135 ff.
[16] Vgl. Deutsche Bundesregierung (2023).

den so beispielsweise bereits Zuschüsse für eine von *Intel* in Magdeburg geplante Fabrik in Höhe von 10 Mrd. €, eine Halbleiterfabrik von *Infineon* (1 Mrd. €) und eine geplante Chip-Fabrik von *TSMC* in Dresden (5 Mrd. €), jeweils vorbehaltlich der EU-Genehmigung, zugesagt.

- Darüber hinaus war geplant, die Transformation von Wirtschaft und Industrie in Deutschland aus dem *Klima- und Transformationsfonds* (KTF), einem *Sondervermögen*, das außerhalb des regulären Bundeshaushalts für Transformationszwecke zur Verfügung steht, zu unterstützen. Von 2023 bis 2027 sollten aus diesem Fonds über 200 Mrd. € zur Förderung etwa der energetischen Gebäudesanierung, dem Ausbau der Elektromobilität, der Wasserstoffwirtschaft und der weiteren Subventionierung von Chip-Fabriken abgerufen werden können.[17] ◄

Eine Möglichkeit zur Unterstützung einheimischer Investitionen im *Ausland* ist die Bereitstellung von *Investitionsgarantien*. In Deutschland betrug der gesamte Bestand an Investitionsgarantien für Auslandsinvestitionen 2021 knapp 29 Mrd. €, wobei hiervon allein 38 % auf China entfielen. 2021 wurden knapp 3 Mrd. € an neuen Garantien vergeben mit einem China-Anteil von 75 %. Wesentliche Voraussetzung für die Übernahme von Investitionsgarantien des Bundes, die inzwischen auf 3 Mrd. € pro Unternehmen und Land gedeckelt wurden, ist u. a. die Einhaltung von international vereinbarten Nachhaltigkeits-, Umwelt-, Arbeits- und Sozialstandards sowie die Vermeidung von Zwangs- und Kinderarbeit in Lieferketten.[18]

- In der Regel fehlt eine gesamtwirtschaftliche Strategie mit zukunftstauglichen Eckpunkten und Zielwerten, aus der sich eine Industriepolititik ableiten ließe. Unabhängig davon ist kaum davon auszugehen, dass die Politik in der Lage ist Zukunftsentwicklungen verlässlich zu prognostizieren. Falsche Prognosen können jedoch Fehlinvestitionen und Fehlallokationen sowie unerwünschte Nebenwirkungen begünstigen und somit zu einer Verschwendung staatlicher Gelder führen. Die Fehlentwicklungen müssen dann meist wieder mit staatlichen Mitteln korrigiert werden, die in anderen Bereichen fehlen. Hierdurch können Strukturwandel und Innovationen verzögert und das erwünschte Wirtschaftswachstum beeinträchtigt werden.
- Industriepolitik wirkt zudem immer protektionistisch, da sie einzelne Unternehmen begünstigt und dadurch andere Unternehmen, sehr häufig ausländische, und deren auf dem Markt angebotene Produkte, benachteiligt, so dass diese einen Wettbewerbsnachteil erleiden. Dies ist besonders dann problematisch, wenn diese sich zuvor in einer besseren Wettbewerbsposition befunden haben. Der Wettbewerb wird dadurch verzerrt.

---

[17] Nachdem das Bundesverfassungsgericht die nachträgliche Umschichtung von Mitteln in den KTF 2023 für verfassungswidrig erklärt hat, könnten einige der geplanten Finanzierungen auf Probleme stoßen.

[18] Vgl. BMWK (2022).

- Ein weiteres Problem ist, dass viele Subventionen oder andere Vergünstigungen die Tendenz haben, sich quasi automatisch zu verlängern, da von den begünstigten Unternehmen bzw. der jeweiligen Branche immer Argumente gefunden werden können, die gegen eine Abschaffung sprechen.

Allerdings, und dies ist derzeit das häufigste Argument *für* Industriepolitik, kann hierdurch die mögliche Abwanderung von Industrien in Länder, die ebenfalls Industriepolitik betreiben, gestoppt oder verlangsamt werden. Im Falle Deutschlands soll hierdurch etwa eine von einigen Beobachtern befürchtete *De-Industrialisierung* verhindert werden.

Problematisch ist Industriepolitik vor allem aus folgenden Gründen: Umgekehrt können in Deutschland auch Direktinvestitionen ausländischer Unternehmen mit Auflagen versehen oder untersagt werden. Kriterium ist eine voraussichtliche Beeinträchtigung der öffentlichen Ordnung oder Sicherheit. Dabei ist die chinesische Politik der *zivilmilitärischen Fusion*, also die Kombination ziviler Unternehmensinteressen mit der Entwicklung militärischer Fähigkeiten, besonders problematisch. Dies ist etwa dann der Fall, wenn ausländische Direktinvestoren den Zugang zu sicherheitssensiblen Technologien oder Infrastrukturen im Inland erhalten oder eine sicherheitsproblematische (zu) starke ökonomische Abhängigkeit erwarten lassen. Die Erkenntnis, dass mit dem Verkauf von kritischer Infrastruktur zukünftig sensibler umgegangen werden muss, wurde allerdings in Deutschland erst 2022 politisch relevant, als deutlich geworden war, dass die frühere Entscheidung deutsche Gasspeicher an das russische Unternehmen *GAZPROM* zu verkaufen unter sicherheitspolitischen Aspekten äußerst problematisch war.

Beispiele

- Bei der 2022/23 sehr kontrovers geführten Diskussion um die Beteiligung des chinesischen Staatskonzerns *COSCO Shipping Ports* an einem von vier Containerterminals des *Hamburger Hafens* ging es vor allem darum, ob eine chinesische Beteiligung an einer kritischen Infrastruktur eine Belastung für den deutschen Standort bedeuten würde. Die Investition wurde letztlich zwar nicht verboten, aber die geplante Beteiligung von 35 % auf 24,99 % verringert.
- Zwei Jahre zuvor hatte die *Stadt Triest* die Übernahme eines Hafenterminals durch das chinesische Unternehmen *China Communications Construction Company* (CCCC) abgelehnt und sich für eine Mehrheitsbeteiligung der *Hamburger Hafenund Logistik AG* (HHLA) entschieden.
- Bei dem italienischen Unternehmen *Pirelli* wurden 2023 Versuche des chinesischen Anteilseigners strategisch und personell mehr Einfluss auf Unternehmensentscheidungen zu nehmen, von der italienischen Regierung abgewehrt (vgl. Beise 2023). ◀

In Japan wurde dem Sicherheitsaspekt schon früher verstärkt Beachtung geschenkt: Seit 2021 begutachtet ein eigenes *Ministerium für wirtschaftliche Sicherheit* ausländische FDI in Japan sowie japanische FDI im Ausland unter nationalen Sicherheitsgesichtspunkten.[19]

---

[19] Vgl. u.a. Sakak (2023).

Auf EU-Ebene trat 2023 die *Verordnung über Subventionen aus Drittstaaten* in Kraft, die
es der EU-Kommission erlaubt, Übernahmen von Unternehmen zu verbieten, wenn der
ausländische Erwerber Beihilfen aus Drittstaaten erhält.[20] Problematisch ist Industriepolitik vor allem aus folgenden Gründen:

12.5.4 US-amerikanische Industriepolitik

Der frühere US-Präsident *Donald Trump* startete im Rahmen seiner *nationalistisch* ausgerichteten Politik – *„America First"*, *„Buy American"* – 2018 eine Wiederbelebung des
periodisch immer wieder neu um sich greifenden US-amerikanischen *Protektionismus*.[21]
Die unilaterale, merkantilistische Haltung der USA zur einseitigen Durchsetzung eigener
Interessen und Marktmacht ist allerdings keineswegs neu,[22] sie war nur zeitweise verdeckt und wird unter anderen Vorzeichen von dem demokratischen Präsidenten *Joseph
Biden* fortgeführt.[23] Die neue Variante der amerikanischen Industriepolitik zeigt sich vor
allem in dem bereits erwähnten *Inflation Reduction Act* (IRA) von 2022,[24] der für einen
Zeitraum von zehn Jahren ein Fördervolumen von insgesamt mindestens 430 Mrd. US$
bereitstellt. Mit Steuergutschriften, zinsgünstigen Krediten und direkten staatlichen Zuschüssen werden u. a. Investitionen in die regenerative Energieproduktion, in Klima-
schutzmaßnahmen und die Stärkung von Zukunftsbranchen gefördert. Begünstigt werden
jedoch nur in den USA investierende Unternehmen bzw. Produkte, die einen bestimmten
local content aufweisen, wie beispielsweise E-Autos, deren Endmontage in den USA erfolgte oder deren Batterien zumindest teilweise in den USA produziert wurden. Unter
Wettbewerbsgesichtspunkten führt dies zu einer höchst problematischen politisch ge-
steuerten Erhöhung der Attraktivität des Standorts USA für ausländische Investoren:
Nicht in den USA produzierte Güter bzw. deren Produzenten werden benachteiligt. Kurz
vor dem Inkrafttreten des IRA wurde, ebenfalls 2022, der *CHIPS and Science Act* mit
einem Volumen in Höhe von 280 Mrd. US$ für wiederum zehn Jahre verabschiedet, der
das Ziel hat u. a. Investitionen in inländische Produktionskapazitäten für Halbleiter,

---

[20] Vgl. EU-Kommission (2019–2024). Diese Regelung ist auch für den EU-Beschaffungsmarkt relevant. Da vom Ausland subventionierte Unternehmen günstiger anbieten können, gelten hierfür nun
besondere Prüfregeln (vgl. *Ausgewählte Links*: FSR).

[21] In der Vergangenheit wechselten sich Freihandels- und Protektionismus-Perioden ab. So folgte
einer langen Phase des Freihandels nach dem Zweiten Weltkrieg die Phase des „Neuen Protektionismus", etwa 1975 bis 1985. Nach der sich anschließenden Freihandelsphase folgte dann etwa 2000 bis
2003 eine kürzere Phase des „Agrarprotektionismus". Bei allen bisherigen Protektionismus-Perioden
lag der Schwerpunkt allerdings auf handelspolitischen Maßnahmen, vgl. Koch (2023) S. 135 ff.

[22] Vgl. Koch (2006).

[23] Der Spiegel fasst eine Kernaussage aus einer Grundsatzrede von Jake Sullivan, dem Nationalen
Sicherheitsberater des Präsidenten, wie folgt zusammen: Er erklärt, wie sich das Weiße Haus die Er-
neuerung der wirtschaftlichen Führungsrolle der USA vorstellt: Mittels staatlicher Investitionen, der
Abschottung des US-Marktes und der Subventionierung strategischer Zukunftstechnologien, nicht
jedoch mit freiem Handel und offenen Märkten, vgl. Glüsing et al. (2023).

[24] Vgl. Abschn. 2.2.5 sowie *Ausgewählte Links*: IRA; s.a. Rupprecht (2023).

saubere Energie und Nanotechnologie zu fördern und neue regionale Hightech-Drehkreuze zu schaffen. Auch diese industriepolitische Maßnahme kommt in erster Linie US-Unternehmen zu Gute und wirkt somit wettbewerbsverzerrend.

Europa und damit auch Deutschland befürchten eine Verlagerung von Investitionen in die USA, vor allem um von den amerikanischen Vergünstigungen zu profitieren, und reagierten darauf mit einem Paradigmenwechsel. Das zuvor dominierende liberale wettbewerbsorientierte Wirtschaftsverständnis wurde abgelöst durch einen förderungsorientierten industriepolitischen Ansatz. Bereits 2022 wurde der *European Chips Act* (ECA) erlassen (vgl. *Ausgewählte Links*: ECA). Zudem stellte die EU-Kommission im Februar 2023 den *Green Deal Industrial Plan*[25] als Reaktion auf den IRA vor und bündelte weitere Ansätze in dem wenige Monate später veröffentlichten Vorschlag für ein *Netto-Null-Industrie-Gesetz* (vgl. *Ausgewählte Links*: EU Kommission). Das Gesetz ist die Grundlage für die Förderung von strategischen Zukunftstechnologien, wie Photovoltaik, Brennstoffzellen, Windenergieanlagen, Speichertechnologien, CO_2-Abscheidung und -Speicherung, u. a. durch Investitionsbeihilfen, schnellere Genehmigungsverfahren und die Ankurbelung der Nachfrage nach erneuerbaren Energien sowie die Weiterentwicklung von Kompetenzen durch Aus- und Weiterbildungsprogramme.

Diese Pläne werden flankiert von einer Lockerung der EU-Regeln für Subventionen auf nationaler Ebene. Die zuvor strengen Regeln sollten ursprünglich die Wettbewerbsvoraussetzungen auf dem europäischen Binnenmarkt verbessern. Die Lockerung könnte nun allerdings dazu führen, dass Staaten mit besseren finanziellen Voraussetzungen, wie etwa Deutschland, hiervon überproportional profitieren werden.

Es ist derzeit nicht abzusehen, ob der IRA wirklich zu einer massiven Abwanderung europäischer Unternehmen in die USA führen wird, für einige Industriezweige wird sich aber in jedem Fall die Standortattraktivität der USA erhöhen. Die europäische industriepolitische Antwort könnte durchaus adäquat sein, auch wenn der Subventionswettlauf hierdurch angekurbelt wird. In diesem Zusammenhang ist auch die periodisch wiederkehrende Debatte zum *Standort Deutschland* und zur Gefahr einer teilweise *De-Industrialisierung* Deutschlands relevant. Hierbei spielen diverse problematische Standortfaktoren eine Rolle, wie die im internationalen Vergleich hohen Energiepreise, der mangelhafte Ausbau der Infrastruktur, die zu geringe Digitalisierung und die investitionsbehindernde Bürokratisierung. Bedenklich ist auch die Produktivitätsentwicklung. So belegte Deutschland nach OECD Angaben unter 36 OECD-Ländern nur Platz 20 bei der Produktivitätsentwicklung der vergangenen 15 Jahre.[26]

---

[25] Hierbei handelt es sich um eine um industriepolitische Aspekte erweiterte Version des *European Green Deal*, der die „grüne Transformation" auf EU-Ebene beschleunigen soll.

[26] Vgl. *Ausgewählte Links*: ZEW. Die negative Einschätzung betrifft allerdings keineswegs alle Industriezweige. So gab beispielsweise Siemens 2023 die Planung von Investitionen in Höhe von einer Mrd. Euro in Deutschland bekannt, um die Innovationskraft seines Standorts in der Metropolregion Nürnberg zu stärken. Und der Elektrokonzern Bosch will bis 2026 2,5 Mrd. Euro in Wasserstoff-Technologien investieren, wobei die Standortentscheidung allerdings von den politischen Rahmenbedingungen abhängig gemacht wird.

12.5.5 China – strategischer Rivale und riskanter Partner

Bereits seit Mitte der 2010er-Jahre hat sich die globale Rolle Chinas gewandelt: Durch seine *One Belt One Road Initiative* („Neue Seidenstraße") bindet China eine Vielzahl neuer Partnerländer stärker an sich und sichert sich dadurch sowohl politischen und wirtschaftlichen Einfluss als auch einen garantierten Zugang zur Versorgung mit Rohstoffen. Allein in der ersten Jahreshälfte 2023 registrierte die deutsche GTAI insgesamt 526 neue Projektverträge, Vertragsergänzungen und Absichtserklärungen, zwischen China und Partnern der „Neuen Seidenstraße", 17 % mehr als im gleichen Zeitraum ein Jahr zuvor. Die wichtigsten Partnerstaaten lagen dabei in West- und Zentralasien sowie in Afrika.[27]

Zudem machte China mit dem 2015 aufgelegten Masterplan *„Made in China 2025" (MIC 2025)* deutlich, dass es seine Rolle in der Weltwirtschaft neu definiert und bestimmte strategische Ziele erreichen möchte. So soll die Abhängigkeit vom Ausland reduziert und der Inlandsanteil der Produktion in 10 als besonders wichtig erkannten zukunftsorientierten Branchen bis 2025 auf 70 % gesteigert werden.[28] MIC 2025 geht dabei wie folgt vor.

- Es unterstützt chinesische Unternehmen bei Fusionen, Beteiligungen und Venture-Capital-Investitionen im Ausland. Hierdurch werden Investitionen in Schlüsselsektoren, u. a. auch durch Übernahmen ausländischer Unternehmen, mobilisiert, um dem Ziel der Weltmarktführerschaft in den strategischen Sektoren näher zu kommen.
- Gleichzeitig werden inländische Unternehmen, die in den betreffenden Sektoren tätig sind, durch Subventionen vor allem im Bereich Forschung und Entwicklung (F&E) unterstützt. Hierfür stehen umfangreiche Mittel bereit, wie u. a. der *Special Constructive Fund* und der *Shaanxi MIC 2004 Fund* mit einem Gesamtumfang von rund 500 Mrd. US$.
- Schließlich werden ausländische Unternehmen entweder zu einem Technologietransfer nach China gezwungen, der auch auf illegale Weise, wie z. B. Industriespionage, erfolgen kann, oder sie werden besonders intensivem Wettbewerbsdruck ausgesetzt, so dass sie schließlich ihre Geschäftsaktivitäten in China aufgeben. Beispiele sind die Supermarktketten *Carrefour* und *Tesco* sowie *Amazon* und *Uber*, deren chinesische Niederlassungen von einheimischen Unternehmen aufgekauft wurden.

Parallel hierzu verändert Chinas repressive Innenpolitik, vor allem in Xinjiang, Tibet und Hongkong, und seine aggressive Außenpolitik – gegenüber Taiwan sowie gegenüber meh-

---

[27] Vgl. Hernig (2023). Zu den Problemen der Seidenstraßeninitiative vgl. Fahrion et al. (2022), Reus (2021).

[28] Die zehn Branchen sind Informationstechnologie, Robotik und Künstliche Intelligenz, Luft- und Raumfahrt, Bahn, Energie, Grundstoffe, Medizintechnik, Medizin, Landwirtschaft und energetische Ausrüstung. Vgl. zu dem gesamten Abschnitt Black und Morrison (2021).

reren südostasiatischen Staaten durch seine Gebietsansprüche im Südchinesischen Meer –
die geopolitische Situation für Investoren. Dies führte u. a. dazu, dass beispielsweise ein
bereits 2020 verhandeltes EU-China-Investitionsabkommen[29] noch nicht ratifiziert wurde.
Innenpolitisch verbieten sich aus ethischen und Menschenrechtsgründen u. a. Auslandsinvestitionen in Xinjiang sowie in Tibet.[30] Investoren, die bereits in diesen Regionen, vor
allem in Xinjiang, investiert sind, stehen vor der Entscheidung ihre Investitionen zu verringern. So lehnte beispielsweise das Bundeswirtschaftsministerium (BMWK) 2022 erstmals vier Anträge des *Volkswagen-Konzerns* auf eine Verlängerung bestehender *Investitionsgarantien* für Investitionen in China, nicht nur in Xinjiang, aus *menschenrecht-
lichen Gründen* ab. Die Ablehnung steht auch in engem Zusammenhang mit dem deutschen
Lieferkettengesetz, nach dem Unternehmen seit 2023 ihre Geschäftsbeziehungen hinsichtlich menschenrechtlicher Risiken überprüfen müssen, also etwa, ob Vorprodukte durch
Zwangsarbeit entstehen, um dann angemessene Präventions- und Abhilfemaßnahmen zu
ergreifen.

Unternehmen, die derzeit noch sehr stark in China investieren bzw. investiert sind,
könnten sich im Eskalationsfall, also etwa dem Versuch einer gewaltsamen Übernahme
von Taiwan, mit Sanktionsforderungen konfrontiert sehen und müssten dann ihr Engagement radikal reduzieren. Auch wenn noch kein *decoupling* von China propagiert wird, so
vergrößert die derzeitige *de-risking*-Strategie Deutschlands und der EU das individuelle
Investitionsrisiko der jeweiligen Unternehmen. Dies führt bereits dazu, dass geplante Investitionen von China abgezogen und in „befreundete" Länder, sehr häufig in Südostasien
(z. B. Vietnam, Singapur, Indonesien) oder nach Indien, verlagert werden (*friend-shoring*).[31]

Abgesehen davon, dass China selbst mit seiner *MIC 2025*-Strategie bereits *decoupling*-
Maßnahmen einsetzt, wirken auch neuere Gesetze auf Investoren eher abschreckend. So
müssen ausländische Einzelpersonen und Unternehmen entsprechend eines im Juni 2021
erlassenen *Anti-Sanktionsgesetzes* mit rechtlichen Konsequenzen rechnen, wenn sie gegen
China gerichtete Sanktionen umsetzen. Im Juli 2023 trat zudem ein *Anti-Spionage-Gesetz*
in Kraft, das sehr vage formulierte „nationale Interessen" schützen soll und beispielsweise
die Informationsweitergabe von in China produzierenden Tochterunternehmen an ihre ausländischen Zentralen problematisiert. Chinesischen Behörden wird so die Möglichkeit für
willkürliche Durchsuchungen, Beschlagnahmungen und Verhaftungen eröffnet. Da, wie in
China üblich, eindeutige Definitionen und Kriterien fehlen, werden ausländische Investoren
durch diese Regelungen stark verunsichert. Hinzu kommen schleppende Genehmigungs-

---

[29] Vgl. *Ausgewählte Links*: EU-China Agreement.

[30] Vgl. u. a. *Ausgewählte Links*: Tibet sowie Bölinger (2023).

[31] Für US-Unternehmen verschärfte sich die Situation im August 2023 durch die Ausrufung eines
„Nationalen Notfalls". Für sie gilt seitdem ein Investitionsverbot in China für bestimmte Investitionen im Hightech-Bereich, vgl. u. a. Müller (2023).

prozesse und Anforderungen an ausländische Unternehmen ihren *local content* zu erhöhen, also einen zunehmenden Anteil lokal produzierter Komponenten zu verbauen.

China gehörte in den letzten Jahren zu den wichtigsten Ländern für deutsche Auslandsinvestoren – vor allem für große Unternehmen, weniger für mittlere und kleine Unternehmen (KMU): Allein auf die 10 größten europäischen Investoren, meist deutsche Unternehmen, entfielen in den letzten 10 Jahren regelmäßig über 50 % aller europäischen FDI in China, wobei deren Anteil inzwischen bereits auf über 70 % gestiegen ist. Insgesamt stiegen die deutschen FDI in China laufend an und verdoppelten sich in den letzten 10 Jahren auf über 11 Mrd. € 2022 – knapp 7 % aller deutschen FDI. Der *Bestand* an deutschen FDI in China verdreifachte sich im gleichen Zeitraum auf über 110 Mrd. €.[32] Erst 2023 begann sich diese Tendenz abzuschwächen: Nach einer im Juni 2023 durchgeführten VDMA-Blitzumfrage wollte fast die Hälfte der befragten deutschen Unternehmen, zunehmend auch wegen der geopolitischen Spannungen, den *local content*-Anforderungen und dem Verhalten der lokalen Administration ihre Chinastrategie überdenken. Die Attraktivität des Standorts China hat sich also für sie aufgrund der bestehenden Risikofaktoren bereits verringert: Nur noch 11 % planen in den nächsten fünf Jahren Investitionen in China, dagegen 22 % in den USA, 17 % in Indien und 12 % in den ASEAN-Staaten.[33]

Als Antwort auf Chinas Seidenstraßeninitiative macht die EU mit der „Konnektivitätsinitiative" *Global Gateway* Entwicklungs- und Schwellenländern ein Gegenangebot zur Förderung des Auf- und Ausbaus von nachhaltiger und qualitativ hochwertiger Infrastruktur. „Im Rahmen von Global Gateway will die EU 300 Mrd. € für nachhaltige Infrastrukturprojekte rund um die Welt zwischen 2021 und 2027 mobilisieren. Gefördert werden Projekte in den fünf Bereichen Energie und Klima, Transport, Digitales, Gesundheit, Bildung und Forschung. Im Kern geht es darum, die Welt enger zu vernetzen, etwa durch Datenkabel, Bahnstrecken, Fernstraßen, Häfen oder Stromleitungen." (vgl. *Ausgewählte Links*: Global Gateway). Gleichzeitig ist *Global Gateway* auch ein wichtiger Beitrag der EU zur *G7-Partnerschaft für Globale Infrastruktur und Investitionen (PGII)*, den die G7 2022 ins Leben gerufen hatte (vgl. Giesen et al. 2023). PGII macht Angebote für nachhaltige hochwertige Infrastrukturinvestitionen und plant bis 2027 bis zu 600 Mrd. US$ an öffentlichen und privaten Investitionen zu mobilisieren. Anfang 2023 stellte die EU fast 90 *Flagship-Projekte* vor, die gemeinsam mit Partnerländern und -regionen vor allem in Afrika und der Asien-Pazifik-Region noch 2023 gestartet werden sollten.

---

[32] Vgl. Matthes (2023), Kratz et al. (2022), statista.com.

[33] 2023 waren rund 900 Mitgliedsunternehmen des *Deutschen Maschinen- und Anlagenbau Verbands* (VDMA) in China vertreten, vgl. Lange (2023). Große Unternehmen wie *Apple* und *Foxconn* haben bereits Teile ihrer Produktion nach Indien verlagert, andere US-Investoren planen Verlagerungen in ASEAN-Staaten, wie Vietnam, Indonesien oder Singapur.

Flagship-Projekte

„Mehr als die Hälfte der Leuchtturmprojekte gehört zum Bereich Energie und Klima. Darunter befinden sich hauptsächlich Solar-, Fotovoltaik-, und Wasserkraftprojekte sowie Projekte zum Ausbau von Stromnetzen. So sollen beispielsweise in entlegenen Gebieten Nigerias, Benins und Panamas, die nicht an das nationale Stromnetz angeschlossen sind, dezentrale Stromnetze aufgebaut werden. Zudem sind neun Flagship-Projekte zur Gewinnung grünen Wasserstoffs vorgesehen – in Namibia, Marokko, Argentinien, Chile, Costa Rica, Uruguay, Kolumbien, Paraguay und Kasachstan.

Ein neuer Aspekt im Energie- und Klimabereich sind kritische Rohstoffe: Hierzu gibt es Leuchtturmprojekte in Kasachstan, Argentinien, Chile, Namibia und der Demokratischen Republik Kongo." (Emmerich 2023)

Auch Deutschland beginnt seine Außenwirtschaftspolitik an der veränderten geopolitischen Lage auszurichten und die *Wirtschaftssicherheit* verstärkt in den Mittelpunkt zu stellen. Ein erster Schritt war die bereits erwähnte, Mitte 2023 vorgestellt China-Strategie.[34] Im Anschluss daran ist nun geplant, bereits bestehende Investitionsvorgaben für ausländische FDI aus dem deutschen Außenwirtschaftsgesetz und der Außenwirtschaftsverordnung herauszulösen und in einem eigenen „Investitionsprüfungsgesetz" zu bündeln und auch zu verschärfen. Hierbei wird es darum gehen bestehende Schwellenwerte für eine Überprüfung neu zu justieren und bislang nicht erfasste Sachverhalte, durch die Investoren Zugriff auf kritische Produkte und Technologien erhalten, wie etwa Lizenzvergaben, neu in das Überprüfungsverfahren aufzunehmen. Zudem dürfte der Katalog der bisher als sicherheitsrelevant eingestuften Bereiche angepasst werden.[35]

Literatur Kap. 12[36]

Beise, M. (2023) Machtkampf um Pirelli; in: SZ vom 21. Juni 2023

Black, J., Morrison, A. (2021). Abschied vom Westen; in: Harvard Business Manager, Oktober 2021

BMWK (2022) Investitionsgarantien. Jahresbericht 2021. https://www.investitionsgarantien.de/_Resources/Persistent/7/0/2/6/7026d07667a3ad83011b9829f01383591669820e/DIA-JB2021.pdf

Bölinger, M. (2023): Der Hightech-Gulag, München

Bundschuh, A. et al (2019) 60 Jahre bilaterale Investitionsabkommen; hrsg. von PowerShift, Berlin. https://power-shift.de/wp-content/uploads/2019/11/60-Jahre-bilaterale-Investitionsabkommen-Eine-kritische-Bilanz-1.pdf

Deutsche Bundesbank (2023) Direktinvestitionsstatistiken

Deutsche Bundesregierung (2023) China-Strategie. https://www.auswaertiges-amt.de/blob/2608578/810fdade376b1467f20bdb697b2acd58/china-strategie-data.pdf

EU-Kommission (2019–2024). https://commission.europa.eu/strategy-and-policy/priorities-2019-2024/europe-fit-digital-age/european-industrial-strategy/foreign-subsidies-regulation_de

Finke, B./Martin-Jung, H. (2022). Europa soll zur Chip-Weltmacht werden; in: SZ vom 09.02.2022.

---

[34] Vgl. Deutsche Bundesregierung (2023).

[35] Vgl. Hulverscheidt (2023).

[36] Letzter Zugriff auf die im Literaturverzeichnis genannten Internetquellen und die *Ausgewählte Links* jeweils 09/2023.

Emmerich, W. (2023) Global Gateway: EU einigt sich auf Leuchtturmprojekte für 2023; in: GTAI Newsletter, Nr. 5 2023. https://www.gtai.de/de/trade/eu/specials/global-gateway-eu-einigt-sich-auf-leuchtturmprojekte-fuer-2023-1003486?mc=gtai-mailing.newsletter-konnektivitaet.gtai.2305.globalgateway.leuchtturmprojekte

Fahrion, G. et al. (2022) Straße nach nirgendwo; in: Der Spiegel vom 20.08.2022

Giesen, C. et al. (2023) Brüsseler Wumms-Versuch; in: Der Spiegel vom 04.02.2023

Glüsing, J. et al. (2023) Im globalen Dschungel; in: Der Spiegel Nr. 21 vom 20.05.2023

Hellmann, R. (1998) MAI in der Klemme; in: EU-Magazin Nr. 6/1998

Hernig, M. (2023) Chinas Seidenstraße setzt auf mehr Industrieproduktion; in: GTAI Newsletter, Nr. 5 2023. https://www.gtai.de/de/trade/china/specials/chinas-seidenstrasse-setzt-auf-mehr-industri eproduktion-1020088?mc=gtai-mailing.newsletter-konnektivitaet.gtai.2305.china.neue-seidenstrasse

Holtermann, F. et al. (2022) Investitionsstandort USA Gewinner der Krise: Wie die USA deutsche Unternehmen anlocken; in: Handelsblatt vom 30.10.2022

Hulverscheidt, C. (2023) Lex Peking; in: SZ vom 22.08.2023

Koch, E. (2006) Die Neue Weltwirtschaftsordnung. Tragen die USA dazu bei, die Globalisierung zu stabilisieren? In E. Wiecha (Hrsg.) Amerika und wir – US-Kulturen. Neue europäische Ansichten (S. 267–287). Mering.

Koch, E. (2022) Globalisierung: Wirtschaft und Politik. Chancen – Risiken – Antworten, 3. Aufl., Wiesbaden

Koch, E. (2023) Internationale Wirtschaftsbeziehungen I. Internationaler Handel zwischen Freihandel und Protektionismus, 4. Aufl., Wiesbaden

Kratz, A. et al. (2022) The Chosen Few: A Fresh Look at European FDI in China. Rhodium Group vom 14.09.2022. https://rhg.com/research/the-chosen-few/

Lange, C. (2023) VDMA: China-Geschäft kommt nicht in Schwung. https://stahl-punkt.de/wirtschaft-und-unternehmen/vdma-china-geschaeft-kommt-nicht-in-schwung/

Matthes, J. (2023) Deutsche Direktinvestitionen in China: Kaum Diversifizierung. IW – Kurzbericht Nr. 15/2023

Müller, F. (2023) Finger weg von China; in: SZ vom 11.08.2023

Reus, M (2021) Gigantische Infrastrukturinvestitionen 1000 Mrd-Projekt. Focus-Online vom 01.07.2021

Rupprecht, M. (2023) Subventionen – der falsche Wettbewerb; in: WISU Nr. 05/23

Sakak, A. (2023) Japans sicherheitspolitische Neuausrichtung. SWP Nr. 13, Februar 2023. https://www.swpberlin.org/publications/products/aktuell/2023A13_JapansAufruesungsentscheidung.pdf

UNCTAD (2019, 2022, 2023) World Investment Report (WIR), New York, verschiedene Jahrgänge

UNCTAD (2021) Handbook on Special Economic Zones in Africa. Towards Economic Diversification across the Continent

Ausgewählte Links

Crony Capitalism: https://www.economist.com/international/2023/05/02/the-2023-crony-capitalism-index

Deutsches Lieferkettengesetz: https://www.csr-in-deutschland.de/DE/Wirtschaft-Menschenrechte/Gesetz-ueber-die-unternehmerischen-Sorgfaltspflichten-in-Lieferketten/gesetz-ueber-die-unternehmerischen-sorgfaltspflichten-in-lieferketten.html

ECA: https://ec.europa.eu/newsroom/repository/document/2022-13/22020329_Chips_Act_Package__Complete_I7LhdGOvIcf7Qbud9zgZlIPiWrA_85575.pdf

EU-China Agreement: https://policy.trade.ec.europa.eu/eu-trade-relationships-country-and-region/
countries-and-regions/china/eu-china-agreement/eu-china-agreement-principle_en

EU-Kommission: https://commission.europa.eu/strategy-and-policy/priorities-2019-2024/european-
green-deal/green-deal-industrial-plan_de,   https://commission.europa.eu/strategy-and-policy/
priorities-2019-2024/european-green-deal/green-deal-industrial-plan/net-zero-industry-act_de

EU Lieferketteninitiative: https://www.csr-in-deutschland.de/DE/Wirtschaft-Menschenrechte/
Europa/Lieferketten-Gesetzesinitiative-in-der-EU/lieferketten-gesetzesinitiative-der-eu.html

FSR: https://www.dentons.com/de/insights/alerts/2023/july/10/regulation-on-third-state-subsidies-
distorting-the-internal-market-new-hurdles-for-public-tenders

Global Gateway: www.gtai.de/globalgateway

IRA: https://www.ihk.de/duesseldorf/aussenwirtschaft/auslandsmaerkte/usa/usa-inflation-reduction-
act-5653060

Tibet: https://www.igfm.de/tibet-chinesische-unterdrueckung-verschaerft-sich-weiter/

ZEW: https://www.n-tv.de/wirtschaft/Wirtschaftsstandort-Deutschland-verliert-an-Attraktivitaet-
article23846269.html

GPSR Compliance

The European Union's (EU) General Product Safety Regulation (GPSR) is a set of rules that requires consumer products to be safe and our obligations to ensure this.

If you have any concerns about our products, you can contact us on ProductSafety@springernature.com

In case Publisher is established outside the EU, the EU authorized representative is:

Springer Nature Customer Service Center GmbH
Europaplatz 3
69115 Heidelberg, Germany

The manufacturer's authorised representative in the EU is Springer
Nature Customer Service Centre GmbH, Europaplatz 3, 69115 Heidelberg,
Germany. If you have any concerns regarding our products, please
contact ProductSafety@springernature.com

Printed and bound by CPI Group (UK) Ltd, Croydon, CR0 4YY
24/04/2026
02096359-0006